लोक-साहित्य की भूमिका

लोक-साहित्य की भूमिका

डॉ. कृष्णदेव उपाध्याय
एम.ए., पी-एच.डी.
निदेशक, लोक संस्कृति शोध संस्थान
वाराणसी

आर्शीवाद
पद्मभूषण आचार्य बलदेव उपाध्याय

भूमिका
डॉ. धीरेन्द्र वर्मा

साहित्य भवन प्रा. लिमिटेड
की ओर से

लोकभारती प्रकाशन

साहित्य भवन प्रा. लिमिटेड
की ओर से

लोकभारती प्रकाशन
पहली मंजिल, दरबारी बिल्डिंग, महात्मा गांधी मार्ग
प्रयागराज-211 001
वेबसाइट : www.lokbhartiprakashan.com
ईमेल : info@lokbhartiprakashan.com

शाखाएँ : 1-बी, नेताजी सुभाष मार्ग, दरियागंज
नई दिल्ली-110 002
अशोक राजपथ, साइंस कॉलेज के सामने
पटना-800 006 (बिहार)
36-ए, शेक्सपियर सरणी
कोलकाता-700 017 (प. बंगाल)

प्रथम लोकभारती संस्करण : 2019
द्वितीय लोकभारती संस्करण : 2023

आस्था पेपर कन्वर्टर
प्रयागराज द्वारा मुद्रित

LOK SAHITYA KI BHOOMIKA
by Dr. Krishnadev Upadhyay

ISBN : 978-93-89243-97-0

मूल्य : ₹ 700

जिन्होंने मेरे हृदय में साहित्य के प्रति रुचि तथा प्रेम उत्पन्न कर दिया, जिनकी प्रेरणा तथा प्रोत्साहन ही मेरे साहित्यिक जीवन का बल और सम्बल है

—उन्हीं—

पितृकल्प, ज्येष्ठ भ्राता

पद्मभूषण आचार्य बलदेव उपाध्याय

के चरण-कमलों में

सादर, सप्रेम समर्पित

—कृष्णदेव

भूमिका

लोक-साहित्य की परम्परा कदाचित् उतनी ही पुरानी है जितनी पुरानी मनुष्य जाति। अब तो यह माना जाता है कि भाषा का उद्गम ही संगीतात्मक था। बाद को धीरे-धीरे गद्य-भाषा और संगीत ये तत्व दो पृथक् महत्वपूर्ण सामाजिक-संस्थाओं के रूप में विकसित हुए।

किन्तु लोक गीतों, लोक कथाओं तथा लोकोक्तियों आदि की परम्परा सनातन से मौखिक रही। फलस्वरूप इन क्षेत्रों की प्राचीन सामग्री सुरक्षित नहीं रह सकी। लिपिबद्ध किये जाने के कारण नागरिक साहित्य की परम्परा तो प्रत्येक देश में क्रमबद्ध रूप में मिलती है, किन्तु लोक-साहित्य की नहीं।

यूरोप और अमरीका में उन्नीसवीं शताब्दी में लोक-भाषा और लोक-साहित्य के महत्व और अध्ययन की ओर विद्वानों का ध्यान गया था और इस क्षेत्र में पश्चिमी देशों में बहुत महत्वपूर्ण कार्य हुआ। अपने देश में इस क्षेत्र की ओर वर्तमान शताब्दी में विद्वान आकर्षित हुए।

हिन्दी में इस कार्य का क्रमबद्ध प्रारम्भ पं० रामनरेश त्रिपाठी के ग्राम-गीतों के संकलन और प्रकाशन से हुआ। हिन्दी प्रदेश की किसी एक भाषा, व्रज-भाषा, के लोक-साहित्य का प्रथम वैज्ञानिक अध्ययन डॉ० सत्येन्द्र ने उपस्थित किया था। इसके बाद तो इस क्षेत्र के कार्य में काफी प्रगति हुई।

कई वर्ष हुए डॉ० कृष्णदेव उपाध्याय ने भोजपुरी लोक-साहित्य का एक विस्तृत अध्ययन थीसिस के रूप में प्रकाशित किया था। उनकी प्रस्तुत पुस्तक लोक साहित्य के अध्ययन के सिद्धान्तों की भूमिका के रूप में है और हिन्दी में अपने ढंग का पहला प्रयास है। इसमें लोक-साहित्य के समस्त मुख्य रूपों, जैसे लोक-गीत, लोक-गाथा, लोक-कथा, लोक-नाट्य तथा लोकोक्तियों का विवेचन है। लेखक का विशेष अध्ययन भोजपुरी लोक-साहित्य का है, अतः यह स्वाभाविक है कि उदाहरणों आदि में भोजपुरी का प्राधान्य हो गया है।

प्रस्तुत पुस्तक में योग्य लेखक ने कुछ उपयोगी परिशिष्ट भी दिये हैं जिन्हें इस विषय में अभिरुचि रखने वाले पाठक विशेष उपयोगी पावेंगे। हिन्दी, अंग्रेजी तथा भारत की अन्य भाषाओं में पायी जाने वाली लोक-साहित्य सम्बन्धी सामग्री की पूर्ण सूचियाँ लेखक ने दी हैं। इस विषय के व्यापक अध्ययन में ये विशेष सहायक सिद्ध होंगी।

लोक-साहित्य के अध्ययन को प्रयाग विश्वविद्यालय ने हिन्दी के एम० ए० के पाठ्यक्रम में वैकल्पिक प्रश्नपत्र के रूप में स्थान दिया। कुछ अन्य विश्वविद्यालय भी इस परम्परा को अपना रहे हैं। इस विषय के विद्यार्थियों के लिए प्रस्तुत पुस्तक पाठ्य-ग्रंथ का काम दे सकेगी। यों लोक-साहित्य में अभिरुचि रखने वाला हिन्दी का साधारण पाठक भी पुस्तक को रोचक और उपयोगी पाएगा।

आशा है कि इस ग्रंथ से प्रेरणा लेकर इस विषय पर भविष्य में अधिकाधिक कार्य होगा और लोक-साहित्य के सिद्धांतों पर विस्तृत अध्ययन प्रकाश में आयेंगे। इस क्षेत्र में लेखक का यह प्रथम प्रयास अत्यन्त सराहनीय है।

प्रयाग, १९५७ ई०।

—धीरेन्द्र वर्मा

प्राक्कथन

लोक-साहित्य अपनी विभिन्न विशेषताओं के कारण महत्वपूर्ण स्थान रखता है। जन-संस्कृति का जैसा सच्चा तथा सजीव चित्रण इसमें उपलब्ध होता है वैसा अन्यत्र नहीं। सरलता, स्वाभाविकता और सरसता में यह अपना सानी नहीं रखता। लोक-कथा संसार के समस्त कथा-साहित्य का जनक है और लोकगीत सकल काव्य की जननी है। इस कारण लोक-साहित्य की महत्ता का कुछ अनुमान किया जा सकता है। इस देश में लोक-साहित्य का अध्ययन चिर उपेक्षित विषय रहा है। परन्तु यह प्रसन्नता की बात है कि अब अधिकारी विद्वानों का ध्यान इस ओर आकर्षित हो रहा है। हिन्दी की विभिन्न बोलियों में उपलब्ध लोक-गीतों, कथाओं, गाथाओं और लोकोक्तियों के संग्रह का प्रयास द्रुत गति से हो रहा है। फलस्वरूप अनेक ग्रन्थ प्रकाशित भी हुए हैं। प्रयाग, लखनऊ, आगरा तथा कलकत्ता विश्वविद्यालयों की एम० ए० (हिन्दी) परीक्षा में लोक-साहित्य वैकल्पिक प्रश्नपत्र के रूप में स्वीकृत किया गया है। अनेक शोधी छात्र लोक-साहित्य के विभिन्न विषयों को लेकर विभिन्न विश्वविद्यालयों में अनुसन्धान का कार्य कर रहे हैं। लोक-साहित्य के संकलन तथा सम्यक् सम्पादन के लिए कई लोक-साहित्य-परिषदों की स्थापना हुई है, जिनके द्वारा शोध-पत्रिकाएँ भी प्रकाशित होती हैं। इस दिशा में डॉ० डी० ए० मजुमदार, एम० ए०, पी-एच० डी०, अध्यक्ष, मानव-विज्ञान-शास्त्र विभाग, लखनऊ विश्वविद्यालय, लखनऊ का प्रयास अत्यन्त स्तुत्य है जिन्होंने 'एथ्नोग्राफिक एण्ड फोक कल्चर सोसायटी' की स्थापना की है। इस संस्था से लोक-गीतों के अनेक अंग्रेजी अनुवाद प्रकाशित हुए हैं। डॉ० मजुमदार के सम्पादकत्व में 'इस्टर्न एन्थोपॉलाजिस्ट' नामक एक शोध पत्रिका भी प्रकाशित होती है। 'अवध-भारती', 'ब्रज-भारती', 'मरु-भारती', 'राजस्थान-भारती', 'भोजपुरी' आदि पत्रिकाओं में लोक-साहित्य सम्बन्धी बहुत सी पठनीय सामग्री आज-कल प्रकाशित हो रही है। वर्तमान पुस्तक के लेखक ने अमेरिका, फ्रांस तथा जर्मनी आदि देशों में अपने लेखों को प्रकाशित कर भारतीय लोक-साहित्य के सन्देश को विदेशों में फैलाने का उल्लेखनीय प्रयास किया है। इस प्रकार लोक-साहित्य के अध्ययन के प्रति विद्वत्समुदाय जागरूक दिखायी पड़ता है। अतएव लोक-साहित्य के उज्ज्वल भविष्य की कल्पना की जा सकती है।

इस पुस्तक की रचना लोक-साहित्य के सिद्धान्त ग्रंथ के रूप में की गयी है। अतएव इसमें लोक-गीत, लोक-गाथा, लोक-कथाओं तथा लोक-नाट्य के मूल तत्वों का सन्निवेश करने का प्रयास हुआ है।

लोक-साहित्य के वर्गीकरण की पद्धति, उसका विस्तार, लोक-काव्य और अलंकृत काव्य में भेद, लोक-गाथाओं की विशेषताएँ तथा लोक-कथाओं के मूल तत्व, लोकोक्तियों और मुहावरों का महत्व, बच्चों के खेल, पालने के गीत और मृत्यु सम्बन्धी गीत इत्यादि जितने भी विषय लोक-साहित्य में अन्तर्भुक्त होते हैं उन सभी विषयों और समस्याओं का समाधान इस ग्रंथ में किया गया है। इस सम्बन्ध में पाश्चात्य देशों में जो अनुसन्धान हुआ है उसका अध्ययन कर उन

पश्चिमी मनीपियों के मतों का भी प्रतिपादन यथास्थान वर्णित है। इस पुस्तक के प्रणयन में लेखक ने तुलनात्मक दृष्टि से काम लिया है। भारतवर्ष में जो गीत प्रचलित हैं उसी कोटि का यदि कोई गीत अंग्रेजी साहित्य में उपलब्ध होता है तो उसे भी उद्धृत किया गया है। पालने के गीत, मृत्यु-गीत तथा आवृत्तिमूलक टेक पदों के अध्याय में इस पद्धति का विशेष रूप से अवलम्बन हुआ है। पाद-टिप्पणियों में अंग्रेजी में मूल ग्रन्थों से प्रचुर रूप में उद्धरण दिये गये हैं। इस पुस्तक की प्रामाणिकता के लिए ऐसा करना आवश्यक समझा गया। दूसरा कारण यह भी है कि लोक-साहित्य सम्बन्धी ये अंग्रेजी ग्रंथ साधारणतया उपलब्ध नहीं होते। अतः पाठकों को पुस्तक में आये हुए संकेतों के उद्धरण ग्रंथ के कलेवर में ही प्राप्त हो जायँ, इस सुविधा की दृष्टि से भी यह समुचित था।

प्रस्तुत ग्रंथ को तीन खण्डों में विभाजित किया गया है :—(१) साहित्य, (२) सिद्धान्त, और (३) संस्कृति। 'साहित्य' वाले खण्ड में लोक-साहित्य के संकलन की कठिनाइयों तथा पद्धति का उल्लेख करते हुए लोक-साहित्य-संग्रही की योग्यता का वर्णन किया गया है। जन-साहित्य—जो गाँवों में बिखरा हुआ है—के संकलन की यही वैज्ञानिक पद्धति है। इस कला को जान कर ही इस क्षेत्र के कार्यकर्ताओं को इसमें हाथ लगाना चाहिए। संग्रह का काम करते समय किन-किन बाहरी साधनों की आवश्यकता पड़ती है, इसका उल्लेख भी संक्षेप में प्रस्तुत है जिससे नवीन अनुसंधानकर्ताओं को पथ-प्रदर्शन प्राप्त हो सके। 'सिद्धान्त' खण्ड के अन्तर्गत लोक-गीत, लोक-गाथा, लोक-कथा, लोक-नाट्य तथा लोक-सुभापित के मूल-तत्वों एवं उनकी प्रधान विशेपताओं का विवरण प्रस्तुत है। इस विवेचन को सुधी-समुदाय के समक्ष उपस्थित करते हुए उदाहरण स्वरूप जो गीत दिये गये हैं वे हिन्दी की विभिन्न बोलियों से ही लिये गये हैं। प्रस्तुत लेखक का विचार समस्त भारतीय भापाओं से उदाहरण उपस्थित करने का था, परन्तु समय और स्थान के अभाव का ध्यान रखते हुए ऐसा करना सम्भव नही था। सच तो यह है कि जिन विपयों का प्रतिपादन किया गया है उनके वर्णन में भी स्थान की सकुचित परिधि के भीतर ही रखने के प्रयास के कारण, समासशैली का अवलम्बन करना पड़ा है। अतएव उदाहरण के अभाव में कहीं-कहीं किसी विपय को समझने में कठिनाई भी हो सकती है। फिर भी इस विपय की ओर लेखक सतर्क है कि कही भी दुर्बोधता न आने पावे। 'सिद्धान्त' भाग ही इस ग्रंथ का सार या तत्व समझना चाहिए।

'संस्कृति' वाले खण्ड में लोक-साहित्य में लोक-संस्कृति का जैसा चित्रण उपलब्ध होता है उसका सजीव चित्रण उपस्थित करने का प्रयास हुआ है। जनता की सामाजिक, धार्मिक तथा आर्थिक दशा का जो वर्णन पाठकों के समक्ष प्रस्तुत किया गया है उसे केवल नमूना ही समझना चाहिए। वह जन-जीवन की एक झाँकी मात्र है। उसका सम्यक्-चित्रण नहीं। सामान्य जनता की संस्कृति के विभिन्न अवयवों के सम्पूर्ण दिग्दर्शन के लिए एक पृथक् विशाल ग्रंथ की आवश्यकत है जो सम्भवतः भविप्य में प्रस्तुत किया जा सके। इस समय तो केवल झाँकी ही सम्भव है।

इस प्रकार साधन, सिद्धान्त और संस्कृति को लेकर इस ग्रंथ की रचना की गई है जिसमें सिद्धान्त वाला अंश सर्वाधिक महत्वपूर्ण है। 'साहित्य-संगीत-कला' की त्रिवेणी में अवगाहन

करके ही मानव का मानस पवित्र होता है और परमानन्द को प्राप्त करता है। लोक-साहित्य का वर्णन तो यहाँ किया गया है, परन्तु लोक-संगीत तथा लोक-कला का विवेचन इच्छा रहते हुए भी अनेक कारणों से नहीं किया जा सका। आशा है भविष्य में इसकी पूर्ति हो सकेगी।

पुस्तक के अन्त में लोक-साहित्य सम्बन्धी पठनीय सामग्री की विस्तृत सूची दी गई है। इस सूची का वर्गीकरण करते हुए विभिन्न भाषाओं की पुस्तकों का नाम अलग-अलग दिया गया है। अंग्रेजी में उपलब्ध पुस्तकों का भी वर्गीकरण इसी प्रकार से है। लोक-संस्कृति की रक्षा के लिए विदेशों में स्थापित अनेक संस्थाओं के नाम भी दिये गये हैं जिससे पाठकों को लाभ हो सके।

सर्वप्रथम डॉ० धीरेन्द्र वर्मा, अध्यक्ष, हिन्दी विभाग, प्रयाग विश्वविद्यालय के प्रति कृतज्ञता प्रकट करना मैं अपना परम कर्तव्य समझता हूँ जिनकी सतत् प्रेरणा और प्रोत्साहन से ही इस ग्रंथ की रचना हुई। (उन्होंने भूमिका लिखने की कृपा करके प्रस्तुत पुस्तक को महत्व प्रदान किया है।) डॉ० उदयनारायण तिवारी, एम० ए०, डी० लिट्०, के अनेक सुझावों के लिए मैं अत्यन्त आभारी हूँ। ज्येष्ठ भ्राता पद्मभूषण आचार्य पं० बलदेव उपाध्याय, एम० ए०, साहित्याचार्य, भूतपूर्व निदेशक सम्पूर्णानन्द संस्कृत विश्वविद्यालय, काशी तथा डॉ० वासुदेव उपाध्याय, एम० ए०, पी-एच० डी०, रीडर, प्राचीन भारतीय इतिहास तथा संस्कृत विभाग, पटना विश्वविद्यालय, पटना का मैं अत्यन्त आभारी हूँ जिनकी मंगल-कामना तथा आशीर्वाद ही मेरा बल और सम्बल है। प्रिय चिरंजीव डॉ० हरिशंकर उपाध्याय, एम० ए०, पी-एच० डी०, डॉ० रविशंकर उपाध्याय, एम० ए०, पी-एच० डी० तथा प्रिय पुत्री डॉ० वीणा द्विवेदी, एम० ए०, पी-एच० डी० ने इस ग्रंथ के लेखन में अनेक प्रकार की सहायता पहुँचाई है। अतः वे मेरे आशीष के भाजन हैं।

लोक-साहित्य के सामान्य सिद्धान्तों का सम्यक् विवेचन प्रस्तुत करने वाला यह सर्वप्रथम मौलिक ग्रन्थ है। वर्तमान लेखक ने अपने जीवन के अनेक बहुमूल्य वर्षों को लोक-साहित्य के अध्ययन और मनन में बिताया है। अतः यहाँ जो कुछ लिखा है वह प्रामाणिकता से युक्त है। ग्रंथकर्ता ने 'नामूलं लिख्यते किञ्चित् नानपेक्षितमुच्यते' इस मल्लीनाथी प्रतिज्ञा को निभाने का यथाशक्ति प्रयत्न किया है। इस कार्य में उसे कहाँ तक सफलता प्राप्त हुई है इसका निर्णय तो विशेषज्ञ-वृन्द ही कर सकते हैं। लेखक का तो केवल इतना ही निवेदन है कि :—

"आपरितोषात् विदुषां, न साधु मन्ये प्रयोगविज्ञानम्"

—कृष्णदेव उपाध्याय

दीपावली सं० २०४१ वि०
२४ अक्टूबर १९८४ ई०

विषय-सूची

संकेत-शब्द-सूची

इ० स्का० पा० बै०—इंगलिश एण्ड स्कॉटिश पापुलर बैलेड्स
ऋ० वे०—ऋग्वेद
ओ० इ० बै०—ओल्ड इंगलिश बैलेड्स
ऐ० ब्रा०—ऐतरेय ब्राह्मण
क० कौ०—कविता-कौमुदी (भाग ५) ग्राम-गीत
ग्रा० गी०—ग्राम-गीत (कविता कौमुदी भाग 5)
ज० ए० सो० बं०—जर्नल ऑव् दि एशियाटिक सोसाइटी ऑव् बंगाल
ता० ब्रा०—ताण्ड्य ब्राह्मण
भो० ग्रा० गी०—भोजपुरी ग्राम-गीत भाग २
भो० लो० गी०—भोजपुरी लोक-गीत भाग १
भो० लो० गी०—भोजपुरी लोक-गीतों में करुण रस
न्यू० इ० डि०—न्यू इंगलिश डिक्शनरी
मै० लो० गी०—मैथिली लोक-गीत
रा० ए० सो० बं०—रायल एशियाटिक सोसाइटी ऑफ बंगाल
रा० लो० गी०—राजस्थान के लोक-गीत भाग १, २
रा० लो० गी०—राजस्थानी लोक-गीत
रा० च० मा०—रामचरितमानस
व्र० लो० सा० अ०—व्रज-लोक-साहित्य का अध्ययन
श० ब्रा०।
श० प० ब्रा०—शतपथ ब्राह्मण
शा० ब्रा०—शाकटाउन ब्राह्मण
ह० ग्रा० सा०—हमारा ग्राम साहित्य
हि० सा० स०—हिन्दी साहित्य सम्मेलन
है० आ० फो०—हैण्ड बुक ऑव् फोकलोर

***

अध्याय १

लोक-साहित्य का संकलन

(क) संग्रह की कठिनाइयाँ

लोक साहित्य के संकलन का मार्ग बड़ा कंटकाकीर्ण है। इसमें पद पद पर विघ्न-बाधाएँ उपस्थित होती हैं। धैर्य का धनी ही इस कार्य को सम्यक् रूप से सम्पादित कर सकता है। जिन लोगों में अध्यवसाय की कमी है, जो थोड़ी ही देर में किसी काम में ऊब जाते हैं; लोक साहित्य का संग्रह उनके वश के बाहर की बात है। इस काम में समय का कुछ कम अपव्यय नहीं होता। कई दिनों की प्रतीक्षा के बाद एक या दो गीत हाथ लगते हैं। गवैयों को गवाकर गीत लिखना कुछ सरल काम नहीं है। इस कार्य में जो बाधाएँ उपस्थित होती हैं उनका संक्षिप्त विवरण इस प्रकार है:—

१. **गवैयों का क्रमिक अभाव**—गाँवों में गीतों के गाने वालों का क्रमशः अभाव होता जा रहा है। कुछ गीत ऐसे हैं जिन्हें विशेष जातियाँ—धोबी, चमार, दुसाध, तेली, अहीर, गोंड, आदि—ही गाती हैं। नयी सभ्यता के प्रसार से तथा गाँवों में अंग्रेजी शिक्षा के प्रचार से इन जातियों के पढ़े-लिखे नवयुवक लोक-गीतों से घृणा करने लगे हैं। वे इन गीतों को गाने में अपना अपमान समझते हैं। वे अपनी पुस्तैनी सम्पत्ति को जानबूझ कर खोते जा रहे हैं। ऐसी दशा में लोकगीतों के संरक्षण की इनसे आशा करना दुराशा मात्र है। जिन लोगों ने इन गीतों की अब रक्षा कर रखी है, वे गाँव के बूढ़े और बुढ़िया हैं जो कराल काल के गाल में कवलित होने के लिए समय की प्रतीक्षा कर रहे हैं। इसलिए लोकगीतों के संग्रहकर्ता का कार्य कठिन होता जा रहा है।

२. **पर्दे की प्रथा**—पर्दे की प्रथा के कारण भी इस कार्य में बड़ी बाधा उपस्थित होती है। उत्तर प्रदेश के पूर्वी जिलों तथा बिहार के पश्चिमी जिलों में पर्दे की बड़ी कठोर प्रथा है, जिसके कारण कोई कुल-वधू किसी पर-पुरुष के सामने नहीं आ सकती । बूढ़ी स्त्रियाँ भी पर्दे का व्यवहार करती हैं। ऐसी दशा में गीत संग्रह के प्रेमियों के लिए बड़ी कठिनाई एवं बाधाएँ उपस्थित होती हैं। कहा जाता है कि हिन्दी के कवि श्री मन्नन द्विवेदी लोकगीतों के बड़े प्रेमी थे। वे जाँत के गीतों—जिन्हें जँतसार कहते हैं—का संग्रह करना चाहते थे, परन्तु पर्दे की प्रथा के कारण कोई भी स्त्री इन गीतों को उनके सामने गाकर उन्हें लिखवाने को तैयार नहीं हुई। अतः वे रात्रि में जिस घर में जँतसार गाया जाता था, उसके पिछवाड़े (पृष्ठभाग) में खड़े होकर गीतों को लिखा करते थे। इस पुस्तक के लेखक को भी ऐसी अनेक यातनाएँ भुगतनी पड़ी हैं।

आजकल की पढ़ी-लिखी लड़कियाँ लोकगीतों को उपेक्षा की दृष्टि से देखने लगी हैं। वे इन गीतों को गाना फैशन के विरुद्ध समझती हैं। संस्कार सम्बन्धी गीत स्त्रियों के ही कलकण्ठ में निवास करते हैं। अतः शिक्षित युवतियों से उन गीतों को गवाकर लिखना कठिन कार्य है।

३. **पुनरावृत्ति में असमर्थता**—गवैये जब अपनी मस्ती में आते हैं तभी गाते हैं और जब गाने

लगते हैं तब बड़े सुर में गाते हैं। जब वे तरंग में आकर ऊँचे स्वर से गाना प्रारम्भ करते हैं तब अपनी सुधि के साथ ही कथा के प्रसंग को भी भूल जाते हैं। यह बात विशेषकर लोकगाथाओं के गाने में होती है। 'लोरकी' एक प्रबन्धात्मक गीत है जो ताल-सुर से गाया जाता है। जब गवैये भावावेश में आकर इसे ाने लगते हैं, तब इसे लिपिबद्ध करना बड़ा कठिन कार्य होता है। यदि गीत के संग्राहक ने गीत की कोई कड़ी लिखते समय छोड़ दी तो पुनः उसे लिपिबद्ध करना कठिन है। गवैया प्रारम्भ से ही किसी गीत को गा सकता है। गीत गाते समय किसी छूटी हुई पंक्ति को पुनः गाने में असमर्थ-सा होता है। गीत की पुनरावृत्ति की उसकी असमर्थता से संग्रहकर्ता का कार्य दुरूह हो जाता है। उसका गीत अधूरा ही रह जाता है। ये गवैये इस तेजी के साथ इन गाथाओं (लोरकी, विजयमल आदि) को गाते हैं कि पहिले तो गीत के अर्थ को समझना कठिन है, फिर उसे उसी तेजी के साथ लिखना और भी कठिन हो जाता है।

स्त्रियाँ जब विवाह आदि मांगलिक अवसरों पर समवेत स्वर से गीत गाने लगती हैं तो गीत के अभिप्राय को समझ कर स्पष्ट रूप से उन गीतों को सुनकर लिखना कुछ साधारण व्यापार नहीं है। ये भी किसी गीत को बीच से ही दुहराकर नहीं गा पातीं।

४. **गवैये सर्वदा गाने को तैयार नहीं**—लोकगीतों के संग्रहकर्ता के सामने सबसे बड़ी कठिनाई यह उपस्थित होती है कि गवैये सदा गाने के लिए तैयार नहीं होते। जब उनके मन में उमंग आती है तभी वे गाते हैं। वे ऋतु के अनुकूल ही गीतों को गाना पसंद करते हैं, जैसे फागुन के दिनों में व 'फगुवा' या होली गायेगें। और चैत के दिनों में 'चैता' या 'घाटों'। वे आज्ञा देकर गवाये नहीं जा सकते हैं। यदि आग्रह या भय के कारण वे गायेंगे भी तो उनका हृदय उस गीत में नहीं होगा। उनका मन नहीं रमेगा। अतः संग्रहकर्ता को ऋतु के अनुकूल गीत सुनने और लिखने के लिए उस ऋतु के समय की प्रतीक्षा करनी पड़ती है।

एक दूसरी कठिनाई और है। किसी कार्य विशेष को करते समय गाये जाने वाले गीतों—एक्शन सांग्स—की यह एक विशेषता है कि वे उस कार्य को करते समय ही अच्छी तरह से गाये जा सकते हैं जैसे रोपनी के गीत धान को रोपते समय ही सम्यक् रीति से गाये जाते हैं। सोहनी के गीतों के विषय में भी यही बात समझनी चाहिए। एक बार इन पंक्तियों के लेखक को सोहनी के गीतों को खेत की मेड़ पर बैठकर लिखना पड़ा था, क्योंकि उन गीतों को गाने वाली (अहिरिन) स्त्री घर पर उस गाने के लिए तैयार नहीं थी। इसमें सन्देह नहीं कि उपयुक्त वातावरण में ही गीतों को गाने में आनन्द आता है, परन्तु इस कारण संग्रहकर्ता का बहुत-सा समय नष्ट हो जाता है।

५. **संकुचित मनोवृत्ति**—गवैयों की संकुचित मनोवृत्ति भी इस संग्रह कार्य में बहुत बड़ी बाधा उपस्थित करती है। प्रायः यह देखा जाता है कि गवैये गीतों को लिपिबद्ध कराने में बड़ा संकोच करते हैं। वे संग्रहकर्ता का स्वागत न करके किसी विधि से उन्हें टालने की कोशिश करते हैं। सम्भवतः वे यह समझते हैं कि इन गीतों के लिपिबद्ध हो जाने से उनके पेशे को धक्का लगेगा अथवा उनका आदर-सम्मान कम हो जायेगा। प्रस्तुत लेखक ने गोरख-पन्थी साधुओं से—जो कथरी लिए और सारंगी बजाते हुए अपनी पेट पूजा की योजना करते फिरते

हैं—गोपीचन्द तथा भरथरी की गाथाओं को लिखना चाहा था, परन्तु उसे इस कार्य में सफलता प्राप्त न हो सकी। इन भिक्षुक गायकों की यह धारणा बद्धमूल है कि इससे उनकी जीविका जाती रहेगी। इन गायकों को यह क्या मालूम कि इन गीतों के लिपिबद्ध हो जाने से लोक साहित्य की कितनी अनमोल निधियाँ नष्ट हो जाने से बच जायेंगी।

लोकगीतों के संकलनकर्ताओं के सामने उपर्युक्त कठिनाइयाँ उपस्थित होती हैं। जिसे इन गीतों के प्रति अटूट अनुराग अथवा अदम्य उत्साह न हो, वह इस कार्य में सफलीभूत नहीं हो सकता।

(ख) लोक-साहित्य संग्रहकर्ता के उपादान

(क) आन्तरिक साधन

१. **जनता के साथ तादात्म्य-भावना**—लोक साहित्य के प्रेमी के लिए यह आवश्यक है कि जिस देश या प्रदेश को वह अपने कार्य का क्षेत्र बनाये वहाँ की जनता से निकटतम सम्बन्ध स्थापित करे। अपने को महान् समझना अथवा जिन लोगों के बीच कार्य करना है, उनको सभ्य या शिक्षित बनाने की भावना घातक सिद्ध होती है। इसलिए यह आवश्यक है कि संग्रही अपने वैभव तथा सुन्दर एवं बहुमूल्य वेष-भूषा का प्रदर्शन उनके सामने न करे। सुष्ठु तथा सुन्दर व्यवहार, सज्जनतापूर्ण बर्ताव और स्थानीय शिष्टाचार के नियमों का पालन करना अनिवार्य है।[१] यदि स्थानीय शिष्टाचार का पालन न किया गया तो उस प्रदेश की जनता से सम्मान नहीं प्राप्त किया जा सकता है। स्थानीय लोगों के कार्य-कलापों में दिलचस्पी लेना भी वांछनीय है, तभी वे लोग गीत और कहानियाँ सुनायेंगे अन्यथा नहीं। आशय यह है कि सभी प्रकार से वहाँ के लोगों के साथ तादात्म्य स्थापित करना चाहिए।

२. **सहानुभूति**—संग्रह की सफलता के लिए यह आवश्यक है कि जनता के साथ वास्तविक सहानुभूति प्रदर्शित की जाय। स्थानीय विश्वासों, प्रथाओं तथा अंधपरम्पराओं के लिए सर्वाधिक सम्मान दिखलाना चाहिए चाहे जनता की धारणायें कितनी भी तुच्छ या तर्कहीन क्यों न हों। यदि हम उनकी प्रथाओं का आदर न करेंगे तो वे लोग आत्मीयता की भावना नहीं रखेंगे। उदाहरण के लिए देहरादून जिले के जौनसार-भावर क्षेत्र में बहुपति प्रथा आज भी प्रचलित है। यदि किसी कुटुम्ब में पाँच भाई हैं तो उन सब की एक ही पत्नी होगी, जो पाँचों को अपना पति समझेगी। शास्त्रों ने बहुपतित्व-प्रथा को गर्हित बतलाया है। यदि संग्रहकर्ता अपने कार्य के उद्देश्य से इस प्रदेश में जाय और वहाँ के लोगों से शास्त्र-विरुद्ध इस प्रथा की निन्दा करे तो उसका 'मिशन' कदापि सफल नहीं हो सकता है। इस बात को गाँठ में बाँध लेना चाहिए कि जंगली तथा असभ्य जातियों के विश्वास और प्रथाएँ हमें कितनी ही अद्भुत तथा निन्दित क्यों न मालूम हों, परन्तु स्थानीय निवासियों की दृष्टि में वे तथ्यपूर्ण और तर्कपूर्ण हैं। अंतः आवश्यकता इस बात की है कि उनके दृष्टिकोण से ही उनकी प्रथाओं को समझने का प्रयास किया जाय।

---

१. "A Kindly simple genial manner, much patience in listening and quick perception of and compliance with the local rules of etiquette and courtesy are needful."—सोफिया बर्न—है० आ० फो०.

बाहरी व्यक्ति जो किसी स्थान में संग्रह कार्य के लिए जाते हैं, उन्हें अनेक बातों की असुविधा होती है। वे स्थानीय जनता की प्रथाओं, रीतियों और विधि-विधानों को समझने में असमर्थ होते हैं। स्थानीय अभिवादन की प्रणाली, सम्बोधन करने का प्रकार तथा साधारण शिष्टाचार के नियमों को जानना कार्य में सहायक सिद्ध होता है। इनके प्रयोग से स्थानीय जनता का विश्वासपात्र बना जा सकता है। अपनी सहानुभूति प्रदान कर संग्रहकर्ता जब स्थानीय लोगों का विश्वसनीय बन जाता है, तभी वे अपने रहस्यों का उद्‌घाटन करते हैं।

३. **अनुसंधान चातुरी**—लोक-साहित्य की विखरी हुई सामग्री को एकत्र करने के लिए संग्रही को साधारण बुद्धि से काम लेना चाहिए। उसे यह जानना चाहिए कि कौन-सी सामग्री कहाँ से प्राप्त हो सक्ती है। कुछ प्रथाओं का पालन केवल पुरुष करते हैं, अनेक विधि-विधान केवल स्त्रियों द्वारा सम्पादित किये जाते हैं। कुछ रीतियाँ विशिष्ट पेशा या व्यवसाय करने वाली जातियों में ही सीमित हैं। प्राचीन कुलीन घरों या कुलों में अपनी विशिष्ट कुल-परम्परायें हुआ करती हैं। उच्च जातियों में सामाजिक प्रथायें, व्रत, उत्सव और अन्धविश्वास सुरक्षित पाये जाते हैं। अतः संग्रही के लिए यह सम्पर्क वांछनीय है कि वह उपयुक्त व्यक्ति से स्थापित कर अपने कार्य की सिद्धि करे। उसे चतुरता से काम लेना चाहिए। जो व्यक्ति जिस विषय का अधिकारी, ज्ञाता या प्रमाणभूत (एथारिटी) हो उसी से उस विषय की जानकारी प्राप्त करनी चाहिए। सोफिया बर्न ने लिखा है "युवती स्त्रियाँ प्रेम-गीत, टोटका, शकुन शास्त्र तथा भूत-दूत के विषय में प्रमाणभूत हैं। बूढ़ी स्त्रियाँ शिशु-गीत, लोक-कथा तथा जन्म, मृत्यु और बीमारी से सम्बन्धित विधि-विधानों की अधिक जानकारी रखती हैं। संग्रही को पशु पक्षियों के विषय में किसी शिकारी से बातचीत करनी चाहिए, लकड़ीहारे से वृक्षों के विषय में और गृहणी से रसोई बनाने और कपड़ों को साफ करने के सम्बन्ध में पूँछ-ताछ करनी चाहिए।"[१]

नीच कही जाने वाली अस्पृश्य जाति के अनेक व्यक्ति सुन्दर गीतों के भंडार हैं। दुसाध नामक एक अछूत जाति पचरा के गीत गाने में निपुण है। घुमन्तू नट जाति के लोग अनेक गीतों को जानते हैं। अतः संग्रही के मन में स्पृश्यास्पृश्य की भावना नहीं आनी चाहिए। उसका यह परम कर्तव्य है कि वह इन लोगों के घर जाए और उनके रीति-रिवाजों, प्रथाओं और गीतों का संग्रह करे।

४. **जाँच कर किसी तथ्य को स्वीकार करना**—संग्रही को यह बात स्वयं सिद्ध रूप से स्वीकार नहीं कर लेनी चाहिए की किसी जाति-विशेष में अमुक प्रथा का अभाव है अथवा उसमें अमुक गीत प्रचलित नहीं है या वे लोग अमुक प्रथा में विश्वास नहीं करते। यदि कोई बात संग्रही की दृष्टि या अनुसंधान के अन्तर्गत नहीं आती तो इसका यह अर्थ कभी नहीं समझना चाहिए कि

१. Young women are the best authorities on love songs, charms, omens, and simple methods of divination, old women on nursery songs and tales and all the lore connected with birth, death and sickness. One must talk to the hunter about birds and beasts, to the woodcutter about trees and to the housewife about baking and washing.—है० आ० फो० पृष्ठ ८

उस प्रथा या गीत का अस्तित्व है ही नहीं। इसके विपरीत उसको चाहिए कि उक्त वस्तु के अभाव के साक्षीभूत प्रमाणों को लिपिबद्ध कर ले। किसी स्थान विशेष में किसी प्रथा, परम्परा या विश्वास के अभावों को लिख लेना उतना ही आवश्यक है, जितना कि उनकी सत्ता का लिपिबद्ध करना। किसी तथ्य को तब तक स्वीकार या अस्वीकार नहीं करना चाहिए जब तक कि उसके पक्ष और विपक्ष में पक्के प्रमाण न मिल जायँ।

५. **स्थानीय भाषा के शब्दों का प्रयोग**—जहाँ तक सम्भव हो संग्रहकर्ता को स्थानीय भाषा में ही अपने संकलन का कार्य करना चाहिए। लोक-गीतों और कथाओं के संग्रह में यह बात अत्यन्त आवश्यक है। प्रथाओं और रीति-रिवाजों को लिपिबद्ध करते समय उन स्थानीय पारिभाषिक शब्दों का ही प्रयोग करना चाहिए जिनके पर्यायवाची या समानार्थक शब्दों का हिन्दी भाषा में अभाव है। विवाह के अवसर पर उत्तर प्रदेश के पूर्वी जिलों में बहुत सी प्रथायें प्रचलित हैं—जैसे 'माटी कोड़ाई', 'हरदी लगाई', 'लावा भुजाई', 'नहछू-नहावन', आदि। ये प्रथायें लौकिक तथा स्थानीय हैं। अतः वैवाहिक प्रथाओं को लिपिबद्ध करने के साथ ही इस अवसर पर प्रयुक्त होने वाले विशेष शब्दों—'द्वारपूजा', 'अइगा', 'गुरहत्थी', 'नेवता', 'कोहबर', 'रोका' आदि—को इसी रूप में ग्रहण करना चाहिए, क्योंकि खड़ी बोली हिन्दी में इनके अभिप्राय को द्योतित करने वाले शब्दों का अभाव सा है।

६. **यथा श्रुतम् तथा लिखितम्**—लोक-साहित्य के संग्रहकर्ता को चाहिए कि वह जिस गीत या कथा को जिस प्रकार से सुने, उसे उसी प्रकार से लिपिबद्ध करे। इस सम्बन्ध में उसका यही सिद्धान्त होना चाहिए कि यथा श्रुतम् तथा लिखितम्। यदि लिखित गीत या कथा में कहीं अशुद्धि जान पड़े तो संग्रही को अपनी बुद्धि के अनुसार उसका संशोधन कदापि नहीं करना चाहिए। यह संशोधन कभी-कभी घातक सिद्ध होता है और गीत के मूल अर्थ को बिल्कुल नष्ट कर देता है। उदाहरण के लिए 'सलवलीं' शब्द को लीजिए। इसका भोजपुरी में अर्थ होता है—अनगढ़ी लकड़ी को छील-छालकर चिकना बनाना। जैसे 'हम पार सलवलीं' अर्थात् मैंने चारपाई के पैर को चिकना तथा सुन्दर बनवाया। एक भोजपुरी गीत में इसी अर्थ में इस 'सलवलों' शब्द का प्रयोग हुआ है।[१] परन्तु डॉ० सर ग्रियर्सन जैसा प्रसिद्ध भाषा-मर्मज्ञ भी इस शब्द के अर्थ के चक्कर में पड़ गया है और उन्होंने 'सलवलो' पाठ को अशुद्ध समझकर, इसका संशोधन 'सुलवलों' कर दिया और अर्थ बतलाया है 'सुलाया' जो मूल अर्थ से बिल्कुल भिन्न और अशुद्ध है।

कहने का आशय केवल इतना ही है कि गीतों और कथाओं में संग्रही को अपनी ओर से संशोधन उपस्थित करना खतरे से खाली नहीं है। बहुत सम्भव है कि जिस पाठ को अपनी समझ में न आने के कारण हम अशुद्ध समझ रहे हैं, कुछ दिनों के बाद वह समस्या सुलझ जाय और उसका ठीक अर्थ लग जाय।

७. **संग्रह की प्रामाणिकता**—अपने संग्रह पर प्रामाणिकता का सिक्का लगाने के लिए यह आवश्यक है कि संग्रही जिस व्यक्ति से लोक-साहित्य का संग्रह करे उसका नाम, अवस्था,

---

१. 'चनन के पेड़ काटि पटिया रे सलवलों'।

लिंग, निवास स्थान, (पूरे पते के साथ), व्यवसाय और उसकी स्थिति (Status) को भी लिपिबद्ध कर ले। यदि किसी व्यक्ति—विशेषकर स्त्रियों—को अपना नाम बतलाने में आपत्ति हो तो इसके लिए उनसे विशेष आग्रह नहीं करना चाहिए। गवैये का नाम पता लिख लेने से पहला लाभ तो यह होगा कि यदि कोई विद्वान् व्यक्ति किसी गीत या कथा की यथार्थता की जाँच करना चाहेगा तो वह उसे आसानी से कर सकेगा। दूसरा लाभ यह कि किस जिले या प्रदेश में किस बोली का कौन- सा रूप प्रचलित है यह जाना जा सकता है। किस जाति में कौन सा गीत या कथा किस रूप में प्रचलित है, इसका ज्ञान भी आसानी से हो सकता है। भाषा-शास्त्री के लिए उपर्युक्त सूचनाएँ बड़ी लाभदायक हैं।

८. **विभिन्न पाठों का संग्रह**—एक गीत के जितने भी विभिन्न पाठ (versions) मिल सकें इन सभी का संग्रह करना वांछनीय है। एक ही लोक-गाथा अनेक राज्यों या प्रान्तों में अलग-अलग रूप में प्रचलित हैं। उदाहरण के लिए आल्हा को लिया जा सकता है। मूल आल्हा—जो बुन्देलखण्डी में लिखा गया था—आजकल उपलब्ध नहीं होता। परन्तु इसके कन्नौजी और भोजपुरी पाठ (versions) आज भी मिलते हैं। राजा गोपीचन्द तथा भरथरी की कथा लोक-गाथा के रूप में समस्त उत्तरी भारत में गायी जाती है। ढोला-मारु की प्रेम-कथा राजस्थान से लेकर भोजपुरी प्रदेश तक गवैयों के मुख से सुनी जाती है। यदि इन गीतों के विभिन्न पाठों का संकलन कर अध्ययन किया जाय तो यह पता चलेगा कि इनके कथानकों में स्थान विशेष के कारण कितना परिवर्तन हो गया है। अतः भाषा-शास्त्र की दृष्टि से इन पाठों का संग्रह आवश्यक है।

डॉ० चाइल्ड ने अंग्रेजी तथा स्काटिश लोकगीतों में जितने भी विभिन्न पाठ उपलब्ध हो सके हैं, उन सब का संकलन अपने सुप्रसिद्ध ग्रन्थ [१] में किया है। उन्होंने 'Lady Isabel and the Elf-knight' नामक गीत के नव विभिन्न पाठों का; 'Sir Patrick Spens' शीर्षक गीत के अठारह विभिन्न पाठों का और 'Mary Hamilton' शीर्षक गीत के अठाइस विभिन्न पाठों का संग्रह अपने प्रामाणिक ग्रन्थ में किया है।[२] पं० रामनरेश त्रिपाठी ने अपने 'ग्रामगीत' में 'भगवती देवी' शीर्षक गीत के तीन-चार पाठों को लिपिबद्ध किया है, जिनमें प्रत्येक में कथा सम्बन्धी विशेषताएँ पायी जाती हैं।

डॉ० कृष्णदेव उपाध्याय ने स्वयं अपनी नवीनतम कृति 'भोजपुरी लोकगीत भाग-३', जो भोजपुरी अकादमी पटना से प्रकाशित हुई है—में गोपीचन्द की लोकगाथा के तीन पाठों (Versions) को संकलित कर प्रकाश में लाने का प्रयास किया है।

(ख) वाह्य साधन

लोक-साहित्य के संग्रहकर्ता को वाह्य साधनों से भी सुसज्जित रहना चाहिए। जिस प्रकार लड़ाई में लड़ने वाले सैनिक के लिए बम और बन्दूक आवश्यक साधन है, उसी प्रकार लोक-साहित्य के संग्रही के लिए 'पेन' और 'पेपर' आदि अनिवार्य सामग्री हैं।

---

१. इंगलिश एण्ड स्काटिश पापुलर बैलेड्स।
२. इंगलिश एण्ड स्काटिश पापुलर बैलेड्स (केट्रिज द्वारा सम्पादित) प्रिफेस, पृ० ५।

१. **नोटबुक, पेन तथा पेन्सिल**—संग्रही को चाहिए कि वह सदा अपने साथ एक नोटबुक रखा करे। यह नोटबुक ऐसी होनी चाहिए जिसके पृष्ठ आवश्यक्ता पड़ने पर उससे अलग किये जा सकें या उसमें जोड़े जा सकें। प्रत्येक गीत, कथा, प्रथा, रीति-रिवाज, विधि-विधान, विश्वास तथा परम्परा को पृथक्-पृथक् पृष्ठों में लिखना चाहिए जिससे अधिक सामग्री उपलब्ध होने पर उन्हें एक साथ ही रखा जा सके।

नोटबुक के अतिरिक्त लाल और नीली-काली स्याही से युक्त फाउन्टेन पेन भी संग्रही के पास होने चाहिए। इसके साथ ही लाल-पेन्सिल और कापिंग पेन्सिल का होना भी वांछनीय है। जिन वस्तुओं या तथ्यों का संकलन संग्रही स्वयं करे उन्हें नीली-काली स्याही से लिखता जाय। दूसरों द्वारा उसे जो सूचना मिले उसे लाल स्याही से लिखना चाहिए। इससे यह लाभ होगा कि उसे बाद में यह ज्ञात हो सकेगा किन वस्तुओं का संकलन उसने स्वयं किया है और कौन सी सूचना दूसरों के द्वारा प्रस्तुत की गयी है। लाल और कापिंग पेन्सिल का भी यही उपयोग है। सभ्यता केंन्द्रों से बहुत दूर, जंगलों तथा पहाड़ों के बीच में निवास करने वाली जातियों के गाँवों में—जहाँ लेखन सामग्री का नितान्त अभाव है—फाउन्टेन पेन और पेन्सिल का महत्त्व ज्ञात होता है। जहाँ ये साधन विद्यमान न हों तो वहाँ संग्रही की सब शक्ति व्यर्थ है।

२. **कैमरा**—आदिम जातियाँ प्रायः ऐसे स्थानों में निवास करती हैं जहाँ यातायात के साधन बहुत थोड़े हैं। मानव-विज्ञान शास्त्र के विद्यार्थियों के लिए इन जातियों के शरीर की बनावट, उनके मस्तक की आकृति, उनके रूप रंग का अध्ययन बहुत आवश्यक है। इनके घरों की बनावट, देवी-देवताओं के मन्दिर, सामान्य शयन-गृह, टोना-टोटका की वस्तुएँ, भूत-दूत से आश्लिष्ट स्थान तथा इन जातियों की वेश-भूषा तथा अलंकार आदि का अनुसन्धान अत्यन्त महत्त्वपूर्ण है। इन वस्तुओं के सम्यक् अध्ययन के निमित्त संग्रही के लिए यह अनिवार्य है कि वह अपने पास कैमरा अवश्य रखे जिससे वह इन समस्त वस्तुओं का चित्र (फोटो) ले सके। ग्रामीण लोग अपना फोटो देखकर बहुत प्रसन्न होते हैं। यदि उन्हें उनके फोटो की एक प्रति दे दी जाय तो बड़ी खुशी से वे अपने घर, मन्दिर तथा देवी-देवताओं की मूर्तियों के फोटो खींचने की आज्ञा दे देते हैं। इस प्रकार उनकी सहानुभूति और सहायता दोनों प्राप्त की जा सकती है। वर्तमान लेखक को इस तरह के अभीष्ट वस्तुओं के फोटो लेने में बड़ी सहायता मिली है।

३. **रेकार्डिंग मशीन**—लोक-साहित्य में संग्रही का कार्य रेकार्डिंग मशीन के बिना अधूरा ही समझना चाहिए। जैसा कि पहले लिखा जा चुका है गाँवों में भी लोकगीतों के गवैयों का क्रमिक अभाव होता चला जा रहा है। कुछ वर्षों के पश्चात् ये गवैये खोजने पर भी नहीं मिलेंगे। लोक-गीतों को लिपिबद्ध करने पर उनके शरीर की रक्षा तो हो जाती है, परन्तु उनकी आत्मा उसमें नहीं होती। यह कहना पुनरुक्ति मात्र है, कि लोक-गीतों का प्राण संगीत है। संगीत के बिना उसके सुनने में आनन्द नहीं आता है। विभिन्न गीतों के गाने के लिए विभिन्न लय हैं, उनकी 'ट्यून्स' (Tunes) अलग-अलग हैं। स्त्रियों के गीतों के सम्बन्ध में भी यही बात कही जा सकती है। सोहर और झूमर के 'ट्यून' में बड़ा अन्तर है। जँतसार और रोपनी के गीतों के लय में भेद है। अतः यह अत्यन्त आवश्यक है कि इन पुरुष गवैयों को गवाकर उनके गीतों की

रेकार्डिंग कर ली जाय, जिससे गीतों के शरीर के साथ उनके प्राणों को भी-सुरक्षित रखा जा सके। यद्यपि बूढ़ी दादियाँ अपने गीतों और कथाओं को रिकार्ड कराने में संकोच करती हैं, फिर भी उनकी मौखिक सम्पत्ति को इस यन्त्र के द्वारा सदा के लिए सुरक्षित कर लेना संग्रही का परम कर्तव्य है। यद्यपि इस मार्ग में सामाजिक तथा आर्थिक अनेक कठिनाइयाँ हैं, परन्तु यह स्मरण रखना चाहिए कि जहाँ चाह है वहाँ राह भी निकल ही आती है।

४. **फिल्म-निर्माण**—गाँवों में मुण्डन, विवाह, गवना आदि अनेक संस्कार प्रचलित हैं, जिनका फिल्मांकन करना अत्यन्त आवश्यक है। इसी प्रकार से चिड़िया, छठी माता तथा शीतला माता की पूजा के अवसर पर जो क्रिया-कलाप किये जाते हैं, होली, दिवाली और दशहरा, आदि त्योहारों को मनाते समय जिन विधानों को व्यवहार में लाया जाता है उन सभी की रक्षा के लिए उनका फिल्म बनाया जाना चाहिए। आजकल वी.सी.आर. तथा 'मूविंग कैमरा' के माध्यम से यह कार्य आसानी से सम्पन्न किया जा सकता है। अतः लोक संस्कृति के संग्राहक के लिए यह आवश्यक है।

■ ■ ■

अध्याय २

लोक-साहित्य का सामान्य परिचय

१. 'लोक' शब्द की प्राचीनता—'लोक' शब्द संस्कृत के 'लोकृ दर्शने' धातु से 'घञ्' प्रत्यय करने पर निष्पन्न हुआ है।[१] इस धातु का अर्थ 'देखना' होता है, जिसका लट् लकार में अन्य पुरुष एक बचन का रूप 'लोकते' है। अतः 'लोक' शब्द का अर्थ हुआ 'देखने वाला'। इस प्रकार वह समस्त जन समुदाय जो इस कार्य को करता है 'लोक' कहलायेगा। 'लोक' शब्द अत्यन्त प्राचीन है। साधारण जनता के अर्थ में इसका प्रयोग ऋगवेद में अनेक स्थानों पर किया गया है। ऋगवेद में लोक के लिए 'जन' का भी प्रयोग उपलब्ध होता है।[२] वैदिक ऋषि कहता है कि विश्वामित्र के द्वारा उच्चरित यह ब्रह्म या मंत्र भारत की रक्षा करता है।

य इमे रोदसी उभे अहमिन्द्रमतुष्टवं।
विश्वामित्रस्य रक्षति ब्रह्मेदं भारतं जनं।।

ऋगवेद के सुप्रसिद्ध पुरुष सूक्त में 'लोक' शब्द का व्यवहार जीव तथा स्थान दोनों अर्थों में किया गया है।[३] यथा—

नाभ्या आसीदंतरिक्षं शीर्ष्णो द्यौः समवर्तत।
पद्भ्यां भूमिर्दिशः श्रोत्रात्तथा लोकां अकल्पयन्।।

उपनिषदों में अनेक स्थानों में 'लोक' शब्द व्यवहृत हुआ है। जैमिनीय उपनिषद् ब्राह्मण में यथार्थ ही कहा गया है कि यह लोक अनेक प्रकार से फैला हुआ है। प्रत्येक वस्तु में यह प्रभूत या व्याप्त है। कौन प्रयत्न करके भी इसे पूरी तरह से जान सकता है ?[४]

बहु व्याहितो वा अयं बहुशो लोकः।
क एतद् अस्य पुनरीहितो अयात्।।

महावैयाकरण पाणिनि ने अपनी अष्टाध्यायी में 'लोक' तथा 'सर्वलोक' शब्दों का उल्लेख किया है तथा इनसे ठञ् प्रत्यय करने पर 'लौकिक' तथा 'सार्वलौकिक' शब्दों की निष्पत्ति की है।[५] 'सर्वत्र विभाषा गोः' ६/१/१२२ सूत्र की वृत्ति को देखने से पता चलता है कि लोक और वेद में एङन्त 'गो' शब्द के पद के अन्त में विकल्प भाव होता है।[६]

---

१. सिद्धान्त कौमुदी, पृ० ४१७ (वेंकटेश्वर प्रेस, बम्बई, १९८९)।
२. ऋ० वे० ३/५३/१२।
३. वही १०/९०/२४।
४. जै० उ० ब्रा० ३/२८।
५. लोकसर्वलोकाट्ठञ् ५/१/४४। तत्र विदित इत्यर्थे। लौकिकः। अनुशतिकादित्वादुभयपदवृद्धिः। सार्वलौकिकः।
६. लोके वेदे चैङन्तस्य गोरिति वा प्रकृतिभावः स्यात्पदांते। गो अग्रम्। गोऽग्रम। ६/१/१२२ सूत्र की वृत्ति देखिये।

इससे ज्ञात होता है कि पाणिनि ने वेद से पृथक् लोक की सत्ता को स्वीकार किया है। उन्होंने अनेक शब्दों की निष्पत्ति बतलाते हुए लिखा है कि वेद में इसका रूप अमुक प्रकार का है परन्तु लोक में इसका स्वरूप भिन्न प्रकार का समझना चाहिए।[१] वररुचि ने अपने वार्तिकों में भी 'लोक' शब्द का प्रयोग किया है।[२] इन्होंने भी अनेक स्थानों पर इस बात का स्पष्ट उल्लेख किया है कि अमुक शब्द का लोक में अनेक रूप में व्यवहार होता है। महाभाष्यकार पंतजलि ने लोक में प्रचलित गौः शब्द के अनेक रूपों का उल्लेख अपने प्रसिद्ध ग्रन्थ में किया है।[३]

भरत मुनि ने नाट्यशास्त्र के चौदहवें अध्याय में अनेक नाट्यधर्मी तथा लोकधर्मी प्रवृत्तियों का उल्लेख किया है। महर्षि व्यास ने अपनी शतसाहस्त्री संहिता की विशेषताओं का वर्णन करते हुये लिखा है कि यह ग्रन्थ (महाभारत) अज्ञान रूपी अन्धकार से अन्धे होकर व्यथितलोक (साधारण जनता) की आँखों को ज्ञान रूपी अंजन की शलाका लगाकर खोल देता है।[४]

अज्ञानतिमिरान्धस्य लोकस्य तु विचेष्टतः।
ज्ञानांजनशलाकाभिर्नेत्रोन्मीलनकारकम्।।

इसी प्रकार महाभारत में वर्णित विषयों की चर्चा करते हुए लोकयात्रा का उल्लेख किया गया है।[५] इसी पर्व में एक अन्य स्थान पर पुण्य कर्म करने वाले का वर्णन उपलब्ध होता है।[६] महर्षि व्यास ने लिखा है:—

प्रत्यक्षदर्शी लोकानां सर्वदर्शी भवेन्नरः।

अर्थात् जो व्यक्ति लोक को स्वतः अपने चक्षुओं से देखता है वही उसे सम्यक् रूप से जान सकता है।

भगवद्गीता में 'लोक' तथा 'लोकसंग्रह' आदि अनेक शब्दों का प्रयोग अनेक स्थानों पर किया गया है।[७] भगवान श्रीकृष्ण ने 'लोक-संग्रह' पर बड़ा बल दिया है। वे अर्जुन को उपदेश देते हुए कहते हैं।[८]

कर्मणैव हि संसिद्धिमास्थिता जनकादयः।
लोकसंग्रहमेवापि संपश्यन् कर्तुमर्हसि ।।

कहने की आवश्यकता नहीं कि यहाँ लोकसंग्रह का अर्थ साधारण जनता का आचरण, व्यवहार तथा आदर्श है।

---

१. बहुलं छंदसि २/४/३९ तथा २/४/७३; २/४/७३ सूत्रों की व्याख्या देखिए।

२. लोकस्य पृणे। सि० कौ०; पृ० २६७/६ वार्तिक सूची।

३. केषां शब्दनाम्? लौकिकानां वैदिकानां च। एकस्य शब्दस्य बहवो अपभ्रंशाः तद्यथा गौरित्यस्य शब्दस्थ गावी, गोणी, गोता, गोपोतलिकेत्येवमादयोऽपभ्रंशाः। महाभाष-प्रथम आह्निक।

४. महाभारत, आ० प०, १/८४।

५. पुराणानां चैव दिव्यानां कल्पनां युद्धकौशलम्।
वाक्यजातिविशेषाश्च लोकयात्राक्रमश्च यः।। (आ० प० १/६६)।

६. आ० प० १/१०१-२।

७. गीता ३/३; /२२; ३/२४।

८. गीता ३/२०।

२. **'लोक' शब्द की परिभाषा**—डॉ० हजारी प्रसाद द्विवेदी ने 'लोक' के सम्बन्ध में अपने विचार को प्रकट करते हुए लिखा है कि 'लोक' शब्द का अर्थ 'जन-पद' या 'ग्राम्य' नहीं है बल्कि नगरों और गाँवों में फैली हुई वह समूची जनता है जिनके व्यावहारिक ज्ञान का आधार पोथियाँ नहीं हैं। ये लोग नगर में परिष्कृत, रुचि सम्पन्न तथा सुसंस्कृत समझे जाने वाले लोगों की अपेक्षा अधिक सरल और अकृत्रिम जीवन के अभ्यस्त होते हैं और परिष्कृत रुचि वाले लोगों की समूची विलासिता और सुकुमारिता को जीवित रखने के लिए जो भी वस्तुयें आवश्यक होती हैं उनको उत्पन्न करते हैं।[१] विश्वभारती (शान्तिनिकेतन) के उड़िया विभाग के भूतपूर्व अध्यक्ष डॉ० कुंज बिहारी दास ने लोक गीतों की परिभाषा बतलाते हुए 'लोक' शब्द की भी सुन्दर व्याख्या प्रस्तुत की है। उन्होंने लिखा है—'लोकगीत' उन लोगों के जीवन की अनायास प्रवाहात्मक अभिव्यक्ति है जो सुसंस्कृत तथा सुसभ्य प्रभावों से बाहर, कम या अधिक रूप में आदिम अवस्था में निवास करते हैं।'[२] डॉ० कृष्णदेव उपाध्याय के मत के अनुसार 'लोक' की परिभाषा निम्नलिखित है—

आधुनिक सभ्यता से दूर, अपने प्राकृतिक परिवेश में निवास करने वाली, तथाकथित अशिक्षित एवं असंस्कृत जनता को 'लोक' कहते हैं जिनका आचार-विचार एवं जीवन परम्परायुक्त नियमों से नियंत्रित होता है।

इससे स्पष्टतया ज्ञात होता है कि जो लोग संस्कृत तथा परिष्कृत लोगों के प्रभाव से बाहर रहते हुये अपनी पुरातन स्थिति में वर्तमान हैं उन्हें 'लोक' की संज्ञा प्राप्त है। इन्हीं लोगों के साहित्य को लोकसाहित्य कहा जाता है। यह साहित्य प्रायः मौखिक होता है तथा परम्परागत रूप से चला आता है। यह साहित्य जब तक मौखिक रहता है तभी तक इसमें ताजगी तथा जीवन पाया जाता है। लिपि की कारा में कैद करते ही इसकी संजीवनी शक्ति नष्ट हो जाती है।

३. **लोक-संस्कृति तथा लोक-साहित्य की पृथक सत्ता**—प्राचीन भारतीय साहित्य के अवलोकन से यह स्पष्ट प्रतीत होता है कि वैदिक काल से ही इस देश में संस्कृति की दो पृथक्-पृथक् धाराएँ प्रवाहित हो रही थीं।

(१) शिष्ट संस्कृति, (२) लोक संस्कृति। शिष्ट संस्कृति से हमारा तात्पर्य उस अभिजात वर्ग की संस्कृति से है जो कि बौद्धिक विकास के उच्चतम शिखर पर पहुंचा हुआ था; जो अपनी प्रतिभा के कारण समाज का अग्रणी और पथ प्रदर्शक था तथा जिसकी संस्कृति का स्रोत वेद या शास्त्र था। लोक-संस्कृति से हमारा अभिप्राय जनसाधारण की उस संस्कृति से है जो अपनी प्रेरणा लोक से प्राप्त करती थी, जिसकी उत्सभूमि जनता थी और बौद्धिक विकास के निम्न धरातल पर उपस्थित थी। यदि ऋग्वेद तथा अथर्ववेद का सूक्ष्म दृष्टि से अध्ययन किया जाय तो यह पार्थक्य स्पष्ट हो जाता है। प्रोफेसर बलदेव उपाध्याय ने इस विषय का गंभीर विवेचन प्रस्तुत करते हुए लिखा है:—

---

१. डॉ० द्विवेदी 'जनपद' वर्ष १, अंक १, पृ० ६५।

२. दि पीपुल दैट लिव इन मोर आर लेस प्रिमिटिव कंडीशन आउटसाइड दि स्फियर आव सोफिस्टिकेटेड इन्फ्लुएन्सेज।

डॉ० दास—ए स्टडी आफ ओरिसन फोकलोर।

'लोक संस्कृति शिष्ट संस्कृति की सहायक होती है। किसी देश के धार्मिक विश्वासों, अनुष्ठानों तथा क्रिया-कलापों, के पूर्ण परिचय के लिए दोनों संस्कृतियों में परस्पर सहयोग अपेक्षित रहता है। इस दृष्टि से अथर्ववेद ऋग्वेद का पूरक है। यह दोनों संहिताएँ दो विभिन्न संस्कृतियों के स्वरूप की परिचायिकाएँ हैं। अथर्ववेद लोक संस्कृति का परिचायक है तो ऋग्वेद शिष्ट संस्कृति का। अथर्ववेद के विचारों का धरातल सामान्य जनजीवन है तो ऋग्वेद का विशिष्ट जनजीवन है।[१]

ऋग्वेद में यज्ञ-यागादिक का विधान पाया जाता है तो अथर्ववेद में अंधविश्वास, टोना टोटका, जादू, मंत्र, आदि का। इस प्रकार ऋग्वेद शिष्ट तथा संस्कृति जन के विचारों की झाँकी प्रस्तुत करता है तो अथर्ववेद में लोक संस्कृति का चित्रण उपलब्ध होता है। अतः ये दोनों वेद दो भिन्न संस्कृतियों के प्रतीक हैं।

उपनिषद् काल में भी ये दोनों संस्कृतियाँ स्पष्ट रूप से दिखाई पड़ती हैं। जिन उपनिषदों में आत्मा, परमात्मा, जीव, जगत्, ब्रह्म आदि का वर्णन है वे अभिजात संस्कृति के ग्रन्थ हैं। परन्तु जिनमें लोक जीवन का विवरण है, लोक-विश्वास तथा लोक-परम्पराओं का उल्लेख है, उनका सम्बन्ध निश्चय ही लोक-संस्कृति से है। गृह्यसूत्रों को यदि लोक संस्कृति का विश्वकोष कहें तो कुछ अत्युक्ति न होगी। यों तो सभी गृह्यसूत्रों में जन जीवन का चित्रण पाया जाता है परन्तु पारस्कर तथा आश्वलायन गृह्यसूत्रों में लोकसंस्कृति का विशेष वर्णन उपलब्ध होता है। भिन्न-भिन्न संस्कारों के अवसर पर आश्वलायन गृह्यसूत्र में जहाँ शास्त्रीय विधानों का वर्णन किया गया है वहाँ जनता में प्रचलित लोक विश्वासों तथा प्रथाओं का भी उल्लेख हुआ है।[२] पाली जातकों में लोक संस्कृति का सजीव चित्रण किया गया है। वावेस जातक के अध्ययन से तत्कालीन व्यापारिक दशा का पता चलता है। नंच जातक में वैवाहिक प्रथा का उल्लेख करते हुए वर के आवश्यक गुणों की ओर संकेत किया गया है।[३] इसी प्रकार अन्य जातकों से भी उस समय की साधारण जनता के रहन-सहन, खान-पान, रीति-रिवाजों का पता चलता है। वाल्मीकि के आदिकाव्य में वर्णित सुग्रीव और जाम्बवान्, जो बन्दरों और भालुओं के राजा थे—उन आदिम जातियों के नेताओं का प्रतिनिधित्व करते हैं जो आज भी इस विशाल देश में लाखों की संख्या में विराजमान हैं। उस समय शिष्ट जन तथा साधारण जन की भाषा में भी अन्तर था—हनुमान् जब लंका में अशोक बाटिका में बैठी सीता से मिलने के लिए गए तब वे सोचने लगे कि यदि मैं 'संस्कृतां वाचम्'—शिष्ट लोगों की भाषा का प्रयोग करूँगा तो सीता मुझे रावण समझकर डर जायेगी।[४]

यदि वाचं प्रदास्यामि द्विजातिरिव संस्कृताम्।
रावणं मान्यमानां मां सीता भीता भविष्यति।।

---

१. समाज (काशी विद्यापीठ), वर्ष ४, अंक ३ (१९५८), पृष्ठ ४४६।
२. प्रो० बलदेव उपाध्याय : गृह्यसूत्रों में लोक संस्कृति।
३. प्रो० बटुकनाथ शर्मा : पालि जातकावली।
४ वाल्मीकि रामायण, सुन्दर कांड।

इस उल्लेख से ज्ञात होता है कि सांस्कृता वाक् को विद्वान् लोग बोलते थे और साधारण लोग लोक भाषा का व्यवहार करते थे। महाकवि कालिदास ने भी शिष्ट-जन तथा सामान्य-जनों में प्रचलित दो भाषाओं का उल्लेख किया है। कुमारसम्भव में पार्वती के परिणय के अवसर पर सरस्वती ने शिव जी की प्रशंसा में संस्कृत भाषा का प्रयोग किया। परन्तु सरलता से समझ में आने वाली प्राकृत भाषा में उन्होंने पार्वती की स्तुति की। महाकवि कहते हैं कि—

"द्विधा प्रयुक्तेन च वांगमयेन, सरस्वती तन्मिथुनं नु नाव।
संस्कारयूतेन वरं वरेण्यं, वधूं सुख ग्राह्य-निबन्धनेन ।"

-कुमार संभव ७/९०

यहाँ कवि ने दो प्रकार की भाषाओं की ओर संकेत किया है। संस्कार से युक्त होने के कारण संस्कृत शिष्ट-जनों की भाषा थी। परन्तु 'सुखग्राह्य' होने के कारण प्राकृत भाषा सर्व-साधारण जनता के द्वारा व्यवहृत होती थी।

महाभारत में यद्यपि कौरवों तथा पाण्डवों की युद्ध गाथा ही प्रधानतया वर्णित है तथापि उसमें लोक संस्कृति की भी झाँकी देखने को मिलती है। महाभारत के सभा पर्व के अन्तर्गत द्यूतपर्व में युधिष्ठिर तथा शकुनि के जुआ खेलने का वर्णन उपलब्ध होता है।[१] मांस बेचने वाले धर्मव्याध के साथ युधिष्ठिर के संवाद का उल्लेख पाया जाता है। व्यास जी के जन्म की कथा, राजा शान्तनु का धीवर कन्या से विवाह, द्रौपदी का बहुपतित्व आदि सैकड़ों प्रथाओं का उल्लेख महाभारत में हुआ है जिनसे तत्कालीन लोक संस्कृति पर प्रचुर प्रकाश पड़ता है। स्वयं भगवान् श्रीकृष्ण ने वेद से पृथक् लोक की सत्ता को स्वीकार किया है। वे कहते हैं कि मैं लोक में और वेद में भी पुरुषोत्तम नाम से प्रसिद्ध हूँ।[२]

अतोऽस्मि लोके वेदे च प्रथितः पुरुषोत्तमः ।।

संस्कृत के कवियों तथा नाटककारों की कृतियों में लोक संस्कृति का जो विराट और भव्य रूप देखने को मिलता है उसका वर्णन करना अत्यन्त कठिन है। कविकुल गुरु कालिदास ने अपने ग्रन्थों में शिष्ट संस्कृति तथा लोक संस्कृति का समान रूप से वर्णन किया है। मेघदूत में यक्ष के घर की वापी का वर्णन करते हुए जहाँ कालिदास ने 'वापी चारिमन् मरकतशिलावद्धसोपानमार्गा' लिख कर उच्च वर्ग के लोगों के वैभव का वर्णन किया है वहाँ उनकी सूक्ष्म दृष्टि ने लोक संस्कृति का चित्र भी प्रस्तुत किया है। धान के खेतों की रखवाली करने वाली स्त्रियों द्वारा ईख की छाया में बैठकर लोक गीतों के गाने का उल्लेख इस महाकवि ने किया है:[३]

इक्षुच्छायानिषादिन्यः तस्य गोप्तुर्गुणोदयम्।
आकुमारकथोद्‌घातं शालिगोप्यो जगुर्यशः ।।

शूद्रक रचित मृच्छकटिक नाटक में उस समय की सामाजिक दशा का जो चित्रण किया गया है, उससे साधारण जनता की संस्कृति का पता चलता है।

---

१. महाभारत, सभापर्व (द्यूतपर्व) ५८ -६१४ (गीता प्रेस का संस्करण)।
२. गीता, १५/१८।
३. रघुवंश, सर्ग ४।

लोक साहित्य भी अत्यन्त प्राचीन है। ऋग्वेद में अनेक गाथाएँ उपलब्ध होती हैं जो उस समय गाई जाती थीं। शतपथ ब्राह्मण तथा ऐतरेय ब्राह्मण में ऐसी गाथाएँ प्राप्त होती हैं जिनमें अश्वमेध-यज्ञ करने वाले राजाओं के उदात्त चरित्र का संक्षिप्त वर्णन किया गया है। इस विषय का विस्तृत विवरण आगे प्रस्तुत किया जाएगा।

भारतीय शास्त्रों ने लोक में प्रचलित साहित्य के विभिन्न रूपों की कभी उपेक्षा नहीं की है। नवीन छन्द, नवीन गीत पद्धति, नवीन नाट्यरूपक बराबर ही लोकचित्त से छनकर उच्च शास्त्रीय धरातल तक पहुंचते रहे हैं। भारतीय नाट्यशास्त्र ने लोक प्रचलित नाटकों को भी अपनी विवेचना का विषय बनाया है। प्राचीन नाट्यशास्त्रीय ग्रन्थों के अध्ययन से यह बात स्पष्ट प्रतीत हो जाती है। उन दिनों खेले जाने वाले नाटकों में सभी प्रकार के मनोरंजक तथा रसोद्दीपक रूपक होते थे। श्रृंगार, वीर, या करुण-रस प्रधान ऐतिहासिक 'नाटक'; नागरिक 'रईसी' की कविकल्पित प्रेम कथाओं के 'प्रकरण'; धूर्तों और दुष्टों का हास्योत्तेजक उपाख्यानमूलक 'भाण'; स्त्रियों से रहित, वीर-रस-प्रधान एकांकी 'व्यायोग'; तीन अंकों वाला 'समवकार'; भयानक दृश्यों को दिखाने वाला, भूत-प्रेत-पिशाचों का उपस्थापक 'डिम'; स्वर्गीय प्रेमिका के लिए जूझ पड़ने वाले प्रेमियों की सनसनी खेज प्रतिद्वन्द्विता वाला 'ईहामृग'; स्त्री शोक की करुण कथा से सम्बन्धित एकांकी 'अंक'; एक ही पात्र द्वारा अभिनीयमान विनोद और श्रृंगार प्रधान 'वीथी'; जनता में हास्यरस की समान उत्पत्ति करने वाला 'प्रहसन' आदि रूपक अत्यन्त लोक प्रिय थे।[१] रूपकों के अतिरिक्त अनेक उपरूपकों की भी रचना की गयी थी जिनमें नाटिका का प्रचलन सबसे अधिक था। 'गोष्ठी' में नव दस पुरुष और पाँच छः स्त्रियाँ साथ ही अभिनय करती थीं। 'हल्लीश' में एक पुरुष कई स्त्रियों के साथ नृत्य करता था। इसी प्रकार से अन्य छोटे-मोटे रूपकों का भी अभिनय होता था।

यह बड़े आश्चर्य का विषय है कि इतने विशाल संस्कृत साहित्य में इन उपरूपकों के उदाहरणस्वरूप एक भी ग्रन्थ आज विद्यमान नहीं है। सम्भवतः ये लोक-नाट्य के रूप में उस समय जीवित थे। अतः इनके उदाहरणों को समझाने के लिए पुस्तक लिखने की आवश्यकता नहीं समझी गयी होगी। इसमें 'समवकार' नामक रूपक सात- आठ घंटों में खेला जाता था। सात-सात घन्टों तक खेले जाने वाले इन पौराणिक नाटकों को लोक नाट्य समझना ही उचित जान पड़ता है। आज भी अनेक लोक नाट्यों का रात-रात भर अभिनय होता रहता है और जनता की अटूट भीड़ वहाँ लगी रहती है। परवर्ती काल में रंगमंच बहुत उन्नत हो गया होगा और कालिदास तथा भवभूति जैसे महाकवियों के नाटक उपलब्ध होने लगे होंगे। तब ये लम्बे नाटक उच्च स्तर के समाज में उपेक्षित हो गए होंगे। साधारण जनता में फिर भी ये प्रचलित रहे। इनके लक्षणों को पढ़कर आज कल की रामलीला के पुराने लौकिक रूप का कुछ अनुमान लगाया जा सकता है।

---

१. डॉ० हजारी प्रसाद द्विवेदी : समाज, वर्ष १, अंक १, पृ० ६७।

संस्कृत के विशाल कथा साहित्य के अध्ययन से यह ज्ञात होता है कि गुणाढ्य की बृहत्कथा तथा सोमदेव के कथासरित्सागर में जिन कथाओं का संकलन हुआ है वे वास्तव में लोक कथायें ही थीं जो इस देश में विभिन्न प्रदेशों में फैली हुई थीं। कथासरित्सागर की प्रस्तावना में बताया गया है कि इन कथाओं का मूल वक्ता कोई अभिशप्त गंधर्व था जो शापवश विंध्याटवी में आ गया था। इससे अनुमान किया जा सकता है कि गुणाढ्य पंडित ने मूक रूप में इन कथाओं को नगर से दूर रहने वाले ग्रामीण या वन्य लोगों से सुना होगा। मध्ययुग के अनेक श्रेष्ठ प्रकरणों, चंपूकाव्यों और निजंधरी कथाओं का मूलरूप लोक-कथानक ही है। इस प्रकार भारतीय साहित्य का अत्यन्त महत्वपूर्ण भाग लोक साहित्य पर आश्रित है।

उपर्युक्त विवरण से यह सिद्ध होता है कि लोक संस्कृति तथा लोक साहित्य का मूल अत्यन्त प्राचीन है तथा शिष्ट संस्कृति के साथ ही साथ लोक संस्कृति तथा साहित्य की धारा भी इस देश में पुरातन काल से प्रवाहित होती रही है।

४. 'फोकलोर' शब्द की उत्पत्ति—सर्व साधारण जनता के रीति-रिवाज, रहन-सहन, अंधविश्वास, प्रथा-परम्परा, धर्म आदि विषयों के अध्ययन की ओर यूरोपीय विद्वानों का ध्यान सबसे पहले आकृष्ट हुआ था। इस प्रसंग में सबसे पहले जान आब्रे का नाम लिया जा सकता है, जिन्होंने आज से प्रायः तीन सौ वर्ष पूर्व सन् १६८७ ई० में 'रिमेंस आफ जेंटिलिज्म ऐंड जुडाइज्म' नामक पुस्तक लिखी थी। इसके लगभग दो सौ वर्ष पश्चात् जे० ब्रैंड ने अपनी सुप्रसिद्ध पुस्तक 'आब्जर्वेशन आन पापुलर ऐंटीक्विटीज' सन् १८७७ ई० में प्रकाशित की। १६वीं शताब्दी के पूर्वार्द्ध तक जन जीवन का अनुशीलन करने वाले शास्त्र को 'पापुलर ऐंटीक्विटीज' के नाम से पुकारा जाता था। सन् १८४६ ई० में इंग्लैण्ड के प्रसिद्ध पुरातत्ववेत्ता विलियम जान टामस ने 'फोकलोर' इस नये शब्द का निर्माण किया।[१] यह शब्द इतना लोकप्रिय हुआ कि यूरोप की प्रायः सभी भाषाओं में इसका प्रयोग किया जाने लगा और आज संसार की सभी भाषाओं में इस विषय का अध्ययन प्रारम्भ हो गया है। डॉ० फ्रेजर ने अपने विद्वत्तापूर्ण ग्रंथ 'गोल्डेन बाउ' को १२ भागों में लिखकर इस विषय को दृढ़ आधारशिला पर प्रतिष्ठित कर दिया। ई०बी० टायलर ने 'प्रिमिटिव कल्चर' नामक पुस्तक का निर्माण दो बृहत् भागों में किया है जिसमें इन्होंने आदिम सभ्यता के उद्भव तथा विकास पर प्रचुर प्रकाश डाला है। जर्मन विद्वानों ने भी इस क्षेत्र में भी बड़ा काम किया है, जिसमें ग्रिम बन्धुओं —विलयम ग्रिम तथा जेकब ग्रिम—का कार्य अत्यन्त प्रशंसनीय है। इन्होंने जर्मनी की लोक-कथाओं को एकत्र कर, उनका वैज्ञानिक अध्ययन किया है, जो 'ग्रिम्स फेयरी टेल्स' के नाम से प्रसिद्ध है। इंग्लैंड की 'फोकलोर सोसाइटी' ने इस विषय के अध्ययन तथा अनुसंधान में बड़ा योगदान किया है। अब तक यूरोप का शायद ही कोई ऐसा देश हो जिसमें 'फोकलोर सोसाइटी' की स्थापना न हुई हो। अमेरिका के प्रत्येक राज्य में ऐसी संस्थाएँ स्थापित हैं ज़िनमें 'अमेरिकन फोकलोर सोसाइटी' सब से प्राचीन तथा प्रधान है।

---

१. मेरिया लीच : डिक्शनरी ऑफ फोकलोर, भाग १, पृ०, ४०३।

५. 'फोक्लोर' का पर्यायवाची शब्द 'लोक संस्कृति है'—'फोक्लोर' शब्द की उत्पत्ति का उल्लेख पहले किया जा चुका है। हिन्दी में इसके पर्यायवाची शब्द के विषय में विद्वानों में बड़ा मतभेद है। इन विभिन्न मतों का उल्लेख करने के पूर्व 'फोक्लोर' शब्द के व्युत्पत्तिलभ्य अर्थ पर थोड़ा विचार करना अत्यन्त आवश्यक है। 'फोक्लोर' दो शब्दों से मिलकर बना है—(१) फोक, तथा (२) लोर। 'फोक' शब्द की उत्पत्ति ऐंग्लो सैक्सन शब्द 'Folc' से मानी जाती है। जर्मन भाषा में इसे 'Volk' कहते हैं। डॉ० बार्कर ने 'फोक' शब्द की व्याख्या करते हुए लिखा है कि 'फोक' से सभ्यता से दूर रहने वाली किसी पूरी जाति का बोध होता है परन्तु इसका यदि विस्तृत अर्थ लिया जाय तो किसी सुसंस्कृत राष्ट्र के सभी लोग इस नाम से पुकारे जा सकते हैं। लेकिन 'फोक्लोर' के सम्बन्ध में 'फोक' का अर्थ 'असंस्कृत लोक' है। दूसरा शब्द 'लोर' ऐंग्लो सैक्सन 'लर' (lar) शब्द से निकला है जिसका अर्थ है 'सीखा गया' अर्थात् ज्ञान। इस प्रकार 'फोक्लोर' का अर्थ हुआ 'असंस्कृत लोगों का ज्ञान।'

'फोक्लोर' शब्द के हिन्दी पर्याय के लिए पहले 'फोक' शब्द को लीजिये। इसके लिए हमारे सामने तीन शब्द आते हैं—ग्राम, जन, तथा लोक। पं० रामनरेश त्रिपाठी का 'फोक' शब्द के लिए 'ग्राम' शब्द पर अत्यधिक आग्रह है।[१] इसी आधार पर उन्होंने 'फोकसांग' का हिन्दी पर्याय 'ग्राम-गीत' स्वीकार किया है। परन्तु यदि विचार पूर्वक देखा जाय तो 'ग्राम' शब्द 'लोक' के भाव को व्यक्त करने में नितान्त असमर्थ है। 'ग्राम' शब्द लोक की विशाल भावना को अत्यन्त संकुचित कर देता है। यदि गम्भीर दृष्टि से विचार करें तो लोक की सत्ता नगर तथा ग्राम दोनों में समान रूप से विद्यमान है। परन्तु ग्राम शब्द गाँव तक ही सीमित है। आज बम्बई और कलकत्ता जैसे बड़े नगरों में भी निवास करने वाले निम्न वर्ग के लोग गीत गा-गाकर अपना मनोरंजन करते हैं। अतः उनके गीतों को 'लोकगीत' न कहकर जो लोग 'ग्राम-गीत' कहने का आग्रह करते हैं उनका यह आग्रह दुराग्रह मात्र है।

'जन' शब्द में सभी प्राणियों का समावेश किया जा सकता है। वेदों में सामान्य जनता के लिए इस शब्द का प्रयोग उपलब्ध होता है। इससे सम्बन्धित 'जनपद', 'जनप्रवाद' आदि शब्द प्रचलित हैं। परन्तु 'लोक' शब्द की एक अपनी परम्परा है; इसका विशेष अर्थ है जिसका उल्लेख पहले किया जा चुका है। अन्य दोनों शब्दों की अपेक्षा यह 'फोक' के अधिक समीप भी है। अतः 'लोक' शब्द का ग्रहण ही समीचीन है।

डॉ० वासुदेवशरण अग्रवाल ने 'फोक्लोर' शब्द का हिन्दी पर्यायवाची शब्द 'लोकवार्ता' बतलाया है। उन्होंने इस शब्द का चुनाव वैष्णव सम्प्रदाय में प्रचलित 'चौरासी वैष्णवों की वार्ता' तथा 'दो सौ बावन वैष्णवों की वार्ता' आदि ग्रन्थों के 'वार्ता' शब्द के आधार पर किया है।[२] परन्तु इस शब्द को ग्रहण करने में अनेक आपत्तियाँ दिखाई पड़ती हैं। प्रथम तो यह शब्द पर्याप्त व्यापक नहीं प्रतीत होता। 'लोक-वार्ता' शब्द में अधिक से अधिक लोककथा या लोकचर्चा का भाव वहन करने की क्षमता है। इसके अतिरिक्त 'लोकवार्ता' शब्द संस्कृत साहित्य में एक अन्य

---

१. त्रिपाठी : जनपद, खंड १, पृ० १६।

२. सत्येन्द्र : ब्र० लो० सा० अ०, पृ० १।

अर्थ में भी प्रयुक्त हुआ मिलता है। संस्कृत के कोशों में इसका अर्थ प्रवाद, अफवाह, या किंवदंती दिया गया है।[१] संस्कृत के सुप्रसिद्ध कोशकार वामन शिवराम आप्टे ने अपने कोश में 'लोकवार्ता' का अर्थ लोक प्रिय सूचना (पापुलर रिपोर्ट) या सार्वजनिक अफवाह (पब्लिक रयूमर) दिया है। सर मोनियर विलियम्स की संस्कृत डिक्शनरी में भी 'वार्ता' शब्द का अर्थ आप्टे के समान ही प्राप्त होता है। इस प्रकार संस्कृत के कोशों में 'वार्ता' शब्द का प्रयोग कहीं भी 'ज्ञान' या 'लोर' के अर्थ में नहीं किया गया है। अतः डॉ० अग्रवाल के 'लोकवार्ता' शब्द के अव्याप्ति दोष होने के कारण इसे ग्रहण नहीं किया जा सकता।

कौटिल्य के अर्थशास्त्र में 'वार्ता' शब्द का प्रयोग अर्थशास्त्र तथा राजनीति शास्त्र के लिए किया गया है। मनु महराज ने चार विद्याओं का वर्णन करते हुए 'वार्ता' शब्द की भी उल्लेख किया है जिससे उनका तात्पर्य अर्थशास्त्र से है।

आन्वीक्षिकी, त्रयीः वार्ता दण्डनीतिश्च शाश्वती।
विद्या ह्येतः चतस्त्रः स्युः; लोकसंस्थितिहेतवे।।

इन उल्लेखों से विदित होता है कि 'वार्ता' वह शास्त्र है जिसे आजकल अंग्रेजी में 'एकोनामिक्स' कहते हैं।

महाभारत में यक्ष-युधिष्ठिर संवाद में भी 'वार्ता' शब्द का व्यवहार किया गया है। यक्ष प्रश्न करता है:

का वार्ता ? किमाश्चर्यं ? कः पन्थः ? कश्चमोदते ?

इस पर युधिष्ठिर उत्तर देते हुए कहते हैं:

अस्मिन् महामोहमये कटाहे, सूर्याग्निना रात्रिदिवेन्धनेन।
मासर्तुदर्वीपरिघट्टनेन, भूतानि कालः पचतीति वार्ता।।

इन श्लोकों में आये हुए 'वार्ता' शब्द को संदर्भपूर्वक विचार करने से पता चलता है कि इसका प्रयोग 'नूतन समाचार' या 'नई बात' के अर्थ में किया गया है। इस प्रकार संस्कृत साहित्य में कहीं भी वार्ता शब्द का प्रयोग ज्ञान (लोर) के अर्थ में नहीं किया गया है। अतः फोक्लोर के अर्थ में डॉ० अग्रवाल द्वारा दुराग्रह-पूर्वक प्रचारित 'लोकवार्ता' शब्द अपने दोनों दोषों—अवाचक तथा अव्याप्ति—के कारण स्वतः धराशायी हो जाता है।

आजकल दिल्ली रेडियो से संस्कृत में जो समाचार प्रतिदिन प्रसारित किया जाता है उसमें उद्घोषक संस्कृत में समाचार की समाप्ति पर 'इति वार्ताः' शब्दों का प्रयोग करता है, जिसका अर्थ है कि अब समाचार समाप्त हो गये। इस बात से भी पता चलता है कि आजकल भी संस्कृत संसार या समाज में 'वार्ता' शब्द का प्रयोग समाचार, सूचना अथवा अफवाह के रूप में ही किया जाता है। समाचार के अर्थ में वार्ता शब्द का प्रयोग दृढ़मूल है। अतः इस प्राचीन शब्द का व्यवहार 'फोक्लोर' शब्द के अर्थ में प्रयोग करना केवल दुराग्रह मात्र है। यह शब्द

---

१. द्वारकाप्रसाद शर्मा—संस्कृत शब्दार्थ कौस्तुभ।

अवाचक दोष होने के कारण अग्राह्य है।

डॉ० सुनीतिकुमार चाटुर्ज्या ने 'फोकलोर' के लिए 'लोकयान' शब्द प्रयुक्त करने का सुझाव दिया है।[1] इन्होंने इस शब्द का निर्माण हीनयान, महायान शब्दों के अनुकरण पर किया है। इस सम्बन्ध में इतना ही कहना पर्याप्त है कि ये उपर्युक्त शब्द बौद्ध धर्म के एक विशिष्ट सम्प्रदाय के द्योतक हैं तथा धार्मिक जगत् से सम्बन्ध रखते हैं। हीनयान, महायान तथा बज्रयान शब्द धर्म से सम्बन्धित होने के कारण इसी अर्थ में रूढ़ बन गये हैं। अतः इनके अनुकरण पर जो 'लोकयान' शब्द बनाया जायगा उससे जन साधारण के धर्म का तो बोध हो सकता है परन्तु उसके रहन-सहन, रीति-रिवाज, अन्धविश्वास, परम्परा तथा प्रथाओं का बोध नहीं हो सकता है। अतः, अव्याप्ति दोष से युक्त होने के कारण इस शब्द को भी स्वीकार करने में हम नितान्त असमर्थ हैं। इधर कुछ विद्वानों ने 'लोकायन' शब्द की ओर भी संकेत किया है।[2] इस शब्द का व्युत्पत्तिलभ्य अर्थ 'लोक की गति' है। परन्तु 'फोकलोर' के विस्तृत तथा व्यापक अर्थ को द्योतित करने में यह अत्यन्त अशक्त है। यह शब्द हिन्दी से कुछ अपरिचित सा भी है। अतः इस शब्द को भी ग्रहण करने में अनेक आपत्तियाँ उपस्थित हैं।

डॉ० कृष्णदेव उपाध्याय के मतानुसार 'फोकलोर' के लिए 'लोक संस्कृति शब्द का प्रयोग नितांत उपयुक्त एवं समीचीन है। लोक संस्कृति के अन्तर्गत जनजीवन से सम्बन्धित जितने आचार-विचार, विधि-निषेध, विश्वास, प्रथा, परम्परा, धर्म, मूढ़ाग्रह, अनुष्ठान आदि हैं वे सभी आते हैं। जैसा आगे विस्तार से बतलाया जायगा, 'फोकलोर' के अन्तर्गत भी ये ही विषय समाविष्ट हैं। अतः 'लोक संस्कृति' शब्द 'फोकलोर' के व्यापक तथा विस्तृत अर्थ को प्रकाशित करने में सर्वथा समर्थ है। कोई भी परिभाषा या नवनिर्मित शब्द अव्याप्ति दोष से रहित होना चाहिए। 'फोकलोर' के अर्थ में 'लोक-संस्कृति' का प्रयोग इन दोषों से मुक्त है। 'लोकायन' तथा 'लोकयान' की भाँति इसमें अवाचक दोष भी नहीं है। दूसरी बात यह भी है कि हिन्दी में 'लोकसंस्कृति' चिरपरिचित शब्द है। इसके उच्चारण मात्र से ही जनजीवन का चित्र, उनकी संस्कृति की झाँकी हमारे आँखों के सामने उपस्थित हो जाती है। जब हिन्दी में यह शब्द पहले से विद्यमान है तब लोकवार्ता, लोकयान, तथा लोकायन जैसे अप्रचलित शब्दों का निर्माण कर उन्हें प्रचारित करने का प्रयास करना कहाँ तक संगत है ? कुछ लोग यह कह सकते हैं 'लोक संस्कृति' शब्द 'फोक-कल्चर' का पर्याय हो सकता है फोकलोर का नहीं। परन्तु डॉ० उपाध्याय के सिद्धान्तानुसार 'फोक-कल्चर' तथा 'फोकलोर' में कोई विशेष अन्तर नहीं है। दोनों की सीमाएँ एक दूसरे के छोर को छूती हुई दिखाई पड़ती हैं।

इधर कुछ विद्वानों ने प्रयाग में 'भारतीय लोकसंस्कृति शोध संस्थान' की स्थापना की है जिसके तत्वावधान में गत दो वर्षों से 'अखिल भारतीय लोकसंस्कृति सम्मेलन' आयोजित किया जा रहा है। इन विद्वानों ने भी 'फोकलोर' के लिए 'लोकसंस्कृति शब्द' का प्रयोग करना ही उचित समझा है। हिन्दी के सुप्रसिद्ध विद्वान डॉ० हजारी प्रसाद द्विवेदी ने भी 'फोकलोर' के अर्थ

---

१. राजस्थानी कहावतों, भाग १, कलकत्ता, भूमिका, पृ० ११।

२. जनपद, खण्ड १, अंक १. पृष्ठ ६६।

में 'लोकसंस्कृति' शब्द को ग्रहण करने का सुझाव उपस्थित किया है।[१] इस प्रकार डॉ० उपाध्याय की 'लोक संस्कृति' को डॉ० हजारी प्रसाद द्विवेदी का भी समर्थन प्राप्त है।

सभी दृष्टियों से विचार करने पर 'फोकलोर' के व्यापक अर्थ को प्रकाशित करने वाला एकमात्र शब्द 'लोक संस्कृति' ही ठहरता है। अतः लोक साहित्य के विद्वान इस शब्द को ग्रहण कर इसका व्यवहार तथा प्रचार जितना शीघ्र करें उतना ही अच्छा है। हिन्दी में 'लोकवार्ता' शब्द ने जो अव्यवस्था और गड़बड़ी पैदा कर दी है वह 'लोक संस्कृति' शब्द के प्रयोग से सदा के लिए नष्ट हो जायगी तथा लोक साहित्य एवं लोक संस्कृति के पार्थक्य को सरलता से समझा जा सकेगा।

६. **लोक संस्कृति और लोक साहित्य में अन्तर**--गत पृष्ठों में यह दिखलाने का प्रयास किया गया है कि 'फोकलोर' का समानार्थवाचक शब्द हिन्दी में 'लोक-संस्कृति' है। आजकल अनेक विद्वान इन दोनों शब्दों के पार्थक्य को बिना समझे-बूझे एक शब्द का दूसरे के लिए प्रयोग भ्रमवश कर दिया करते हैं जिससे उनके भावों को समझने में बड़ी कठिनाई होती है। अतः इन दोनों शब्दों—लोक संस्कृति तथा लोक साहित्य—के अन्तर को समझ लेना अत्यन्त आवश्यक है। यहाँ लोक-संस्कृति शब्द का व्यवहार 'फोकलोर' के लिए किया गया है और 'लोक साहित्य' 'फोक लिटरेचर' के लिए प्रयुक्त हुआ है। अतः जो अन्तर अंग्रेजी के फोकलोर तथा फोक लिटरेचर शब्दों में है वही भेद लोक संस्कृति तथा लोक साहित्य में समझना चाहिए। सोफिया बर्न ने 'फोकलोर' के क्षेत्र विस्तार के सम्बन्ध में लिखा है कि यह एक जाति वाचक शब्द की भाँति प्रतिष्ठित हो गया है जिसके अन्तर्गत पिछड़ी हुई जातियों में प्रचलित अथवा अपेक्षाकृत समुन्नत जातियों के असंस्कृत समुदायों के अवशिष्ट विश्वास, रीति-रिवाज, कहानियाँ, गीत तथा कहावतें आती हैं। प्रकृति के चेतन तथा जड़ जगत् के सम्बन्ध में; भूत-प्रेतों की दुनिया तथा उनके साथ मनुष्यों के सम्बन्धों के विषय में; जादू-टोना, सम्मोहन, वशीकरण, ताबीज, भाग्य, शकुन, रोग तथा मृत्यु के सम्बन्ध में; आदिम तथा असभ्य विश्वास इसके क्षेत्र में आते हैं। इनके अतिरिक्त इसमें विवाह, उत्तराधिकार, बाल्यकाल तथा प्रौढ़ जीवन में रीति-रिवाज तथा अनुष्ठान और त्यौहार, युद्ध, आखेट, मत्स्य-व्यवसाय, पशुपालन आदि विषयों के भी रीति-रिवाज और अनुष्ठान इसमें आते हैं तथा धर्मगाथाएँ, अवदान (लीजेंड), लोक कहानियाँ, बैलेड, गीति, किंवदंतियाँ, पहेलियाँ भी इसके विषय हैं। संक्षेप में लोक की मानसिक संपन्नता के अन्तर्गत जो वस्तु आ सकती है वे सभी इसके क्षेत्र में हैं। यह किसान के हल की आकृति नहीं है जो लोक संस्कृति के विद्वान को अपनी ओर आकर्षित करती है। प्रत्युत वे उपचार तथा अनुष्ठान हैं जिन्हें किसान हल को भूमि जोतने के काम में लाने के समय करता है; जाल तथा वंशी की बनावट नहीं, बल्कि वे टोने-टोटके हैं, जिन्हें मछुआ समुद्र के किनारे करता है। पुल अथवा किसी भवन का निर्माण नहीं है, प्रत्युत वह बलि है जो उनके निर्माण के समय दी जाती है। लोक-संस्कृति वस्तुतः आदिम मानव की मनोवैज्ञानिक अभिव्यक्ति

---

१. डॉ० भोलानाथ तिवारी : सम्मेलन पत्रिका, लोक संस्कृति अंक, सं० २०१० चैत्र आषाढ़।

है; वह चाहे दर्शन, धर्म, विज्ञान तथा औषधि के क्षेत्र में हुई हो, अथवा सामाजिक संगठन अथवा अनुष्ठानों में विशेषतः इतिहास, काव्य और साहित्य के अपेक्षाकृत बौद्धिक प्रवेश में सम्पन्न हुई हो।[१] सोफिया बर्न ने फोकलोर के विषय को तीन श्रेणियों में विभक्त किया है।[२]

(१) लोकविश्वास और अन्ध परम्पराएँ।

(२) रीति-रिवाज तथा प्रथाएँ।

(३) लोक साहित्य।

प्रथम श्रेणी के अन्तर्गत पृथ्वी तथा आकाश, वनस्पति जगत्, पशु जगत्, मानव, मनुष्यनिर्मित वस्तु, आत्मा तथा परलोक, परामानवी व्यक्ति, शकुन, अपशकुन, भविष्यवाणी, आकाशवाणी, जादू-टोना, आदि से सम्बन्धित लोकविश्वास और परम्पराएँ आती हैं। दूसरी श्रेणी में सामाजिक तथा राजनीतिक संस्थाएँ, व्यक्तिगत जीवन के अधिकार, व्यवसाय, उद्योग-धन्धे; व्रत, त्यौहार आदि के सम्बन्ध में प्रचलित रीति-रिवाजों का समावेश है। तीसरी श्रेणी में लोकगीत, लोककथाएँ, कहावतें, पहेलियाँ, सूक्तियाँ, बच्चों के गीत, खेल के गीत आदि अंतर्भुक्त हैं। इस प्रकार समस्त लोकसंस्कृति उपर्युक्त तीन विभागों में विभक्त की गयी हैं।

सोफिया बर्न ने लोक संस्कृति का जो श्रेणी विभाग किया है उस पर दृष्टिपात करने से यह स्पष्ट होता है कि लोक साहित्य लोक संस्कृति का एक भाग है, उसका एक अंश है। यदि लोक संस्कृति की उपमा किसी विशाल वट वृक्ष से दी जाय तो लोक साहित्य को उसकी एक शाखा मात्र समझनी चाहिए। यदि लोक संस्कृति शरीर है तो लोक साहित्य उसका एक अवयव है। लोक-संस्कृति का क्षेत्र-विस्तार अत्यन्त व्यापक है परन्तु लोक साहित्य का विस्तार संकुचित है। लोक-संस्कृति की व्यापकता जन-जीवन के समस्त व्यापारों में उपलब्ध होती है परन्तु लोक-साहित्य जनता के गीतों, कथाओं, गाथाओं, मुहावरों तक ही सीमित है। एक का क्षेत्र अत्यन्त व्यापक है तो दूसरे का सीमित तथा संकुचित। लोक-साहित्य अंग है तो लोक-संस्कृति अंगी है। लोकसंस्कृति में लोकसाहित्य का अन्तर्भाव होता है परन्तु लोकसाहित्य में लोकसंस्कृति का समावेश होना सम्भव नहीं है।

अतः उपर्युक्त विवेचन के द्वारा लोकसंस्कृति से लोकसाहित्य का पार्थक्य स्पष्टतया प्रतीत होता है। अंग्रेजी में 'फोकलोर' तथा 'फोकलिटरेचर' का पार्थक्य स्पष्ट है। अतः हिन्दी में इन दोनों के समानार्थक लोकसंस्कृति तथा लोकसाहित्य के भेद को समझने में प्रमाद नहीं करना चाहिए। आशा है,इन दोनों शब्दों के अन्तर को समझाने के लिए इतना विवेचन पर्याप्त होगा।

७. लोक साहित्य का क्षेत्र विस्तार—लोक साहित्य का विस्तार अत्यन्त व्यापक है। साधारण जनता जिन शब्दों में गाती है, रोती है, हँसती है, खेलती है उन सबको लोक साहित्य के अन्तर्गत रखा जा सकता है। पुत्र जन्म से लेकर मृत्यु तक जिन षोडस संस्कारों का विधान हमारे प्राचीन ऋषियों ने किया है प्रायः उन सभी संस्कारों के अवसर पर गीत गाए जाते हैं; कि

---

१. सोफिया बर्न : ए हैंडबुक ऑफ़ फोकलोर; डॉ० सत्येन्द्र : ब्र० लो० सा० अ०, पृ० ४-५।

२. ए हैंडबुक ऑफ़ फोकलोर।

बहुना प्रिय व्यक्ति की मृत्यु के अवसर पर भी गीत गाने की प्रथा प्रचलित है। विभिन्न ऋतुओं में प्रकृति में जो परिवर्तन दिखाई पड़ता है उसका प्रभाव जन साधारण के हृदय पर पड़े बिना नहीं रहता। अतः बाह्य जगत् में इस परिवर्तन को देखकर हृदय में जो उल्लास या आनन्द की अनुभूति होती है वह लोक गीतों के रूप में प्रकट होती है। खेतों की बुवाई, निराई, लुनाई, आदि के समय भी गीत गाए जाते हैं। जनता अपने पूर्व पुरुषों के शौर्यपूर्ण कार्यों को गा-गाकर आनन्द प्राप्त करती है। उनका यशोगान कर श्रोताओं के हृदय में वीररस का संचार करती है। ये गीत लोकगाथाओं की कोटि में रखे जा सकते हैं।

गाँव के बूढ़े जाड़े के दिनों में आग के पास बैठकर कहानियाँ सुनाया करते हैं। बूढ़ी दादियाँ तथा माताएँ बच्चों को सुलाने के लिए लोरियाँ तथा छोटी- छोटी कथाओं का प्रयोग करती हैं। जन मन के अनुरंजन के लिए गाँवों में सांग या नाट्य ग्रामीणजनों के मनोविनोद के अन्यतम साधन हैं। गाँव के लोग अपने दैनिक व्यवहार तथा वार्तालाप में सैकड़ों मुहावरों तथा कहावतों का प्रयोग किया करते हैं। छोटे-छोटे बच्चे खेलते समय अनेक प्रकार के हास्यजनक गीत गाते हैं। ये सभी गीत तथा कथाएँ लोक साहित्य के अन्तर्गत आती हैं। इस प्रकार हम देखते हैं कि लोक साहित्य की व्यापकता मानव के जन्म से लेकर मृत्यु तक है तथा स्त्री, पुरुष, बच्चे, जवान तथा बूढ़े सभी लोगों की सम्मिलित सम्पत्ति है।

८. **लोक साहित्य का सामान्य परिचय**—एक समय था जब संसार के समस्त देशों में मनुष्य प्रकृति देवी का उपासक था तथा प्राकृतिक जीवन व्यतीत करता था। उस समय उसका आचार-विचार, रहन-सहन, सरल, सहज तथा स्वाभाविक था। वह आडम्बर तथा कृत्रिमता से कोसों दूर रहता था। वह स्वाभाविकता की गोद में पला हुआ जीव था। उसके समस्त क्रियाकलाप—उठना, बैठना, हँसना, बोलना—स्वाभाविकता में आगे रहते थे। चित्त के आह्लाद् के लिए, मन के अनुरंजन के लिए साहित्य की रचना उस समय भी होती थी और आज भी होती है परन्तु दोनों युगों के साहित्य में जमीन-आसमान का अन्तर है। आज का साहित्य अनेक रूढ़ियों, वादों से जकड़ा हुआ है। कविता पिंगल शास्त्र की नपी तुली नालियों से प्रवाहित होती है, अलंकार के भार से वह बोझिल है, कथाओं में अनेक प्रकार के शिल्प विधान (टेक्नीक) को ध्यान में रखना पड़ता है तथा नाटकों की रचना में अनेक नाटकीय नियमों का पालन करना पड़ता है। परन्तु जिस युग की हम चर्चा कर रहे हैं उस युग के साहित्य का प्रधान गुण था—स्वाभाविकता, स्वछंदता तथा सरलता। वह साहित्य उतना ही स्वाभाविक था जितना जंगल में खिलने वाला फूल, उतना ही स्वच्छंद था जितना आकाश में विचरने वाली चिड़िया, उतना ही सरल तथ पवित्र था जितना गंगाजल की निर्मल धारा। उस समय के साहित्य का जो अंश आज अवशिष्ट तथा सुरक्षित रह गया है वही हमें लोक साहित्य के रूप में उपलब्ध होता है।[१]

९. **लोक की परिभाषा**—डॉ० कृष्णदेव उपाध्याय के मत के अनुसारः—

---

१. इस अध्याय के विस्तृत तथा प्रामाणिक विवेचन के लिए देखिए—
डॉ० कृष्णदेव उपाध्याय—लोकसंस्कृति की रूप-रेखा, पृ० ३-२८।

"आधुनिक सभ्यता से दूर, अपनी सहज तथा प्राकृतिक अवस्था में वर्तमान, तथाकथित असभ्य एवं अशिक्षित जनता को 'लोक' कहते हैं जिनका जीवन-दर्शन और रहन-सहन प्राचीन परम्पराओं, विश्वासों तथाआस्थाओं द्वारा परिचालित एवं नियंत्रित होता है।"

सभ्यता के प्रभाव से दूर रहने वाली, अपनी सहजावस्था में वर्तमान जो निरक्षर जनता है उसकी आशा-निराशा , हर्ष-विषाद, जीवन-मरण, लाभ-हानि, सुख-दुख आदि की अभिव्यंजना जिस साहित्य में प्राप्त होती है उसे लोक साहित्य कहते हैं। इस प्रकार लोक साहित्य जनता का वह साहित्य है जो जनता के द्वारा, जनता के लिए लिखा गया हो।[१]

■ ■ ■

१. दि पोएट्री आव् दि पीपुल, बाई दि पीपुल, फार दि पीपुल।

अध्याय ३

भारत में लोक साहित्य की प्राचीन परम्परा

भारत में लोक साहित्य की परम्परा अत्यन्त प्राचीन है। संस्कृत में लोक साहित्य की उत्पत्ति तथा विकास की कथा बड़ी मनोरंजक है। सुदूर प्राचीन काल में किस प्रकार लोक साहित्य का प्रचार हुआ और किस प्रकार वह भिन्न-भिन्न शताब्दियों से होकर आज अपनी स्थिति को बनाये हुए है—यह विषय नितांत विचारणीय एवं मानवीय है।

लोकगीतों का बीज हमारे सबसे प्राचीन तथा पवित्र ग्रन्थ ऋग्वेद में पाया जाता है। प्राचीन साहित्य में जिन गाथाओं का उल्लेख स्थान-स्थान पर उपलब्ध होता है, वे ही लोकगीतों के पूर्व प्रतिनिधि हैं। पद्य या गीत के अर्थ में 'गाथा' शब्द का प्रयोग ऋग्वेद के अनेक ग्रन्थों में उपलब्ध होता है।[1] गाने वाले के अर्थ में 'गाथिन्' शब्द का प्रयोग ऋग्वेद में अनेक स्थानों में मिलता है।[2] 'गाथा' शब्द का व्यवहार एक प्रकार से विशिष्ट साहित्य के अर्थ में ऋग्वेद में किया गया है जहाँ इसे 'रैभी' और 'नाराशंसी' से पृथक् निर्दिष्ट किया गया है।[3] ब्राह्मण तथा आरण्यक ग्रन्थों में गाथाओं का विशिष्ट उल्लेख उपलब्ध होता है। ऐतरेय ब्राह्मण ने ऋक् और गाथा में पार्थक्य दिखलाया है।[4] दोनों में अन्तर यह था कि ऋक् दैवी होती थी और गाथा मानुषी, अर्थात् गाथाओं के निर्माण या उत्पत्ति में मुनष्य का योग अत्यन्त आवश्यक था। ब्राह्मण ग्रन्थों के अनुशीलन से यही प्रतीत होता है कि गाथाएँ ऋक् यजुः और साम से पृथक् होती थीं अर्थात् गाथाओं का प्रयोग मंत्र के रूप में नहीं किया जाता था। अतः प्राचीन काल में किसी राजा के किसी अवदान-सत्कृत्य—को लक्षित करके जो लोकगीत समाज में प्रचलित थे तथा जनता द्वारा गाये जाते थे—वे ही 'गाथा' नाम से साहित्य के एक पृथक् अंग के रूप में स्वीकृत किए गए। यास्क के निरुक्त की व्याख्या करते हुए दुर्गाचार्य ने गाथा का यह अर्थ स्पष्ट रूप से बतलाया है।[5]

"सपुनरितिहासः ऋगबद्धो गाथाबद्धश्च। ऋक् प्रकार एव कश्चित् गाथेत्युच्यते। गाथाः शंसति, नाराशंसीः शंसति इति उक्तं गाथानां कुर्वीतिति।"

इसका आशय यह है कि वैदिक सूत्रों में कहीं-कहीं जो इतिहास उपलब्ध होता है, वह कहीं ऋचाओं के द्वारा और कहीं गाथाओं के द्वारा निबद्ध है।

---

१. (क) प्रकृतान्यृजीषणः कण्वा इन्द्रस्य गाथया। मये सोमस्य बोचत।—ऋ० वे० ८। ३२। १।
(ख) अग्निमीडिष्वावसे गाथाभिः शीरशोचिषम्।—ऋ० वे० ८। ७१। १४।
(ग) तं गाथया पुराण्या पुनानमभ्यनूषत।
उतो कृपंत धीतयो देवानां नाम बिभ्रतीः।। ऋ० वे० ९।९९।४।

२. (क) इन्द्रमिद् गाथिनो वृहदिंद्रमर्केभिरर्किणः। इन्द्रं वाणीरनूषत। ऋ० वे० १। ७। २।

३. रैभ्यासीदनुदेयी नाराशंशी न्योचनी।
सूर्याभार्याभद्रमिद्वारासो गाथयैति परिष्कृतं।।—ऋ० वे० १०। २५। ६।

४. ऐतरेय ब्राह्मण।

५. निरुक्त ४। ६ की व्याख्या।

वैदिक गाथाओं के नमूने शतपथ ब्राह्मण[१] तथा ऐतरेय ब्राह्मण[२] में उपलब्ध होते हैं जिनमें अश्वमेध यज्ञ करने वाले राजाओं के उदात्त चरित्र का संक्षिप्त वर्णन किया गया है। ऐतरेय ब्राह्मण में यह गाथाएँ कहीं केवल श्लोक नाम से निर्दिष्ट हैं तो कहीं इन्हें 'यज्ञ गाथा' या केवल 'गाथा' कहा गया है।[३] जनमेजय के सम्बन्ध में यह गाथा कही गई है:

आसन्दीवति धान्यादं रुक्मिणं हरितस्रजम्।
अश्वं बबन्ध सारगं देवेभ्यो जनमेजयः।।

दुष्यन्त के पुत्र भरत की चर्चा निम्नलिखित गाथाओं में उपलब्ध होती है:[४]

हिरण्येन परीवृतान्कृष्णाञ्शुक्लदंतो मृगान्।
मष्णारे भारतोऽददाच्छतं बद्वानि सप्त च।।
भरतस्यैष दौष्यन्तेरग्निः साचीगुणे चितः।
यस्मिन्सहस्त्रं ब्राह्मण बद्वशो गा विभेजिरे।।
अष्टा सप्ततिं भरतो दौष्यन्तिर्युमनामनु ।
गंगायां वृत्रघ्नेऽबध्नात्पंचपंचाशतं हयान्।।
महाकर्म भरतस्य न पूर्वे नापरे जनाः ।
दिवं मर्त्य इव हस्ताभ्यांनोदायुः पंज मानवाः ।।

इन ऐतिहासिक गाथाओं की परम्परा महाभारत काल में भी अक्षुण्ण दिखाई पड़ती है। व्यास की इस शतसाहस्त्री संहिता में दुष्यन्त के यशस्वी पुत्र भरत के सम्बन्ध में अनेक गाथाएँ उपलब्ध हैं जो नितांत प्राचीन प्रतीत होती हैं। ऐतरेय ब्राह्मण वाली गाथाएँ ठीक उसी रूप में श्रीमद्भागवत के सप्तम स्कंध में भी पाई जाती हैं।

ये गाथाएँ राजसूय यज्ञ के अवसर पर तो गाई ही जाती थीं, इसके अतिरिक्त विवाह के शुभ महोत्सव पर भी इन गाथाओं के गाने का विधान मैत्रायिणी संहिता[५] में उपलब्ध होता है। इसी विधान के अनुसार पारस्कर गृह्यसूत्र[६] में विवाह सम्बन्धी दो गाथाएँ पाई जाती हैं:

अथ गाथां गायति।
सरस्वति प्रेदमव सुभगे वाजनीवती।
यां त्वा विश्वस्य भूतस्य प्रजायामस्याग्रतः

---

१. शतपथ ब्राह्मण, काण्ड १३, अध्याय १, ब्राह्मण ५।
२. एतरेय ब्राह्मण, ८।४।
३. तदेषाऽभि यज्ञगाथा गीयते। तां गाथां दर्शयति।—
ऐतरेय ब्राह्मण ३९।७; तत्र प्रथमं श्लोकमाह।—वही ३९।९।
४. ऐतरेय ब्राह्मण, ३९।९, श्लोक १,२,३,५,।
५. मैं० सं० ३।७।३।
६. पारस्कर गृह्यसूत्र, कांड १, खंडिका ७।

यस्यां भूतंरामभवद्यस्यां विश्वमिदं जगत्।
तामद्य गाथां गास्यामि या स्त्रीणामुत्त्मं यशः।।

आश्वलायन गृह्यसूत्र[1] में सीमन्तोन्नयन के अवसर पर गाथा गाने की प्रथा का उल्लेख हुआ है। वहाँ सोम की प्रशंसा में यह गाथा दी गई है:

तौ चैतां गाथां गायतः—

सामो नोराजाऽवतु मानुषीः
प्रजा निविष्ट चक्रासौ।

इन समस्त उल्लेखों से यही प्रतीत होता है कि राजसूय यज्ञ, विवाह तथा सीमंतोन्नयन के शुभ अवसरों पर ऐसी गाथाएँ पाई जाती थीं जो प्राचीन काल से परम्परागत रूप में चली आती थीं। राजसूय यज्ञ के समय ऐतिहासिक गाथाओं तथा विवाहादि के अवसर पर देवता विषयक प्रचलित गाथाओं के गाने का नियम था, यह पूर्वनिर्दिष्ट उदाहरणों से स्पष्ट होता है।

वैदिक गाथाओं के समान पारसियों की धर्म पुस्तक अवेस्ता में उपलब्ध गाथाएँ अवेस्ता के अन्य भागों की अपेक्षा अधिक प्राचीन स्वीकृत की गई हैं। इन गाथाओं में पारसी धर्म के मूल सिद्धान्त बड़ी ही सुन्दरता के साथ प्रतिपादित किए गए हैं।

पालिजातकों के 'अनुशीलन' से पालि भाषा में उपनिबद्ध गाथाओं का पता चलता है। ये गाथाएँ प्राचीन काल से परम्परा रूप में प्रचलित थीं और इनमें उस काल में विख्यात लोकप्रिय कथाओं का सारांश उपस्थित किया गया है। भगवान् गौतम बुद्ध के पूर्वजन्म से सम्बद्ध कथाएँ—जिन्हें 'जातक' कहा जाता है—इन्हीं गाथाओं के पल्लवीकरण से आविर्भूत हुई हैं। ये गाथाएँ बुद्ध भगवान् के समसामयिक प्रतीत होती हैं। प्रसिद्ध सिंह चर्मजातक से—जिसमें व्याघ्रचर्म से आच्छादित गर्दभ की मनोरंजक कथा वर्णित है—ये दो कथाएँ दी जाती हैं जिनसे कथा की मूल घटना की पर्याप्त सूचना मिलती है।[2]

नेतं सीहस्स नदितं न व्यग्घस्स न दीपिनो।
पारुतो सीहचम्मेन जम्मो नदित गद्रभो।।
धिरम्पि खो तं खादेय्य गद्रभो हरितं यवम्।
पारुतो सीहचम्मेन रवमानो च दूसयी।।

विक्रम संवत् की तृतीय शताब्दी में—जब प्राकृत भाषा का बोलबाला था—लोकगीतों की उन्नति बड़े जोर-शोर से हुई। राजा हाल या शालिवाहन के द्वारा संग्रहीत 'गाथा सप्तसती' से पता चलता है कि उस समय लोकगीत बनाने तथा गाने की प्रथा बहुत अधिक थी। राजा हाल ने एक करोड़ गाथाओं में से सुन्दर तथा श्रेष्ठ केवल सात सौ गाथाओं को चुना और इस प्रकार उन्हें काल-कवलित होने से बचा लिया। ये गाथाएँ सरस गीतकाव्य के उत्कृष्ट उदाहरण हैं। रस से ओत-प्रोत इन गाथाओं को पढ़कर लोकसाहित्य की माधुरी का तनिक मजा लिया जा

१. आ० गृ० सू० १। १५।
२. प्रो० वटुक नाथ शर्मा: पालि जातकावलि, पृ० १७।

सकता है। रसोई बनाते समय कोई सुन्दरी फूंक मारकर आग जलाना चाहती है परन्तु आग जलती नहीं। इसका कितना सरस कारण इस गाथा में दिया गया है:

रन्धणकम्मणिउड़िए मां जूरसु रत्तपाड़लसुअन्धम्।
मुहमारुअं पिअन्तो धूमाइ सिही ण पज्जलइ।।

किसी विरहिणी नायिका का चित्रण इस गाथा में कितना सुन्दर किया गया है।[१]

अज्जं गओत्ति, अज्जं गओत्ति, अज्जं गओत्ति गणिरीए।
पढ़म च्चिअ दिअहद्धे कुड्डो रेहाहिं चित्तलिओ।।

अर्थात् मेरा पति विदेश आज गया है, आज गया है, आज गया है, इस प्रकार उसके जाने के दिन गिनने वाली विरहिणी ने दिन के पहले अर्ध भाग (पूर्वाह्न) में दीवाल पर रेखाएँ खींचकर उसे चित्रित कर दिया।

वाल्मीकीय रामायण में भगवान राम के जन्म के समय तथा श्रीमद्भागवत में श्रीकृष्ण के जन्म के शुभ अवसर पर स्त्रियों द्वारा मनोरंजक गीत गाने का स्पष्ट वर्णन मिलता है। आदि कवि वाल्मीकि ने राम जन्म के समय पर गंधर्वों द्वारा गाने तथा अप्सराओं द्वारा नाचने का उल्लेख किया है :[२]

जगुः कलं च गन्धर्वाः, ननृतुश्चाप्सरोगणाः।
देवदुन्दुभयो नेदुः पुष्पिवृष्टिश्च खात्पतत्।।

महाकवि कालिदास ने आज के शुभ जन्म के अवसर पर राजा दिलीप के महल में वेश्याओं द्वारा नृत्य तथा मंगलवाद्य बजने का उल्लेख किया है।[३] इतना ही नहीं मेहनत मजदूरी करते—जैसे चक्की पीसना, धान कूटना, ढेंकी चलाना, खेती निराना, चरखा कातना आदि—समय जिस प्रकार आजकल स्त्रियाँ झुंड बाँधकर गीत गा-गाकर अपनी थकावट मिटाती हैं, ठीक उसी प्रकार प्राचीन काल में भी हुआ करता था । प्रसिद्ध कवियत्री विज्जका (१२वीं शताब्दी) ने धान कूटने वाली स्त्रियों के गीत का जो वर्णन किया है वह बड़ा ही रोचक है:

विलासमसृणोल्लसन्मुसललोलदोः कन्दली-
परस्परपरिस्खलद्वलयनिःस्वनोद्बन्धुराः ।
लसन्ति कलहुंकृतिप्रसभकम्पितोरःस्थल-
त्रुटद्गमकसंकुलाः कलभगण्डनी गीतयः।।

भाव यह है कि स्त्रियाँ धान कूट रही हैं और साथ ही साथ गाना भी गा रही हैं। मूसल उठाने और गिराने के कारण उनकी चूड़ियाँ झनझन कर रही हैं। उनकी उरःस्थली (छाती)

---

१. अमरुक : गाथा सप्तशती, ३३। ८।

२. बालकांड १८। १६।

३. सुखश्रवा मंगलतूर्यनिस्विनाः प्रमोदनृत्यैः सहवारयोषिताम।
न केवलं सद्मनि मागधीपतेः पथि व्यजृम्भन्त दिवौकसामपि।।—रघुवंश, ३।१९।

हिल रही है। मीठी हुंकार की आवाज तथा चूड़ियों के शब्द से मिलकर उनका गाना विचित्र आनन्द पैदा करता है। महाकवि श्रीहर्ष ने चक्की में सत्तू पीसने का उल्लेख किया है जिसकी सोधी-सोधी गंध पथिकों को अपनी ओर आकृष्ट कर लेती है।[१]

प्रतिहदृपथे घरदृट्टाजात—
पथिकाह्लादनसक्तु सौरभैः।
कलहान्न घनान् यदुत्थितात्।
अधुनाप्युज्झति घर्घरस्वनः।।

गोस्वामी तुलसीदास जी के समय से भी विभिन्न संस्कारों के अवसर पर लोक-गीत गाने की प्रथा प्रचलित थी। भगवान् राम के जन्म के समय स्त्रियों द्वारा गीत गाने का उल्लेख गोस्वामी जी ने किया हैः

गावहिं मंजुल मंगल बानी।
सुनि कलरव कल कंठ लजानी।।

इतना ही नहीं तुलसीदास जी ने सोहर छंद में 'रामललानहछू' की रचना कर लोक गीतों की महत्ता भी प्रतिपादित की है।

लोकसाहित्य के एक विशिष्ट अंग लोककथाओं की भी परम्परा कुछ कम प्राचीन नहीं है। उपनिषदों में ऐसे उपाख्यान उपलब्ध होते हैं जिन्हें हम लोककथाओं का बीज या मूल कह सकते हैं। ऋग्वेद में सरमा और पणि का संवाद तथा कठोपनिषद् में प्राप्त नचिकेता का आख्यान लोककथाओं के पूर्व रूप हैं। संस्कृत साहित्य में लोककथाओं का अनंत भंडार भरा पड़ा है। महाभारत में अनेक आख्यान तथा उपाख्यान उपलब्ध होते हैं, जो बड़े ही शिक्षाप्रद हैं। गुणाढ्य की 'बृहत्कथा' में अनेक प्राचीन कथाओं का संग्रह किया गया है। सोमदेव का 'कथा सरित्सागर' वास्तव में लोककथाओं का अगाध समुद्र है। विष्णु शर्मा द्वारा विरचित 'पंचतन्त्र' कथासाहित्य के इतिहास में अपना विशिष्ट महत्व रखता है। मध्यकाल में इस ग्रन्थ का अनुवाद यूरोप की प्रायः प्रत्येक भाषा में किया गया था। नारायण पंडित का 'हितोपदेश' सुन्दर तथा उपदेशप्रद कथाओं का संकलन है। यही बात 'शुक सप्तति' तथा 'पुरुष परीक्षा' के सम्बन्ध में भी कही जा सकती है।

लोकोत्तियों, मुहावरों तथा पहेलियों की परम्परा भी बड़ी प्राचीन है। वेदों में अनेक लोकोत्तियाँ उपलब्ध होती हैं, जैसे—न ऋतेश्रान्तस्य सख्याय देवाः। संस्कृत साहित्य में सूक्तियाँ तथा लोकोत्तियाँ प्रचुर परिमाण में प्राप्त होती हैं। 'कस्मै देवाय हविषा विधेम' को लिखने वाले वैदिक ऋषि ने मानो सर्वप्रथम पहेली बुझाने का प्रयास किया है। मुहावरों का प्रयोग संस्कृत के कवियों ने अपने काव्यों में प्रचुरता से किया है।

उपर्युक्त उल्लेखों से यह स्पष्टतया प्रतीत होता है कि लोक साहित्य की परम्परा अत्यंत प्राचीन काल से लेकर आज तक अबाध गति से चली आ रही है। इसका प्रवाह अक्षुण्ण है।

---

१. नैषधीयचरित, सर्ग २, श्लोक ८५।

अध्याय ४

लोक-साहित्य सम्बन्धी संकलन तथा अनुसंधान कार्य

(क) प्रारम्भिक इतिहास तथा क्रमिक विकास

१६वीं शताब्दी के प्रारम्भ में जब अंग्रेजों के शासन की नींव इस देश में जम गई तब उन्होंने भारतीय संस्कृति के अध्ययन की ओर भी दृष्टिपात किया। इसके पहले ही १८वीं शताब्दी के उत्तरार्द्ध (सन् १७८४ ई०) में सर विलियम जोन्स के स्तुत्य प्रयत्नों से 'एशियाटिक सोसाइटी आव् बंगाल' नामक शोध संस्थान की स्थापना कलकत्ते में हो चुकी थी। १६वीं शताब्दी के उत्तरार्द्ध में जो अंग्रेज सिविलियन यहाँ शासन करने के लिए आये उनमें से अधिकांश योग्य शासक होने के अतिरिक्त गम्भीर विद्वान् भी थे। उनके हृदय में भारतीय संस्कृति के प्रति जिज्ञासा तथा इस देश के पुरातन इतिहास को खोजने की लगन विद्यमान थी। प्राचीन भारतीय इतिहास तथा पुरातत्व के क्षेत्र में इन लोगों ने श्लाघनीय कार्य किया है वह इतिहास के प्रेमियों से छिपा नहीं है।

भारतीय लोक साहित्य के प्रारम्भिक अनुसंधानकर्ताओं में दो प्रकार के व्यक्ति दृष्टिगोचर होते हैं। (१) अंग्रेज सिविलियन, तथा (२) ईसाई मिशनरी। प्रथमोक्त इस देश पर शासन करने के लिए आये थे, उपरोक्त अपने धर्म प्रचार हेतु। परन्तु दोनों इस बात को अच्छी तरह समझते थे कि जब तक इस देश की विभिन्न भाषाओं तथा साहित्यों का सम्यक् अध्ययन नहीं किया जाता तब तक जनता से सम्पर्क नहीं स्थापित हो सकता। धर्म प्रचार के लिए साधारण जनता की भाषा और साहित्य को जानना अत्यन्त आवश्यक है। अतः इसी समान प्रेरणा से प्रेरित होकर इन दोनों श्रेणियों के लोगों ने भारतीय इतिहास के शोध के साथ ही भारतीय भाषा तथा साहित्य का अध्ययन प्रारम्भ किया।

भारतीय लोक साहित्य के अध्ययन का सर्वप्रथम सूत्रपात करने वाले जो अंग्रेज सिविलियन थे उनके कार्यों की जितनी प्रशंसा की जाय, थोड़ी है। जहाँ तक इन पंक्तियों के लेखक को ज्ञात है, कर्नल जेम्स टाड ने इस पुनीत कार्य का श्रीगणेश किया था। टाड राजस्थान के अनेक देशी राज्यों में रेजीडेण्ट था। अतः उसे वहाँ के स्थानीय इतिहास, रस्म-रिवाज, रहन-सहन, वेष-भूषा आदि के अध्ययन का अधिक अवसर प्राप्त हुआ था। टाड ने अनेक वर्षों के कठिन परिश्रम के पश्चात् 'ऐनल्स ऐंड ऐंटीक्विटीज आव् राजस्थान' नामक अपना सुप्रसिद्ध ग्रन्थ सन् १८२६ ई० में प्रकाशित किया। इस ग्रन्थ में विभिन्न देशी राज्यों का इतिहास सर्वप्रथम प्रस्तुत किया गया है। इसके साथ ही विद्वान् लेखक ने राजपूतों की सामाजिक अवस्था, रहन-सहन, आमोद-प्रमोद, वेश-भूषा, आदि विषयों पर भी प्रचुर प्रकाश डाला है। यह सत्य है कि इसमें लोकगीतों तथा कथाओं का संग्रह नहीं है, परन्तु कर्नल टाड को अपने ग्रन्थ के निर्माण में राजस्थान में प्रचलित लोक गाथाओं, वीर कथाओं तथा चारणों द्वारा गाये गीतों से बड़ी सहायता मिली है। भारतीय लोक संस्कृति के अध्ययन का प्रथम प्रयास टाड ने अपने उक्त ग्रन्थ में किया

है। इस कारण इस पुस्तक का विशेष महत्त्व है।

जे० ऐबट ने सन् १८८४ ई० में पंजाबी लोकगीतों तथा लोककथाओं के सम्बन्ध में अपना एक लेख प्रकाशित किया। पंजाब वीर प्रसू भूमि रही है। अतः वहाँ वीरों की अनेक गाथाएँ प्रचलित हैं। ऐबट ने इन्हीं वीरों की चर्चा अपने लेख में की है।[1]

रेवरेंड एस० हिल्सप नामक पादरी ने मध्य प्रदेश की जंगली जातियों के सम्बन्ध में अनेक ज्ञातव्य विषयों का संग्रह किया था । सन् १८६६ ई० में सर रिचर्ड टेंपुल ने हिल्सप साहब के लेखों को सम्पादित कर प्रकाशित किया। मिस फ्रेयर नामक अंग्रेज महिला ने सन् १८६८ ई० में 'ओल्ड डेकन डेज' नामक पुस्तक प्रकाशित की जिसमें दक्षिण भारत की लोक कहानियों का संग्रह प्रस्तुत किया गया है। चार्ल्स ई० गोवर ने सन् १८७१ ई० में 'फोकसांग्स आव् सदर्न इण्डिया' नामक पुस्तक का सम्पादन किया। इस ग्रन्थ की सबसे बड़ी विशेषता यह है कि यह भारतीय लोकगीतों का सर्वप्रथम संग्रह है। अतः यह अत्यन्त महत्वपूर्ण पुस्तक है। विद्वान् लेखक ने कन्नड़ लोकगीत, तथा बड़ागा गीत, कुर्गी गीत, तमिल गीत, कूरल, मलायालम गीत तथा तेलगु के लोकगीतों का संग्रह कर उनका केवल अंग्रेजी अनुवाद इस ग्रन्थ में प्रकाशित किया है। इस प्रकार दक्षिण भारत की चार प्रधान भाषाओं—कन्नड़, तमिल, तेलुगु एवं मलयालम के लोकगीतों का सुन्दर अनुवाद इसमें उपलब्ध है। भारतीय लोकगीतों के संग्रह का सूत्रपात इसी ग्रन्थ से समझना चाहिए।

डाल्टन ने सन् १८७२ ई० में 'डेस्क्रिप्टिव एथ्नोलाजी आव् बंगाल' नामक सुप्रसिद्ध ग्रन्थ का निर्माण किया जिसमें बंगाल में निवास करने वाली विभिन्न जातियों के सम्बन्ध में बहुमूल्य सामग्री विद्यमान है। इसी वर्ष श्री आर० सी० कालवेल ने 'तमिल पापुलर पोइट्री' नामक अपना लेख प्रकाशित किया जिसमें तमिल भाषा के लोक गीतों पर प्रचुर प्रकाश डाला गया है।[2] श्री एफ० टी० कोल ने सन् १८७६ ई० में राजमहल में निवास करने वाली पर्वतीय जातियों के लोक गीतों के सम्बन्ध में एक लेख लिखा।[3]

इसी समय जी०एच० डेमेंट ने 'बंगाली फोकलोर फ्राम दिनाजपुर' नामक पुस्तक लिखी जिसमें अनेक बंगाली लोककथाओं का संग्रह किया गया है। ये सन् १८७९ ई० तक (जबकि इनका देहान्त हो गया) लगातार 'इंडियन एंटिक्वेरी' में लोक साहित्य सम्बन्धी लेख लिखा करते थे। बंगाल की सुप्रसिद्ध कवियत्री तरुदत्त ने सन् १८८२ ई० में 'ऐंशेंट बैलेड्स ऐंड लीजेंड्स आव् हिन्दुस्तान' का प्रकाशन किया। गाली लोककथाओं के सुप्रसिद्ध संग्रहकर्ता श्री लालबिहारी दे ने सन् १८८३ ई० में 'फोकटेल्स आव् बंगाल' का संग्रह किया। यह बंगाली कथाओं का सर्वप्रथम सुन्दर संग्रह है। यद्यपि अंग्रेजी अनुवाद के कारण इसमें मौलिक कहानियों की सुन्दरता बहुत कुछ नष्ट हो गयी है, फिर भी ये कथायें बड़ी रोचक हैं। इन्होंने अपनी दूसरी पुस्तक 'बंगाल पीजेंट लाइफ' में बंगाल के ग्रामीण जीवन का सच्चा तथा सजीव चित्र प्रस्तुत किया है। श्री

---

१. आन दि बैलेड्स एड लीजेंड्स आव् दि पंजाब, जे० ए० एस० बी०, भाग २३, पृ० ५९-९१ तथा १२३-६३।

२. इण्डिया ऐंटीक्वेरी, भाग १, पृ० ९७-१०३।

३. दि राजमहल हिलमेंस सॉंग, इ० ए० भाग ५, पृ० २२१-२२।

आर०सी० टेंपुल ने सन् १८८४ ई० में 'लीजेंड्स आव् दी पंजाब' नामक प्रसिद्ध पुस्तक लिखी जिसमें पंजाब के सुप्रसिद्ध वीरों की गाथाएँ संग्रहीत हैं। पंजाबी लोककथाओं के संग्रह का इसे सम्भवतः प्रथम प्रयास समझना चाहिए। अगले वर्ष सन् १८८५ ई० में श्रीमती स्टील ने 'वाइड अवेक स्टोरीज' पुस्तक लिखी जिसमें उन्हें आर०सी० टेंपुल का भी सहयोग प्राप्त था। यह कहानी संग्रह अत्यन्त महत्वपूर्ण है क्योंकि इसमें लेखकद्वय ने उस समय तक की प्राप्त समस्त कहानियों का अध्ययन करके उनमें वर्णित घटनाओं को श्रेणीबद्ध रूप में प्रकाशित किया है। इसी वर्ष नटेश शास्त्री ने 'फोकलोर इन सदर्न इण्डिया' का प्रकाशन किया, जिससे लेखक के अथक परिश्रम का पता चलता है।

इसी वर्ष ई० जे० राबिन्सन का 'टेल्स एन्ड पोएम्स आव् साउथ इण्डिया' प्रकाश में आया जिसमें दक्षिण भारत के लोक गीतों तथा कुछ कथाओं का अंग्रेजी अनुवाद किया गया है।

भारतीय लोक गीतों तथा लोककथाओं के संग्रहकर्ताओं में सर जार्ज ग्रियर्सन का नाम अत्यन्त प्रसिद्ध है। इन्होंने भाषा विज्ञान के क्षेत्र में जो महान् कार्य सम्पादित किया उससे भारतीय भाषाशास्त्रीय अपरिचित नहीं हैं। 'लिंग्विस्टिक सर्वे आव् इण्डिया' नामक महा ग्रन्थ इनकी अमर रचना है। भाषा विज्ञान के क्षेत्र के अतिरिक्त लोकसाहित्य के संग्रह तथा संरक्षण के लिए डॉ० ग्रियर्सन ने जो कार्य किया है वह भी कम महत्वपूर्ण नहीं है। इस विद्वान् ने सन् १८८४ ई० में, 'सम बिहारी फोक्सॉंग्स' नामक लेख प्रकाशित किया जिसमें बिहारी भाषा के विभिन्न प्रकार के लोकगीतों का संग्रह है। इसके दो वर्ष के पश्चात् सन् १८८६ ई० में, डॉ० ग्रियर्सन का 'सम भोजपुरी फोकसॉंग्स' नामक बृहत् तथा विद्वतापूर्ण लेख प्रकाशित हुआ जिसमें भोजपुरी के बिरहा, जँतसार, सोहर आदि गीतों का संकलन प्रस्तुत किया गया है। लेखक ने मूल गीत देकर उनका सुन्दर अंग्रेजी अनुवाद भी दिया है। लेख के अन्त में भाषा विज्ञान सम्बन्धी टिप्पणियाँ दी गई हैं जिससे लेखक की विद्वत्ता का पता चलता है। यह भोजपुरी लोकगीतों के संग्रह का प्रथम प्रयास है। १८८४ ई० में ग्रियर्सन ने विजयमल की लोकगाथा का संकलन किया था जो बंगाल के एशियाटिक पत्रिका में प्रकाशित हुआ है। इसके अगले वर्ष सन् १८८५ ई० में, इन्होंने 'दि साँग आव् आल्हाज मैरेज' नामक लेख 'इन्डियन ऐंटिक्वेरी' में छपवाया। इसमें आल्हा के विवाह से सम्बन्धित लोकगाथा का मूल रूप दिया गया है। इस लेख में गोपीचन्द की लोककथा का भोजपुरी तथ मगही पाठ एकत्रित किया गया है। सन् १८८९ ई० में जर्मनी की सुप्रसिद्ध पत्रिका में डॉ० ग्रियर्सन का 'नयका बनजरवा' नामक गीत छपा। यह एक भोजपुरी लोक गाथा है जो उत्तर प्रदेश के पूर्वी भागों में प्रचलित है। डॉ० ग्रियर्सन के संग्रह की विशेषता यह है कि इन्होंने लोकगीतों का मूल पाठ भी दिया है और उसका अंग्रेजी अनुवाद भी। इसके साथ ही इन्होंने ऐतिहासिक तथा भाषाशास्त्र सम्बंधी टिप्पणियाँ भी दी हैं। इन्होंने 'बिहार पीजेंट लाइफ' नामक ग्रन्थ भी लिखा है, जिसमें ग्रामीण जनजीवन की शब्दावली का संग्रह किया गया है।

भारतीय लोकसाहित्य तथा लोकसंस्कृति के संग्रह तथा संरक्षण में विलियम क्रूक का योगदान कुछ कम महत्वपूर्ण नहीं है। क्रूक एक अंग्रेज सिविलियन थे जो बहुत दिनों तक मिर्जापुर के कलक्टर थे। इन्होंने उत्तर प्रदेश के लोकगीतों का प्रचुर संग्रह तथा भारतीय लोकसंस्कृति का

गम्भीर अध्ययन किया। विलियम क्रूक ने सन् १८६१ ई० में भारतीय लोकसाहित्य तथा संस्कृति को प्रकाश में लाने के लिये 'नार्थ इण्डियन नोट्स एन्ड क्वेरीज' नामक पत्रिका का प्रकाशन प्रारम्भ किया जिसने लोकसाहित्य की बड़ी सेवा की। इस पत्रिका के पृष्ठों में लोकगीतों तथा लोक कथाओं का बहुमूल्य संग्रह सुरक्षित है तथा लोकसंस्कृति की अमूल्य सामग्री भरी पड़ी है। यह पत्रिका पाँच-छः वर्षों तक प्रकाशित होती रही। सन् १८६६ ई० में क्रूक ने 'पापुलर रिलीजन एन्ड फोकलोर आव् नार्दन इन्डिया' नामक विद्वत्तापूर्ण ग्रन्थ की रचना की। इसमें जन साधारण के अंधविश्वास, टोने-टोटके, नजर लगने तथा ग्रामदेवता, कुलदेवता, भूत-प्रेत, रीति-रिवाज आदि विषयों का बड़ा ही सांगोपांग तथा विशद विवेचन प्रस्तुत किया गया है। इस पुस्तक में भोजपुरी प्रदेश की विभिन्न जातियों का विवरण चार भागों में 'कास्ट्स ऐन्ड ट्राइब्स आफ् नार्थवेस्ट प्राविंस' नाम से प्रकाशित किया है।

पं० रामगरीब चौबे ने, जो हिन्दी प्राइमरी स्कूल के अध्यापक थे, विलियम क्रूक के आदेश तथा प्रेरणा से उत्तर प्रदेश के लोकगीतों का संग्रह किया था जो उन्होंने सन् १८६३ ई० में 'नार्थ इण्डियन नोट्स एन्ड क्वेरीज़' नामक पत्रिका में प्रकाशित किया। इनके द्वारा संग्रहीत गीतों में हरचौल के गीत, कोयल के गीत तथा शिशु गीत प्रसिद्ध हैं। इन्होंने 'इन्डियन ऐंटीक्वेरी' में भी संकलित अनेक लोकगीत छपवाए हैं।

जे०डी० ऐन्डरसन ने सन् १८६५ ई० में आसाम राज्य की कछारी जाति के लोगों की लोककथाओं तथा शिशुगीतों का संकलन 'कलेक्शन ऑव् कछारी फोकटेल्स ऐन्ड राइम्स' प्रस्तुत किया।

आर०एम० लाफ्रेनैस ने सन् १८६६ ई० में 'सम साँग्स आव् दी पोर्चुगीज इन्डियन्स' शीर्षक लेख प्रकाशित किया जिसमें गोआ निवासी भारतीयों के लोकगीतों का संकलन हैं।[१]

इस प्रकार १६वीं शताब्दी के समाप्त होते-होते भारत के विभिन्न प्रान्तों के लोकगीतों तथा कथाओं के कुछ संग्रह प्रकाश में आ गए। परन्तु यह संकलन कार्य अभी तक बहुत अल्प हुआ था। सिविलियन लोगों तथा मिशनरियों ने इस कार्य को आगे भी जारी रखा जैसा आगे विवृत है।

स्विनर्टन ने पंजाबी लोककथाओं का संग्रह बड़े परिश्रम से किया है। इनकी 'रोमैण्टिक टेल्स फ्राम दि पंजाब' का प्रकाशन सन् १६०३ ई० में हुआ। इस संकलन में राजा रसालू की सुप्रसिद्ध कथा का संग्रह किया गया है जिसका प्रचार अन्य प्रान्तों में भी पाया जाता है। सन् १६०५ ई० में एफ० हान ने 'कुरुख फोकलोर इन ओरजिनल' नामक पुस्तक लिखी जिसमें उराँव लोगों के २०० लोकगीतों का संग्रह प्रस्तुत है। सन् १६०६ ई० में थर्स्टन ने 'एथ्नोग्रेफिक नोट्स इन सदर्न इण्डिया' प्रकाशित की। थर्स्टन साहब ने दक्षिण भारत की विभिन्न जातियों का गहन अध्ययन किया था। सन् १६०८ ई० में इनकी 'कास्ट्स ऐन्ड ट्राइब्स ऑफ सदर्न इण्डिया' नामक प्रसिद्ध पुस्तक निकली। सन् १६१२ ई० में इनकी 'ओमेन्स ऐन्ड सुपर-स्टीशंस आव्

१. इन्डियन ऐंटीक्वेरी, भाग ३०, पृ० ४००—६।

सदर्न इण्डिया' प्रकाश में आई। यह पुस्तक अनेक दृष्टियों से अत्यन्त महत्वपूर्ण है। इसमें दक्षिण भारत के निवासियों के अंधविश्वास, तन्त्र-मंत्र, टोने-टोटके, आदि का विस्तृत तथा प्रामाणिक विवेचन प्रस्तुत किया गया है। डब्ल्यू० टी० डेम्स ने सन् १६०७ ई० में 'पापुलर पोइट्री आव बिलोचीज' का प्रकाशन किया। इस ग्रन्थ में अनेक वीर गाथाएँ, प्रेम सम्बन्धी गीत तथा पहेलियाँ मूल रूप में दी गई हैं। इनके साथ ही इनका अंग्रेजी अनुवाद भी प्रस्तुत किया गया है। आसाम प्रान्त में मिकिर नामक जाति निवास करती है। ई० स्टेक ने सन् १६०८ ई० में इस जाति की सामाजिक प्रथाओं का उल्लेख अपने इस ग्रन्थ 'दि मिकिर्स' में किया है। सी० एच० बोंपस ने सन् १६०६ ई० में बोडिंग द्वारा संकलित संथाली कहानियों का अंग्रेजी अनुवाद किया। सन् १६११ ई० में सलिगमैन ने 'वेद्दा' नामक जाति का वर्णन अपने ग्रन्थ में किया। इसके अगले वर्ष, सन् १६१२ ई० में शेक्सपीयर नामक पादरी ने आसाम की लुशाई कुकी जाति की सामाजिक दशाओं का चित्रण अपनी पुस्तक में प्रस्तुत किया। इसी वर्ष ए०जी० आगरकर ने बड़ौदा राज्य में निवास करने वाली जातियों के सम्बन्ध में अपनी पुस्तक लिखी जिसका नाम 'ए ग्लासरी ऑफ् कास्ट्स, ट्राइब्स ऐन्ड रेसेज इन बड़ौदा स्टेट' है। इसी समय लोककथाओं की अनेक पुस्तकें प्रकाशित हुईं जिनमें ए० कुलक की 'बंगाली हाउसहोल्ड टेल्स' और सोभना देवी की 'ओरिएन्ट फर्ल्स' प्रसिद्ध हैं। डॉ० हीरालाल और रसल ने सन् १६१६ में मध्य प्रान्त (मध्य प्रदेश) की जातियों के सम्बन्ध में अपना विशाल ग्रन्थ 'दि ट्राइब्स ऐन्ड कास्ट्स आफ् सेन्ट्रल प्राविंस आफ् इण्डिया' चार भागों में प्रकाशित किया जिसमें इस प्रान्त में निवास करने वाली जातियों के लोकगीत तथा कथाएँ भी संग्रहीत हैं। सी० ए० बक की पुस्तक 'फेथ्स, फेयर्स एण्ड फेस्टिवल्स ऑफ् इन्डिया' सन् १६१७ ई० में लिखी गयी जिसमें लोकसाहित्य एवं लोकसंस्कृति सम्बन्धी अनेक ज्ञातव्य वस्तुएं संग्रहीत हैं। सन् १६१८ ई० में बिहार सरकार ने डॉ० ग्रियर्सन की पुस्तक 'बिहार पीजेन्ट लाइफ' का पुनः प्रकाशन किया। इसके प्रकाशित हो जाने से ग्रामीण शब्दावली का संग्रह करने की ओर विद्वानों का ध्यान आकर्षित हुआ।

सन् १६२० ई० तक लोक साहित्य की प्रचुर सामग्री एकत्रित, सम्पादित और प्रकाशित हो चुकी थी। परन्तु अब तक का अधिकांश शोधकार्य, विदेशी विद्वानों द्वारा ही किया गया था। भारतीय विद्वानों ने इतस्ततः अपने लोकसाहित्य का संकलन अवश्य किया था परन्तु यह कार्य संगठित रूप से नहीं हुआ था। इस काल के पश्चात् इस देश के विभिन्न प्रान्तों में अनेक भारतीय विद्वान् अपने लोक साहित्य की रक्षा में जुट गए तथा इन्होंने अथक परिश्रम द्वारा अपने साहित्य एवं संस्कृति की रचना की। बंगाल में डॉ० दिनेश चन्द्र सेन, बिहार में रायबहादुर शरच्चन्द्र राय, उत्तर प्रदेश में पं० रामनरेश त्रिपाठी, गुजरात में झवेरचन्द्र मेघाणी आदि विद्वानों ने इस कार्य को अपने हाथों में लिया और लोकसाहित्य की सेवा में अपना जीवन ही लगा दिया। डॉ० सर आशुतोष मुखर्जी बहुत बड़े विद्वान् तथा गुणग्राही व्यक्ति थे। जब वे कलकत्ता विश्वविद्यालय के वाइसचांसलर थे तब उन्होंने बंगला भाषा की प्रतिष्ठा उक्त विश्वविद्यालय में की तथा इसके लोक साहित्य की रक्षा के लिए प्रशंसनीय कार्य किया। उनकी प्रेरणा तथा आदेश से डॉ० दिनेशचन्द्र सेन ने पूर्व बंगाल के मेमनसिंह जिले (अब बंग देश में) के लोकगीतों का संकलन करवाया जो बाद में 'मेमनसिंह गीतिका' तथा 'पूर्व बंग गीतिका' के नाम से प्रकाशित

हुआ। डॉ० सेन ने इन गीतों का अंग्रेजी अनुवाद 'ईस्टर्न बंगाल बैलेड्स' के नाम से चार भागों में सन् १६२३-३२ई. के बीच प्रकाशित किया। इन्होंने कलकत्ता विश्वविद्यालय के तत्त्वावधान में बँगला लोक-साहित्य पर अनेक भाषण दिये जो 'फोकलिटरेचर आव् बंगाल' के नाम से सन् १६२० ई० में प्रकाशित हुए। इसके पहले इन्होंने 'बँगला भाषा तथा साहित्य का इतिहास' भी अंग्रेजी में प्रस्तुत किया था। डॉ० सेन के लोकसाहित्य सम्बन्धी इन कार्यों से अनेक बंगाली विद्वानों को प्रेरणा प्राप्त हुई और उन लोगों ने बँगला लोक साहित्य का संग्रह किया। कलकत्ता विश्वविद्यालय ने इस कार्य में सक्रिय योगदान दिया है। इस विश्वविद्यालय से प्रकाशित मंगल काव्य के इतिहास तथा मनसा सम्बन्धी लोकगीत इस बात के प्रत्यक्ष प्रमाण हैं। बँगला लोक साहित्य के साथ डॉ० दिनेशचन्द्र सेन का नाम अविच्छिन्न रूप से जुड़ा है।

बिहार के श्री शरच्चन्द्र राय का कार्य अत्यन्त प्रशंसनीय है। वास्तव में श्री राय लोक-साहित्य-शास्त्री (फोक्लोरिस्ट) नहीं प्रत्युत मानव-विज्ञान शास्त्री (एंथ्रोपालोजिस्ट) थे। इन्होंने बिहार की मुंडा, उराँव, संथाल, बिरहोर, आदि आदिम जातियों का अत्यन्त विद्वत्तापूर्ण तथा गंभीर अध्ययन प्रस्तुत किया है। वे राँची में रहते थे और वहीं से 'मैन इन इण्डिया' नामक त्रैमासिक पत्रिका प्रकाशित करते थे जिसमें इन आदिम जातियों के सम्बन्ध में महत्वपूर्ण लेख छपते थे। इनकी सबसे प्रथम पुस्तक 'दि मुंडाज ऐण्ड देयर कन्ट्री' है जो सन् १६१२ ई० में प्रकाशित हुई थी। इसमें बिहार की मुंडा जाति के लोगों की सामाजिक व्यवस्था का सुन्दर विवरण प्रस्तुत किया गया है। इसके साथ ही अनेक मुण्डा लोकगीत भी इसमें दिए गए हैं। इनकी दूसरी पुस्तक 'दि बिरहोर्स' है जो सन् १६२५ ई० में छपी थी। 'ओराँव रिजिनल ऐण्ड कस्टम्स' का प्रकाशन सन् १६२८ ई० में हुआ था। इस पुस्तक में विद्वान् लेखक ने ओराँव नामक आदिम जाति के लोगों के धर्म तथा प्रथाओं का वर्णन किया है। इस पुस्तक में भी अनेक लोकगीत दिये गए हैं। इराके पहले सन् १६१५ ई० में ओराँव के सम्बन्ध में इनकी एक पुस्तक प्रकाशित हो चुकी थी, जिसका शीर्षक था 'दि ओराँव्स आव् छोटा नागपुर'। उड़ीसा के पर्वतों में निवास करने वाली 'भुइयाँ जाति' के लोगों के विषय में लिखी गई 'दि हिल्स भुइयाज आव् ओरिसा' का प्रकाशन सन् १६३६ ई० में हुआ। 'खारीज' नामक पुस्तक की रचना सन् १६३७ ई० में की गई जो अपने ढंग का अद्वितीय ग्रन्थ है। इसमें खारी लोगों के ३७ लोकगीत तथा ५५ पहेलियाँ दी गई हैं। यह बात ध्यान में रखना चाहिए कि शरच्चन्द्र राय का यह कार्य सर्वथा मौलिक है। ये बिहार में ही नहीं, प्रत्युत भारत में भी मानव-विज्ञान-शास्त्र के अग्रणी आचार्य थे। लोक साहित्य के क्षेत्र में कार्य करने वाले अनेक विद्वानों ने इनकी कृतियों से प्रेरणा तथा प्रोत्साहन प्राप्त किया है।

गुजरात में लोक साहित्य की एकांत-साधना में अपना समस्त जीवन खपा देने वाले स्वनामधन्य श्री झवेरचन्द मेघाणी के कार्यों की जितनी प्रशंसा की जाय वह थोड़ी ही है। श्री मेघाणी ने गुजराती लोकसाहित्य की जो सेवा की है वह उन्हें अमरत्व प्रदान करने के लिए पर्याप्त है। इन्होंने गुजराती लोक-गीतों, लोक-कथाओं, शिशुगीतों, वीर गाथाओं आदि सभी का विशाल रांग्रह किया है। 'कंकावटी' का प्रकाशन रनपुर से सन् १६२७ ई० में हुआ था। सन् १६२५ से ४२ ई० के बीच में 'रढ़ियाली रात' के नाम से चार भागों में लोकगीतों का संकलन

इन्होंने प्रकाशित किया है। इस विशाल संग्रह में सभी प्रकार के लोकगीत संकलित हैं। सन् १९२८-२९ ई० में 'चुंदड़ी' के दो भाग प्रकाश में आए। 'हालरडाँ' में पालने के गीतों का सुन्दर संग्रह उपलब्ध होता है। 'सोरठी गीत' कथाओं का प्रकाशन सन् १९३१ ई० में हुआ जिसमें ग्रामीण कहानियों का संकलन है। इन संग्रहों के अतिरिक्त मेघाणी ने लोक साहित्य का सैद्धान्तिक विवेचन भी प्रस्तुत किया है। बम्बई विश्वविद्यालय में इन्होंने लोकसाहित्य के सिद्धान्त पक्ष को लेकर अनेक सारगर्भित भाषण दिये जो बाद में 'लोक साहित्य नुं समालोचन' के नाम से सन् १९३९ई. में प्रकाशित हुआ।[१] 'धरती नुं धावन' में मेघाणी द्वारा लिखी गई विभिन्न प्रस्तावनाओं का संकलन एकत्र किया गया है। मेघाणी सच्चे अर्थों में लोक साहित्य शास्त्री थे। ये लोकगीतों का संकलन ही नहीं करते थे प्रत्युत उन्हें अपने मधुर तथा ललित कण्ठ से गाकर श्रोताओं को आत्मविभोर कर देते थे । इन्होंने जिस एकाग्रचित्त तथा एकान्त साधना से गुजराती के लोक साहित्य की सेवा की है उसका मूल्य आँकना अत्यन्त कठिन है। मेघाणी के साथ ही गोकुलदास रामचुरा का नाम भी लिया जा सकता है जिन्होंने अपनी रचनाओं द्वारा लोक साहित्य का भंडार भरा है।[२]

२० वीं शताब्दी के तृतीय दशक में पं० रामनरेश त्रिपाठी ने लोकगीतों के संग्रह का प्रशंसनीय कार्य प्रारम्भ किया। इन्होंने बड़े श्रम से भारत के विभिन्न प्रान्तों की अनेक वर्षों तक यात्रा करके कई हजार लोकगीतों का संकलन किया। सन् १९२९ ई० में इन्होंने कविता कौमुदी (भाग ५)—ग्रामीण गीत—का प्रकाशन किया जिसमें उत्तर प्रदेश तथा पश्चिमी बिहार के लोकगीतों का संकलन प्रस्तुत है। त्रिपाठी जी हिन्दी लोकगीतों के संग्रहकर्ताओं के सेनानी एव अग्रणी थे। इन्होंने 'हमारा ग्राम साहित्य' नामक पुस्तक भी लिखी है, जिसमें लोकगीतों, कहावतों तथा मुहावरों का संग्रह है। परन्तु अपने ग्राम गीतों का प्रथम भाग प्रकाशित कर त्रिपाठी जी ने इस कार्य से विश्राम ले लिया और वे लोक साहित्य की सेवा से तटस्थ हो गये। दुःख है कि अब वे इस संसार में नहीं हैं। फिर भी हम उनकी सेवाओं के लिए ऋणी हैं तथा उनके पथदर्शन के लिए उनका आभार स्वीकार करते हैं।

लोकगीतों के संग्रहकर्ताओं में श्री देवेन्द्र सत्यार्थी का नाम सदा स्मरणीय रहेगा। इन्होंने भारत, बर्मा,लंका आदि देशों में घूम-घूमकर लोकगीतों का संग्रह किया है। अपने जीवन के अमूल्य बीस वर्ष इन्होंने इस कार्य में लगाए हैं तथा लगभग तीन लाख लोक गीतों का प्रकांड संकलन किया है। सत्यार्थी जी ने लोक साहित्य सम्बन्धी लगभग एक दर्जन पुस्तकें लिखी हैं जिनमें 'बेला फूले आधी रात', 'धरती गाती है', 'बाजत आवे ढोल' तथा 'धीरे बहो गंगा' अधिक प्रसिद्ध हैं। सत्यार्थी जी ने किसी एक प्रान्त के लोक गीतों का वैज्ञानिक संग्रह प्रस्तुत नहीं किया है प्रत्युत लोकसाहित्य के सम्बन्ध में भावात्मक लेख लिखे हैं तथा उदाहरणस्वरूप कुछ

१. बम्बई विश्वविद्यालय से प्रकाशित।

२. मेघाणी के उपर्युक्त सभी ग्रन्थ गुर्जर-ग्रन्थ-रत्न-कार्यालय, गांधीरोड, अहमदाबाद से प्राप्त हो सकते हैं।

राजस्थानी लोकसाहित्य की परम्परा प्राचीन है। जैन मुनियों का सम्पर्क लोक जीवन से अधिक रहा है अतः वे जहाँ भी गए वहाँ लोकभाषा तथा लोकरुचि का आदर करते हुए साहित्य की सृष्टि करते रहे। जनसाधारण उनकी किस रचना को किस राग या ताल में गावें, इसकी सूचना के रूप में उन्होंने अपनी रचनाओं के प्रारम्भ में 'देशी' या 'ढाल एहनी' आदि शब्दों द्वारा उनके संगीत का निर्देश कर दिया है। जैन साहित्य के पंडित मोहनलाल दलीचंद देसाई ने 'जैन गुर्जर कवियों' के तीसरे भाग के परिशिष्ट में जैन ग्रन्थों में प्रयुक्त २४०० देशियों या तर्जों की अनुक्रमणिका दी है। इनमें राजस्थानी लोकगीतों की अधिकता है। इन लोकगीतों की 'देशियों' के उद्धरण के रूप में जैन कवियों ने आज से ५०० वर्ष पूर्व लोकगीतों के महत्व को समझा था। १७वीं शताब्दी में इस ओर अधिक ध्यान दिया गया और सैकड़ों लोकगीतों की देशियों में अनेक कवियों ने अपनी रचनाएँ प्रस्तुत कीं। १६वीं शताब्दी के जैन यतियों द्वारा लिखे गए अनेक लोकगीत भी उपलब्ध होते हैं।[1]

राजस्थानी लोकगीतों का सम्भवतः सबसे प्रथम संकलन श्री खेताराम माली का 'मारवाणी गीत संग्रह' है, जो रामलाल नेमाणी द्वारा राम प्रेस, कलकत्ता से प्रकाशित किया गया था। इस संग्रह में पाँच भाग हैं जिनमें १०३ लोकगीत संग्रहीत हैं। इस ग्रन्थ की द्वितीयावृत्ति सन् १८१५ ई० में हुई थी। कलकत्ते के सुप्रसिद्ध प्रकाशक श्री बैजनाथ केडिया ने हिन्दी पुस्तक एजेन्सी से 'मारवाड़ी गीत' नामक एक संग्रह प्रकाशित किया था। कलकत्ते से ही विद्याधरी देवी द्वारा संकलित 'असली मारवाड़ी गीत संग्रह' नामक पुस्तक सन् १६३३ ई० में प्रकाश में आई। परन्तु ये तीनों संग्रह सामान्य कोटि के थे। जोधपुर के श्री जगदीश सिंह गहलोत ने 'मारवाड़ी के ग्रामगीत' नामक संकलन सन् १६१६ ई० में प्रकाशित किया। इस संग्रह में १०० गीतों का सम्पादन गीतों के परिचय, टिप्पणी और कठिन शब्दों के अर्थ सहित किया गया है। इसी वर्ष जैसलमेर के मेहता रघुनाथ सिंह ने 'जैसलमेरीय संगीतरत्नाकर' नाम से लोकगीतों का सुन्दर संग्रह नवलकिशोर प्रेस, लखनऊ से प्रकाशित किया। इस संग्रह के गीत बड़े- बड़े और अच्छे हैं। मेहता जी ने इनका संकलन बड़े मनोयोग के साथ किया है। इसी समय पं० रामनरेश त्रिपाठी ने हिन्दी मंदिर (प्रयाग) 'मारवाड़ के मनोहर गीत' नाम से ५१ पृष्ठों की एक छोटी-सी पुस्तिका प्रकाशित की। त्रिपाठी जी के पश्चात् श्री देवेन्द्र सत्यार्थी ने भी राजस्थान के लोकगीतों का संग्रह किया है परन्तु इनका कोई ग्रन्थ इस विषय पर देखने में नहीं आया। सन् १६३३ ई० में श्री सरदार मल जी थानवी ने 'घुड़ला' नामक एक छोटी-सी पुस्तिका प्रकाशित की जिसमें 'घुड़ले' नामक त्योहार का वर्णन देते हुए, उससे सम्बन्धित नौ गीत भी संकलित हैं। श्री पुरुषोत्तम दास पुरोहित का 'पुष्करणों का सामाजिक गीत' इस दिशा में सुन्दर प्रयास है।[2]

राजस्थानी लोकगीतों का सर्वश्रेष्ठ संकलन बीकानेर की विद्वत्त्रयी श्री सूर्यकरण पारीक,

---

१. इस लेख की अधिकांश सामग्री श्री अगरचंद जी नाहटा के लेख 'राजस्थानी लोकगीतों का संग्रह एवं प्रकाशन कार्य' से ली गई है। अतः लेखक इसके लिए नाहटा जी का अत्यन्त अनुगृहीत है।

२. मरुधर प्रकाशन मन्दिर, जोधपुर से प्रकाशित।

श्री नरोत्तम दास स्वामी तथा श्री रामसिंह—द्वारा 'राजस्थान के लोकगीत' के नाम से दो भागों में प्रकाश में आया।[1] इस ग्रन्थ में विद्वान् संपादकों ने राजस्थान के चुने हुए सुन्दर गीतों को एकत्रित कर प्रेमी पाठकों के सामने प्रस्तुत किया है। इस संग्रह में २३० लोकगीत हैं। सम्पादकों ने प्रत्येक गीत का सन्दर्भ तथा उसका हिन्दी अनुवाद भी दिया है। अन्त में कठिन शब्दों का अर्थ भी दिया है। इस प्रकार यह ग्रन्थ विशेष महत्त्वपूर्ण है। इसी संपादकत्रयी ने राजस्थान में प्रचलित तथा अत्यन्त लोकप्रिय लोकगाथा 'ढोला मारू रा दूहा' का संपादन बड़े परिश्रम, लगन तथा विद्वत्ता के साथ किया है।[2] इस ग्रन्थ की भूमिका में लोकसाहित्य सम्बन्धी बहुमूल्य विवेचन भी प्रस्तुत किया गया है। मूल गाथा के हिन्दी अनुवाद के साथ पाद टिप्पणियों के अन्त में कठिन शब्दों का अर्थ दिया गया है। सन् १६४२ ई० में श्री सूर्यकरण पारीक का 'राजस्थानी लोकगीत' पाठकों के सामने आया जिसमें विद्वान् संपादक ने राजस्थानी लोकगीतों का संक्षिप्त परिचय बड़ी सुन्दर रीति से प्रस्तुत किया है। यद्यपि यह पुस्तिका केवल ६५ पृष्ठों की है, फिर भी अनेक उपयोगी बातें इसमें पाई जाती हैं। स्वर्गीय पारीक जी की स्मृति में 'राजस्थान के ग्रामगीत' के प्रथम भाग का प्रकाशन सन् १६४० ई० में हुआ था।[3] इसमें स्वयं पारीक जी तथा उनके शिष्य श्री गणपति स्वामी द्वारा संकलित ६७ गीत हैं। ताराचन्द ओझा का 'मारवाड़ी स्त्री-गीत संग्रह', निहालचन्द वर्मा का 'मारवाड़ी गीत' तथा मदन लाल वैश्य की 'मारवाड़ी गीतमाला' इस दिशा में उल्लेखनीय प्रयत्न हैं। जैसलमेर के श्री नागरमल गोपा ने 'राजस्थानी संगीत' में ६३ गीतों का संकलन किया है।

दिल्ली से मारवाड़ी गीतों के दो संग्रह प्रकाशित हुए हैं। इनमें पहला संग्रह ओमप्रकाश गुप्त द्वारा संकलित 'मारवाड़ी गीत संग्रह' के नाम से छपा है[4] तथा दूसरा प्रह्लाद शर्मा गौड़ द्वारा संकलित 'मारवाड़ी गीत और भजन संग्रह है।'[5] राजस्थानी लोकगीतों के कई संग्रह प्रकाशित हुए हैं। पुरुषोत्तम मेनारिया ने 'राजस्थानी लोकगीत' नामक ६४ पृष्ठों की छोटी-सी पुस्तिका में संस्कार, त्योहार और देवी-देवताओं संबंधी गीतों को एकत्रित किया है।[6] 'राजस्थानी भीलों के लोकगीत' भी अपने ढंग का प्रथम प्रयास है, जिसमें भीलों के मधुर गीत संकलित किए गए हैं।[7] रानी लक्ष्मी कुमारी चंडावत का 'राजस्थानी लोकगीत' नामक संग्रह राजस्थानी संस्कृति परिषद्, जयपुर से प्रकाशित हुआ है, जिसमें अर्थसहित ६0 गीत दिए गए हैं। संपादिका की भूमिका महत्त्वपूर्ण एवं गम्भीर है।

---

१. राजस्थान रिसर्च सोसाइटी, कलकत्ता, सन् १६३८ ई० ।
२. नागरीप्रचारिणी सभा, काशी से प्रकाशित।
३. सूर्यकरण पारीक, राजस्थानी 'ग्रन्थमाला', संख्या १; प्रकाशक—गयाप्रसाद ऐन्ड सन्स, आगरा, सन् १६४0।
४. गर्ग ऐण्ड कं०, खारी बावली, दिल्ली।
५. अग्रवाल बुक डिपो, खारीबावली, दिल्ली।
६. दि स्टूडेंट बुक कम्पनी, जयपुर।
७. साहित्य संस्थान, उदयपुर।

लोकगीतों के अतिरिक्त राजस्थान में लोककथाएँ भी प्रचुर मात्रा में उपलब्ध होती हैं जिनका संग्रह अन्वेषी शोधकों ने किया है। राजस्थानी भाषा की प्राचीन लोकगाथा 'ढोला मारू रा दूहा' का उल्लेख पहले किया जा चुका है। इसके बाद दूसरी प्रसिद्ध लोकगाथा पदमा तेली रचित 'रुक्मिणीमंगल' है। इस काव्य की सबसे प्राचीन प्रति संवत् १६६६ विक्रमी की उपलब्ध होती है। लोकगाथा होने के कारण इसमें समय-समय पर परिवर्तन और परिवर्धन होता रहा है। इसी के समान प्रसिद्ध दूसरी लोक-गाथा 'नरसी जी रो मायरो' है। कालक्रम में इसमें भी अनेक परिवर्तन हुए हैं। इसके रचयिता का नाम रतना खाती है। राजस्थानी जनता के लोकप्रिय जनकाव्य 'कृष्ण रुक्मणी रो व्यावलो' का लेखक पदमा भगत तेली माना जाता है। उपर्युक्त दोनों लोक काव्यों के रचयिता नीची जाति में उत्पन्न हुए थे। श्री गणपति स्वामी ने 'जीणामाता रो गीत' नामक एक महत्त्वपूर्ण लोकगाथा का कुछ अंश 'राजस्थान भारती' में प्रकाशित किया था। ठाकुर सौभाग्यसिंह शेखावट के संपादकत्व में 'जीणामाता' नामक पुस्तक प्रकाशित हो चुकी है।[१] इसी प्रकार 'डुंग जी जवार जी रो गीत', 'तेजा जी रो गीत', 'मानाँ गूजरी को पावड़ो' तथा 'बाबू जी रा पावड़ा' आदि अनेक लोकगाथाएँ श्रीगणपति स्वामी के संपादकत्व में प्रकाशित हो चुकी हैं।

शार्दूल राजस्थानी रिसर्च इन्स्टीट्यूट बीकानेर, राजस्थान रिसर्च सोसाइटी, कलकत्ता, भरतीय लोककला मंडल, उदयपुर, राजस्थान साहित्य समिति विसाऊ, मरुभारती पिलानी, राजस्थनी की शोध सम्बन्धी प्रमुख संस्थाएँ हैं।

२. व्रज—व्रज-साहित्य-मण्डल, मथुरा—व्रज मण्डल के अनेक उत्साही विद्वानों ने व्रज की लोकसंस्कृति तथा साहित्य के प्रकाशन के लिए 'व्रज-साहित्य-मण्डल' नामक संस्था की स्थापना मथुरा में की है। इस मण्डल की ओर से व्रज-संस्कृति-सम्बन्धी अनेक ग्रन्थ प्रकाशित हो चुके हैं। यह संस्था 'व्रजभारती' नामक शोधपत्रिका भी प्रकाशित करती है जिसमें व्रज का अनन्त लोकसाहित्य धीरे-धीरे प्रकाश में आ रहा है। इस मण्डल का वार्षिक अधिवेशन व्रजमण्डल के विभिन्न स्थानों में हुआ करता है। इस संस्था के हाथरस वाले अधिवेशन में स्वयं राष्ट्रपति डॉ० राजेन्द्र प्रसाद जी ने पधारने की कृपा की थी। इस प्रकार मण्डल ने व्रज के लोकसाहित्य की रक्षा तथा उसके प्रकाशन के क्षेत्र में बहुमूल्य सेवा की है। डॉ० सत्येन्द्र ने व्रज लोकसाहित्य के क्षेत्र में प्रशंसनीय कार्य किया है। 'व्रजलोक-साहित्य का अध्ययन' नामक ग्रन्थ इनका शोध प्रबन्ध है जिसमें इन्होंने व्रज के लोकगीतों तथा लोक कथाओं की विस्तृत समीक्षा प्रस्तुत की है। 'पोद्दार अभिनन्दन ग्रन्थ' में इन्होंने व्रज के लोकगीतों का थोड़ा संग्रह किया है। 'व्रज लोक संस्कृति' इनके द्वारा सम्पादित अनेक विद्वानों के लेखों का संग्रह है जिसमें इस क्षेत्र की लोक संस्कृति पर प्रचुर प्रकाश डाला गया है।

'लोक साहित्य विज्ञान' में लेखक ने लोक साहित्य के सैद्धान्तिक पक्षों का विवेचन किया है

---

१. राजस्थानी संस्कृति संस्थान, जयपुर।

जो अनेक दृष्टियों से महत्त्वपूर्ण ग्रन्थ है। 'लोक साहित्य की पगडण्डियाँ' इनके स्फुट लेखों का संग्रह मात्र है। डॉ० सत्येन्द्र का सबसे महत्त्वपूर्ण ग्रन्थ 'हिन्दी के भक्ति कालीन साहित्य में लोकतत्व' है जिसमें विद्वान् लेखक ने सूर, तुलसी और जायसी आदि कवियों की कृतियों में उपलब्ध लोक संस्कृति की गंभीर विवेचना की है। व्रज-साहित्य-मण्डल, मथुरा के माध्यम से इन्होंने व्रज के लोक साहित्य की प्रचुर सेवा की है। इधर व्रज लोक साहित्य के युवा अनुसंधान कर्ता डॉ० रसज्ञ रंजन चतुर्वेदी ने 'व्रज लोक-गीत' के नाम से अभी (१९८९ ई० में) एक संकलन किया है जो 'संगीत नाटक अकादमी' लखनऊ से प्रकाशित हुआ है।

३. अवधी—अवधी प्रदेश में भी लोकगीत प्रचुरता से पाये जाते हैं परन्तु जहाँ तक इन पंक्तियों के लेखक को ज्ञात है, इन गीतों का कोई प्रामाणिक संकलन प्रकाश में नहीं आया है। प्रयाग विश्वविद्यालय के संस्कृत विभाग के अध्यक्ष डॉ० बाबूराम सक्सेना ने अपने ग्रन्थ 'अवधी भाषा का विकास' (इवोल्यूशन आव् अवधी) की रचना के समय कुछ लोकगीतों का संकलन अवश्य किया था परन्तु वे अभी तक प्रकाशित नहीं हो सके हैं। श्री सत्यव्रत अवस्थी ने 'विहाग रागिनी' नामक एक छोटी-सी पुस्तक में अवधी के कुछ लोकगीतों का संकलन प्रस्तुत किया है।[1] लखनऊ विश्वविद्यालय के डॉ० त्रिलोकी नारायण दीक्षित ने 'अवधी और उसका साहित्य' में अवधी के वर्तमान कवियों का परिचय देते हुए उनकी कविताएँ उद्धृत की हैं। डॉ० कृष्णदेव उपाध्याय ने भी सत्यनारायण मिश्र की सहायता से प्रतापगढ़ तथा गोंडा जिलों से अवधी के २000 लोकगीतों का संग्रह बड़े परिश्रम से किया है जो 'अवधी लोकगीत' के नाम से प्रकाशित है।[2] पं० रामनरेश त्रिपाठी की कविता-कौमुदी, भाग ५ (ग्रामगीत) में भी अवधी के कुछ गीतों का संकलन उपलब्ध होता है।

परन्तु अवधी लोकगीतों का सबसे प्रामाणिक तथा सुन्दर संग्रह प्रोफ़ेसर इन्दुप्रकाश पाण्डेय (अध्यक्ष हिन्दी विभाग, एलिफन्स्टन कालेज, बम्बई) का 'अवधी-लोकगीत और परम्परा' है जिसमें विद्वान् लेखक ने अवधी के संस्कार गीतों का ही प्रधानतया संकलन किया है। पुस्तक के प्रारम्भ में ८५ पृष्ठों की विद्वत्तापूर्ण भूमिका भी है, जिसमें संस्कारों तथा सामाजिक संस्थाओं की व्याख्या की गई है। पांडेय जी ने बड़े श्रम से इन गीतों का सम्पादन किया है। प्रत्येक गीत का प्रारम्भ में संदर्भ तथा अन्त में उसका अर्थ दिया गया है। लेखक ने इन गीतों की स्वरलिपि को सुरक्षित रखने के लिए इनकी टेपरिकार्डिंग भी की है। अपने संग्रह के द्वितीय भाग में पांडेय जी अवधी के अन्य लोकगीत भी प्रकाशित करने वाले हैं।

इधर अवधी लोक साहित्य के अनुशीलन के सम्बन्ध में डॉ० सरोजिनी रोहतगी का विशाल काव्य ग्रन्थ प्रकाशित हुआ है जो 'अवधी का लोक साहित्य' के नाम से प्रसिद्ध है। यह पुस्तक उनके पीएच० डी० का शोध प्रबन्ध है जिसमें विदुषी लेखिका ने अवधी लोकसाहित्य की

---

१ रामनारायण लाल ऐण्ड संस, प्रयाग, १९५८।

२ साहित्य भवन (प्रा.) लिमिटेड, प्रयाग।

विभिन्न विधाओं का प्रामाणिक विवरण प्रस्तुत किया है।[1] इसी संदर्भ में डॉ० विद्या विन्दु सिंह, उप-निदेशक, हिन्दी संस्थान, लखनऊ का 'अवधी लोक गीतों का विवेचनात्मक अध्ययन' एक अत्यन्त ही प्रशंसनीय शोध-ग्रन्थ है। जिसमें डॉ० (श्रीमती) सिंह ने अवधी लोकगीतों का सांगोपांग, विस्तृत तथा प्रामाणिक विवेचन किया है।[2] सच तो यह है कि अवधी लोकगीतों के संबंध में इतना अनुसंधान-पूर्ण दूसरा ग्रन्थ उपलब्ध नहीं है। इनका लोकगीतों का विशाल संग्रह भी शीघ्र ही प्रकाशित होने वाला है। डॉ० सिंह के लोकसाहित्य सम्बन्धी निबन्धों का संग्रह भी प्रकाशित हो चुका है। आशा है कि इनकी प्रतिभा का प्रसाद लोक साहित्य के छात्रों तथा विद्वानों को भविष्य में सदा प्राप्त होता रहेगा।

सीतापुर की 'हिन्दी सभा' लोकगीतों के संग्रह की दिशा में प्रशंसनीय कार्य कर रही है। इधर सन् १६५६ ई० से श्री उपेन्द्रनाथ राय और श्री गौरी शंकर पांडेय के सम्पादकत्व में 'अवध भारती' का प्रकाशन फैजाबाद से हो रहा है। इस द्विमासिक पत्रिका द्वारा अवधी लोकसाहित्य की बहुमूल्य सामग्री प्रकाश में लाई जा रही है। आशा है शोधी विद्वान् अवधी के लोकगीतों तथा लोककथाओं का प्रामाणिक संग्रह प्रस्तुत कर इस अभाव को दूर करने की चेष्टा करेंगे।

४. **बुन्देलखण्डी**—बुन्देलखण्ड में लोकसाहित्य के संग्रह का कार्य बड़े उत्साह के साथ हो रहा है। सन् १६४४ ई० में ओरछा के तत्कालीन महाराज के संरक्षण में 'लोकवार्ता परिषद्' की स्थापना टीकमगढ़ में हुई थी जिसने बुन्देलखण्ड के लोकगीतों, गाथाओं, तथा मुहावरों के संकलन का कार्य वैज्ञानिक पद्धति से प्रारम्भ किया था। इस परिषद् के तत्वावधान में 'लोकवार्ता' नामक एक त्रैमासिक पत्रिका भी प्रकाशित होती थी जिसके सम्पादक थे लोकसाहित्य के विद्वान् श्री कृष्णा नन्द जी गुप्त। यद्यपि इस पत्रिका के सम्भवतः कुछ ही अंक प्रकाशित हुए, फिर भी इसमें लोकसाहित्य सम्बन्धी बहुमूल्य सामग्री उपलब्ध होती है। इस परिषद् ने अपने अल्प कालीन जीवन में ही प्रशंसनीय कार्य किया था। परन्तु स्वतन्त्रता प्राप्ति के पश्चात् ओरछा राज्य के भारतीय संघ में विलयन के साथ ही इस परिषद् का भी विलयन हो गया। इसी समय पं० बनारसीदास चतुर्वेदी ने 'मधुकर' पत्र द्वारा बुन्देलखण्डी लोकसाहित्य को प्रकाश में लाने का प्रशंसनीय प्रयास किया था। परन्तु यह पत्र भी अधिक दिनों तक नहीं चल सका। पिछले दो वर्षों से झाँसी जिले के मऊ रानीपुर में 'ईसुरी परिषद्' की स्थापना हुई है, जिसके मंत्री हैं श्री नर्मदाप्रसाद जी गुप्त। इस परिषद् का उद्देश्य भी 'लोकवार्ता परिषद्" की ही भाँति बुन्देलखण्डी लोकसाहित्य का संकलन तथा प्रकाशन है। सुप्रसिद्ध उपन्यासकार तथा नाटककार डॉ० वृन्दावन लाल वर्मा तथा श्री कृष्णा नन्द जी गुप्त के सरंक्षण में यह परिषद् कुछ ठोस सेवा कर सकेगी, ऐसी दृढ़ आशा है।

बुन्देलखण्ड में 'ईसुरी' नामक लोक कवि की 'फागें' बहुत प्रसिद्ध हैं। श्री कृष्णानन्द जी गुप्त ने इन फागों का अध्ययन "ईसुरी की फागें" शीर्षक छोटी सी पुस्तिका में प्रस्तुत किया

---

१. डॉ० सरोजिनी रोहतगी—अवधी का लोकसाहित्य (नेशनल पब्लिसिंग हाउस, नई दिल्ली.)

२. डॉ० विद्या विन्दु सिंह —अवधी लोकगीतों का विवेचनात्मक अध्ययन।

है।[१] श्री गुप्त जी की इच्छा कई भागों में इन फागों को प्रकाशित करने की थी परन्तु सम्भवतः उनकी यह योजना पूर्ण नहीं हो सकी। पं० शिवसहाय चतुर्वेदी ने बुन्देलखण्डी लोककथाओं का संग्रह बड़े परिश्रम तथा लगन के साथ किया है। इस क्षेत्र में चतुर्वेदी का कार्य प्रशंसनीय है। श्री हरप्रसाद शर्मा ने 'बुन्देलखण्डी लोकगीत' प्रकाशित किया है।

परन्तु इस क्षेत्र में प्रो० श्रीचन्द्र जैन का नाम विशेष उल्लेखनीय है। आप आजकल गवर्नमेंट कालेज, खरगोन (मध्य प्रदेश) में हिन्दी विभाग के अध्यक्ष हैं। इन्होंने बुन्देलखण्डी तथा बघेलखण्डी लोक साहित्य की प्रचुर सेवा की है। रीवाँ के आस-पास की जंगली जातियों के लोकगीतों का भी इन्होंने संकलन किया है जो 'आदिवासियों के लोकगीत' के नाम से शीघ्र ही प्रकाशित होने वाला है। 'विन्ध्य के लोक कवि' में इन्होंने सुप्रसिद्ध लोक कवि ईसुरी, गंगाधर आदि का प्रामाणिक वर्णन किया है।[२] 'धरती मोरी मैया' में इनके लोकसाहित्य सम्बन्धी अनेक लेखों का संग्रह है।[३] 'आगे गेहूं पीछे धान' नामक पुस्तिका में बुन्देलखण्डी तथा बघेलखण्डी कृषि सम्बन्धी कहावतों तथा विश्वासों का संकलन किया गया है। "भुइयाँ परे हैं लाल" में बघेलखण्डी सोहरों का समीक्षात्मक अध्ययन प्रस्तुत है।

इसके अतिरिक्त इन्होंने 'विंध्य भूमि की लोककथाएँ', 'विंध्य भूमि की अमर कथाएँ', 'विंध्य के आदिवासियों की कथाएँ', 'बघेलखण्डी लोक कथाएँ', आदि पुस्तकें लिखी हैं, जिनमें बुन्देलखण्ड तथा बघेलखण्ड की लोककथाओं का संकलन किया गया है। 'विंध्य के लोकगीत' में 'करना' नामक स्थानीय जंगली जाति के गीतों का संग्रह है। 'काव्य में पादप पुष्प' श्रीचन्द जैन की उत्कृष्ट रचना है,[४] जिसके एक अध्याय में लोकगीतों में पादप पुष्पों का वर्णन किया गया है। श्री लखन प्रताप 'डरगेस' ने बघेली लोकगीतों का संकलन कर इस प्रदेश के लोकगीतों को काल के गाल में जाने से बचाया है।[५]

पं० गौरी शंकर द्विवेदी ने 'प्रेमी अभिनन्दन ग्रंथ' में बुन्देलखण्डी लोकगीतों का संग्रह और उसकी व्याख्या भी प्रस्तुत की है।[६] श्री देवेन्द्र सत्यार्थी ने इसी ग्रन्थ में बुन्देलखण्ड के सात लोकगीतों की चर्चा अपनी भावात्मक शैली में की है।[७] सागर तथा जबलपुर विश्वविद्यालय में अनेक छात्र बुन्देलखण्डी लोकसाहित्य पर शोधकार्य कर रहे हैं। डॉ० शंकरदयाल चौऋषि, एम० ए०, पीएच्० डी० अपनी डी० लिट्० की उपाधि के लिए सागर विश्वविद्यालय में

---

१. लोकवार्ता परिषद्, टीकमगढ़ से प्रकाशित।
२. अग्रवाल प्रकाशन, इलाहाबाद।
३. युनिवर्सिटी बुक डिपो, आगरा।
४. मध्यप्रदेशीय प्रकाशन समिति, भोपाल।
५. काटिया, विंध्य प्रदेश, सन् १९५४ ई० ।
६. प्रेमी अभिनन्दन ग्रंथ, पृ० ६०७-६१४।
७. वही, पृ० ६१७-६२०।

बुन्देलखण्डी लोकोक्तियों तथा पहेलियों पर शोधकार्य कर रहे हैं। पं० शिवसहाय चतुर्वेदी की अन्तिम रचना 'बुन्देलखण्डी लोकगीत' है जिसमें उन्होंने इस प्रदेश में विभिन्न संस्कारों के अवसर पर गाये जाने वाले गीतों का विद्वतापूर्ण संग्रह किया है।[१]

५. मालवी—डॉ० श्याम परमार ने 'मालवी लोकगीत' का सम्पादन कर एक बहुत बड़े अभाव की पूर्ति की है। 'मालवी और उसका साहित्य'[२] नामक दूसरे ग्रन्थ में इन्होंने मालवा के लोकगीत, लोकनाट्य आदि विषयों का संक्षिप्त विवेचन सुन्दर रीति से प्रस्तुत किया है। 'मालवा की लोककथाएँ'[३] बच्चों को ध्यान में रखकर लिखी गई हैं। इधर लोकनाट्यों के सम्बन्ध में इनकी 'लोकधर्मी नाट्य परम्परा' पुस्तक प्रकाशित हुई है।[४] इस प्रकार डॉ० श्याम परमार ने मालवा के लोकगीत, लोकनाट्य तथा लोककथा आदि विभिन्न क्षेत्रों में प्रशंसनीय कार्य किया है। माधव कालेज, उज्जैन के हिन्दी विभाग के अध्यक्ष डॉ० चिन्तामणि उपाध्याय ने अपने शोध निबन्ध 'मालवी लोक-साहित्य का अध्ययन' में इस प्रदेश के लोकसाहित्य के विभिन्न अवयवों का सांगोपांग प्रामाणिक विवेचन किया है। श्री रतन लाल मेहता ने मालवी कहावतों का संकलन प्रकाशित किया है।[५] श्री बसन्ती लाल 'वम' (उज्जैन) भी मालवी लोकसाहित्य के उद्धार के लिये अथक परिश्रम कर रहे हैं।

पद्मभूषण पं० सूर्यनारायण जी व्यास की अध्यक्षता में 'मालवा लोकसाहित्य परिषद्' की स्थापना उज्जैन में की गई है। यह परिषद् मालवी लोक संस्कृति की रक्षा तथा प्रकाशन में सतत् गति से कार्य कर रही है।

६ छत्तीसगढ़ी—सागर विश्वविद्यालय के मानवविज्ञान शास्त्र-विभाग के अध्यक्ष डॉ० श्यामाचरण दुबे ने 'छत्तीसगढ़ी लोकगीतों का परिचय' नामक ग्रंथ लिखकर इस प्रदेश के लोकगीतों को प्रकाश में लाने का स्तुत्य प्रयास किया है। इन्होंने इस सम्बन्ध में अंग्रेजी में भी एक पुस्तक लिखी है जो 'फील्ड साँग्स आव् छत्तीसगढ़ी' के नाम से लखनऊ से प्रकाशित हो चुकी है।[६] यहाँ के सरस तथा मधुर गीतों ने सुप्रसिद्ध मानव विज्ञान शास्त्री डॉ० वेरियर एलविन का भी ध्यान आकृष्ट किया जिन्होंने अंग्रेजी में 'फोक साँग्स आव् छत्तीसगढ़' नामक ग्रन्थ की रचना की है।[७] डॉ० एलविन का यह ग्रन्थ बड़ा प्रामाणिक है। इसमें छत्तीसगढ़ी लोकगीतों का अंग्रेजी भाषा में पद्यात्मक अनुवाद प्रस्तुत किया गया है, परन्तु मूल गीतों के अभाव में आनन्द की पूर्ण अनुभूति नहीं होने पाती। सागर तथा जबलपुर विश्वविद्यालयों में अनेक शोधछात्र छत्तीसगढ़ी लोकगीतों तथा लोकोक्तियों पर अनुसंधान कार्य कर रहे हैं। इस प्रदेश की लोक कथाओं का संकलन डॉ०

---

१. मध्यप्रदेश शासन साहित्य परिषद् द्वारा प्रकाशित, सन् १६५६।
२. 'सरस्वती सहकार' की ओर से राजकमल प्रकाशन, नई दिल्ली द्वारा प्रकाशित।
३. आत्माराम एन्ड सन्स, नई दिल्ली, सन् १६७४ ई०।
४. हिन्दी प्रचारक पुस्तकालय, ज्ञानवापी, वाराणसी।
५. राजस्थान शोध संस्थान, उदयपुर।
६. युनिवर्सल बुक डिपो, लखनऊ।
७. आक्सफोर्ड युनिवर्सिटी प्रेस, बम्बई, सन् १६४६।

एलविन ने 'फोकटेल्स आव् महाकोशल' में किया है।[1] कटनी के सुप्रसिद्ध ऐतिहासिक तथा पुरातत्ववेत्ता स्व० रायबहादुर डॉ० हीरालाल ने इस प्रदेश की जंगली जातियों के लोकगीतों के कुछ रेकार्ड तैयार कराए थे, जिनका प्रदर्शन उन्होंने नागरी-प्रचारिणी सभा, काशी द्वारा आयोजित कोशोत्सव के अवसर पर किया था। श्री चन्द्रकुमार ने छत्तीसगढ़ की लोककथाओं का संकलन बच्चों के लिए किया है जो आत्माराम एण्ड सन्स, दिल्ली से प्रकाशित हुआ है।

७. **निमाड़ी**—निमाड़ी लोकसाहित्य के एकांतसेवी पं० रामनारायण उपाध्याय ने इस प्रदेश के लोकगीतों का संकलन कर अमूल्य सेवा की है। इस क्षेत्र में आप अद्वितीय हैं। आपका 'निमाड़ी लोकगीत' इस दिशा में सर्वप्रथम प्रयास है।[2] इसमें निमाड़ में प्रचलित विविध प्रकार के गीतों का संकलन किया गया है। इनकी दूसरी पुस्तक 'जब निमाड़ गाता है' का प्रकाशन अभी हाल में ही हुआ है।[3] इस ग्रन्थ में प्रधानतया संस्कार तथा व्रत सम्बन्धी गीतों का संग्रह है। लोरी तथा बच्चों के कुछ गीत भी दिये गये हैं। पं० रामनारायण उपाध्याय का सबसे प्रसिद्ध तथा विद्वतापूर्ण ग्रन्थ 'निमाड़ी लोक संस्कृति' है जिसमें विद्वान् लेखक ने निमाड़ प्रदेश के लोकगीत, लोकसाहित्य, तथा लोक संस्कृति पर प्रचुर प्रकाश डालने का सफल प्रयास किया है। इस ग्रन्थ में उपाध्याय जी ने निमाड़ क्षेत्र के सामाजिक, आर्थिक तथा धार्मिक पक्षों का प्रामाणिक तथा विस्तृत विवेचन प्रस्तुत किया है। निमाड़ी समाज में प्रचलित विभिन्न संस्कारों का वर्णन करने के पश्चात् प्रत्येक संस्कार में किये जाने वाले विविध विधि-विधानों का भी सांगोपांग वर्णन किया है। धार्मिक क्षेत्र में अनेक देवी- देवताओं, सन्तों तथा सिद्ध पुरुषों का वर्णन उपलब्ध होता है। इस प्रकार यह ग्रन्थ निमाड़ी लोकसंस्कृति का 'विश्व कोष' है।

निमाड़ी लोक साहित्य तथा संस्कृति के क्षेत्र में पं० रामनारायण उपाध्याय की बहुविधि सेवाओं को ध्यान में रखते हुए कलकत्ता की सुप्रसिद्ध संस्था 'इण्डियन फोकलोर कांग्रेस' ने इन्हें सन् १९६० ई० के "मूर्तिदेवी स्मारक लोक-संस्कृति पुरस्कार" प्रदान कर सम्मानित किया है। यह कहने की आवश्यकता नहीं कि "मूर्ति देवी स्मारक लोक-संस्कृति पुरस्कार" लोक साहित्य तथा संस्कृति के क्षेत्र में एक मात्र पुरस्कार है जिसे लोकसाहित्य के मिशनरी डॉ० कृष्णदेव उपाध्याय ने अपनी माता की पुण्य स्मृति में स्थापित किया है।

पं० राम नारायण उपाध्याय लोक साहित्य के विद्वान् होने के अतिरिक्त इसके उन्नायक भी हैं। इसी हेतु इन्होंने अपनी प्रिय पत्नी श्रीमती शकुन्तला उपाध्याय की स्मृति को अमर बनाने के लिए एक न्यास (Trust) की स्थापना की है जो 'निमाड़ लोक संस्कृति न्यास' के नाम से जाना जाता है। इस न्यास का उद्देश्य निमाड़ी प्रदेश के लोकगीत, लोकक्ला, और लोक संस्कृति के संकलन के अतिरिक्त उनकी रक्षा करना भी है। इस प्रकार अपनी लेखनी से साहित्य की सेवा

---

१. आक्सफोर्ड युनिवर्सिटी प्रेस, बम्बई, सन् १९४४ ई०।
२. मध्यप्रदेश हिन्दी साहित्य सम्मेलन, जबलपुर १९४९।
३. उषा प्रकाशन गृह, ४६ यशवन्तगंज, इन्दौर, १९५८ ई०।

कर तथा न्यास की स्थापना कर उपाध्याय जी इस क्षेत्र की संस्कृति को गति तथा प्रगति प्रदान कर रहे हैं। डॉ० कृष्णलाल 'हंस' ने 'निमाड़ी भाषा और उसका साहित्य' नामक शोध निबन्ध पर पी-एच० डी० की उपाधि प्राप्त की है। इस शोधपूर्ण ग्रन्थ में निमाड़ी साहित्य के विभिन्न अंगों का गम्भीर विवेचन किया गया है। इस पुस्तक के प्रकाशित हो जाने पर एक बहुत बड़े अभाव की पूर्ति हो जायेगी। डॉ० 'हंस' ने बच्चों के लिए निमाड़ी लोककथाओं को दो भागों में खड़ी बोली में प्रकाशित किया है।[१] इस प्रदेश में अभी बहुत काम करना बाकी है। इधर पं० रामनारायण उपाध्याय के अथक परिश्रम से सन् १९५३ ई० में 'निमाड़ लोक-साहित्य परिषद्', सनावद, की स्थापना हुई है, जिसका उद्देश्य 'निमाड़ी लोक साहित्य' का संकलन तथा प्रकाशन है। इस परिषद् की ओर से 'निमाड़ी कविताएँ' नामक पुस्तक प्रकाशित हुई है जिसमें निमाड़ी के आधुनिक ११ कवियों की कविताएँ संकलित हैं।[२]

८. **कौरवी**—आजकल खड़ी बोली जिस प्रदेश में मातृभाषा के रूप में व्यवहृत होती है उसका प्राचीन नाम कुरु प्रदेश था। अतः कुछ विद्वानों ने इस प्रदेश में प्रचलित भाषा का नामकरण 'कौरवी' किया है। महापंडित राहुल सांकृत्यायन ने कुरु प्रदेश के लोकगीतों का संग्रह 'आदि हिन्दी के गीत और कहानियाँ' नाम से प्रकाशित किया है।[३] राहुल जी ने इन गीतों को एक बुढ़िया से सुनकर लिपिबद्ध किया था। यह पुस्तक अपने ढंग का प्रथम प्रयास है जिसके लिए लोक साहित्य के प्रेमी राहुल जी के अत्यन्त आभारी हैं। सुश्री सत्या गुप्ता, एम. ए. ने प्रयाग विश्वविद्यालय में अनुसंधान कार्य करने के लिए अपने शोध का विषय 'कौरवी लोक साहित्य का अध्ययन' चुना। उन्होंने अपने इस शोध प्रबन्ध में अत्यन्त गंभीरता पूर्वक कौरवी लोकगीतों की विस्तृत मीमांसा की है। सुश्री सत्या गुप्ता ने अपने शोधकार्य के सम्बन्ध में सहारनपुर, मेरठ आदि जिलों में घूम-घूमकर हजारों गीतों का संकलन किया है। इनका शोधप्रबन्ध 'खड़ी बोली का लोक साहित्य' हिन्दुस्तानी एकेडेमी, इलाहाबाद से १९६५ ई० में प्रकाशित हुआ।

श्रीमती सीता देवी तथा दमयन्ती देवी ने खड़ी बोली के गीतों का संकलन 'धूलधूसरित मणियाँ' में किया है।[४] कुरु प्रदेश के लोकगीतों का यह सबसे प्रामाणिक तथा सुन्दर संकलन है। इन विदुषी स्त्रियों ने गाँवों में जाकर, स्त्रियों के मुख से सुनकर, इन गीतों को लिपिबद्ध किया है। इस पुस्तक में अधिकतर संस्कार सम्बन्धी गीत उपलब्ध होते हैं। इसमें कुछ गीत हरियाना प्रान्त से भी संग्रहीत हैं। इधर डॉ० कृष्णचन्द्र शर्मा ने मेरठ में 'कुरु लोक संस्थान' नामक संस्था की स्थापना कर कौरवी लोक साहित्य के संरक्षण, संग्रह तथा प्रकाशन में अमूल्य योगदान दिया है। इस संस्था के द्वारा एक शोध पत्रिका 'कुरु भारती' भी प्रकाशित होती है। स्वयं शर्मा जी ने कौरवी लोकगीतों तथा लोककथाओं का संग्रह कर उन्हें अपने संस्थान से प्रकाशित किया है।

---

१. आत्माराम एण्ड सन्स, नई दिल्ली।

२. निमाड़-लोक-साहित्य-परिषद् प्रकाशन, सनावद (म०प्र०)।

३. पटना, १९५२ ई०।

४. दिल्ली।

'लोक कथा' नाम से इनका एक ग्रन्थ प्रकाश में आया है, जिसमें कौरवी लोक-कथाओं का संग्रह पाया जाता है।[१] इस संस्थान के द्वारा अन्य अनेक पुस्तकें भी छपी हैं। इधर डॉ० सुरेश शर्मा 'पंकज' की 'लोकगीत' पुस्तक प्रकाश में आयी है जिसमें इस क्षेत्र के संस्कार तथा व्रत एवं पर्व संबंधी गीत प्रधान रूप से पाये जाते हैं।[२]

कुछ वर्ष हुए लखनऊ विश्वविद्यालय के हिन्दी विभाग के एक शोधछात्र ने अपने एम०ए० के शोध के निबन्ध के रूप में 'कुरु प्रदेश के लोकगीत' शीर्षक निबन्ध प्रस्तुत किया था, जिसमें स्थानीय गीतों का सुन्दर विवेचन किया गया था। परन्तु अभी तक यह निबन्ध प्रकाशित रूप में जनता के सामने नहीं आया।

६. **भोजपुरी**—राजस्थानी को छोड़कर लोकसाहित्य सम्बन्धी जितना अधिक शोधकार्य भोजपुरी में हुआ है उतना सम्भवतः हिन्दी की किसी अन्य बोली में नहीं। भोजपुरी के विद्वानों ने भोजपुरी के लोकसाहित्य का केवल संकलन ही नहीं किया है, प्रत्युत भोजपुरी भाषा और इसके लोकसाहित्य का वैज्ञानिक तथा प्रामाणिक विवेचन भी प्रस्तुत किया है।

(क) भोजपुरी लोकगीत, भाग १—इस ग्रन्थ का सम्पादन डॉ० कृष्णदेव उपाध्याय ने किया है।[३] भोजपुरी लोकगीतों का यह सर्वप्रथम वैज्ञानिक संग्रह है। इस पुस्तक में संग्रहीत गीतों का संकलन लेखक ने भोजपुरी प्रदेश के गाँव में घूम-घूमकर किया है। हिन्दू विश्वविद्यालय, काशी के संस्कृत विभाग के प्रोफेसर पं० बलदेव उपाध्याय ने १०० पृष्ठों की विद्वत्तापूर्ण भूमिका लिखी है। इस पुस्तक में कुल २७१ गीतों का संग्रह किया गया है। ये गीत संस्कार और ऋतुओं के क्रम से रखे गये हैं तथा इनका वर्गीकरण निम्नांकित पन्द्रह श्रेणियों में हुआ है:—

सोहर, खेलवना, जनेऊ, विवाह, वैवाहिक परिहास, गवना, जाँत, छठी-माता, शीतला-माता, झूमर, बारहमासा, कजली, चैता, बिरहा और भजन। इस पुस्तक का सम्पादन वैज्ञानिक पद्धति से सम्पन्न हुआ है। प्रत्येक गीत का सन्दर्भ देते हुए पाद-टिप्पणी में कठिन शब्दों का अर्थ भी दिया गया है। पुस्तक के अन्त में चौबीस पृष्ठों का शब्दकोश भी है जो भाषाशास्त्र के विद्यार्थियों के लिए बड़ा उपयोगी है।

(ख) भोजपुरी लोकगीत, भाग २—इस ग्रन्थ के भी संपादक डॉ० कृष्णदेव उपाध्याय हैं।[४] इसकी भूमिका डॉ० अमरनाथ झा ने लिखकर इसे गौरवान्वित किया है। इसमें भोजपुरी के निम्नलिखित पचीस प्रकार के लोकगीतों का संग्रह है जिनकी समस्त संख्या ४३० है।

---

१. कुरु लोक-संस्थान, राम वाटिका, शिवाजी मार्ग, मेरठ (सन् १९८० ई०)।

२. लोकगीत—(सुधा प्रकाशन, सहारनपुर, सन् १९८५ ई०)।

३. हिन्दी साहित्य सम्मेलन, प्रयाग (सं० २०००)। इसका दूसरा संस्करण 'भोजपुरी लोक-गीत' के नाम से वहीं से सं० २०११ में प्रकाशित हुआ है।

४. हिन्दी साहित्य सम्मेलन, प्रयाग (सं० २२२५ वि०) से प्रकाशित। इस पुस्तक का दूसरा संस्करण भी सम्मेलन से ही सन् १९६७ ई० में प्रकाशित हुआ है।

सोहर, जोग, सेहला, विवाह, बहुरा, पिंड़िया, गोधन, नागपंचमी, जँतसार, झूमर, कजली, बारहमासा, होली, डफ, चैता, सोहानी, रोपनी, बिरहा, कहरऊं, गोंडगीत, पचरा, निर्गुण, देशभक्ति, पूर्वी पाराती और भजन। इस पुस्तक के भी सम्पादन का क्रम वही है, जो प्रथम भाग का है। पुस्तक के अन्त में लगभग सौ पृष्ठों में टिप्पणियाँ दी गई हैं जिनमें गीतों में आये हुए ऐतिहासिक, भौगोलिक, धर्म या समाज सम्बन्धी शब्दों का विस्तृत विवेचन किया गया है। इन टिप्पणियों की विशेषता के सम्बन्ध में डॉ० अमरनाथ झा ने लिखा है कि "उपाध्याय जी ने लगभग एक सौ पृष्ठों की टिप्पणियाँ लिखकर पुस्तक की उपयोगिता बहुत बढ़ा दी है। प्रान्तान्तर के निवासियों को गीतों के समझने में बड़ी सहायता मिलेगी।"[१]

(ग) भोजपुरी लोकगीतों में करुण रस—इसके सम्पादक दुर्गाशंकर प्रसाद सिंह हैं,[२] जिन्होंने बड़े परिश्रम से गीतों का संग्रह किया है। उन्होंने पुस्तक की भूमिका में भोजपुरी की उत्पत्ति,प्राचीनता, विचार आदि विषयों पर प्रकाश डाला है।

(घ) भोजपुरी के कवि और काव्य—यह दुर्गाशंकर प्रसाद जी की दूसरी पुस्तक है जिसमें इनकी मौलिक गवेषणा का परिचय प्राप्त होता है।[३] इस पुस्तक में उत्तर प्रदेश तथा बिहार के ऐसे अनेक भोजपुरी कवियों का परिचय दिया गया है, जिनकी रचनाओं का अभी तक किसी को पता भी नहीं था। सरभंग सम्प्रदाय के कवियों का विस्तृत विवेचन यहाँ प्रथम बार हुआ है। इससे लेखक की अनुसंधान की प्रवृत्ति और अध्यवसाय का पता चलता है।

(ङ) भोजपुरी ग्राम्य गीत—इस पुस्तक का सम्पादन श्री डब्लू० जी० आर्चर, आई० सी० एस० तथा संकटा प्रसाद ने किया है।[४] छोटा नागपुर (बिहार) की विभिन्न जातियों के लोकगीतों का संकलन कर श्री आर्चर ने प्रचुर ख्याति प्राप्त की है। उनका यह संग्रह बिहार के शाहाबाद जिले के कायस्थ परिवार से सन् १६३६-४१ ई० के बीच किया गया था। इस पुस्तक में संस्कार सम्बन्धी, विशेषतः विवाह गीतों का ही संग्रह किया गया है। गीतों का खड़ी बोली में अर्थ न देने के कारण भोजपुरी से अपरिचित लोगों के लिए इसका रसास्वादन करना कठिन है। पं० रामनरेश त्रिपाठी तथा देवेन्द्र सत्यार्थी की विभिन्न पुस्तकों में भोजपुरी के अनेक लोकगीत उद्धृत पाये जाते हैं।

(च) भोजपुरी लोक-साहित्य का अध्ययन—इधर भोजपुरी लोक साहित्य के सम्बन्ध में गवेषणात्मक निबन्ध (थीसिस) भी लिखे गये हैं जिनमें डॉ० कृष्णदेव उपाध्याय का 'भोजपुरी लोक-साहित्य का अध्ययन' विशेष महत्वपूर्ण है।[५] इस पुस्तक में भोजपुरी लोक साहित्य के विभिन्न अवयवों–लोकगीत, लोकगाथा, लोककथा आदि—की सांगोपांग तथा गम्भीर आलोचना प्रस्तुत की गई है। डॉ० उपाध्याय ने इस ग्रन्थ में लोकसाहित्य को सुव्यवस्थित तथा दृढ़

---

१. भूमिका पृ० ६।

२. हि० सा० सम्मेलन, प्रयाग से प्रकाशित (सं० २००१ वि०)।

३. बिहार राष्ट्रभाषा परिषद्, पटना से प्रकाशित।

४. बिहार और उड़ीसा रिसर्च सोसाइटी, पटना, १६४३।

५. हिन्दी प्रचारक पुस्तकालय, काशी, १६६० में प्रकाशित।

आधारशिला पर प्रतिष्ठित करने का प्रयास किया है जिसमें उन्हें पूर्ण सफलता प्राप्त हुई है। भोजपुरी लोकसाहित्य की महत्ता प्रतिपादित करने वाला यह प्रथम मौलिक ग्रन्थ है। भोजपुरी के साहित्य का इतना व्यापक, सुव्यवस्थित तथा गम्भीर विवेचन अन्यत्र उपलब्ध नहीं है।

(छ) भोजपुरी और उसका साहित्य—इस छोटी-सी पुस्तिका के लेखक डॉ० कृष्णदेव उपाध्याय हैं।[१] इसमें डॉ० उपाध्याय ने भोजपुरी भाषा और साहित्य का संक्षिप्त विवरण प्रस्तुत किया है। इसमें भोजपुरी लोकनाट्य, लोकसंगीत तथा लोककला का वर्णन समास शैली में किया गया है।

(ज) लोक-साहित्य की भूमिका—इस मौलिक ग्रन्थ में डॉ० कृष्णदेव उपाध्याय ने लोक साहित्य के सामान्य सिद्धान्तों का गम्भीर विवेचन किया है।[२] लोक-साहित्य का वर्गीकरण, लोकगाथाओं की उत्पत्ति तथा उनकी विशेषताएँ, लोककथाओं का मूलस्रोत तथा प्रसार, लोक साहित्य का महत्त्व आदि विषयों का प्रतिपादन यहाँ पहली बार हुआ है। बीच-बीच में लोकगीतों के उदाहरण के रूप में भोजपुरी के अनेक गीत उद्धृत किये गये हैं। लोक साहित्य के स्वरूप तथा सिद्धान्त का प्रतिपादन करने वाला हिन्दी में यह अद्वितीय ग्रन्थ है।

(झ) भोजपुरी लोक संस्कृति का अध्ययन—इस ग्रन्थ की रचना डॉ० कृष्णदेव उपाध्याय ने बड़े लगन तथा परिश्रम से की है।[३] इस विशालकाय ग्रन्थ में डॉ० उपाध्याय ने भोजपुरी जनजीवन से सम्बन्ध रखने वाले समस्त विषयों का विवेचन किया है, जैसे भोजपुरी जनता के आचार-विचार, रहन-सहन, रीति-रिवाज, अन्धविश्वास, टोना-टोटका, भूत-प्रेत, ताबीज-गंडा, डाइन-भूतिन, देवी-देवता, धर्म-कर्म आदि विषयों की सांगोपांग मीमांसा प्रस्तुत की गई है। इसे भोजपुरी जनजीवन का कोष समझना चाहिये।

(ञ) भोजपुरी लोक संगीत—इस विषय पर भी डॉ० उपाध्याय ने एक पुस्तक लिखी है जिसमें भोजपुरी लोक संगीत की विशेषताओं पर प्रचुर प्रकाश डाला गया है। इसके साथ ही लगभग पचास भोजपुरी गीतों की स्वर लिपि भी प्रस्तुत की गई है जिससे मूल धुनों की रक्षा हो सके।[४]

(ट) डॉ० रविशंकर उपाध्याय एम०ए०, पी-एच० डी०, डी० लिट० ने भोजपुरी लोकगीतों का अनुशीलन कर 'भोजपुरी लोकगीतों का सांस्कृतिक अध्ययन' नामक पुस्तक लिखी है जो उनकी पी-एच० डी० का शोध प्रबन्ध है।[५] इस ग्रन्थ पर लेखक को बिहार सरकार ने अपनी पुरस्कार योजना के अन्तर्गत 'विद्यापति लोक साहित्य पुरस्कार' से पुरस्कृत कर गौरवान्वित किया है। भोजपुरी लोकगीतों के सांस्कृतिक अध्ययन से संबंधित यह अपने ढंग की अद्वितीय पुस्तक है।

---

१. राजकमल प्रकाशन, नई दिल्ली।

२. साहित्य भवन प्रा० लिमिटेड, प्रयाग, १९५७ ई०।

३. यह ग्रन्थ अभी प्रेस में है।

४. लोक संस्कृति शोध संस्थान, वाराणसी से प्रकाशित।

५. लोक संस्कृति शोध संस्थान, वाराणसी १९८६।

(ठ) डॉ० हरिशंकर उपाध्याय, एम०ए०, पी-एच०डी० (अमेरिका) ने 'बलिया जिले के लोकगीत' शीर्षक से लोकगीतों का एक संकलन प्रकाशित किया है। इस संग्रह में विद्वान् सम्पादक ने इन गीतों का अंग्रेजी भाषा में अनुवाद भी प्रस्तुत किया है जिसे विदेशी लोग भी पढ़ सकें। इसमें विभिन्न संस्कारों तथा व्रतों का विवरण अंग्रेजी में दिया गया है। यह ग्रन्थ पठनीय है।

(त) भोजपुरी लोकगाथा—यह ग्रन्थ[१] डॉ० सत्यव्रत सिनहा का शोधनिबन्ध है जिसमें विद्वान् लेखक ने लोकगाथाओं के विभिन्न तत्वों का प्रतिपादन बड़ी सुन्दर रीति से किया है। इन्होंने अनेक भोजपुरी गाथाओं को लिपिबद्ध कर उनका वर्गीकरण करते हुए उनकी विशेषताओं को स्पष्ट किया है।

(थ) भोजपुरी भाषा और साहित्य—भाषाशास्त्र के प्रकांड विद्वान् डॉ० उदयनारायण तिवारी ने इस विशाल ग्रन्थ में भोजपुरी भाषा का वैज्ञानिक विवेचन किया है।[२] भोजपुरी भाषा का इतना गम्भीर अध्ययन अन्यत्र उपलब्ध नहीं है। यह डॉ० तिवारी के लगातार बीस वर्षों के अनवरत परिश्रम तथा अथक अध्ययन का फल है। यह पुस्तक आप के अंग्रेजी भाषा में लिखे गये शोधनिबन्ध 'ओरिजिन ऐण्ड डेवलपमेंट ऑव् भोजपुरी' का हिन्दी रूपान्तर है।

भोजपुरी लोक-कथाओं का अभी कोई संग्रह प्रकाशित नहीं हुआ है। वर्तमान लेखक ने कई सौ क़हानियों का संकलन गाँव के बूढ़े और बूढ़ियों से सुन कर किया है जो शीघ्र ही प्रकाशित होने वाला है। बिहार के चम्पारन जिले के निवासी पं० गणेश चौबे—जो कई वर्षों से भोजपुरी लोक-साहित्य का संकलन एकान्त साधना के साथ कर रहे हैं—ने भी लोक-कथाओं का संग्रह किया है। चौबे जी विशद टीका-टिप्पणी तथा गम्भीर-गवेषणा के साथ इन कहानियों को प्रकाशित करना चाहते हैं। आरा (बिहार) की 'भोजपुरी' नामक मासिक पत्रिका में इधर अनेक कहानियाँ प्रकाशित हुई हैं, परन्तु उनका कोई पुस्तकाकार संग्रह अभी देखने में नहीं आया है।

(ड) हिन्दी-साहित्य का बृहत् इतिहास-भाग १६ (हिन्दी का लोक-साहित्य)।[३]

इस ग्रन्थ का सम्पादन डॉ० कृष्णदेव उपाध्याय ने महापण्डित राहुल सांकृत्यायन के साथ किया है। इस ग्रन्थ में डॉ० उपाध्याय ने 'भोजपुरी लोक-साहित्य' शीर्षक निबन्ध लिखा है जिसमें भोजपुरी साहित्य की अनेक विधाओं की सम्यक् मीमांसा की गई है। उदाहरण के रूप में इस ग्रन्थ में भोजपुरी के कुछ लोकगीत और कथाएँ भी संकलित की गई हैं।

(ढ़) भोजपुरी गीत और गीतकार[४] यह पुस्तिका श्री 'राहगीर' श्री के संपादकत्व में प्रकाशित हुई है जिसमें भोजपुर के उदीयमान तरुण लोक कवियों की रचनाएँ संग्रहीत हैं। डॉ० कृष्णदेव उपाध्याय ने इन कवियों की संक्षिप्त आलोचना की है।

---

१. हिन्दुस्तानी एकेडमी, प्रयाग।

२. बिहार राष्ट्र भाषा परिषद, पटना।

३. नागरी प्रचारिणी सभा, काशी (सं० २०17 वि०)।

४. बिहार राष्ट्रभाषा परिषद्, पटना से प्रकाशित।

भोजपुरी कहावतों, मुहावरों और पहेलियों का संग्रह प्रयाग विश्वविद्यालय के डॉ० उदयनारायण तिवारी ने किया है।[१] तिवारी जी ने कहावतों आदि का अर्थ समझाते हुए उदाहरण भी दिया है, जिससे इनका भाव स्पष्ट हो जाय। श्री चन्द्रभानु सिंह ने भी इस दिशा में सराहनीय कार्य किया है, जो अभी तक अप्रकाशित है। खालसा कालेज, बम्बई में हिन्दी के प्राध्यापक डॉ० श्रीधर मिश्र ने 'भोजपुरी पहेलियाँ' शीर्षक ग्रन्थ का सम्पादन किया है जिसमें भोजपुरी की २५0 पहेलियाँ संग्रहीत हैं। इन्होंने अपनी भूमिका में पहेलियों के सांस्कृतिक महत्त्व पर प्रकाश भी डाला है।

डॉ० विश्वनाथ प्रसाद ने भोजपुरी के ध्वनि तत्वों का अध्ययन कर अपना पांडित्यपूर्ण निबन्ध प्रस्तुत किया है।

डॉ० सत्यदेव ओझा, हिन्दी प्राध्यापक, कोआपरेटिव कॉलेज, जमशेदपुर को 'भोजपुरी कहावतों', पर राँची विश्वविद्यालय से पी-एच०डी० की उपाधि प्राप्त हुई है। इन्होंने भोजपुरी प्रदेश में प्राप्त कहावतों का संग्रह कर उनका सांस्कृतिक विवेचन प्रस्तुत किया है जो विद्वतापूर्ण है।

डॉ० श्रीधर मिश्र ने 'भोजपुरी लोक गीतों का सांस्कृतिक अध्ययन' प्रस्तुत किया है जिन पर उन्हें बिहार विश्वविद्यालय, मुजफ्फरपुर से पी-एच०डी० की उपाधि प्राप्त हो चुकी है। उपर्युक्त दोनों ही प्रबन्ध ग्रन्थ अभी तक (सम्भवतः) अप्रकाशित हैं।

(ग) भोजपुरी की शोध सम्बन्धी संस्थाएँ

१. भोजपुरी संसद्, वाराणसी—भोजपुरी भाषा और साहित्य की उन्नति के लिए आजकल बिहार तथा उत्तर प्रदेश में अनेक संस्थाएँ कार्य कर रही हैं। इन संस्थाओं में भोजपुरी संसद्, वाराणसी का स्थान सर्वश्रेष्ठ है। इस संस्था ने पाँच वर्षों के लघु जीवन में ही बड़ा प्रसंशनीय कार्य किया है। इसके तत्त्वावधान में अखिल भारतीय भोजपुरी लोक संस्कृति सम्मेलन का आयोजन भी होता है जिसके तीन शानदार अधिवेशन अभी तक हो चुके हैं। यह संस्था 'भोजपुरी कहानियाँ' नामक एक मासिक पात्रिका भी प्रकाशित करती है जो भोजपुरी गद्य के निर्माण में बड़ी सहायता प्रदान कर रही है। इस संस्था ने अपने अल्पकालीन जीवन में ही अनेक भोजपुरी ग्रंथों का प्रकाशन किया है जिसमें से कुछ के नाम इस प्रकार हैं।

(१) भोजपुरी-गीत-संग्रह (२) तेगअली और काशिका (३) विसराम के बिरहे (४) रहनिदार बेटी। इस संसद् के सभापति डॉ० स्वमीनाथ सिंह हैं जो बड़े ही कर्मठ और उत्साही हैं। इन्होंनें भोजपुरी की उन्नति के लिए स्तुत्य कार्य किया है।

---

१. हिन्दुस्तानी एकेडमी, प्रयाग से प्रकाशित—
'हिन्दुस्तानी' पत्रिका—में देखिये—
भोजपुरी लोकोत्तियाँ—अप्रैल, जुलाई, सन् १६३६;
भोजपुरी मुहावरे—अप्रैल, अक्टूबर, १६४0; जनवरी १६४१;
भोजपुरी पहेलियाँ—अक्टूबर, १६४२।

२. **भोजपुरी परिवार, पटना (बिहार)**—इस संस्था के द्वारा 'अंजोर' नामक एक त्रैमासिक शोध पत्रिका प्रकाशित होती है। इसके सम्पादक श्री नर्मदेश्वर सहाय पाण्डेय बड़े ही उत्साही व्यक्ति हैं जो अपने समय और धन को खर्च कर इस पत्रिका को सुचारु रूप से अनेक वर्षों से चला रहे हैं। यह पत्रिका सन् १६६0 ई० से नियमित रूप से प्रकाशित हो रही है।

३. **भोजपुरी परिषद्, आरा (बिहार)**—इन परिषद् के द्वारा 'विहान' नामक मासिक पत्रिका प्रकाशित होती है जिसमें कविता, कहानी, पहेली और लोकोत्तियाँ भी छपती हैं। इसके सम्पादक भी बड़े ही जीवट के व्यक्ति हैं।

कुछ दिनों पहिले आरा से ही 'गाँव और घर' नामक एक पाक्षिक पत्र भोजपुरी में प्रकाशित होता था। यह पत्र ग्रामीण जनता के लिए बड़ा उपयोगी था। परन्तु दुःख है कि कुछ दिनों के पश्चात् इसका प्रकाशन बन्द हो गया।

आगरा के बाल-हिन्दी पुस्तकाल्य से प्रकाशित होने वाली 'भोजपुरी' शीर्षक मासिक पत्रिका श्री रघुवंश नारायण सिंह के सम्पादकत्व में अनेक वर्षों तक प्रकाश में आती रही। इसने इन वर्षों तक भोजपुरी की बड़ी ठोस सेवा की। भोजपुरी के अनेक अज्ञात तरुण कवियों को प्रकाश में लाने का श्रेय इसी पत्रिका को प्राप्त है। ऐसी सुन्दर पत्रिका प्रकाशित करने के लिये हम रघुवंश नारायण जी के आभारी हैं।

४. **भोजपुरी साहित्य सम्मेलन, बक्सर**, (आरा) बिहार—आरा जिले के बक्सर नामक स्थान में कहीं खाकी बाबा नामक सन्त के आशीर्वाद से उन्हीं के सरंक्षण में 'भोजपुरी साहित्य-सम्मेलन' की स्थापना हुई है जिसका अधिवेशन प्रतिवर्ष होता है। लगभग १५ वर्षों से यह संस्था भोजपुरी साहित्य के प्रचार तथा उन्नति के लिए सतत् प्रयास कर रही है।

बक्सर से ही 'भोजपुरी-भूमि' पत्रिका भी प्रकाशित होती है जो इस साहित्य की सेवा तथा उन्नति में लगी हुई है।

५. **माटी की बोली, छपरा (बिहार)**—छपरा के कुछ उत्साही युवकों ने **माटी की बोली** मासिक पत्रिका का प्रकाशन प्रारम्भ किया है। आशा है यह भोजपुरी जन-संस्कृति के प्रचार में सिद्ध होगी।

६. **अकादमी पत्रिका, पटना**—पटना में बिहार सरकार ने भोजपुरी अकादमी की स्थापना की है जहाँ से भोजपुरी की बीसियों पुस्तकें प्रकाशित हुई हैं। यहाँ से भोजपुरी में 'अकादमी पत्रिका' नाम से एक त्रैमासिक भी प्रकाशित होती है।

७. **कलकत्ता से 'भोजपुरी माटी'**—कलकत्ता से 'भोजपुरी माटी' नामक मासिक पत्रिका प्रकाशित होती है जो सुन्दर सुरुचिपूर्ण तथा स्तरीय है।

८. **अखिल भारतीय भोजपुरी—साहित्य सम्मेलन**—भोजपुरी लोक साहित्य तथा संस्कृति का प्रचार करने वाली एक मात्र संस्था है। इसके प्रधान मंत्री पाण्डेय कपिल हैं जो राजभाषा विभाग, सचिवालय पटना में उप-निदेशक थे। इस सम्मेलन ने बिहार, उत्तर प्रदेश, तथ मध्य प्रदेश में वार्षिक आयोजन कर इस साहित्य के प्रचार और प्रसार में प्रमुख रूप से योगदान दिया

है। इस सम्मेलन के १२ अधिवेशन हो चुके हैं।

इस संस्था के द्वारा एक त्रैमासिक शोध पत्रिका भी प्रकाशित की जाती है जिसमें विद्वानों के लेख प्रकाशित होते हैं। इसने भोजपुरी की लगभग एक दर्जन पुस्तकों को प्रकाशित कर इसके साहित्य के भण्डार को भरा है। बिहार सरकार के द्वारा स्थापित 'भोजपुरी अकादमी', जिस पर लाखों रूपया प्रतिवर्ष खर्च हो रहा है, भोजपुरी की उन्नति में सक्रिय नहीं है जितना यह सम्मेलन है। इस सम्मेलन की उन्नति का समस्त श्रेय श्री पाण्डेय कपिल को प्राप्त है, जो इस संस्था के प्रधान मंत्री होने के अतिरिक्त इसके प्राण तथा सर्वस्व हैं।

■ ■ ■

अध्याय ५

लोक साहित्य का वर्गीकरण

लोक-साहित्य को जन-जीवन का दर्पण कहा जाय तो इसमें कुछ अत्युक्ति नहीं होगी। लोक-साहित्य जनता के हृदय का उद्‌गार है। सर्व-साधारण लोग जो कुछ सोचते हैं और जिस विषय की अनुभूति करते हैं उसी का प्रकाशन उनके साहित्य में पाया जाता है। ग्रामीण जनता विभिन्न संस्कारों और ऋतुओं में गीत गा-गा कर अपना मनोरंजन करती है। कहानियों को सुनना उनके मन-बहलाव का अनन्य साधन है। समय-समय पर चुभती हुई लोकोक्तियों और भाव-भरे मुहावरों का प्रयोग कर ग्रामीण जन अपने हृदयगत विचारों का प्रकाशन करते हैं। कुछ सूक्तियों में—जिनका निर्माण जनता के अनुभव पर आश्रित है—ऐसी अनुभूतियाँ पायी जाती हैं, जिनकी उपलब्धि अन्यत्र नहीं हो सकती है। इस प्रकार हम लोक साहित्य को प्रधानतया पाँच भागों में विभक्त कर सकते हैं:—

(१) लोक-गीत (Folk-lyrics), (२) लोक-गाथा (Folk-ballads), (३) लोक-कथा (Folk-tales), (४) लोक-नाट्य (Folk-drama), (५) लोक-सुभाषित (Folk-sayings)।

लोक-सुभाषित के अन्तर्गत मुहावरे, लोकोक्तियाँ, पहेलियाँ, सुभाषित, बच्चों के गीत, पालने के गीत, खेल के गीत, अर्थहीन गीत इत्यादि आते हैं, जिनका व्यवहार गाँव के लोग अपने प्रतिदिन के व्यवहार में किया करते हैं।

लोक-गीतों के वर्गीकरण की पद्धति

1. लोक-गीत—लोक-साहित्य के अन्तर्गत लोकगीतों का प्रमुख स्थान है। जन-जीवन में अपनी प्रचुरता तथा व्यापकता के कारण इनकी प्रधानता स्वाभाविक है। लोक-साहित्य के जिन विभिन्न भेदों का उल्लेख पहिले किया गया है, उनमें पचास प्रतिशत से भी अधिक लोकगीतों की संख्या समझनी चाहिए। ये गीत विभिन्न उत्सवों तथा ऋतुओं में गाये जाते हैं। इनका विभाजन प्रधानतया निम्नलिखित आधार (क्राइटेरिया) पर किया जा सकता है।

(१) संस्कारों की दृष्टि से। (२) रसानुभूति की प्रणाली से। (३) ऋतुओं और व्रतों के क्रम से। (४) देवता सम्बन्धी गीतों की दृष्टि से (५) विभिन्न जातियों के प्रकार से। (६) श्रम-गीत की दृष्टि से।

१. संस्कारों की दृष्टि से—भारतीय जीवन में धर्म का प्रमुख स्थान है। यदि यह कहा जाय कि भारतीय लोगों का धर्म ही प्राण है तो इसमें कुछ अतिशयोक्ति न होगी। हमारे जीवन में धर्म का स्थान कितनी महत्ता रखता है यह बतलाने की आवश्यकता नहीं। जन्म के पहिले से लेकर मृत्यु के बाद तक इस देश के लोगों का जीवन संस्कारों से सम्बद्ध है। हमारे धर्मशास्त्रियों ने दस संस्कारों का विधान किया है, जिनमें गर्भाधान, पुंसवन, पुत्र- जन्म, मुंडन, यज्ञोपवीत, विवाह, गवना और मृत्यु प्रधान हैं। इनमें भी प्रथम दो संस्कारों की प्रथा अब नहीं है। शेष छः

संस्कार ही आजकल प्रधान रूप से किये जाते हैं। इन विभिन्न संस्कारों के अवसर पर स्त्रियाँ अपने कोमल कण्ठ से गीत गा-गाकर जन-मन का अनुरंजन किया करती हैं। मृत्यु के अवसर के गीत बड़े ही कारुणिक तथा हृदय-विदारक होते हैं। किसी प्रिय व्यक्ति, पति या पुत्र के मरने पर उसकी स्त्री या माता उस मृतात्मा के गुणों का वर्णन करती हुई रोती और विलाप करती है। परन्तु ऐसे गीतों की संख्या अधिक नहीं है।

२. **रसानुभूति की प्रणाली से**—लोकगीतों में अनेक रसों की अभिव्यक्ति बड़ी ही सुन्दर रीति से हुई है। इन गीतों में विभिन्न रसों की जो अविरल धारा प्रवाहित होती है उसका स्रोत कदापि नहीं सूख सकता। यों तो इन गीतों में सभी रसों की उपलब्धि होती है परन्तु निम्नांकित पाँच रसों की ही प्रधानता पायी जाती है।

(१) श्रृंगार रस, (२) करुण रस, (३) वीर रस, (४) हास्य रस (५) शान्त रस।

श्रृंगार रस के अन्तर्गत विशेष कर सोहर, जनेऊ, विवाह, झूमर और वैवाहिक परिहास के गीत आते हैं। सोहर के गीतों में गर्भिणी स्त्री की शरीर-यष्टि का बड़ा सुन्दर वर्णन पाया जाता है। गर्भिणी होने पर स्त्रियों का शरीर पीला पड़ जाता है, पयोधर स्थूलता को प्राप्त करते हैं, अंगों में कृशता आ जाती है। इन विषयों का वर्णन लोकगीतों में हुआ है। यदि इस समय पति परदेश गया होता है तो उसके वियोग में वह स्त्री अत्यन्त दुःखी दिखायी पड़ती है। उसका एक-एक क्षण एक युग के समान बीतता है। पति-वियोग के साथ मिलकर उसकी प्रसव पीड़ा सौ-गुनी हो जाती है। इन गीतों में संयोग तथा विप्रलम्भ दोनों प्रकार के श्रृंगार का वर्णन पाया जाता है। झूमर के गीतों में श्रृंगार रस प्रचुर मात्रा में उपलब्ध है।

करुण रस के गीतों में गवना, जँतसार, निर्गुन, पूरबी, रोपनी तथा सोहनी के गीतों की गणना की जा सकती है। इन गीतों से करुण रस छलका पड़ता है। यद्यपि उपर्युक्त सभी गीत करुण रस से ओतप्रोत हैं, परन्तु गवना के गीतों में करुण रस बरसाती नदी की भाँति उमड़ता हुआ दिखाई पड़ता है। लड़की की विदाई के समय जो गीत गाये जाते हैं वे बड़े ही हृदयद्रावी होते हैं। गवना के ये गीत क्या हैं करुण रस के सागर हैं जो पाठकों को रस-मग्न कर देते हैं। इसी प्रकार जँतसार, निर्गुन, पूरबी और सोहनी के गीतों को भी समझना चाहिए, जिनका विस्तृत वर्णन यथास्थान किया जायेगा।

इन गेय-गीतों के अतिरिक्त कुछ प्रबन्धात्मक गीत भी पाये जाते हैं, जिनकी रचना किसी विशेष घटना को लेकर पद्यबद्ध रीति से की गयी है। इन गीतों को 'लोक-गाथा' का नाम दिया गया है। आल्हा, विजयमल, लोरकी, सोरठी, नयकवा, बनजारा, गोपीचन्द, भरथरी और ढोला-मारू के गीत इस श्रेणी के अन्तर्गत आते हैं। पंजाब में राजा रसालू का गीत प्रसिद्ध है। आल्हा वीर रस का महाकाव्य है जिसके प्रत्येक पद में वीरता कूट-कूट कर भरी हुई है। सोरठी में रहस्य और रोमांच की कथा का वर्णन बड़ी सुन्दर रीति से किया गया है। विजयमल में कुँवर, विजयी नामक किसी वीर की कथा वीर रस में वर्णित है। राजा रसालू के विषय में भी यही बात समझनी चाहिए।

लोक गीतों में हास्य रस की मात्रा अपेक्षा कृत कम पायी जाती है। वैवाहिक परिहास के

गीतों में हास्य रस की मधुर व्यंजना हुई है। झूमर के गीतों—जिनका नामकरण इन्हें झूम-झूम कर गाने से हुआ है—में भी हास्य का पुट उपलब्ध होता है। इनमें कहीं तो अपने प्रियतम कोई फबती कसी जाती है तो कहीं देवर से हँसी-मजाक का अवसर उपस्थित किया जाता है।

भजन, निर्गुन, तुलसी माता और गंगा मइया के गीतों में शान्त रस पाया जाता है। संध्या समय तथा रात्रि के पिछले प्रहर में स्त्रियाँ भजन गाती हैं जिन्हें क्रमशः 'संझा' और 'पराती' कहते हैं। इन गीतों में भगवान् की स्तुति होती है। प्रातःकाल गंगा स्नान के लिए झुण्ड में जाती हुई स्त्रियाँ गंगा जी के गीत गाती हैं, जिनमें संसार के झंझटों से मन को हटाकर भगवान् में उसे लगाने का वर्णन रहता है। इन गीतों को सुनकर मन में भक्ति का उद्रेक होता है।

३. ऋतुओं और व्रतों के क्रम से—लोकगीतों की मीमांसा करने पर यह पता चलता है कि इनमें से अधिकांश गीत किसी न किसी ऋतु या त्योहार से सम्बन्ध रखते हैं। वर्षा, वसन्त आदि ऋतुओं के आने पर जन-जीवन में जो नवीन उल्लास उत्पन्न होता है, उसकी अभिव्यक्ति लोक-गीतों में पायी जाती है। यदि वर्षा (आषाढ़) के दिनों में किसान आल्हा गा-गाकर अपना मनोरंजन करता है, तो सावन में कजली गाकर अपने दिल के दर्द को दूर करता है। यदि फागुन के महीने में होली या फगुआ के गीतों द्वारा वह अपने हृदयगत उल्लास को प्रकट करता है तो चैत में 'चैता' या 'घांटो' गाकर वह आत्मविभोर हो जाता है।

विभिन्न व्रतों के अवसर पर विभिन्न गीत गाये जाते हैं। श्रावण शुक्ला पंचमी-नाग पंचमी के अवसर पर नाग (सर्प) देवता सम्बन्धी गीत गाये जाते हैं। भाद्र मास कृष्ण पक्ष की चतुर्थी को 'बहुरा' का व्रत और कार्तिक शुक्ल द्वितीया को 'गोधन' की पूजा की जाती है। इन अवसरों पर स्त्रियाँ गीत गाकर अपने-अपने इष्टदेवता से अभीष्ट वस्तु की प्राप्ति की प्रार्थना करती हैं। शायद ही कोई ऐसा त्योहार हो जिस समय कोई गीत न गाया जाता हो।

४. देवता सम्बन्धी गीतों की दृष्टि से— भारत के विभिन्न धर्मों तथा सम्प्रदायों में भिन्न-भिन्न देवताओं की आराधना तथा पूजा की जाती है। इनकी स्तुति में गीत गाये जाते हैं। राम, कृष्ण, हनुमान् तथा गंगा माता सम्बन्धी गीत इसी कोटि में आते हैं। देवताओं की स्तुति में जो निर्गुन और भजन गाये जाते हैं उनका अन्तर्भाव इसी श्रेणी में किया जा सकता है। इसके अतिरिक्त छठी माता, गंगा माता तथा शीतला माता सम्बन्धी गीत भी इसी श्रेणी से सम्बन्धित हैं। उत्तर प्रदेश के उत्तरा खण्ड में प्रचलित जागर-गीतों का गान विभिन्न देवताओं की स्तुति में किया जाता है। भारत के अन्य प्रान्तों में भी विभिन्न देवताओं को प्रसन्न करने के लिए गीतों के गाने की परम्परा प्रचलित है। इस प्रकार से लोकगीतों का एक बहुत बड़ा सम्प्रदाय देवताओं से संबंधित है। संभवतः ऐसा कोई भी राज्य या प्रदेश नहीं है जिसमें देवता सम्बन्धी गीत प्रचलित न हों। आदिवासियों के लोकगीतों में भी देवताओं के गीतों की प्रधानता पायी जाती है। अतः देवता सम्बन्धी गीतों की एक पृथक श्रेणी या वर्ग है।

५. विभिन्न जातियों के प्रकार से—कुछ ऐसे भी गीत हैं जिन्हें कुछ विशिष्ट जातियाँ ही गाती हैं। उदाहरण के लिए बिरहा को लिया जा सकता है। यह गीत अहीर जाति के लोगों का राष्ट्रीय या जातीय गीत है। अहीर लोग जिस भावभंगी तथा जोश के साथ इसे गाते हैं उस

प्रकार से दूसरा कोई नहीं गा सकता है। जो अहीर बिरहा गाने में जितना ही प्रवीण होता है, वह उतना ही योग्य समझा जाता है। इस जाति के लोगों में विवाह के अवसर पर वर की योग्यता उसके बिरहा गाने पर ही आश्रित होती है।

'पचरा' नामक गीत को दु:साध नामक जाति के लोग प्रायः गाया करते हैं। जब इस जाति का कोई व्यक्ति बीमार पड़ जाता है, तब इस जाति का कोई बूढ़ा बुलाया जाता है। वह रोगी के पास बैठकर 'पचरा' गा-गाकर देवी का आह्वान करता है। इस प्रकार कई दिन ऐसी प्रक्रिया करने से रोगी का रोग दूर हो जाता है, ऐसा उनका विश्वास है।

वर्षा ऋतु में एक विशेष जाति के लोग (नट) ढोल को गले में बाँधकर 'आल्हा' गाते फिरते हैं। इस प्रकार भिक्षा का आयोजन करना उनका व्यवसाय हो गया है। गेरुआ वस्त्र को धारण करने वाले कुछ साधु—जो 'साँई' के नाम से प्रसिद्ध हैं—सारंगी के ऊपर गोपीचन्द और भरथरी के गीत गाते फिरते हैं। यह कार्य उनकी 'उदर-पूर्ति' का प्रधान साधन बन गया है। माली लोग शीतला माता के गीत गाते हैं।

६. **श्रम-गीत की दृष्टि से**—कुछ ऐसे भी गीत गाये जाते हैं, जो किसी विशेष कार्य करते समय गाये जाते हैं। उदाहरण के लिए धान को रोपते समय स्त्रियाँ जो गीत गाती हैं, उन्हें 'रोपनी' के गीत, कहते हैं। इसी प्रकार खेत को निराते समय या सोहते समय जो गीत गाये जाते हैं, वे 'निरवाही' या 'सोहनी' के नाम से प्रसिद्ध हैं। 'जँतसार' उन गीतों को कहा जाता है जिन्हें जाँत पीसते समय स्त्रियाँ गाती हैं। तेली तेल को 'पेरते' समय अपने हृदय के भावों का मन्थन करता हुआ जिन पदों को सस्वर रूप से गाता है, उन्हें 'कोल्हू के गीत' की संज्ञा दी गयी है। चूंकि ये गीत एक विशेष कार्य-श्रम को करते समय गाये जाते हैं, अतः इन्हें श्रम-गीतों की श्रेणी में रखा गया है। इन गीतों के गाने से काम करने से उत्पन्न थकावट दूर होती जाती है और साथ ही उस काम को करने में मन भी लगा रहता है।

उपर्युक्त लोकगीतों के वर्गीकरण को निम्नलिखित प्रकार से स्पष्ट किया जा सकता है—

(१) त्रिपाठी जी का विभाजन

पण्डित रामनरेश त्रिपाठी ने ग्रामगीतों का वर्गीकरण निम्नलिखित ग्यारह श्रेणियों मे किया है:[१]

(१) संस्कार सम्बन्धी गीत। (२) चक्की और चरखे के गीत। (३) धर्म गीत। (४) ऋतु-सम्बन्धी गीत। (५ से ७) खेती, भिखमंगी तथा मेले के गीत। (८) जाति गीत। (९) वीर गाथा। (१०) गीत-कथा। (११) अनुभव के वचन।

इस उपर्युक्त वर्गीकरण पर सम्यक् दृष्टिपात करने से यह स्पष्ट प्रतीत होता है कि त्रिपाठी जी का यह वर्गीकरण वैज्ञानिक नहीं है। चक्की और चरखे के गीतों का अन्तर्भाव वर्तमान लेखक द्वारा प्रतिपादित श्रम-सम्बन्धी गीतों में हो जाता है। धर्म-गीत व्रत गीतों का ही दूसरा नाम है। खेती, भिखमंगी और मेले के गीतों की कोई अलग श्रेणी नहीं है। वे विविध गीतों के अन्तर्गत रखे

---

१. कविता कौमुदी, भाग ५, पृ० ४५।

जा सकते हैं। वीरगाथा और गीत-कथा को लोकगाथा के भीतर माना जा सकता है। अनुभव के वचनों को हम सूक्ति या अनूभूतिपूर्ण उक्ति मात्र कह सकते हैं, लोकगीत नहीं। इस प्रकार त्रिपाठी जी के ग्यारह भेदों का अन्तर्भाव हमारे छः भेदों के अन्दर ही हो जाता है।

(२) पारीक का वर्गीकरण

राजस्थानी लोकगीतों के विद्वान् पारखी पं० सूर्यकरण पारीक ने अपनी पुस्तक में राजस्थानी गीतों का क्षेत्र-विस्तार दिखलाते समय इन्हें निम्नांकित उनतीस भागों में विभक्त किया है[१]

(१) देवी-देवताओं और पितरों के गीत। (२) ऋतुओं के गीत। (३) तीर्थों के गीत। (४) व्रत-उपवास और त्योहारों के गीत। (५) संस्कारों के गीत। (६) विवाह के गीत। (७) भाई-बहन के प्रेम के गीत। (८) साली-सालेल्याँ (सरहज) के गीत। (६) पति-पत्नी के प्रेम-गीत। (१०) पणिहारियों के गीत। (११) प्रेम के गीत। (१२) चक्की पीसते समय के गीत। (१३) बालिकाओं के गीत। (१४) चरखे के गीत। (१५) प्रभाती गीत। (१६) हरजस—राधा-कृष्ण के प्रेम के गीत। (१७) धमालें-होली के अवसर पर पुरुषों द्वारा गेय गीत। (१८) देश-प्रेम के गीत। (१६) राजकीय गीत। (२०) राज-दरबार, मजलिस, शिकार, दारू के गीत। (२१) जम्मे के गीत (वीरों, सिद्ध पुरुषों, महात्माओं की स्मृति में रखे गये जागरण को 'जम्मा' कहते हैं)। (२२) सिद्ध पुरुषों के गीत। (२३) क—वीरों के गीत। (२३) ख—ऐतिहासिक गीत। (२४) क—ग्वालों के गीत। (२४) ख—हास्य रस के गीत। (२५) पशु-पक्षी सम्बन्धी गीत। (२६) शान्त रस के गीत। (२७) गाँवों के गीत (ग्राम-गीत)। (२८) नाट्य गीत। (२६) विविध।

इस श्रेणी विभाजन के सम्बन्ध में इतना ही कहना पर्याप्त है कि इसमें कोई क्रम नहीं दिखायी पड़ता है। पारीक जी ने हास्य, श्रृंगार और वीर रस के गीतों को तीन श्रेणियों में पृथक्-पृथक् रखा है, जिनको एक ही वर्ग में रखा जा सकता है। इसी प्रकार भाई-बहन और पति-पत्नी के गीतों का अन्तर्भाव संस्कार या ऋतु सम्बंधी गीतों में किया जा सकता है।

(३) भाले राव का वर्गीकरण

इधर डॉ० श्याम परमार ने "भारतीय लोक-साहित्य" में श्री भास्कर रामचन्द्र भालेराव के मत का उल्लेख करते हुए उनके द्वारा प्रतिपादित लोकगीतों के भेदों का उल्लेख किया है। श्री भालेराव ने गीतों को चार श्रेणियों में विभक्त किया है।[२]

(१) संस्कार विषयक गीत। (२) माहवारी गीत। (३) सामाजिक-ऐतिहासिक गीत। (४) विविध।

माहवारी गीतों में श्री भालेराव ने ऋतु और व्रत सम्बन्धी गीतों को एक ही साथ रखा है। सामाजिक-ऐतिहासिक गीतों का सम्बन्ध लोकगाथाओं से है। कहने की आवश्यकता नहीं यह विभाजन भी हमारे पूर्वोक्त वर्गीकरण के अंतर्गत ही है।

---

१. पारीक: राजस्थानी लोकगीत, पृ० २२-२५।

२. श्याम परमार : भारतीय लोक-साहित्य, पृ० ६४-६५।

जिस प्रकार काव्य का विभाजन गीति-काव्य और प्रबन्ध काव्य के रूप में किया जाता है, उसी प्रकार लोकगीतों का विभाजन भी उनके वर्ण्य विषय के आधार पर गेय गीत (Lyrics) और प्रबंध-गीत (Ballads) इन दो भागों में किया जा सकता है। गेय गीत वे छोटे-छोटे गीत हैं जिनमें कथावस्तु का प्रायः अभाव होता है। उनकी गेयता ही इन गीतों की आत्मा है। इस श्रेणी के गीतों में संस्कार, ऋतु और व्रत सम्बन्धी गीत आते हैं। प्रबन्ध-गीत वे गीत हैं जिनमें कथावस्तु की ही प्रधानता रहती है। उनमें भी गेयता होती है, परन्तु उसका स्थान गौण है। कथानक को आगे बढ़ाने में जितनी गेयता आवश्यक है, उतनी ही उनमें पायी जाती है। यही इनका स्वरूपगत भेद समझना चाहिए।

(४) डॉ० कृष्णदेव उपाध्याय का वर्गीकरण

डॉ० कृष्णदेव उपाध्याय ने भारतीय तथा पाश्चात्य लोकसाहित्य का गंभीर मनन तथा अनुसंधान करने के उपरान्त, लोक साहित्य को निम्नांकित छः श्रेणियों में विभक्त किया है।

(१) संस्कार संबंधी गीत

(२) ऋतु संबंधी गीत

(३) व्रत संबंधी गीत

(४) देवता संबंधी गीत

(५) जाति संबंधी गीत

(६) श्रम संबंधी गीत

मनुष्य के जीवन में विभिन्न संस्कारों के अवसर पर जो गीत गाये जाते हैं उन्हें संस्कार गीत कहा जाता है, जैसे—पुत्र-जन्म, मुण्डन, विवाह आदि। विभिन्न ऋतुओं में तथा विभिन्न व्रतों के अवसर पर गाये जाने वाले गीतों को क्रमशः ऋतु गीत एवं व्रत गीत कहते हैं। देवता संबंधी गीत वे हैं जो राम,कृष्ण, शिव, दुर्गा और पार्वती की स्तुति में गाये जाते हैं। विभिन्न जातियों—जैसे अहीर, धोबी, दुसाध, तेली, नट, बनजारा, मुण्डा, ओरांव, सन्ताल आदि-के द्वारा गाये जाने वाले गीत 'जाति गीत' के नाम से प्रसिद्ध हैं। किसी कार्य को करते समय श्रम-परिहार करने के लिए जो गीत गाये जाते हैं उन्हें श्रम गीत कहा जाता है, जैसे जाँत पीसने, कोल्हू पेरने, चर्खा कातने,धान रोपने तथा सोहने के गीत। इन अवसरों पर विभिन्न गीत गाये जाते हैं जो बड़े ही मार्मिक तथा हृदय-स्पर्शी होते हैं।

इनके अतिरिक्त भी कुछ ऐसे गीत हैं जिनका अन्तर्भाव उपर्युक्त छः वर्गों में नहीं किया जा सकता, जैसे पूर्वी, अलचारी, झूमर तथा पालने एवं बच्चों के खेल के गीत। परन्तु डॉ० उपाध्याय का यह दृढ़ मत एवं विश्वास है कि भारत के साथ ही संसार के अन्य देशों के लोक-गीतों का भी वर्गीकरण उपर्युक्त आधार पर किया जा सकता है। संभवतः भारत ही क्यों विश्व के समस्त लोकगीतों का अन्तर्भाव उपर्युक्त छः वर्गों में हो सकता है। अतः लेखक की सम्मति में यही श्रेणी-विभाजन समधिक वैज्ञानिक तथा सुव्यवस्थित है। यह प्रसन्नता का विषय है कि हिन्दी के विद्वानों ने इसी श्रेणी विभाजन को स्वीकार किया है। नीचे की तालिका से यह वर्गीकरण अधिक

स्पष्ट हो जायेगा।

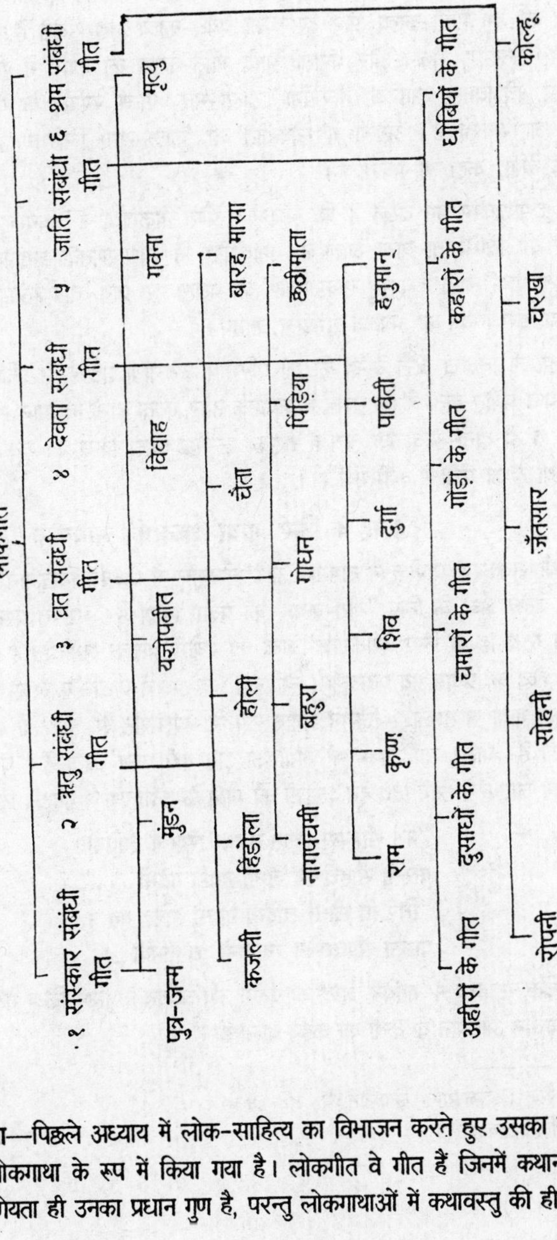

२. लोकगाथा—पिछले अध्याय में लोक-साहित्य का विभाजन करते हुए उसका वर्गीकरण लोकगीत और लोकगाथा के रूप में किया गया है। लोकगीत वे गीत हैं जिनमें कथानक प्रायः स्वल्प होता है। गेयता ही उनका प्रधान गुण है, परन्तु लोकगाथाओं में कथावस्तु की ही प्रधानता

होती है। गेयता उसमें गौण स्थान रखती है। आकार की दृष्टि से भी दोनों में भेद पाया जाता है। लोकगीत छोटे-छोटे होते हैं, परन्तु लोकगाथा अपने कथानक के कारण बहुत बड़ी होती है। पहले को हम गीति-काव्य और दूसरे को प्रबंध-काव्य कह सकते हैं। कजली, होली, चैता, सोहर, जँतसार, भजन और पराती आदि गीति-काव्य की कोटि में रखे जा सकते हैं और आल्हा, विजयमल, लोरिक, हीररॉंझा, ढोला-मारू, राजा रसालू के गीतों को प्रबन्ध-काव्य कहा जा सकता है। अंग्रेजी में लोकगीत को 'फोक-सांग लिरिक' और प्रबन्ध-काव्य को 'फोक-बैलेड' कहा जा सकता है।

इस प्रकार हम देखते हैं कि लोकगीत और लोकगाथा में विषयगत और स्वरूपगत दोनों प्रकार की विभिन्नता पायी जाती है। लोकगीतों में साधारणतया श्रृंगार और करुण रस की प्रधानता पायी जाती है,परन्तु लोकगाथाओं का प्रधान रस प्रायः वीर हुआ करता है। 'ढोला मारू रा दूहा' इस नियम का अपवाद समझना चाहिए।

अंग्रेजी विद्वानों द्वारा बैलेड की जो परिभाषा बतलायी गई है, उसकी पर्यालोचना करने से यह स्पष्ट प्रतीत होता है कि बैलेड में कथानक और गेयता दोनों विद्यमान रहती है। लोकगाथाओं के भी ये ही दोनों आवश्यक तत्व हैं इसका उल्लेख पहले किया जा चुका है। अतः लोकगाथा वह कथा है जो गीतों में कही गयी हो।

बैलेड के लिए 'गाथा' शब्द की सार्थकता

श्री सूर्यकरण पारीक ने ग्रामगीत और लोकगीत में पार्थक्य दिखलाने का प्रयास किया है। उन्होंने बैलेड शब्द के लिए "गीत-कथा" का प्रयोग किया है।[१] परन्तु प्रस्तुत लेखक की विनम्र सम्मति में बैलेड के लिए 'लोकगाथा' शब्द का प्रयोग अधिक समीचीन है। संस्कृत साहित्य में 'गाथा' शब्द का प्रयोग गेय पदावली (लिरिक्स) के अर्थ में प्राचीन काल से होता चला आया है। हाल की 'गाथा सप्तशती'—जिसमें श्रृंगार रस से भरी सात सौ आर्याओं का संग्रह है—इसका उदाहरण है। पालि साहित्य में भी गाथा का अर्थ यही पाया जाता है। 'पालि जातकावलि' के सिंह चर्म जातक में आगे दिये हुये श्लोकों को गाथा के उदाहरण में उद्धृत किया गया है—[२]

"नेतं सीहस्स नदितं न व्यग्घस्स न दीपिनो।
पारुतो सीहचम्मेन जम्मो नदति गद्रभो ।।"
"चिरं पि खो तं खादेय्य गद्रभो हरितं यवं ।
पारुतो सीहचम्मेन रवामानों च दूसयी ।।"

वैदिक साहित्य में 'गाथिन्' शब्द का प्रयोग उस व्यक्ति के लिए किया गया पाया जाता है जो किसी प्राचीन आख्यान या कथा को कहने वाला हो।[३]

---

१. पारीक : राजस्थानी लोकगीत, पृ० ७८-८५।
२. पालि जातकावलि।
३. ऋग्वेद १।७।१।

"गाथा" शब्द से इन् प्रत्यय करने पर इस पद की निष्पत्ति होती है। अतः गाथा शब्द का अर्थ हुआ कोई आख्यान या कथा। हिन्दी की भोजपुरी बोली में गाथा का अभिप्राय किसी कथा या कहानी से समझा जाता है। जैसे 'का आपन गाथा गवले बाड़' अर्थात् तुम क्या अपनी कहानी सुना रहे हो ? अथवा 'ताहार गाथा ना ओराई' अर्थात् तुम्हारी कथा समाप्त नहीं होगी। इस प्रकार 'गाथा' शब्द में गेयता और कथानक दोनों का अंग विद्यमान है। इस शब्द से दोनों का भाव द्योतित होता है। इसलिए ऐसे प्रबन्धात्मक गीतों के लिए जिनमें कथानक की प्रधानता के साथ ही गेयता भी विद्यमान हो 'लोकगाथा' शब्द का प्रयोग नितांत उपयुक्त है।

इधर हिन्दी में बैलेड शब्द के लिए गीतकथा या कथागीत का प्रयोग कुछ लोग करने लगे हैं। प्रबन्धात्मक गीत का व्यवहार भी कहीं-कहीं देखने में आता है। परन्तु लेखक की सम्मति में 'लोकगाथा' शब्द से जिस भाव की अभिव्यक्ति होती है, वह इन उपर्युक्त शब्दों से नहीं होती। इसलिए इस पुस्तक में बैलेड के लिए सर्वत्र 'लोकगाथा' शब्द का ही व्यवहार किया गया है। लोक साहित्य के विद्वानों द्वारा इस शब्द को अपनाने से लोकगीत और कथागीत के पार्थक्य की बहुत कुछ गड़बड़ी सदा के लिए दूर हो जायेगी।

लोकगाथा की परिभाषा

बैलेड अथवा लोकगाथा की परिभाषा अनेक विद्वानों ने विभिन्न प्रकार से की है। प्रोफेसर केट्रीज का मत है कि 'बैलेड' वह गीत है जो किसी कथा को कहता है अथवा दूसरी दृष्टि से विचार करने पर बैलेड वह कथा है जो गीतों में कही गई हो।[१] हैजलिट् ने बैलेड की परिभाषा बतलाते हुए इसे 'गीतात्मक कथानक' कहा है।[२] फ्रैंक सिजविक ने अपनी पुस्तक में बैलेड की परिभाषा बतलाने में अपनी असमर्थता प्रकट करते हुए इसे एक अमूर्त पदार्थ कहा है।[३] न्यू इंगलिश डिक्शनरी के प्रधान सम्पादक डॉ० मरे ने बैलेड की परिभाषा देते हुए लिखा है कि "बैलेड वह स्फूर्तिदायक या उत्तेजनापूर्ण कविता है जिसमें कोई जनप्रिय आख्यान रोचक ढंग से वर्णित हो।[४]

लोकगीत और लोकगाथा में अन्तर

लोकगीत और लोकगाथा के अन्तर को प्रधानतया दो भागों में बाँटा जा सकता है:—(१) स्वरूपगत भेद (२) विषयगत भेद। स्वरूपगत भेद के विषय में इतना ही कहना पर्याप्त है कि लोकगीत आकार में छोटा होता है परन्तु लोकगाथा का विस्तार सैकड़ों पृष्ठों में होता है। आजकल जो 'आल्हाखण्ड' उपलब्ध होता है वह बड़े आकार के (रायल) लगभग पाँच सौ

---

१. A ballad is a song that tells a story or to take the other point of view, a story told in song. इंगलिश ऐंड स्काटिश पापुलर बैलेड्स, भूमिका पृ० ११।

२. Lyrical Narrative.

३. "The difficulty is to define the ballad, for it has some of the qualities of an abstract thing. It is essentially fluid, nor rigid nor static." दि बैलेड, पृ० ८।

४. A simple spirited poem in short stanzas in which some popular story is graphically told. न्यू० इ० डि०।

पृष्ठों में छपा है। 'ढोला मारू रा दूहा' के सम्बन्ध में भी यही बात समझनी चाहिए। सोरठी और विजयमल का कथानक भी बहुत लम्बा है। कुछ लोकगाथाओं का आकार छोटा भी होता है—जैसे 'क्षत्रियाणी भगवती' परन्तु इनकी संख्या बहुत थोड़ी है।

दूसरा भेद विषयगत है। लोकगीतों में विभिन्न संस्कारों—पुत्र-जन्म, मुण्डन, यज्ञोपवीत, विवाह, गवना: ऋतुओं—वर्षा, वसन्त, ग्रीष्म, और पर्वों पर गाये जाने वाले गीत सम्मिलित हैं जिनमें घर-गृहस्थी, प्रेम-विरह, वन्ध्या, विधवा आदि के सुख-दुःखों के वर्णन की प्रधानता ही उपलब्ध होती है। कहीं कोई विधवा स्त्री अपने भाग्य को कोसती है तो कहीं किसी वन्ध्या स्त्री का करुण प्रलाप सुनाई पड़ता है। कहने का आशय यह है कि घर के संकुचित क्षेत्र में जीवन की जिन अनुभूतियों का साक्षात्कार मनुष्य करता है, उन्हीं की झाँकी हमें इन लोकगीतों में देखने को मिलती है। परन्तु लोकगाथाओं का विषय लोकगीतों से कुछ भिन्न है। इसमें संदेह नहीं कि इन गाथाओं में भी प्रेम का गहरा पुट रहता है, लेकिन यह प्रेम जीवन के संघर्षों का सामना करता हुआ भी, अन्त में सफलीभूत होता हुआ दिखलाया गया है। इन गाथाओं में वीरता, साहस, रहस्य एवं रोमांच का अंश अधिक पाया जाता है। उदाहरण के लिए आल्हखण्ड में माड़ोगढ़ की लड़ाई का वर्णन उपलब्ध होता है तो 'सोरठी' की गाथा में रहस्य और रोमांच की प्राप्ति होती है। कहीं-कहीं इन गाथाओं में अनेक वीर पुरुष लोकत्राता या जनरक्षक के रूप में अंकित किये गये हैं। अनेक गीतों में मुगलों के अत्याचार से स्त्रियों को बचाने के लिए त्यागी वीरों ने अपने प्राणों की आहुति तक दे दी है। इस प्रकार लोकगीतों और लोकगाथाओं का पार्थक्य स्पष्ट है।

३. लोककथा—लोकसाहित्य के वर्गीकरण में लोककथाओं का प्रमुख स्थान है। ये अपनी सरसता और लोकप्रियता के कारण महत्त्वपूर्ण स्थान रखती हैं। माताएँ सुन्दर कहानियाँ सुना कर अपने बच्चों को आनन्द प्रदान करती हैं। बालक इन कहानियों को सुनते-सुनते निद्रा देवी की गोद में चले जाते हैं। बालिकाएँ अपने भाई की सुख और समृद्धि के लिए पिंड़िया का व्रत करती हैं और कार्तिक में भ्रातृ-द्वितीया से लेकर अगहन की शुक्लपक्ष की दूज तक—पूरे एक महीने तक—नियमित रूप से पिंड़िया की कथा रात्रि में सुनती हैं। प्रातःकाल में इस कथा को सुने बिना वे अन्न ग्रहण नहीं कर सकतीं। प्रत्येक व्रत के अवसर पर किसी न किसी देवी-देवता की कथा कही जाती है। त्रिलोकीनाथ की कथा अब गाँवों में सत्यनारायण की कथा का स्थान लेने जा रही है। जाड़े की रात्रियों में चौपाल में बैठकर ग्राम-वृद्ध, रोचक कहानियों को सुनाकर बालकों का मनोरंजन किया करते हैं। शीत से रक्षा के लिए अग्नि को प्रज्वलित कर उसके चारों ओर बैठकर आग 'तापने' वाले ग्रामीण जन लोक-कहानियों को सुनाकर जनता का दिल बहलाते हैं। खेतों में पशुओं को चराने वाले चरवाहे किसी वृक्ष की शीतल छाया में एकत्र बैठकर छोटी-छोटी चुटीली कहानियों के द्वारा समय बिताते हैं। कहने का आशय यह है कि लोक-जीवन इन लोककथाओं द्वारा पूर्ण रूप से अनुस्यूत है।

४. **लोकनाट्य**—नाटक में गीत, नृत्य और संगीत की त्रिवेणी प्रवाहित होती है। गीत के साथ संगीत की योजना बड़ा आनन्द प्रदान करती है, परन्तु इसके साथ ही यदि नृत्य भी हुआ तो आनन्द की सीमा नहीं रहती। महाकवि कालिदास ने ठीक ही कहा है कि नाट्य जन-मन अनुरंजन का सर्वोत्कृष्ट साधन है।[1] ग्रामीण जनता नाट्य कोदेखकर प्रसन्नता का जितना अनुभव करती है उतना अन्य किसी वस्तु से नहीं। भोजपुरी प्रदेश में भिखारी ठाकुर का लिखा हुआ 'विदेसिया' बड़ा लोकप्रिय तथा प्रसिद्ध लोकनाट्य है, जिसमें परदेश में गये हुए पति का वर्णन है। उसके वियोग में उसकी स्त्री अनन्त कष्टों का अनुभव करती है और अपने दुःखों को लिपिबद्ध कर वह अपने परदेशी पति के पास भिजवाती है, जिसे पढ़कर वह घर लौट आता है। 'विदेसिया' नाटक की संक्षेप में यही कथा है।

भिखारी स्वयं पहले इस नाटक का अभिनय किया करता था जिसे देखने के लिए हजारों आदमियों की भीड़ इकट्ठी होती थी। दस-दस और पन्द्रह-पन्द्रह मील से लोग पैदल चलकर 'विदेसिया' नाटक को देखने के लिए आया करते थे। जनता, दर्शकों की उमड़ती हुई भीड़ को नियन्त्रित करने के लिए अधिकारियों को पुलिस का प्रबन्ध करना पड़ता था। अब उसके अनुयायियों ने अनेक मण्डलियों की स्थापना कर 'विदेसिया' के अभिनय की परम्परा को कायम रखा है। यह लोकनाट्य बड़ा ही लोकप्रिय सिद्ध हुआ है।

गुजरात में 'गर्बा' नामक लोकनृत्य बड़ा प्रसिद्ध है, जिसमें गीत और संगीत का सुन्दर सामंजस्य पाया जाता है। गुजराती लोकसाहित्य के आचार्य श्री झबेरचन्द मेघाणी ने इस लोक-नृत्य को गीत-संगीत-नृत्य की त्रिवेणी कहा है। युवती स्त्रियाँ अथवा लड़कियाँ समुदाय में इस नृत्य का अभिनय करती हैं, जो बड़ा ही मनोरंजक होता है।

इसी प्रकार मालवा में 'माँच' नामक लोकनृत्य प्रसिद्ध है जिसका अभिनय देखने के लिए जनता की बड़ी भीड़ एकत्र हुआ करती है। इन लोकनृत्यों का अध्ययन बड़ा ही रुचिकर और मनोरंजनकारी है।

५. **लोक सुभाषित**—ग्रामीण जनता अपने दैनिक व्यवहार में सैकड़ों मुहावरों, कहावतों, पहेलियों, सूक्तियों और सुभाषितों का प्रयोग करती है। इन मुहावरों और कहावतों में चिरसंचित अनुभूत-ज्ञान-राशि भरी पड़ी है। इनके अध्ययन से हमारी सामाजिक और धार्मिक प्रथाओं का चित्रण उपलब्ध होता है, जिनका विस्तृत विवेचन यथावसर किया जायेगा। कुछ ऐसी भी सूक्तियाँ उपलब्ध होती हैं जिनमें नीति के वचन कहे गये हैं। घाघ और भड्डरी की उक्तियों में ऋतुविज्ञान की बहुमूल्य सामग्री पायी जाती है। खेती और वर्षा के सम्बन्ध में घाघ की जो उक्तियाँ प्रसिद्ध हैं, उनमें स्वानुभूति की मात्रा अत्यधिक है। पशुओं की पहचान भी घाघ को अच्छी थी। उन्होंने अच्छे या बुरे पशुओं की जो पहिचान बतलायी है, वह बिल्कुल ठीक है। पालने के गीत तथा

---

१. नाट्यं भिन्नरुचेर्जनस्य बहुधाप्येकं समाराधनम्—कालिदास।

खेल के गीत भी इसी कोटि में रखे जा सकते हैं। माताएँ बच्चों को पालने पर सुला कर मधुर गीत गाती हैं जिन्हें सुनते-सुनते बच्चे सो जाते हैं। बालक खेल खेलते समय गीतों को भी गाते रहते हैं।

गाँव के लोग अपने दैनिक व्यवहार में गाली का प्रयोग प्रचुर मात्रा में किया करते हैं। अतः मौखिक साहित्य के अन्तर्गत गालियों की चर्चा अत्यावश्यक है। इन गालियों में समाज की अनेक प्रथाओं का उल्लेख यत्र-तत्र पाया जाता है।

■ ■ ■

अध्याय ६

लोकगीतों का विवेचन

(क) संस्कार-सम्बन्धी गीत

हमारे जीवन के सभी कृत्य धर्म से ओत-प्रोत हैं। भारतीय धर्म-शास्त्रियों ने षोडश संस्कारों का विधान किया है। जन्म से लेकर मृत्यु तक हमारे जीवन में कोई न कोई संस्कार होते ही रहते हैं। जन्म से पूर्व भी पुंसवन आदि संस्कारों का वर्णन उपलब्ध होता है। यद्यपि कुल संस्कारों की संख्या सोलह है परन्तु पुत्र- जन्म, मुण्डन, यज्ञोपवीत, विवाह, गवना और मृत्यु प्रधान संस्कार माने जाते हैं। इन अवसरों पर (अंतिम को छोड़कर) स्त्रियाँ कोकिल कण्ठ से गीतों को गा-गाकर अपने हार्दिक उल्लास और आनन्द को प्रकट करती हैं। जहाँ इन गीतों में प्रसन्नता और उछाह दिखायी पड़ता है, वहाँ मृत्यु-गीतों में विषाद की अमिट रेखा उपलब्ध होती है। इन्हीं संस्कार सम्बन्धी गीतों का संक्षिप्त वर्णन यहाँ उपस्थित किया जाता है।

१. **सोहर**—पुत्र-जन्म के अवसर पर गाये जाने वाले गीतों को 'सोहर' कहते हैं। कहीं-कहीं इन्हें 'मंगल' भी कहा जाता है। गीतों में इस शब्द का प्रयोग भी हुआ है:—

> "गावहु ए सखि ! गावहु, गाई के सुनावहु हो।
> सब सखि मिलि जुलि गावहु, आजु 'मंगल' गीत हो।"

गोस्वामी तुलसीदास जी ने भी श्रीरामचन्द्र के जन्म के अवसर पर रामचरितमानस में मंगल गाने का उल्लेख किया है:—

> "गावहिं मंगल मंजुल बानी।
> सुनि कलरव कलकंठ लजानी।।"

सोहर शब्द की व्युत्पत्ति 'शोभन' शब्द से ज्ञात होती है। सम्भवतः यही 'शोभन' शब्द शोभिलो, सोहिलो, सोहद, सोहर के रूपों में परिवर्तित होता हुआ इस रूप में आ गया है। भोजपुरी में 'सोहल' का अर्थ अच्छा लगना है जो संस्कृत के 'शोभन' से मिलता-जुलता है। सोहर की उत्पत्ति 'सुघर' शब्द से मानी जा सकती है, जिसका अभिप्राय 'सुन्दर' होता है। पुत्र-जन्म के गीत 'सोहिलो' के नाम से भी प्रसिद्ध हैं।

नामकरण—इस मांगलिक अवसर पर जो गीत गाये जाते हैं वे 'सोहर' छन्द में होते हैं। इस छन्द में निबद्ध होने के कारण ही इन गीतों का नाम सोहर पड़ गया है। भोजपुरी गीतों में जो सोहर उपलब्ध होते हैं उनमें तुक नहीं होता और न वे पिंगलशास्त्र के नियमों के अनुसार ही लिखे होते हैं। ये मतवाली पहाड़ी नदी की भाँति स्वच्छन्द रीति से बहते चलते हैं। तुलसीदास जी ने 'रामलला नहछू' में जिन सोहरों की रचना की है उनमें तुक के साथ ही साथ प्रत्येक पंक्ति में समान मात्राएँ उपलब्ध होती हैं।

पुत्र-जन्म भारतीय ललनाओं की ललित कामनाओं की चरम परिणति है। मानी गई मनौतियों का मनोरम परिणाम है। इस अवसर पर पास-पड़ोस की स्त्रियाँ—विशेषतः लोकगीतों की पंडिता वृद्धाएँ एकत्र होकर, नवप्रसूता स्त्री के 'सूतिका गृह' के द्वार पर बैठकर, मनोरंजक सोहरों को सुना कर उस घर में अमृत की वर्षा करती हैं। ये गीत बारह दिनों तक गाये जाते है और बालक के 'बरही' संस्कार (जो बारहवें दिन किया जाता है) के साथ ही इन गीतों की समाप्ति होती है।

परम्परा—धनी-मानी तथा समृद्ध व्यक्तियों के घरों में पुत्र के पैदा होने परं 'पौरिया' नचाने की प्रथा है। पौरिया प्रायः मुसलमान होते हैं जो इस समय पर श्रीरामचन्द्रजी के जन्म-ग्रहण करने की कथा को गा-गाकर नाचते हैं। "सिरि रामचन्दर जनम लिहले चइत रामनवमी" यह उनके गीतों का प्रधान टेक है। परन्तु यह प्रथा अब धीरे-धीरे उठती चली जा रही है।

पुत्र की प्राप्ति उत्सव का प्रधान अवसर समझा जाता था और आज भी माना जाता है। अतः इस समय की नाच-गाने की प्रथा प्राचीन काल में भी प्रचलित थी।

आदि कवि, तमसा-तट के तपस्वी महर्षि वाल्मीकि ने राम-जन्म के समय गन्धर्वों द्वारा गाने और अप्सराओं द्वारा नाचने का वर्णन किया हैः—[१]

"जगुः कलं च गन्धर्वाः ननृतुश्चाप्सरो गणाः।
देवदुन्दुभयो नेदुः पुष्पवृष्टिच खात्पतत् ॥"

महाकवि कालिदास ने आज के शुभ जन्म के अवसर पर राजा दिलीप के महल में वेश्याओं के द्वारा नृत्य तथा मंगल वाद्य होने का उल्लेख किया हैः—[२]

"सुखश्रवाः मंगलर्त्यनिस्वनाः
प्रमोदनृत्यैः सह वारयोषिताम्।
न केवलं सद्मनि मागधीपतेः
पथि व्यजम्भन्त दिवौकसामपि॥

वर्ण्य-विषय—पुत्र-जन्म के गीतों में आनन्द और उल्लास का विशद वर्णन होना स्वाभाविक है। इनमें नवप्रसूता स्त्री के हृदय में गुदगुदी पैदा करने वाले गीतों की झाँकी भी देखने को मिलती है। कहीं-कहीं बन्ध्या स्त्रियों की करुण दशा का चित्र सहृदयों के हृदय में विशद सहानुभूति की उत्पत्ति करता है।

सोहरों का प्रधान विषय संभोग श्रृंगार का वर्णन है। इनमें स्त्री-पुरुष की रतिक्रीड़ा, गर्भाधान, गर्भिणी की शरीर यष्टि, प्रसव-पीड़ा, दोहद, धाय का बुलाना और पुत्र-जन्म का वर्णन पाया जाता है।

---

१. वालकाण्ड, १८/१६।

२. रघुवंश, ३।१६।

गर्भवती स्त्री जिन विभिन्न वस्तुओं को खाने की इच्छा करती है उसे 'दोहद' कहते हैं। कालिदास ने सुदक्षिणा के दोहद का सुन्दर वर्णन प्रस्तुत किया है।[१] इन गीतों में दोहद का उल्लेख अनेक स्थानों पर हुआ है तथा पति उसकी पूर्ति करता हुआ पाया जाता है। पति स्त्री से पूछता है कि तुम्हें कौन-सी वस्तु खाने में अच्छी लगती है। इस पर वह उत्तर देती है कि मुझे धान (चावल) का भात, अरहर की दाल, रोहू नामक मछली और तित्तिर का मांस स्वादिष्ट लगता है। इसके अतिरिक्त नीबू, केला और नारियल भी मुझे पसन्द है।[२]

जहाँ इन गीतों में पुत्र के पैदा होने पर महान् उत्सव मनाया जाता है, वहाँ पुत्री के जन्म के कारण विषाद की गहरी रेखा इनमें दिखायी पड़ती है। माता कहती है कि जैसे पुरइन का पत्ता हवा के कारण काँपता है, उसी प्रकार मेरा हृदय पुत्री के जन्म से काँप रहा है। इसीलिए पुत्री पैदा होने पर ये गीत नहीं गाये जाते।

खेलवना के गीत भी सोहर के समान ही पुत्र पैदा होने के उत्सव पर गाये जाते हैं, परन्तु सोहर से इनमें कुछ विभिन्नता है। सोहर में विशेष कर पुत्र-जन्म की पूर्वपीठिका का वर्णन रहता है; परन्तु खेलवना के गीतों में उत्तरपीठिका का। पुत्र-प्राप्ति की लालसा रखने वाली स्त्री, गर्भ की वेदना से व्याकुल तरुणी, वधू के मंगल-साधन में निरत सास, धाय को दौड़कर बुलाने वाला पति, बालक के उत्पन्न होने पर धन-धान्य माँगने वाली धाय—ये सब सोहर के प्रतिपाद्य विषय हैं। परन्तु सद्यःजात शिशु का रुदन, माता का आनन्द, सास की प्रसन्नता, अपने कुलांकुर के पैदा होने के हेतु सर्वस्व लुटा देने वाले पिता का हर्ष 'खेलवना' के मुख्य विषय हैं। यद्यपि सोहर और खेलवना के गीतों के बीच में कोई मध्य रेखा नहीं खींची जा सकती, परन्तु स्थूल रूप से दोनों गीतों में यही पार्थक्य है। इन दोनों प्रकार के गीतों का वर्ण्य विषय समान—पुत्र-जन्म—होने के कारण सोहर के भीतर ही खेलवना का अन्तर्भाव माना जाता है।

मैथिली सोहरों की परम्परा बड़ी प्राचीन है। इनमें भी भोजपुरी सोहरों की भाँति दोहद, प्रसव-पीड़ा, आनन्द और उछाह का वर्णन उपलब्ध होता है। परन्तु श्रृंगार की अपेक्षा इनमें करुण का पुट अधिक है। मैथिली सोहर तुकान्त और भिन्न तुकान्त दोनों प्रकार के पाये जाते हैं।[३] इनके वर्ण्य विषय के सम्बन्ध में श्री राम इकबाल सिंह 'राकेश' लिखते हैं कि "सोहर में माशूक-आशिकों और नायिका-नायकों की जुल्फें सँवारने के लिए बेचैन नहीं दीखती। सोहर सुखान्त होता है और इसमें आशा की निर्झरिणी टेढ़ी नागिन-सी बलखाती बिजली-सी दौड़ती चली गयी है।"[४]

---

१. न मे ह्रिया शंसति किंचिदीप्सितं,
स्पृहावती वस्तुपु केषु मागधी।
इति स्म पृच्छत्यनुवेलमादृतः,
प्रियासखीमुतरकोशलेश्वराः।।—[रघुवंश ३।५]।

२. भोजपुरी लोकगीत, भाग १,पृ० ५१-५२।

३. राकेश : मै० लो० गीत, पृ० ५०।

४. वही, पृ० ५०।

व्रज में इन गीतों को सोभर, सोहर या सोहिलो कहा जाता है। 'सोभर' वह घर है जिसमें नवप्रसूता स्त्री रहती है। भोजपुरी में इसे 'सउरि' कहते हैं। अतः प्रसूतिका-गृह के उपलक्ष में गाये जाने वाले गीत 'सोभर' के नाम से प्रसिद्ध हैं। भोजपुरी प्रदेश की ही भाँति व्रज में भी पुत्र जन्म के समय विभिन्न अवसरों पर गाने के लिए भिन्न-भिन्न गीत प्रचलित हैं। इन गीतों को प्रधानतया चार भागों में विभक्त किया जा सकता है—(१) जन्ति के गीत। (२) छठी के गीत। (३) जग मोहन लुगरा। (४) तगा। जन्ति तथा छठी के गीतों के भी अनेक भेद पाये जाते हैं।[1]

२. **मुण्डन के गीत**—बालक जब बड़ा होने लगता है तब उसका मुण्डन संस्कार किया जाता है। इसे संस्कृत में 'चूडाकर्म' कहते हैं। महाकवि कालिदास ने रघुवंश में मुण्डन संस्कार का उल्लेख किया है।[2] गोस्वामी तुलसीदास ने महर्षि वशिष्ठ के द्वारा राम के चूड़ाकर्म का वर्णन रामचरितमानस में किया है।[3] मुण्डन षोडश संस्कारों में एक प्रसिद्ध संस्कार है। इस संस्कार के पहले बालक के बालों को काटना निषिद्ध है। बालक के जन्म के पहले, तीसरे, पाँचवें या सातवें अर्थात् विषम वर्ष में ही इस कार्य को सम्पादित किया जाता है। इसमें अधिक विलम्ब करना अनुचित है।

किसी पवित्र तीर्थ स्थान में, देवस्थान में अथवा नदी के किनारे यह संस्कार सम्पादित किया जाता है। अधिकांश लोग मिर्जापुर जिले में स्थित विन्ध्याचल देवी के मन्दिर पर अपने पुत्रों का मुण्डन कराते हैं। अनेक लोग मनौतियाँ मान कर वहाँ जाते हैं। परन्तु जो लोग अपनी क्षीण आर्थिक परिस्थिति के कारण वहाँ नहीं जा सकते वे किसी नदी के किनारे अथवा देवस्थान के पास इस कार्य को सम्पन्न करते हैं।

भोजपुरी प्रदेश में गाँव की स्त्रियाँ झुण्ड बना कर इस अवसर पर बालक और उसकी माता के साथ गंगा के किनारे जाती हैं। वे नदी के इस किनारे जमीन में खूँटा गाड़कर उसमें मूँज की नयी रस्सी बाँध देती हैं, जिसमें आम के पत्ते स्थान-स्थान बाँधे गये रहते हैं। यह रस्सी 'तोरण' का कार्य करती है। इस रस्सी को लेकर स्त्रियाँ, नाव में बैठ कर, नदी के उस पार जाती हैं। इस विधि को 'गंगा-ओहारना' कहते हैं। फिर नाई बालक के बालों को कैंची से काटता है। यज्ञोपवीत संस्कार के पहले छुरे से बालकों के बालों को काटना निषिद्ध माना जाता है।

वर्ण्य-विषय—मुण्डन के गीतों में कहीं तो कोई स्त्री इन्द्र भगवान् से जल न बरसाने की प्रार्थना कर रही है तो कहीं बालक की फुआ अपने भतीजे के मुण्डन में सम्मिलित होने के लिए चली आ रही है। कहीं भाई अपनी बहन से 'लापर परीछने' की प्रार्थना करता है तो कहीं बहन अपने पिता से 'नेग' के रूप में आभूषण माँगती है। मुण्डन और जनेऊ के अवसर पर बालक की फुआ (बुआ) को नेग (उपहार) की बड़ी आशा रहती है। अतः इन गीतों में इसका बारम्बार उल्लेख उपलब्ध होता है।

---

१. सत्येन्द्र : ब्र० लो० सा० अ०, पृ० १२२-२३।

२. अथास्य गोदानविधेरनन्तरं।
विवाहदीक्षां निरवर्तयद् गुरुः —[रघुवंश ३ । ३३]।

३. चूडाकर्म कीन्ह गुरु आई—[रामचरितमानस, बालकाण्ड]।

३. **यज्ञोपवीत के गीत**—मनु ने लिखा है कि मनुष्य जन्म से शूद्र उत्पन्न होता है परन्तु संस्कारों के करने के उपरान्त ही वह 'द्विज' कहलाता है।[1] प्राचीन काल में इस संस्कार का बड़ा महत्त्व था। आज भी उच्च वर्ण—ब्राह्मण और क्षत्रिय—के लोग इसे बड़े उत्सव के साथ करते हैं।

यज्ञोपवीत को 'जनेऊ' भी कहा जाता है जो इसी शब्द का अपभ्रंश रूप है। इसे 'उपनयन' भी कहते हैं। 'उपनयन' का शाब्दिक अर्थ है वह संस्कार जिसके द्वारा छात्र गुरु के समीप लाया जाता है।

उपनीयते गुरुसमीपं प्राप्यते अनेनेति उपनयनम्

प्राचीन भारत में यज्ञोपवीत संस्कार के पश्चात् बालक या छात्र गुरु के पास गुरुकुल में भेज दिया जाता था। इसलिए इस संस्कार को 'उपनयन' कहते थे। यज्ञोपवीत धारण करने के समय से ब्रह्मचारी को कुछ व्रतों अर्थात् नियमों का पालन करना आवश्यक होता है, इसलिए इसे 'व्रतबन्ध' भी कहते हैं जिसका अर्थ है व्रतों अर्थात् नियमों के द्वारा बाँधा गया। द्विजातियों—ब्राह्मण, क्षत्रिय और वैश्य—के लिए यज्ञोपवीत धारण करना नितान्त अनिवार्य है।

प्राचीन काल में जो जनेऊ पहिना जाता था वह अपने हाथ से कते हुए सूत का ही बना हुआ होता था। अनेक गीतों में सूत कात कर जनेऊ बनाने का उल्लेख पाया जाता है। ब्राह्मण बालक का यज्ञोपवीत आठवें वर्ष की अवस्था में होना चाहिए। क्षत्रिय बालक का ग्यारहवें वर्ष में और वैश्य का बारहवें वर्ष में यज्ञोपवीत का विधान शास्त्र सम्मत है।[2]

इस संस्कार के समय के सम्बन्ध में शतपथ ब्राह्मण का यह मत है कि ब्राह्मण का यज्ञोपवीत संस्कार बसन्त ऋतु में, क्षत्रिय का ग्रीष्म ऋतु में और वैश्य का शरद् ऋतु में करना चाहिए।[3] इसीलिए आजकल ब्राह्मणों के यहाँ जो यज्ञोपवीत होता है वह निश्चित रूप से फागुन या चैत्र के महीने में ही सम्पन्न किया जाता है।

वर्ण्य-विषय—जनेऊ के जो गीत गाये जाते हैं उनमें उन विधि-विधानों का वर्णन पाया जाता है, जो इस संस्कार में किये जाते हैं। कहीं पर ब्रह्मचारी किसी स्त्री को माता कह कर सम्बोधित करता हुआ भिक्षा देने की प्रार्थना करता है, तो कहीं वह विद्या पढ़ने के लिए काशी या काश्मीर जाने के लिए प्रस्तुत है। यज्ञोपवीत संस्कार में भिक्षा माँगना एक प्रधान विधि है। ब्रह्मचारी मूंज की करधनी और पलाश-दण्ड धारण करता है। वह खड़ाऊँ पहिनता है। अनेक गीतों में ब्रह्मचारी का पिता पलाश-दण्ड को खोजने के लिए व्याकुल दिखाई देता है।[4]

---

१. जन्मना जायते शूद्रः, संस्कारात् द्विज उच्यते।—मनुस्मृति।

२. अष्टमे वर्षे ब्राह्मणमुपनयेत् गर्भाष्टमे वा।
एकादशे क्षत्रियम्। द्वादसे वैश्यम्।

३. बसन्ते ब्राह्मणमुपनयेत्। ग्रीष्मे राजन्यम्।
शरदि वैश्यम्। सर्वकालमेके । श० प० ब्रा०

४. डॉ० उपाध्याय : भो० लो० गी०, भाग १, पृ० १०८ (प्रथम संस्करण)।

बुन्देलखण्डी और मैथिली के जनेऊ के गीत—जनेऊ के गीतों में माता और पिता की प्रसन्नता, बालक की फुआ का नेग माँगने के लिए आग्रह और विविध विधि-विधानों तथा नियमों का उल्लेख पाया जाता है। जनेऊ के सभी गीतों में चाहे वे बुन्देलखण्डी हों या मैथिली, चाहे राजस्थानी हों या गुजराती—एक ही भावधारा प्रवाहित है। हमीरपुर जिले में प्रचलित जनेऊ के गीतों में वही उछाह दिखायी पड़ता है जो भोजपुरी गीतों में।[१] मैथिली लोकगीतों में जनेऊ के अवसर पर भी बाँस का मण्डप तैयार करने का उल्लेख पाया जाता है—जो सम्भवतः अन्यत्र प्रचलित नहीं है।[२] 'लापर परीछने' की प्रथा भोजपुरी तथा मैथिली गीतों में समान रूप से वर्णित है। इसके अतिरिक्त पलाश-दण्ड, मृगछाला और मूंज के दण्ड का वर्णन भी दोनों में अभिन्न रूप से हुआ है।

४. **विवाह के गीत**—विवाह हमारा सबसे प्रसिद्ध और प्रधान संस्कार है। संसार की सभ्य, अर्धसभ्य और असभ्य सभी जातियों में यह संस्कार बड़े उत्साह के साथ मनाया जाता है। मनुष्य के जीवन में विवाह का जितना महत्त्व है उतना सम्भवतः अन्य संस्कार का नहीं। यही कारण है कि इस संस्कार का विधान संसार के प्रत्येक भाग में पाया जाता है।

वेदों में लिखा है कि जो मनुष्य अविवाहित है उसका जीवन अपूर्ण है। वह किसी यज्ञ-यागादि का विधान नहीं कर सकता। अतः भारतीय समाज में विवाह हमारे धार्मिक जीवन का आवश्यक अंग है। भगवान् मनु ने आठ प्रकार के विवाह का उल्लेख किया है—(१) ब्राह्म, (२) दैव, (३) आर्ष, (४) प्राजापत्य, (५) आसुर, (६) गान्धर्व, (७) राक्षस और (८) पैशाच। हिन्दू समाज में आज-कल जो विवाह प्रचलित है उसे ब्राह्म और दैव का मिश्रण कहा जा सकता है। यों तो आजकल गान्धर्व विवाहों की कुछ कमी नहीं है, परन्तु लोकगीतों में इनका उल्लेख नहीं मिलता।

गीतों के भेद

इस देश के प्रत्येक राज्य में विवाह की प्रथाएँ भिन्न-भिन्न हैं। एक ही राज्य की भिन्न-भिन्न जातियों में यह प्रथा विभिन्न रूप में पायी जाती है। स्थान तथा समय के अभाव से इन प्रथाओं का वर्णन करना सम्भव नहीं है।[३]

विवाह के गीत वर और कन्या दोनों के घर में गाये जाते हैं। जिस दिन वर का 'तिलक' चढ़ता है, उसी दिन से इन गीतों का गाना प्रारम्भ हो जाता है। वर तथा कन्या दोनों के घरों में गाये जाने से इनमें स्वतः पार्थक्य हो जाता है। जहाँ वर पक्ष के गीतों में उछाह और उत्साह की प्रचुर मात्रा दिखायी पड़ती है वहाँ कन्या पक्ष के गीतों में विषाद की गहरी रेखा पायी जाती है। विवाह के अवसर पर अनेक प्रकार के विधि-विधान किये जाते हैं, जिनमें गीतों का गाना एक

---

१. त्रिपाठी : ह० ग्रा० सा०, पृ० ६२।

२. राकेश : मै० लो० गी०, पृ० ६७।

३. भोजपुरी वैवाहिक प्रथाओं के विशेष विवरण के लिए देखिये—डॉ० उपाध्याय: भोजपुरी लोक साहित्य का अध्ययन (हिन्दी प्रचारक पुस्तकालय, काशी)।

आवश्यक अंग माना जाता है। इन विधि-विधानों के अनुसार इन गीतों का विभाजन निम्नांकित प्रकार से किया जा सकता है:—

कन्या पक्ष के गीत	वर पक्ष के गीत
१. तिलक के गीत	१. तिलक के गीत
२. संझा के गीत	२. सगुन के गीत
३. माँड़ो के गीत	३. भतवानि के गीत
४. माटी कोड़ाई के गीत	४. माटी कोड़ाई के गीत
५. कलसा धराई के गीत	५. लावा भुँजाई के गीत
६. हरदी के गीत	६. इमली घोटाई के गीत
७. लावा भुँजाई के गीत	७. हरदी के गीत
८. मातृ-पूजा के गीत	८. मातृ-पूजा के गीत
९. द्वार-पूजा के गीत	९. वस्त्रधारण के गीत
१०. गुरहत्थी के गीत	१०. मउरि के गीत
११. विवाह के गीत	११. परिछावन के गीत
१२. भाँवर के गीत	१२. डोमकछ के गीत
१३. चूमने के गीत	१३. गोड़ भराई के गीत
१४. द्वार रोकने के गीत	१४. कोहबर के गीत
१५. कोहबर के गीत	१५. कंकन छुड़ाई के गीत
१६. परिहास के गीत	१६. चौथारी के गीत
१७. भात के गीत	
१८. वर को उबटन लगाने के गीत	
१९. माँड़ो खोलाई के गीत	
२०. बारात की बिदाई के गीत	
२१. कंकन छुड़ाई के गीत	
२२. चौथारी के गीत	

इस प्रकार यह स्पष्ट है कि विवाह सम्बन्ध विभिन्न विधियों के समय गाये जाने वाले कन्या पक्ष के गीतों के भेद २२ हैं और वर पक्ष के १६ प्रकार के हैं। कन्या पक्ष के गीतों के भेदों की अधिकता का कारण यह है कि बारात के आने पर समस्त वैवाहिक विधान कन्या के घर पर ही सम्पादित किये जाते हैं। कन्या पक्ष के गीत बड़े ही करुण और मर्मस्पर्शी होते हैं। पुत्री के लिए वर खोजने तथा उसके विवाह में पिता को जितनी कठिनाइयाँ उठानी पड़ती हैं उनका संकेत इनमें उपलब्ध होता है।

"दिनवा हरेलू ए बेटी भुखिया रे पिअसिया
रतिया हरेलू आँखि निनियाँ नु हो"

इसमें कितनी वेदना भरी हुई है।

व्रज के विवाह गीत—व्रज मण्टल में वैवाहिक प्रथाएँ भोजपुरी प्रदेश से बिलकुल भिन्न हैं,

जो स्वाभाविक हैं। वहाँ प्रचलित निम्नांकित विधि-विधानों के अवसर पर गीत गाये जाते हैं जो बड़े मधुर और सुन्दर होते हैं।[1]

१. सगाई, २. पीली चिट्ठी, ३. लगुन, ४. भात न्यौंतना, ५. हरद हात (ताई), ६. रतजगा, ७. तेल, ८. घूरा पूजना, ९. अछता, १०. माढ़वा गाड़ना, ११. भात, १२. विवाह, १३. भाँवर, १४. रहस बधाया, १५. बढ़ार, १६. पलका-चार, १७. वन्दनवार, १८. मुँह मड़ई, १९. विदा, २०. बहू नचाना, २१. दई-देवता सिराना, २२. माढ़वा सिराना, २३. कलनावरि, २४. दई-देवता की पूजा।

ब्रज में विवाह-संस्कार का यथार्थ आरम्भ 'लगुन' अथवा लग्नपत्रिका से होता है, परन्तु भोजपुरी प्रदेश में 'तिलक' के समय से ही विवाह सम्बन्धी कृत्यों का प्रारम्भ हो जाता है।

वर्ण्य-विषय—विवाह के गीतों का वर्ण्य विषय बड़ा विस्तृत है। इनमें कहीं तो पुत्री की माता अपनी सयानी लड़की के लिए योग्य वर खोजने का आग्रह करती है, तो कहीं पुत्री अपने पिता से सुन्दर वर खोजने की प्रार्थना करती हुई दिखाई पड़ती है। कहीं पिता योग्य वर न मिलने की चिन्ता से व्याकुल है, तो कहीं माता पुत्री-जन्म के कारण अपने भाग्य को कोस रही है। कहीं बारात के आने और बाजा बजने का उल्लेख है तो कहीं बारातियों को भोजन कराने का। इन गीतों में एक ऐसी प्रथा का उल्लेख है जो साधारणतया हिन्दू समाज में नहीं पायी जाती। भोजपुरी में कुछ ऐसे गीत पाये जाते हैं, जिनमें वर कन्या के आँगन में आकर बैठा है और वहाँ आने का कारण पूछने पर कहता है कि इस घर में एक कुमारी कन्या है, मैं उससे विवाह करने आया हूँ।[2] गीत की कुछ कड़ियाँ इस प्रकार हैं:—

"पुरुब से अइले रे जोगी, पछिम कइले जाले
कवन बाबा चौपरिया ए जोगी, वइसे आसन मारी।
हम त बिआहन अइली ए बाबा,
तोहार बिटिया कुँआरी।"

पिता अपनी पुत्री के वर को खोजने के लिए जगन्नाथपुरी तक की यात्रा करता है, परन्तु उसे उचित वर नहीं मिलता। कहने की आवश्यकता नहीं है कि वरों की समस्या आज भी उतनी ही कठिन है, जितनी पहिले थी।

गीतों में बाल-विवाह का वर्णन पाया जाता है। विवाह करने के लिए जाने वाले बालक की माता उसकी छोटी अवस्था को देखकर कहती है कि मेरा लाल ब्याहने जा रहा है।[3] दूध के बिना उसके होंठ कहीं सूख न जाँय ! कहीं-कहीं वृद्ध विवाह की भी प्रथा प्रचलित है, परन्तु गीतों में इनका उल्लेख विशेष नहीं पाया जाता। वर की वेशभूषा से सम्बन्धित अनेक गीतों में

---

१. ब्रज की वैवाहिक प्रथाओं के विशेष विवरण के लिए देखिए—सत्येन्द्र-ब्र. लो. सा. अ., पृ. १५३-२३१ (साहित्य रत्न भण्डार आगरा)।
२. डॉ० उपाध्याय : भो० लो० गी०, भाग १, पृ० १२०।
३. वही, पृ० १५०।

उसके सेहरे का वर्णन प्रधान स्थान रखता है। इसे 'मउरि' भी कहा जाता है। विवाह के समय पर वर घोड़ी पर चढ़कर चलता है जिसे 'घुड़चढ़ी' कहते हैं।[१]

विवाहों के गीतों—विशेषकर 'कोहबर' में गाये जाने वाले गीतों में सम्भोग श्रृंगार का वर्णन अधिक होता है, जिनमें कहीं-कहीं अश्लीलता का पुट भी आ गया है। फिर भी इनमें मर्यादा का उल्लंघन नहीं किया गया है।[२] बारात में समधी—वर का पिता—को भात खिलाते समय गाली गाने की प्रथा ब्रज तथा भोजपुरी प्रदेश में समान रूप से पायी जाती है। यदि विवाह में गाली न गायी गई तो समधी महोदय के सत्कार में कमी समझी जाती है।

मैथिली तथा राजस्थानी में विवाह गीत—मैथिली में विवाह के गीतों को 'लग्न गीत' कहते हैं। इस समय 'सम्मरि' नामक गीत भी गाये जाते हैं जो बड़े मधुर और मनोरम होते हैं। सम्मरि शब्द स्वयंवर का अपभ्रंश है। इन 'सम्मरि' के गीतों में सीता-स्वयंवर, रुक्मिणी-हरण और ऊषा-स्वयंवर आदि के गीत प्रसिद्ध हैं। परन्तु ये अन्य अवसरों पर भी गाये जाते हैं। अतः इन्हें शुद्ध वैवाहिक गीतों के अन्तर्गत नहीं ले सकते। मैथिली लग्न-गीतों का विषय भी वही पुत्री-जन्म की निंदा, सुन्दर वर खोजने के लिए पुत्री की पिता से प्रार्थना और पिता की परेशानियाँ हैं।[३]

राजस्थानी विवाह के गीतों को 'बनड़े' कहते हैं जिसका अर्थ 'दूल्हा' होता है।[४] स्थानीय प्रथाओं के कारण इन गीतों के भी अनेक भेद पाये जाते हैं, जैसे पीठी, हल्दी, मँहदी, सेवरा, घोड़ी, कामण तथा ओलूँ आदि। वर के चुनाव के सम्बन्ध में राजस्थानी लड़की अपनी भोजपुरी तथा मैथिली बहिनों से अधिक चतुर दीख पड़ती है। उसका चुनाव सुसंस्कृत है।[५] एक अवधी गीत में दुष्टा सास के व्यवहारों से दुःखी लड़की को समझाता हुआ उसका पिता कहता है कि चार दिन का राजा का राज है। तुम्हारी सास भी थोड़े ही दिन जीवित रहेगी। फिर घर में तुम्हारा ही राज होगा।[६]

५. गवना के गीत—गवना शब्द संस्कृत के 'गमन' का अपभ्रंश रूप है, जिसका अर्थ 'जाना' है। कहीं-कहीं विवाह के दूसरे दिन ही लड़की की विदाई कर दी जाती है। परन्तु कुछ लोगों को विवाह के साथ पुत्री की विदाई नहीं सहती। अतः वे लोग विवाह के पश्चात् किसी दूसरी निश्चित तिथि को पुत्री को विदा करते हैं जिसे 'गवना' कहते हैं। गवना विवाह के प्रथम, तृतीय, पंचम या सप्तम—अर्थात् विषम वर्षों—में ही किया जाता है। सम वर्षों में नहीं। पहिले जब छोटे-छोटे लड़के और लड़कियों का विवाह होता था उस समय तीन, पाँच या सात वर्षों के पश्चात् ही गवना करना श्रेयस्कर था परन्तु आजकल युवक और युवतियों का विवाह होने के कारण गवना एक वर्ष के भीतर ही हो जाता है।

---

१. सत्येन्द्र : ब्र० लो० सा० अ०, पृ० २१७।
२. सत्येन्द्र : ब्र० लो० सा० अ०, पृ० २१६।
३. राकेश : मै० लो० गी०, पृ० १३२।
४. पारीक : राजस्थान के लोकगीत, भाग १ (पूर्वार्ध), पृ० १६०।
५. वही, पृ० १६०-६१।
६. त्रिपाठी : ह० ग्रा० सा०, पृ० ६७।

गवना विवाह के समान ही बड़ी धूमधाम से मनाया जाता है। इस अवसर पर वर का पिता अपनी वधू को लिवा लाने के लिए बारातियों के साथ नहीं जाता। पुत्र-वधू का रुदन इस समय सुनना उसके लिए निषिद्ध माना जाता है।

वर्ण्य विषय—पुत्री की विदाई के अवसर पर गाये जाने के कारण इन गीतों में करुण रस की धारा अविच्छिन्न रूप से प्रवाहित होती है। विवाह के गीतों में जहाँ आनन्द, उल्लास एवं परिहास का वर्णन है, वहाँ गवना के गीतों में विषाद का दृश्य दिखायी पड़ता है। कहीं भाई अपनी ससुराल जाती हुई बहिन की पालकी के पीछे-पीछे रोता हुआ जाता दिखाई पड़ता है तो कहीं बहिन अपनी माता, पिता और भाई के वियोग के दुःख से दुःखी होकर रोती, कलपती और बिलखती चली जाती है। कहीं सास अपने जमाता से अपनी प्राणप्यारी पुत्री को आदर के साथ रखने और उससे प्रेम करने का उपदेश देती है तो कहीं पुत्री के भावी वियोग-जन्य दुःख से दुःखी होकर रुदन करती हुई पायी जाती है। कहने का आशय यह है कि इस अवसर पर जिन विषयों का वर्णन किया गया है वे सभी करूण रस से ओत-प्रोत हैं। इन गीतों में करुणा का समुद्र हिलोरें मारता हुआ दिखायी पड़ता है। गवना के गीतों में इतनी हृदय-द्रावकता है कि उन्हें सुनकर पाषाण-हृदय भी द्रवित हो उठेगा।[१]

मैथिली तथा राजस्थानी गवना के गीत—मिथिला में गवना के गीतों को 'समदाऊनि' कहते हैं। इसके विषय में श्री रामइकबाल सिंह 'राकेश' लिखते हैं कि "विवाह संस्कार की समाप्ति के बाद जब दुलहिन डोली में बैठकर ससुराल जाने की तैयारी करती है उस समय मिथिला में एक विशिष्ट शैली का गीत गाया जाता है जो 'समदाऊनि' के नाम से प्रसिद्ध है। 'समदाऊनि' का सबसे बड़ा गुण है स्वाभाविकता। इसका श्रृंगार प्रेम और करुणा के मोतियों से हुआ है।"[२] इन 'समदाऊनि' के गीतों में पुत्री के प्रति माता और पिता का प्रेम उमड़ा पड़ता है और पुत्री के सतत् अश्रुपात से नदियों में बाढ़ तक आ जाती है। एक गीत में लोक कवि ने बेटी की जुदाई में बिसूरती हुई माँ और माँ की याद में तड़पती हुई बेटी, दोनों के हृदय को निकाल कर रख दिया है। इस गीत के प्रत्येक शब्द से करुणा फूटकर बह पड़ी है।[३]

राजस्थानी भाषा में गवना के गीतों को 'ओलूँ' कहते हैं। "इनके भाव इतने करुण होते हैं कि सुनकर हृदय थामकर आँसू रोकना कठिन हो जाता है। स्त्रियाँ गाती हुई जोर-जोर से रोने लगती हैं। पुरुषों की आँखें भी छलछला जाती हैं।[४] एक राजस्थानी गीत में पुत्री की उपमा कोयल से दी गई है। लोक कवि कहता है कि "ए कोयल ! इस वन को छोड़कर कहाँ जा रही है। तुम्हारी माता उन्मना हो रही है, छोटी बहिन अकेली रो रही है। तेरा बड़ा भाई उदास फिरता है और तेरी भावज बिलखती है।[५]

---

१. भोजपुरी गवना के लिए देखिए—
डॉ० उपाध्याय : भो० लो० गी०, भाग १, पृ० २६५-२७८।

२. राकेश : मै० लो० गी०, पृ० १७०।

३. राकेश : मै० लो० गी०, पृ० १७३-७४।

४. पारीक : रा० लो० गी०,भाग १, पृ० १८८।

५. वही,पृ० १६०।

ब्रज के भी विदाई के गीत बड़े मार्मिक होते हैं। इन गीतों में विदा होती हुई लड़की, पिता भाई तथा माँ की हृदय द्रावक विविध मनोवृत्तियों का चित्र चित्रित किया गया है।[१]

६. **मृत्यु गीत**—भारतीय धर्मशास्त्रकारों ने षोडश संस्कारों का विधान बतलाया है। जन्म से मृत्यु तक अनेक संस्कार सम्पादित किये जाते हैं। मृत्यु मानव जीवन का अन्तिम संस्कार है। यह संस्कार देश के सभी सभ्य-असभ्य देशों में किसी न किसी रूप में अवश्य किया जाता है। इस देश में प्रत्येक संस्कार के अवसर पर गीत गाने की प्रथा है। मृत्यु संस्कार भी इसका अपवाद नहीं है। अंतर केवल इतना ही है कि जहाँ अन्य अवसरों पर गाये जाने वाले गीतों में प्रसन्नता तथा उछाह प्रकट होता है वहाँ इन गीतों में विषाद की गहरी रेखा दिखाई पड़ती है।

भेद—मृत्यु गीत दो प्रकार के पाये जाते हैं। एक में मृत व्यक्ति के गुणों का वर्णन होता है और दूसरे में उसकी मृत्यु से उत्पन्न कष्टों का उल्लेख। यदि कोई छोटा बच्चा अकाल में काल-कवलित हो गया तो उसकी सुन्दरता, भोलापन तथा सरलता का उल्लेख इन गीतों का वर्ण्य विषय होता है। यदि परिवार के किसी 'कमासुत' (धन कमाने वाला) व्यक्ति का निधन हो जाता है तब उसके न रहने से परिवार की आर्थिक दुर्दशा का चित्रण मृत्यु गीत में पाया जाता है। इनमें कुछ गीतों का निर्माण तत्काल होता है। दुःखी स्त्री के मन में अपने पति या पुत्र की मृत्यु के कारण जो दुःख उत्पन्न होता है उसको वह सद्यः गीत के रूप में प्रकट करती जाती है। इस प्रकार इन गीतों की उत्पत्ति होती है। यह प्रक्रिया अत्यन्त स्वाभाविक है।

परम्परा—मृत्यु गीतों की परम्परा बड़ी प्राचीन है। ऋग्वेद में ऐसे अनेक सूत्र मिलते हैं जिनमें मृत व्यक्ति के सम्बन्ध में शोक प्रकट किया गया है। प्रेत की आत्मा किस मार्ग से स्वर्ग को जायेगी, उसकी रक्षा के लिए कौन से लोग रक्षक के रूप में जायेंगे इसका बड़ा रोचक वर्णन इन ऋचाओं में पाया जाता है। मृत आत्मा को सम्बोधित करता हुआ वैदिक ऋषि कहता है कि—

"प्रेहि प्रेहि पथिभिः पूर्व्येभिः
यत्रा नः पूर्वे पितरः परेयुः।
उभा राजाना स्वधया मदन्ता
यमं पश्यामि वरुणं च देवम्।।"

ऋग्वेद। १०। १४ । ७

नीचे की ऋचा में राक्षसों की मृत आत्मा को अकेले छोड़ देने के लिए कहा गया है। यमराज उसके लिए सुन्दर विश्राम स्थान देते हैं।

"अपेत वीत वि च सर्पंतातोऽ
स्मा एतं पितरो लोमकन्न्।
अहोभिरद्भिरक्तभिर्व्यक्तं
यमो ददात्यवसानमस्मै ।।"

ऋग्वेद । १०।१४।९

---

१. सत्येन्द्र : ब्र० लो० सा० अ०, पृ० २२२।

रामायण तथा महाभारत में अनेक स्थलों पर विशेष व्यक्तियों की मृत्यु पर विलाप के अनेक प्रसंग आए हैं, जिन्हें मृत्यु गीत की कोटि में रखा जा सकता है।

महाकवि कालिदास ने कुमारसम्भव में शिव के द्वारा मदन-दहन के पश्चात् विलाप का जो वर्णन किया है वह वास्तव में बड़ा ही मर्मस्पर्शी है। रति मदन के विभिन्न गुणों का वर्णन करती हुई अत्यधिक दुःख के कारण संज्ञाहीन हो जाती है। होश में आने पर रति कहती है किः—

"मदनेन बिना कृता रतिः,
क्षणमात्रं किल जीवतीति मे।
वचनीयमिदं व्यवस्थितं,
रमण ! त्वामनुयामि यद्यपि।।"

वह फिर कहती है कि हे कामदेव ! अब तुम्हारे बिना स्त्रियों के सभी सम्भोग एवं श्रृंगार व्यर्थ हैं।[१]

"नयनान्यरुणानि घूर्णयन्
वचनानि स्खलयन् पदे पदे।
असति त्वयि वारुणीमदः,
प्रमदानामधुना विडम्बना।।"

इसी प्रकार महाकवि ने रघुवंश में इन्दुमती की अकाल मृत्यु पर अज के द्वारा शोक की जो अभिव्यंजना करायी है, वह संसार के साहित्य में अपना सानी नहीं रखती। राजा अज इन्दुमती की प्रशंसा करते हुए कहते हैं, "तुम मेरी गृहणी थीं, मंत्रिणी थीं और ललित कलाओं में मेरी शिष्या थीं। मृत्यु ने तुम्हारा हरण कर मेरा सर्वस्व नष्ट कर दिया।"[२]

"गृहिणी, सचिवः, सखी मिथः,
प्रियशिष्या ललिते कलाविधौ।
करुणाविमुखेन मृत्युना,
हरता त्वां वद किन्न मे हृतम्।"

फिर अज आगे कहते हैं, "मेरे सुख के दिन अब बीत गये क्योंकि मेरे सभी सुख-सम्भोग की वस्तुएँ तुम्हारे ही ऊपर आश्रित थीं"—

"विभवेऽपि सति त्वया बिना,
सुखमेतावदजस्य गण्यताम्।
अहृतस्य विलोभनान्तरैः
मम सर्वे विषयास्त्वदाश्रयाः।।"

इस प्रकार महाकवि कालिदास ने मृत्यु-गीत का बड़ा सुन्दर रूप प्रस्तुत किया है।

---

१. कुमारसंभव ४। २१।
२. रघुवंश ८। ६७।

महाकवि बाण ने 'हर्षचरित' में 'रुदितक' नामक गीत का उल्लेख किया है जो मृत्यु के अवसर पर गाये जाते थे। हर्षवर्धन की बहन राज्यश्री के पति की मृत्यु के उपरान्त इस प्रकार के गीतों के गाने का संकेत मात्र उपलब्ध होता है। भारतीयों का दृष्टिकोण मृत्यु में भी मंगल की भावना की ओर ही रहता है। अतः इस प्रकार के गीत संस्कृत साहित्य में बहुत ही कम हैं।

उर्दू साहित्य में किसी व्यक्ति की मृत्यु के पश्चात् शोक-गीत लिखने की प्रथा प्रचलित है जिसे 'मर्सिया' कहते हैं। उर्दू में 'मर्सिया' काव्य का एक विशिष्ट प्रकार माना जाता है जिसे लिखने में कुछ कवियों ने बड़ी प्रसिद्धि प्राप्त की है।

ब्रज के मृत्यु गीत—ब्रज लोक साहित्य में मृत्यु गीत बहुत कम पाये जाते हैं। परन्तु मथुरा के चतुर्वेदियों में मृत्यु के अवसर पर जो स्त्रियों का विलाप होता है वह संगीत की गति के साथ होता है। परन्तु इसका अभिप्राय किसी वाद्ययन्त्र के साथ होने का नहीं है। ब्रज के इन मृत्यु गीतों में एक लय मिलती है और इनका अर्थ भी होता है। इनमें प्रायः मृत व्यक्ति के विविध प्रिय पदार्थों का नाम ले-लेकर शोक प्रकट किया जाता है।[१] ब्रज का यह गीत लीजिए, जिसमें मृत्यु के समय गोदान का भी उल्लेख है:—

"काए के कारन जौ बए, और काहे के हरे हरे बाँस।
हरि रे किसन कैसे तिरयऔ। (टेक)
लाला धरम के कारन जौ बए,
मरन के काजे हरे हरे बाँस। (टेक)
बेटी न ब्याही आपनी,
मढ़हे न लीयौ कन्यादान ।(टेक)
साजन न झुलमे द्वार,
हरि रे किसन कैसे तिरयऔ।
काए के कारन गऊ दई,
काए के दिए गऊ दान।
पार के काजे गऊ दई,
और तरन कूँ दए गाऊ दान।।
हरि रे किसन कैसे तिरयऔ।"

भोजपुरी के मृत्यु गीत—भोजपुरी प्रदेश में जब कोई पुरुष मर जाता है तब घर की स्त्रियाँ विशेषकर उसकी स्त्री—अपने पति के विभिन्न गुणों का उल्लेख करती हुई लय के साथ विलाप करती है। इन गीतों में मृत व्यक्ति के न रहने से उत्पन्न होने वाले भावी दुःखों का भी वर्णन पाया जाता है। यदि मृत व्यक्ति कमासुत (धन कमाने वाला) हो तो विषाद की मात्रा और अधिक बढ़ जाती है। स्त्रियाँ रोती हुई गाती भी जाती हैं। इसमें भावी दुःख की विवृत्ति रहती है। जैसे:—

१. सत्येन्द्र : ब्र० लो० सा० अ०, पृ० २३२।

"के मोरा नइया के पार लगइहे ए रामा।"
"अब कइसे दिनवा काटबि ए रामा ।"
"अतना आरामवा हमरा के दिहले,
अब कवन दुरदसवा होई ए रामा ।"

यदि विदेश में जाकर पति मर गया हो तो उसे वहाँ न जाने देने की चर्चा भी की जाती है।

"हम नाहीं जनलीं विदेसवा में मरिहे
नाहीं त जाये ना दिहिती ए रामा।"
"अब के हमार दिनवा पार लगाई ए रामा।"
"क्वन घाटवा हम लागबि ऐ रामा।"

स्त्रियों के क्षुब्ध तथा संतप्त हृदय में जो भाव आते-जाते हैं उनका प्रकाशन वे करती जाती हैं। वे किसी पूरे गीत को नहीं गातीं बल्कि प्रत्येक बार कुछ न कुछ नयी बात कहकर अपना दुःख प्रकट करती हैं। ये गीत बड़े ही मार्मिक और हृदयस्पर्शी होते हैं।

यूरोपीय देशों में मृत्यु गीत

यूरोपीय देशों में भी मृत्यु गीत की प्रथा प्रचलित है। महाकवि होमर ने 'इलियड' नामक अपने महाकाव्य के अन्तिम भाग में ट्राय की जनता के दुःख तथा विलाप का जो मर्मस्पर्शी वर्णन किया है वह मृत्यु गीत का प्राचीन उदाहरण है। आयरलैण्ड में किसी व्यक्ति के मर जाने पर सामूहिक रूप से विलाप करने की प्रथा अब भी प्रचलित है, यद्यपि इसका धीरे-धीरे ह्रास हो रहा है। इन विलाप-गीतों को कीन्स (Keens) कहते हैं। इनका स्पष्ट रूप से उच्चारण किया जाता है। इनमें एक विशेष प्रकार की लय होती है। इनमें मृत व्यक्ति के गुणों का वर्णन होता है और अपने परिवार को छोड़कर चले जाने के लिए उसको उलाहना दिया जाता है। ऐसे अवसर पर रोने वाले व्यक्ति प्रायः पेशे वाले होते हैं और उनके गीत तत्काल बनाये हुए न होकर परम्परा से चले आते हुए प्राचीन होते हैं।[१]

कार्सिका—कार्सिका टापू में यह प्रथा प्रचलित है कि किसी व्यक्ति की मृत्यु के समय से लेकर उसके दफनाये जाने तक रोने तथा विलाप करने का क्रम जारी रहता है। जब कोई आदमी मर जाता है तब उसकी सूचना उसके सम्बन्धियों को दी जाती है, जो शीघ्र ही दल बनाकर मृत व्यक्ति के घर पहुँचते हैं। एक कमरे में सभी व्यक्ति इकट्ठा हो जाते हैं और मृत्यु गीत प्रारम्भ हो जाता है। पहिले दो व्यक्ति गाना प्रारम्भ करते हैं। परन्तु प्रायः एक व्यक्ति ही

१. The keens must not be confused with the peculiar wail or death-cry known Ullagone; they are articulate utterances, in a strongly marked rhythm, extollin the merit of the death, and reproaching him for leaving his family, with much more in the same strain. The keeners may or may not be professional, and the keens are more often of a traditional than of an improvised description.
काउण्टेस एभेलिन मार्टिनेंगो : दि स्टडी ऑफ फोक सॉंग्स, पृ० २७१।

एक बार उठकर गाता है। मृत व्यक्ति की विधवा पत्नी पहिले मृत्यु गीत गाती है, जिसमें अपने पति की प्रशंसा और उसके जीवन की प्रधान घटनाएँ होती हैं। फिर इतने जोरों से मर्मस्पर्शी तथा हृदय-विदारक लययुक्त विलाप करती है कि वहाँ उपस्थित स्त्रियाँ दुःख से अभिभूत होकर बेहोश हो जाती हैं। वह अपने नाखून से शरीर के मांस को काटने लगती है, जमीन पर गिर पड़ती है और अपने मुख में धूल मलने लगती है।[१] जब पति किसी आकस्मिक दुर्घटना के कारण मृत्यु को प्राप्त होता है तब उसकी पत्नी उसके गुणोत्कर्ष का वर्णन इस प्रकार करती हुई रोती है:—

"You were my flower, my thornless rose, my stalwart one, my column, my brother, my hope, my prop, my esteem gem, my most beautiful treasure."

फ्रांस के दक्षिण-पश्चिम भाग में मृत्यु गीत गाने की परम्परा बहुत दिनों तक रही है। गैस्कोनी की बूढ़ी स्त्रियाँ आज भी इन गीतों की स्मृति को सुरक्षित बनाये हुई हैं। गैस्कन के गीत गद्यात्मक हैं जिसमें विस्मयादि बोधक अव्ययों की प्रधानता है। प्राब जॉन नामक व्यक्ति के मरने के बाद उसकी स्त्री इस प्रकार से विलाप करती है:—

Ah!
Ah! Ah! Ah!
Ah! Praube!
Ah! Praube!
Moun Diu!
Moun Diu ! Moun Diu!

मांटेनेग्रों में शोक गीत की प्रथा आदिम रूप में पायी जाती है। सन् १८७७ ई० के युद्ध में इसके निरीक्षण का अनेक बार अवसर मिला। ओस्ट्रोग में एक ऐसी ही घटना घटी जिसमें कोई सैनिक घायल अवस्था में अस्पताल पहुँचाया गया जो दो-तीन दिन में मर गया। इस पर उसकी स्त्री तथा बहिन ने वह कुहराम मचाया जिसका वर्णन कठिन है। वे अपनी छाती पीटने लगीं, अपने मुख तथा बालों को नोचने लगीं और इतने जोर से चिल्लाकर रोने लगीं कि वह मीलों तक सुनाई पड़ता था। मृत पति को दफनाने के बाद वे फिर अस्पताल पहुँचीं और चिल्लाने लगीं। बड़ी कठिनाई से वे वहाँ से हटाई जा सकीं।[२]

इटली—दक्षिण इटली के निवासी जो ग्रीक भाषा बोलते हैं शोक-गीतों के लिए एक विशेष छन्द का प्रयोग करते हैं। वहाँ मृत्यु के अवसर पर रोने वाली सार्वजनिक स्त्री (public wailer) होती है जो किराया देकर इस कार्य के लिए बुलायी जाती है।

---

१. दि स्टडी ऑफ फोक सांग्स, पृ० २७३।
२. दि स्टडी ऑफ फोक सांग्स, पृ० २८१।

उस स्त्री की मृत्यु के उपरान्त उसके पद को उसकी पुत्री ग्रहण करती है। यह सार्वजनिक रोदनकर्त्री शोक-गीतों के निर्माण में तथा उनको गाने में बड़ी चतुर होती है। वह इस बात को जानती है कि यह दुःख मेरा नहीं बल्कि पराया है परन्तु श्रोताओं के सामने वह दुःख की अधिष्ठात्री देवी मालूम होती हैं।[१] परन्तु कुछ ऐसे भी शोक-गीत मिलते हैं जिनमें वास्तव में प्रेम तथा करुणा का समुद्र उमड़ा पड़ता है। अपनी प्यारी पुत्री की मृत्यु पर किसी कृषक माता का कारुणिक प्रलाप सुनिये।[२]

—"Now they have buried thee, my little one,
Who will make thy little bed?
Black Death will make it for me
For a very long night.
Who will arrange thy pillows,
So thou mayst sleep softly?
Black Death will arrange them for me
With hard-stones.
Who will awake thee, my daughter,
When day is up?
Down here it is always sleep,
Always dark night.
This my daughter was fair
When I went (with her) to high mass,
The Columns stone
The way grow bright.

दक्षिणी पैसिफिक द्वीप के निवासी मृत व्यक्ति के विषय में कहते हैं कि 'वह समुद्र के ऊपर से जा रहा है।' एक मृत्यु गीत में दो मृत बालकों की प्रेतात्मा की यात्रा का वर्णन किया गया है, जिसे उनके दुःखी पिता ने सन् १७६६ ई० में बनाया था। पिता कहता है कि:—

"Thy god pet child is a bad one;
For thy body is attenuated;

---

१. The office of the public wailer is transmitted from mother to daughter—Unrivalled in the matter of her impregnation as in the manner of their delivery, the hereditary dirge, singer, no doubt, like a good actress, keenly realises at the moment the sorrow not her own, of which she undertakes the interpretation in return for a trifling gratuity, and to her hearers she appears as the genius or highpriestess of woe.
--दि स्टडी ऑफ फोक सांग्स, पृ० २८८।

२. दि स्टडी ऑफ फोक सांग्स, पृष्ठ २८९।

This wasting sickness must end thy days.
Thy form, once so plump, now has changed!
Ah! that god, that bad god!
Inexpressible bad, my child!"

सी०ई० गोवर ने नीलगिरि की पहाड़ियों में निवास करने वाली बड़ागा जाति के मृत्यु गीतों का उल्लेख किया है, जिसमें प्रेतात्मा के सभी दुर्गुणों का वर्णन उपलब्ध होता है। इस अवसर पर एक विशेष प्रथा प्रचलित है। रोने वालों के बीच में एक हृष्ट-पुष्ट भैंस का बच्चा लाया जाता है। प्रत्येक पंक्ति को गाकर वे उस बच्चे को पकड़ते हैं और कहते हैं कि 'यह पाप है।'

प्रधान दुःखिया व्यक्ति भैंस के बच्चे को अपने हाथ से छूता है। इस प्रकार प्रेतात्मा का सारा दोष उस पर संक्रमित हो जाता है। नीचे के गीत में प्रेत के भिन्न-भिन्न दोषों को इस प्रकार गिनाया गया है।[१]

He killed the crawling snake
(Chorus) It is a sin
The creeping lizard slew
It is a sin
Also the hawless frog,
It is a sin
Of brothers he told tales,
It is a sin
The landmark stone he moved
It is a sin
The strangers straying on the hills
He offered aid but guided wrong
It is a sin
His sisters tender love he spurned;
And showed his teeth to her in rage,
It is a sin

इस प्रकार उसके दोषों का वर्णन कर वह कहता है कि:---

Oh! let us never doubt;
That all his sins are gone
That Bassava forgives.

फोक सांग्स ऑफ सदर्न इण्डिया।

संसार के सभी सभ्य तथा असभ्य देशों में मृत्यु गीत की परम्परा उपलब्ध होती है, परन्तु धीरे-धीरे इनका ह्रास होता जा रहा है।

(ख) ऋतु-सम्बन्धी गीत

ऋतु-सम्बन्धी गीतों में जन-मानस पूर्ण तरंगित दिखायी पड़ता है। विभिन्न ऋतुओं में जन-मन के अनुरंजन के लिए गीतों के गाने की प्रथा बहुत दिनों से चली आ रही है। भारत के प्रत्येक राज्य में विभिन्न ऋतुओं में गीत गायन की परम्परा प्रचलित है। यहाँ क्रम से इन गीतों का संक्षिप्त वर्णन प्रस्तुत किया जाता है।

१. कजली—सावन के मन-भावन महीने में उत्तर प्रदेश में कजली गाने की प्रथा है। इस मास में प्रकृति सर्वत्र हरी दिखायी पड़ती है। भक्त कवि सूरदास जी ने अपनी बन्द आँखों द्वारा इस छटा का बड़ा सुन्दर वर्णन किया है:—

> जहँ देखौं तँह श्याममयी है।
> श्याम कुंज, वन, यमुना श्यामा,
> श्याम श्याम घन घटा छई है।।

वर्षा ऋतु में आकाश में काले-काले बादल दिखायी पड़ते हैं। इन्हीं काले बादलों से आच्छादित आकाश के नीचे खुले मैदान में कजली गायी जाती है। अतः ऐसा जान पड़ता है कि इन्हीं काले बादलों के काल में गाये जाने के कारण इन गीतों का नाम 'कजली' पड़ा। भारतेन्दु के मतानुसार इस नाम के दो अन्य कारण भी हैं।[1]

(१) दादू राय के राज्य में 'कजली' नामक वन था। अतः उसके नाम पर इसका नाम कजली पड़ गया।

(२) सावन-भादों की शुक्लपक्ष की तीज—जिस दिन कजली के गीत विशेष रूप से गाये जाते हैं—का नाम ही कजली तीज है। इस कारण भी इसकी व्युत्पत्ति मानी जाती है। भारतेन्दु हरिश्चन्द्र के द्वारा उल्लिखित दादू राय की कहानी में सत्य का अंश कितना है यह कहना कठिन है। परन्तु कजली तीज के दिन गाये जाने के कारण इसका नाम 'कजली' पड़ गया हो इसकी सम्भावना अधिक है।

सावन के महीने में, प्रत्येक गाँव में—बाग या किसी तालाब के किनारे—झूले लगाये जाते हैं, जिनमें गाँव की स्त्रियाँ और पुरुष झूला झूलते हैं। इन झूलों को लगाने के लिए बड़ी तैयारी की जाती है। सुन्दर काठ के चौकोर खण्ड को रंगीन रस्सी से बाँध कर किसी पेड़ की शाखा से उसे लटका देते हैं। इसी सुसज्जित झूले पर बैठकर नर-नारी झूले का आनन्द लेते हैं। एक या दो स्त्रियाँ झूले पर बैठी रहती हैं और कोई दो पुरुष उस झूले पर दोनों ओर खड़े होकर उसे झटका देकर उसे जोर से हिलाते हैं जिसे 'पेंग बढ़ना' कहते हैं। इस प्रकार सावन में झूले का दृश्य बड़ा ही सुहावना होता है। यों तो इस प्रदेश में सभी जगह कजली गायी जाती है, परन्तु

---

१. डॉ० ग्रियर्सन : ज० ए० सो० बं०, भाग ५३ खण्ड १(१८८४) पृ० २३७।

मिर्जापुर की कजली बड़ी प्रसिद्ध है जैसा कि निम्नांकित उक्ति से पता चलता है।

लीला राम नगर की भारी,
कजली मिर्जापुर सरनाम।।

काशी तथा मिर्जापुर में कजली गाने के दंगल भी हुआ करते हैं जहाँ गवैयों की दो पार्टियाँ रात भर कजली गाने की कला का प्रदर्शन करती हैं, इनमें दंगल जीतने वालों को पुरस्कार भी दिया जाता है। दोनों दलों के गवैये, बड़ी अदा से कजली गा कर सुनाते हैं जो प्रायः स्वरचित और सामयिक होती है।

मिथिला में प्रचलित कजली से मिलता-जुलता हुआ गीत 'मलार' है। 'मलार' को पावस ऋतु में स्त्री-पुरुष दोनों गाते हैं। लेकिन दोनों के गाने का ढंग अलग-अलग है। औरतें इन्हें गाने के वक्त किसी साज-बाज की मदद नहीं लेतीं। हिंडोले पर बैठकर वे सम्मिलित स्वरों में गाती हैं। पुरुष साज-बाज की मदद से गाते हैं।[१]

राजस्थान में तीज के अवसर पर हिंडोले के जो गीत गाये जाते हैं वे इसी कोटि में आते हैं।[२] एक राजस्थानी गीत में कोई पुत्री अपनी माता से कहती है कि "ए माँ! चम्पा के बाग में झूला डाल दो, नवेली तीज आ गई है। मेरी सहेलियों के घर में हिंडोले हैं परन्तु मेरे नहीं है। मैं आज झूला झूलने गई तो मुझको किसी ने नहीं झुलाया।"[३]

वर्ग्य-विषय—कजली का वर्ण्य-विषय प्रेम है। ये गीत श्रृंगार-रस से ओत-प्रोत हैं। यद्यपि इनमें श्रृंगार-रस के उभय पक्ष की झाँकी हमें देखने को मिलती है, परन्तु संभोग श्रृंगार की ही प्रधानता है जो स्वाभाविक ही है। एक भोजपुरी गीत में राधा और कृष्ण के झूला झूलने का वर्णन पाया जाता है।[४] कहीं-कहीं इन गीतों में पति-पत्नी की प्रेम-लीला का बड़ा ही सुन्दर उल्लेख हुआ है। कहीं झूला झूलने के लिए उत्सुक भावज अपनी ननद से पूछती है कि "ए नन्द ! बादल उमड़े आ रहे हैं, मैं सावन में कजली खेलने कैसे जाऊँगी ?" इस पर उसकी ननद कजली खेलने के लिए जाने को उसे मना करती हुई कहती है कि "आजकल मस्ती का दिन है, कोई मनचला तुम्हें रास्ते में पकड़ लेगा अतः मत जाओ।"[५] कोई मैथिली प्रोषितपतिका स्त्री कहती है कि "हे सखी! चारों ओर सघन काली घटाएँ उमड़ आईं। बूँदें छहर-छहर कर पलंग पर गिर रही हैं। मेरी सुन्दर कुसुम रंग की चूनरी भींग रही है। प्रियतम के बिना आज मेरा संसार सूना है, कीचड़ से राह-बाट पिच्छिल हो गये हैं और मेरे प्रियतम प्रवासी हैं।"[६] इस प्रकार इन गीतों में संयोग और वियोग दोनों पक्षों की मनोरम विवृत्ति हुई है।

---

१. राकेश : मै० लो० गी०, पृ० २६३।
२. पारीक : रा० लो० गी०, भाग २। पृ० ८४-८५।
३. वही : पृ० ८६।
४. डॉ० उपाध्याय, भो० लो० गी०, भाग २, पृ० १७६।
५. वही, पृ० १७४।
६. राकेश : मै० लो० गी० पृ० २६४।

२. होली—फाल्गुन मास में होली के सार्वजनिक उत्सव के अवसर पर जो गीत गाये जाते हैं उन्हें 'होली' कहते हैं। फाल्गुन में गाये जाने के कारण भोजपुरी प्रदेश में इन्हें 'फगुआ' कहते हैं। ये फाग के नाम से भी प्रसिद्ध हैं। माघ मास की शुक्ल पंचमी, वसन्त पंचमी के नाम से अभिहित की जाती है। इसी दिन से वसन्त का आगमन माना जाता है। आज से ही गाँवों में फगुआ का गाना प्रारम्भ हो जाता है जिसे भोजपुरी में 'ताल ठोंकना' कहते हैं। गाँव के लोगों की मण्डली आज से ही किसी प्रतिष्ठित व्यक्ति के द्वार पर एकत्र होकर फगुआ का गाना प्रारम्भ करते हैं। परन्तु होली गाने का चरम-उत्कर्ष फागुन की पूर्णिमा को दिखाई पड़ता है। जिस दिन होली मनायी जाती है उसकी पूर्व रात्रि को होलिका जलायी जाती है, जिसे भोजपुरी में 'संवत् जलाना' कहते हैं। संवत् जलाने के लिए गाँव का कोई चौराहा अथवा मुख्य स्थान चुन लिया जाता है। वहाँ पर गाँव के लड़के अनेक दिनों से लकड़ी, उपला, पत्ते, सूखी घास ला-ला कर एकत्र करते रहते हैं। शुभ मुहूर्त में इसमें आग लगा दी जाती है जो थोड़ी ही देर में जल कर राख की राशि बन जाती है। होली जलाने की प्रथा विभिन्न प्रान्तों में विभिन्न रूप से प्रचलित है।

होली के अवसर पर गालियों के गाने की बड़ी प्रथा है जिन्हें 'कबीर' कहते हैं। जैसे —

अररर अररर भइया, सुन लेउ मोर कबीर।

इन गालियों को कबीर क्यों कहते हैं यह निश्चित रूप से बतलाना कठिन है। ऐसा ज्ञात होता है कि कबीर की अटपटी निर्गुण बानी तत्कालीन समाज के लिए लोकप्रिय नहीं हो सकी। अतः कबीर के प्रति समाज की अप्रसन्नता या आक्रोश दिखलाने के लिए ही लोगों ने इन गालियों को 'कबीर' का नाम दे दिया है।[1]

मैथिली में इन गीतों को 'फाग' कहते हैं। होली के अवसर पर गाये जाने वाले गीतों की गति, उनकी भाषा का बन्ध और स्वरों का सन्धान अत्यन्त मीठा होता है। गवैये एक-एक टेक को दर्जनों बार आवृत्ति करते हैं। प्रेम की रंगीन पुलकारियाँ और वैभववती वन-वीथियों के नैसर्गिक चित्रण होली की संगीत महफिलों में ताने-बाने का काम देते हैं।"[२]

वर्ण्य-विषय—होली हमारा आनन्द और मस्ती का त्यौहार है। अतः ऐसे मंगलमय अवसर पर गेय गीतों में उछाह और हर्ष का वर्णन स्वाभाविक है। इन गीतों में कहीं राधा और कृष्ण होली खेलते हुए दिखलायी पड़ते हैं, तो कहीं शिवजी भी होली का आनन्द ले रहे हैं। कहीं राम और सीता सोने की पिचकारी में रंग भर कर एक दूसरे पर डाल रहे हैं,[3] तो कहीं पवन-सुत हनुमान् लंका में 'होरी मचाते' हुए पाये जाते हैं। फगुआ के एक गीत में राम के बाल रूप का मनोरम वर्णन हुआ है।[4] राजस्थानी लोक-गीतों में भी होली के गीतों में आनन्द और मस्ती की

---

१. होली के विषय वर्णन के लिए देखिए:—
डॉ० उपाध्याय : भोजपुरी लोक-साहित्य का अध्ययन।

२. राकेश: मै० लो० गी०, पृ० २७८।

३. डॉ० उपाध्याय : भो० लो० गी०, भाग २, पृ० २१९।

४. वही, पृ० २२४।

वही धारा प्रवाहित होती है जो हमें भोजपुरी गीतों में उपलब्ध होती है। उत्तर प्रदेश में होली ढोलक और झाल को बजाकर गायी जाती है, परन्तु राजस्थान में इस गीत के साथ चंग—एक प्रकार का बाजा—अथवा डफ बजाने की प्रथा है, जो बहुत पुरानी है। राजस्थान में होली के अवसर पर लड़कियाँ और स्त्रियाँ गहनों और वस्त्रों से सज-धज कर, मिल-जुल कर गाती-बजाती, खेलती-कूदती और नाचती हैं। इस समय एक विशेष प्रकार का नृत्य होता है जिसे 'लूर' कहते हैं, जिसमें स्त्रियाँ एक दूसरे का हाथ पकड़कर गोलाकार रूप में नाचती हैं।[1] इसको 'लूवर' या 'घूमर' भी कहते हैं।

इन गीतों में गम्भीर और सूक्ष्म भावों अथवा कथानकों के स्थान पर खुला और सादा सार्वजनिक आह्लाद का व्यापक भाव रहता है। कल्पना के उड़ान की यहाँ आवश्यकता नहीं होती। होली आने पर लड़की अपनी माँ से कहती है कि मुझे पिता जी से कहकर चुनरी मँगवा दे। मुझे चाचा जी से कहकर चूड़ा मँगवा दे। मैं फाग खेलने जाऊँगी।[2]

मैथिली फाग के गीतों मे संभोग श्रृंगार का चित्रण सुन्दर रीति से किया गया है।[3] कोई मैथिली रमणी अपनी सखी से कहती है कि बंशीवाला मोहन पनघट पर खड़ा है। अरी सखी! जल भरने यमुना किनारे मैं कैसे जाऊँ ?[4] कृष्ण जी का गोपियों के साथ होली खेलने और रंग भर कर अपनी पिचकारी का उन्हें निशाना बनाने का उल्लेख अनेक गीतों में हुआ है।[5]

इस प्रकार होली के ये गीत आनन्द और मस्ती क गीत हैं। होली के त्यौहार में जो सार्वजनिक उछाह और उत्साह दिखायी पड़ता है उनकी व्यंजना इन गीतों में हुई है। ये आनन्द के छूटते हुए फौव्वारे हैं जो जनता को रस-सिक्त कर देते हैं।

३. **चैता**—चैत्र के महीने में गाये जाने के कारण ही इस गीत का नाम 'चैता' पड़ गया है। भोजपुरी में इसे 'घाँटों' भी कहते हैं। लोकगीतों के जितने भी प्रकार हैं उनमें मधुरता, सरलता एवं कोमलता में 'चैता' अपना सानी नहीं रखता। चैता दो प्रकार का होता है। (१) झलकुटिया, (२) साधारण। झलकुटिया चैता उसे कहते हैं जो झाल (एक प्रकार का बाजा जो दोनों हाथ से बजाया जाता है) कूटकर—बजाकर—समूह में गाया जाता है। साधारण चैता वह है जिसे कोई व्यक्ति विशेष गाता है। जब चैता सामूहिक रूप से गाया जाता है तब गाने वाले दो दलों में विभक्त हो जाते हैं। पहिला प्रथम पंक्ति कहता है तो दूसरा दल उसके टेक पद को उच्च स्वर से गाता है। इस प्रकार गाने का क्रम चलता रहता है।

---

१. पारीक : रा० लो० गी०, भाग १, पृ० ९६।
२. वही, पृ० १०१।
३. राकेश : मै० लो० गी०, पृ० २७९।
४. वही, पृ० २८१।
५. वही, पृ० २८२।

लोकगीतों में प्रायः उनके रचयिताओं का नाम नहीं पाया जाता। परन्तु भोजपुरी चैता के गीतों के लेखक बुलाकीदास का नाम उपलब्ध होता है;[१]

जैसेः—

"दास बुलाकी चइत घाँटों गावे हो रामा,
गाई गाई विरहिन समुझावे हो रामा।"

परन्तु ऐसे चैता के गीतों की संख्या अधिक नहीं है।

वर्ण्य-विषय—चैता प्रेम के गीत हैं। इनमें सम्भोग श्रृंगार की कहानी रागों में लिखी गयी है। इनमें कहीं आलसी पति को सूर्योदय के बाद तक सोने से जगाने का वर्णन है, तो कहीं पति और पत्नी की प्रणय-कलह की झाँकी देखने को मिलती है। कहीं ननद और भावज के पनघट पर पानी भरते समय किसी दुश्चरित्र पुरुष द्वारा छेड़खानी का उल्लेख है, तो कहीं सिर पर मटका रख कर दही बेचने वाली ग्वालिनों से कृष्ण के द्वारा गोरस माँगने का वर्णन है।[२]

मैथिली में चैता को 'चैतावर' कहते हैं। "इनमें वसन्त की मस्ती और रंगीन भावनाओं का अनोखा सौंदर्य अंकित किया गया है। इनके छोटे-छोटे परिचित शब्दों में गजब का माधुर्य भरा है। साथ ही इनके भावों की छलकती हुई रसमयता मंत्र मुग्ध बना देती है।"[३] कोई विरहिणी मैथिली महिला कह रही है कि जब चैत (वसन्त) बीत जायेगा तब मेरा मूर्ख पति घर आकर क्या करेगा ? आम्र वृक्ष की बौर में 'टिकोरे' (छोटा कच्चा आम) निकल आये, टहनी-टहनी में रस का संचार हो गया, परन्तु प्रिय नहीं आया।

"चैत बीति जयतइ हो रामा
तब पिया की करे अयतइ ।
आरे अमुआ मोजर गेल,
फरि गेल टिकोरवा,
डारे-पाते भेल मतवलवा हो रामा
चैत बीति जयतइ हो रामा
तब पिया की करे अयतइ।"

४. **बारहमासा**—पावस ऋतु में जो गीत गाये जाते हैं उन्हें 'बारहमासा' कहते हैं। इन गीतों में विरहिणी की वेदना की अभिव्यक्ति पायी जाती है। जीविकोपार्जन के लिए पति परदेश चला गया है। बरसों से लौटकर नहीं आया है। वर्षा का दिन है, छप्पर चू रहा है, परन्तु कोई उसको छाने वाला नहीं है। ऐसी दशा में विरहिणी वेदना की पराकाष्ठा पर पहुँच जाती है और उसकी मनोव्यथा बारहमासे के रूप में प्रकट होती है। इन गीतों में पति के वियोग के कारण बारह महीनों—मासों—में जो-जो कष्ट उठाने पड़ते हैं, उनका बड़ा ही मार्मिक वर्णन होता है। अतः

१. डॉ० उपाध्याय : भो० लो० गी०, भाग २।
२. वही, भाग १।
३. राकेश : मै० लो० गी०, पृ० २८५।

इन्हें 'बारहमासा' कहते हैं। जिन गीतों में बारहों महीने का विरहजन्य वर्णन होता है, उन्हें 'बारहमासा' कहते हैं, जिनमें छह मासों का वर्णन होता है, उन्हें 'छह मासा' और जिनमें केवल चार महीने—आषाढ़, सावन, भाद्रपद और और आश्विन का वर्णन प्राप्त होता है, उन्हें 'चौमासा' कहते हैं। परन्तु इनमें प्रथम ही सबसे लोकप्रिय है।

परम्परा—हिन्दी साहित्य में बारहमासा लिखने की परम्परा बड़ी प्राचीन है। सुप्रसिद्ध प्रेममार्गी कवि जायसी ने नागमती के विरह-वर्णन में बारहमासा का प्रयोग किया है।[१] ऐसा ज्ञात होता है कि जायसी से बहुत पहिले ही लोक-गीतों के रूप में बारहमासे प्रचलित थे। जायसी ने उसी परम्परा का अनुसरण अपने काव्य में किया है। जायसी ने नागमती का वियोग वर्णन आषाढ़ मास से प्रारम्भ किया है और ज्येष्ठ मास में इसकी समाप्ति की है। प्रत्येक महीने में होने वाले विरह-जन्य प्रकृति का वर्णन इस कवि ने तल्लीनता के साथ किया है। जायसी के पश्चात् अनेक सन्त–कवियों विशेषकर भोजपुरी सन्त कवियों ने बारहमासा लिखा है, जिसमें विरहिणों के दुःखों की मार्मिक व्यंजना उपलब्ध होती है।

वर्ण्य-विषय—बारहमासा प्रायः वर्षा ऋतु में ही गाया जाता है। ग्रामीण जनता इन गीतों को सुनकर रस-मग्न हो जाती है। 'बारहमासा' में विप्रलम्भ श्रृंगार का वर्णन प्रधान रूप से पाया जाता है। कहीं तो इन गीतों में परदेश जाने के लिए प्रस्तुत पति को रोकने के लिए स्त्री की प्रार्थना सुनाई पड़ती है, तो कहीं कोई प्रोषितपतिका अपनी सखी के विपय वियोग-जन्य दुःखों का वर्णन करती हुई दृष्टिगोचर होती है।

मैथिली लोकगीतों में बारहमासा का प्रधान स्थान है। इनका मिथिला में बहुत प्रचार है। मैथिली लोकगीतों के उत्साही संग्रहकर्ता श्री राकेश जी लिखते हैं कि "बारहमासा मैथिली लोक-साहित्य की अनुभूत्यात्मक व्यंजना है। इसके नैसर्गिक सौंदर्य के सामने कीट्स की हल्के पैर, गहरे नीलरंग की बनफ़शा-सी आँखें, काढ़े हुए बाल, मुलायम पतले हाथ, श्वेत कंठ और मलाईदार वक्ष प्रदेश वाली भी फीकी पड़ जाती है। 'बारहमासा' की भाव-धारा पुरानी शराब-सी चोखी और चित्र देवदारु-सा स्वच्छ है। पद में श्रृंगार की रोचक सरसता है।"[२] लेखक की उपर्युक्त उक्ति मैथिली बारहमासों के सम्बन्ध में अक्षरशः सत्य घटती है।

बँगला में बारहमासा

बँगला में इन गीतों को 'बारमाशी' कहते हैं जो बारहमासा का ही रूपान्तर है। बँगला-साहित्य में पल्लीगान में और विजयगुप्त के 'मनसा मंगल' में बेहुला की 'बारमाशी' का वर्णन पाया जाता है। भारतचन्द के 'अन्नदा मंगल' में भी बारहमासा उपलब्ध होता है। भोजपुरी और मैथिली बारहमासा की भाँति बँगला 'बारहमाशी' में भी स्त्री की विरह-जन्य वेदना का चित्रण हुआ है। 'बारमाशी' की यह विशेषता है कि इसमें प्रत्येक मास में होने वाले व्रतों का भी विवेचन है। निम्नांकित बारमाशी में किसी वियोगिनी की विरह-ज्वाला की मार्मिक व्यंजना हुई

१. पद्मावत—नागमती-वियोग खण्ड।
२. राकेश : मै० लो० गी०, पृ० ३६०।

है।[1]

यौवन ज्वाला बडई ज्वाला शहिते ना पारि
यौवन ज्वाला तेज्य करे, गलाय दिव दंडि
दुःख यौवन प्रानेर बैरी
झाड़ेर बांश काट रे साहु वान्दिओ बाँगेला
तुम सादु वाणिज्य गेले के खावे कमेला
दुःख यौवन प्रानेर बैरी
हाटे जाओ बाजारे जाओ गाछे पाका बेल।
तुम सादु वाणिज्य गेले, राखाले मारबे टेल।।
दुःख यौवन प्रानेर बैरी

(ग) व्रत-सम्बन्धी गीत

हमारा जीवन धर्ममय है। प्रत्येक मास में कोई न कोई पर्व या त्यौहार आकर हमारी धार्मिक चेतना को जागृत करता रहता है। इन अवसरों पर स्त्रियाँ गीत गाती हैं। विभिन्न मासों में बहुरा, तीज, पिंड़िया और गोधन का व्रत बड़े उत्साह से स्त्रियों द्वारा मनाया जाता है। इन सभी पर्वों पर गीत गाने की प्रथा है। मासों के क्रम से इन पर्वों का संक्षिप्त वर्णन प्रस्तुत किया जाता है।

१. नाग पंचमी के गीत—श्रावण शुक्ला पंचमी को 'नाग पंचमी' कहते हैं। गाँवों में यह 'नागपचैया' के नाम से प्रसिद्ध है। चूंकि इस दिन नाग अर्थात् सर्प की पूजा की जाती है, अतः इसका उपर्युक्त नाम यथार्थ ही है। पंचमी के प्रातःकाल घर की लड़कियाँ मकान की बाहरी भित्ति पर चारों ओर से गोबर की रेखा खींचती हैं, तथा घर के प्रधान द्वार पर सर्प के दो चित्रों को गोबर से अंकित करती हैं, फिर कटोरे में दूध और धान की खील—लावा—भरकर एकान्त स्थान में रख दिया जाता है। लोगों का विश्वास है कि इस दिन नाग देवता आते हैं और दूध पीते हैं। जो इस दिन नाग की पूजा करते हैं उन्हें फिर सर्प दंश का भय नहीं रहता।

नागपूजा भारत में अत्यन्त प्राचीन काल से चली आ रही है। आज भी बंगाल में सर्पों की अधिष्ठात्री देवी 'मनसा' का प्रचुर प्रचार है तथा इसकी उपासना और स्तुति में सैकड़ों ग्रन्थों की रचना हुई है।

२. बहुरा—बहुरा का व्रत भाद्रकृष्ण पक्ष चतुर्थी को किया जाता है। इसे 'बहुला' भी कहते हैं। इस व्रत की कथा की नायिका बहूला है। यही इसके नामकरण का कारण है। स्त्रियाँ इस व्रत को पुत्री की प्राप्ति के लिए करती हैं। अतः बहुरा के गीतों में माता का पुत्र के प्रति अकृत्रिम स्नेह और सत्य प्रतिज्ञा की महिमा का उल्लेख हुआ है। परन्तु अधिकांश गीतों में सास और बहू का शाश्वतिक विरोध और दाम्पत्य-प्रेम का वर्णन ही विशेष रूप से पाया जाता है।

---

१. मुहम्मद मन्सूरुद्दीनः हारामणि।

३. **गोधन**—कार्तिक शुक्ल प्रतिपद् को 'गोधन' का व्रत मनाया जाता है। उत्तर प्रदेश के पूर्वी जिलों में इस दिन गोबर की मनुष्य की प्रतिमा बनायी जाती है और स्त्रियाँ उसे मूसल से कूटती हैं। इस प्रक्रिया को 'गोधन कूटना' कहते हैं। इस व्रत का विधि-विधान बड़ा विस्तृत तथा मनोरंजक है।[1]

गोधन शब्द गोवर्द्धन की पूजा का अपभ्रंश रूप है। प्राचीन काल में गोवर्द्धन की पूजा का उल्लेख पाया जाता है। यही गोवर्धन पूजा 'गोधन' के रूप में आज भी वर्तमान है। गोबर की बनी हुई मनुष्य की प्रतिमा वास्तव में इन्द्र की प्रतिकृति है। भगवान् कृष्ण ने इन्द्र के गर्व को चूर्ण किया था। अतः 'गोधन कूटने' की यह प्रथा इन्द्र के मद-चूर्ण करने का प्रतीक स्वरूप है। इस व्रत का प्रधान उद्देश्य भाई और बहिन में प्रेम-भावना की वृद्धि है। इसी का वर्णन इन गीतों में किया गया है।

४. **पिंड़िया**—पिंड़िया का व्रत कार्तिक शुक्ल प्रतिपद् से प्रारम्भ होकर अगहन शुक्ल प्रतिपद् पूरे एक मास तक रहता है। कार्तिक शुक्ल प्रतिपद् के दिन जो गोधन की गोबर की मूर्ति बनाकर पूजा की जाती है, उसी गोबर का थोड़ा सा अंश लेकर कुँवारी लड़कियाँ पिंड़ियाँ लगाती हैं। घर की दीवाल पर गोबर की छोटी-छोटी सैकड़ों मुनष्य की आकृतियाँ बनायी जाती हैं। इसके साथ ही उस पर आटा तथा रंग से चित्र-कर्म भी किया जाता है। इस पूरी प्रक्रिया को 'पिंड़िया लगाना' कहते हैं। पिंड़िया शब्द 'पिण्ड' से बना है, जिसमें लघु अर्थ में 'इया' प्रत्यय लगाकर पिंड़िया की निष्पत्ति की गई है अतः पिंड़िया का अर्थ हुआ, गोबर का बना हुआ छोटा पिण्ड या गोला।[2] इन गीतों में भी भाई-बहन के स्वाभाविक प्रेम का वर्णन उपलब्ध होता है जो दिव्य और अलौकिक है।

५. **छठी माता के गीत**—छठी माता का व्रत कार्तिक शुक्ल षष्ठी को किया जाता है। इस व्रत को केवल स्त्रियाँ ही करती हैं, परन्तु मिथिला में इसे स्त्री और पुरुष दोनों करते हैं। इसे 'षष्ठी व्रत' भी कहते हैं। छठी इसी षष्ठी का अपभ्रंश रूप है। इसे 'डाला छठ' के नाम से भी पुकारते हैं, क्योंकि इस दिन पूजा की समस्त सामग्री को एक डाल—बाँस की बनी हुई बड़ी छबड़ी—में रखकर नदी के किनारे ले जाते हैं और इस डाल की सामग्री को सूर्य देवता के लिए अर्पित करते हैं।

इस व्रत का प्रधान उद्देश्य पुत्र की प्राप्ति और उसका दीर्घायु होना है। वास्तव में छठी का व्रत भगवान् सूर्य का व्रत है, क्योंकि इन्हीं की पूजा के पश्चात् स्त्रियाँ अन्न ग्रहण करती हैं। छठी माता के इन गीतों में वन्ध्या स्त्री की पुत्र-प्राप्ति के लिए प्रार्थना बड़ी मर्मस्पर्शिनी है। सूर्य की पूजा के लिए व्याकुल वन्ध्या भगवान् आदित्य से शीघ्र उदय लेने के लिए प्रार्थना करती है। पुत्रहीन स्त्री को जो यातना सहनी पड़ती है, उसका उल्लेख भी इन गीतों में हुआ है।

---

१. डॉ० उपाध्याय : भो० लो० सा० अ०।
२. पिंड़िया प्रथा के विशेष विवरण के लिए देखिये—
डॉ० उदयनारायण तिवारी-मैन इन इण्डिया।

मिथिला में यह 'छठ के गीत' के रूप में प्रसिद्ध है। धार्मिक मनोभाव, धर्म के नाम पर प्रचलित विश्वास, पारिवारिक विचार और मान्यताएँ, घरेलू निष्ठा और आत्मसंयम—ये छठ के गीतों के प्रिय विषय हैं।[१] भोजपुरी और मैथिली दोनों गीतों में पुत्र-प्राप्ति की कामना समान रूप से पायी जाती है।

(घ) जाति-सम्बन्धी गीत

कुछ लोकगीतों को विशिष्ट जाति के लोग ही गाते हैं। ऐसे गीतों में विरहा का विशिष्ट स्थान है। यह अहीर लोगों का जातीय गान है। उमंग से भरा हुआ नौजवान अहीर ललकारते हुए जब विरहा गाता है, तब श्रोताओं के हृदय में एक विचित्र उत्साह पैदा हो जाता है। अहीरों में विवाह के अवसर पर विरहा गाने की प्रतियोगिता होती है और जो अधिक संख्या में विरहा गा सकता है, उसी की जीत मानी जाती है।

१. **अहीरों के गीत**—विरहा की उत्पत्ति 'विरहा' शब्द से हुई है। ऐसा ज्ञात होता है कि प्रारम्भ में इन गीतों का वर्ण्य विषय विरह रहा होगा, परन्तु आजकल इन गीतों का प्रतिपाद्य विषय कोई भी वस्तु हो सकती है।

डॉ० ग्रियर्सन के अनुसार इन विरहों का विशेष साहित्यिक मूल्य नहीं है। परन्तु जनता के मनोभावों और आकाँक्षाओं के प्रतीक होने के कारण इनका महत्व अधिक है।[२] जिस प्रकार हिन्दी में बरवै और दोहा छन्द अल्पकाय होने पर भी अपनी चुस्त बन्दिश और सरस भावधारा से श्रोताओं को रस से आप्लावित कर देते है, उसी प्रकार विरहा लोक-गीतों में सम्भवतः सबसे छोटा छन्द है, परन्तु अपनी सुगठित पदावली और चुभती शैली के कारण सहृदयों के हृदय को प्रभावित किये बिना नहीं रहता।

ये विरहे बिहारी के दोहों के समान हृदय पर सीधे चोट करते हैं। विरहा दो प्रकार का होता है (१) छोटा और (२) बड़ा। छोटा विरहा 'चरकड़िया' के नाम से प्रसिद्ध है, अर्थात् जिसमें केवल चार चरण या पद हो उसे 'चरकड़िया' विरहा कहते हैं। यही अधिक लोकप्रिय है। लम्बा विरहा गाथा के रूप में होता है, जिसमें रामायण या महाभारत की कथा गायी गई रहती है।

२. **दुःसाधों के गीत**—दुःसाध (एक अस्पृश्य या परिगणित जाति) लोग 'पचरा' नामक गीत गाते हैं। दुःसाधों में जब कोई व्यक्ति बीमार हो जाता है अथवा भूत-प्रेत की बाधा से पीड़ित होता है तब उस जाति का बूढ़ा (वृद्ध वशिष्ठ) बुलाया जाता है और रोगी को नीरोग करने की उससे प्रार्थना की जाती है। वह अपनी देवी का आह्वान करके 'पचरा' गाना प्रारम्भ करता है। यह क्रम कई दिनों तक चलता रहता है और अन्त में भक्त की प्रार्थना सुनकर देवी रोगी को स्वास्थ्य प्रदान करती हैं।

---

१. राकेश : मै० लो० गी०, पृ० ३१६।

२. ज० रा० ए० सो० (भाग LV) सन् १८८६ ई०।

पचरा के गीतों में देवी का अपने वाहन पर चढ़कर आना, उनकी विधिवत् पूजा करना तथा रोगी का रोग निवारण करने का वर्णन पाया जाता है।

गड़ेरिया लोगों के भी निजी गीत होते हैं। इनके एक मुख्य गीत का नाम "सिउरिया" और दूसरे का 'पड़ोकीमार' है।[१] ये लोग किसानों के खेतों में अपनी भेड़ों को 'हिरा' कर मस्ती के साथ गाते रहते हैं।

३. गोड़ों के गीत—उत्तर प्रदेश के पूर्वी जिले में गोंड़ नामक जाति के लोग निवास करते हैं जिनका काम प्रधानतया सेवा-वृत्ति है। ये लोग विवाह आदि माँगलिक अवसर पर एक विशेष प्रकार का नृत्य करते हैं, जिसे 'गोड़ँऊ नाच' कहते हैं। इस समय 'हुडुका' (एक विशेष प्रकार का बाजा) बजाते हुए ये लोग जो अभिनय करते हैं वह 'हर बोलाई' के नाम से प्रसिद्ध है। नृत्य के साथ ये गीत भी गाते जाते हैं, जिनमें कहीं-कहीं अश्लीलता का भी पुट पाया जाता है।

४. तेलियों के गीत—तेलियों के गीत में—जिन्हें कोल्हू के गीत भी कहते हैं—श्रृंगार रस की मात्रा प्रचुर परिमाण में पायी जाती है। इन गीतों में तैलिक जीवन का सुन्दर चित्रण हुआ है।[२] धोबी लोग गोंड़ों की भाँति हुड़ का बजाते हुए सामूहिक रूप में गीत गाते हैं। इन गीतों में इनके पेशे का उल्लेख होता है। चमारों के जातीय गीत बड़े मनोरंजक होते हैं। विवाह के अवसर पर ये अपने 'यजमानों' के यहाँ जाकर नृत्य का प्रदर्शन करते हैं। इनका प्रधान बाजा 'डफरा' और 'पिपिहरी' है। इनके गीतों में सामाजिक बुराइयों के सम्बन्ध में चुभता हुआ व्यंग्य पाया जाता है। इस प्रकार इन विभिन्न जातियों में विशेष प्रकार के गीत प्रचलित हैं जिन्हें प्रधानतया ये ही लोग गाते हैं।

(ङ) श्रम गीत (Action Songs)

श्रम गीत वे गाने हैं जो किसी काम को करते समय गाये जाते हैं। ऐसा देखा जाता है कि मजदूर लोग अपनी शारीरिक थकावट को दूर करने के लिए काम करते समय गाना भी गाते जाते हैं। इससे काम करने में मन लगा रहता है और परिश्रम का पता नहीं चलता। इस प्रकार के गीतों में जँतसार, रोपनी, सोहनी आदि के गीत प्रधान हैं।

१. जाँत के गीत—चक्की पीसते समय जो गीत गाये जाते हैं उन्हें 'जँतसार' या 'जाँत के गीत' कहा जाता है। यह शब्द 'यन्त्र-शाला' का अपभ्रंश रूप है, जिसका अर्थ है वह शाला या घर जिसमें आटा पीसने का यन्त्र रखा गया हो।

जाँत के गीतों में करुण रस का अपार पारावार तरंगित दिखायी पड़ता है। इन गीतों में कहीं तो दुःखिनी विधवा का करुण क्रन्दन सुनने को मिलता है, तो कहीं वन्ध्या स्त्री की मनोवेदना अभिव्यंजित होती है। कहीं विरहिणी स्त्री की व्याकुलता का वर्णन है, तो कहीं सास के द्वारा वधू

---

१. त्रिपाठी : ह० ग्रा० सा०, पृ० १९८-९९।

२. त्रिपाठी : ग्रा० गी०, पृ० ४५७।

की नारकीय यन्त्रणा का चित्रण। करुण रस के जितने भी मार्मिक प्रसंग हो सकते हैं प्रायः इन सभी की अवतारणा इन गीतों में हुई है। पुत्रहीन विधवा की मनोव्यथा का कारुणिक वर्णन अनेक गीतों में उपलब्ध होता है जो पाषाण हृदय को भी पिघला देता है।[१]

२. **रोपनी के गीत**—धान को खेत में रोपते समय जो गीत गाये जाते हैं वे रोपनी के नाम से प्रसिद्ध हैं। धान रोपने का काम प्रायः मुसहर, चमार आदि की स्त्रियाँ किया करती हैं। गार्हस्थ्य जीवन का चित्रण इन गीतों में विशेष रूप से पाया जाता है। कोई स्त्री ससुराल के कष्टों का निवेदन करती हुई अपने पति से कहती है कि जब से मैं यहाँ आयी तब से काम करते-करते मेरे शरीर का चाम सूख गया और सुख सपना हो गया।[२] स्त्रियों का अटूट एवं विशुद्ध पति प्रेम तो बहुत देखने को मिलता है, परन्तु पति का स्त्री-प्रेम प्रायः दुर्लभ पदार्थ है। परन्तु रोपनी के गीतों में इस विशुद्ध स्त्री-प्रेम की झाँकी भी हमें देखने को मिलती है।[३]

३. **सोहनी के गीत**—खेत में व्यर्थ घास और पौधे जो पैदा हो जाते हैं उन्हें काटकर अलग कर देने को 'निराना' या 'सेहना' कहते हैं। इस कार्य को करते समय जो गीत गाये जाते हैं वे 'निरौनी' या 'सोहनी' कहलाते हैं। इन्हें 'निरवाही के गीत' भी कहते हैं। इन गीतों का भी वर्ण्य विषय वही है जो रोपनी के गीतों का है। कहीं बहू का सास द्वारा सताये जाने का विवरण पाया जाता है, तो कहीं पति का अपनी पत्नी के आचरण पर सन्देह करके उसकी अग्नि-परीक्षा करने का उल्लेख उपलब्ध होता है।

(च) देवी-देवताओं के गीत

देवी-देवताओं के सम्बन्ध में अनेक गीत उपलब्ध होते हैं। भोजपुरी प्रदेश में शीतला माता, गंगा जी, तुलसी माता के गीत प्रसिद्ध हैं। भजनों में भगवान् की महिमा का वर्णन किया गया है। शीतला माता के गीतों में चेचक के रोग से पीड़ित बालक को आरोग्य प्रदान करने की प्रार्थना इनसे की गयी है। राजस्थान में विवाहादि मांगलिक अवसरों पर गृहस्थ स्त्रियाँ गणपति (गणेश) की स्तुति में गीत गाती हैं।[४] इन गीतों में गणपति को विनायक के नाम से स्मरण किया गया है। इसके अतिरिक्त हनुमान जी, भैरव, जल देवता, सील, सती और पितराणी आदि के गीत प्रसिद्ध हैं।[५] इन गीतों में अपनी मनोवांछित कामना की पूर्ति के लिए भक्तों की विभिन्न देवताओं से प्रार्थना बड़ी मर्मस्पर्शी है। कोई राजस्थानी वन्ध्या स्त्री भैरव जी से विनती करती हुई कहती है कि देवरानी-जेठानी ने मुझे ताना मारा है। उनके पालने में पुत्र झूल रहे हैं, परन्तु कुल भर में मैं ही ऐसी अभागिन हूँ जिसे पुत्र नहीं है। अतएव हे देव ! मेरे ऊपर दया करो।[६] इसी प्रकार इन गीतों में भक्तों की अभिलाषाओं का वर्णन पाया जाता है।

---

१ डॉ० उपाध्याय:भो० लो० गी०, भाग २, पृ० ११५-१६।

२. डॉ० उपाध्याय : भो० लो० गी०, भाग २, पृ० ३०१।

३. वही, पृ० २९५।

४. पारीक : राजस्थानी लोकगीत, पृ० ३२।

५. वही, भाग १।

वही, पृ० ३५।

(छ) विविध गीत

अनेक ऐसे भी गीत उपलब्ध होते हैं जिनका अन्तर्भाव उपर्युक्त वर्गीकरण में नहीं होता। इन गीतों में झूमर,अलचारी, पूरवी, और निर्गुन आदि मुख्य हैं। पालने के गीतों को भी इसी कोटि में रखा जा सकता है। गांगलिक अवसरों पर समवेत स्वर से जिन गीतों को स्त्रियाँ झूम-झूमकर गाती हैं, उन्हें झूमर कहते हैं। ये गीत श्रृंगार रस से लबालब भरे होते हैं, जिनमें दाम्पत्य प्रेम का वर्णन विशेष रूप से होता है। मैथिली झूमरों के सम्बन्ध में भी यही बात कही जा सकती है। अलचारी शब्द लाचारी से निकला हुआ है, जिसका अर्थ है विवशता। जब किसी स्त्री का पति उसका कहना नहीं मानता अथवा वह परदेश चला जाता है, तब लाचारी अवस्था में जो गीत गाये जाते हैं उनहें 'अलचारी' कहते हैं। उत्तर प्रदेश के पूर्वी जिलों में—विशेषकर बलिया, गाजीपुर में तथा बिहार राज्य के छपरा जिले में एक विशेष प्रकार के लय (Tune) में जो गीत गाये जाते हैं वे पूर्वी के नाम से अभिहित किये जाते हैं। ये गीत बड़े मधुर, सरस और मनमोहक होते हैं। छपरा निवासी महेन्द्र मिश्र इन गीतों के रचयिता थे, जिनका नाम इनमें पाया जाता है। निर्गुन के गीत भक्ति रस के गाने हैं, जिनमें ईश्वर की स्तुति उपलब्ध होती है। कबीरदास जी का नाम निर्गुन गीतों के साथ संलग्न है, परन्तु महात्मा कबीर के द्वारा इनके रचित होने की बात संदिग्ध है।

■ ■ ■

अध्याय ७

लोक-गाथाओं की मीमांसा

लोक-गाथा का नामकरण

भारतीय भाषाओं में जो लोकगीत पाये जाते हैं उनको दो भागों में विभक्त किया जा सकता है। प्रथम प्रकार के वे गीत हैं जो आकार में छोटे हैं, जिनमें कथानक का अभाव है और जिनकी प्रधान विशेषता गेयता है। दूसरे प्रकार के वे गीत हैं जो आकार में बड़े हैं, जिनमें कथानक की प्रधानता के साथ ही गेयता भी है। काव्य की भाषा में इन्हें मुक्तक और प्रबन्ध काव्य कह सकते हैं। संस्कार तथा ऋतु सम्बन्धी समस्त गीत प्रथम कोटि में आते हैं और लोरकी, विजयमल, नयकवा बनजारा, भरथरी, गोपीचन्द, सोरठी, हीर राँझा, ढोला-मारू, राजा रसालू आदि के गीत द्वितीय श्रेणी में रखे जा सकते हैं। डॉ० उपाध्याय ने प्रथम प्रकार के गीतों को लोक-गीत और द्वितीय प्रकार के गीतों को लोक-गाथा का नाम दिया है। इन दोनों के विषयगत तथा स्वरूपगत भेद का निरूपण आगे किया जायगा।

बैलेड—अंगरेजी में लोक-गीत तथा लोक-गाथाओं के लिए 'बैलेड' शब्द समान रूप से व्यवहृत होता है। बैलेड (ballad) की व्युत्पत्ति लैटिन के बैलारे (ballare) शब्द से मानी जाती है, जिसका अर्थ 'नाचना' है। राबर्ट ग्रेब्स ने लिखा है कि इसका सम्बन्ध 'बैलेट' (ballet) शब्द से है। इसका मूल अर्थ उस गीत से था जो नृत्य के समय साथ-साथ गाया जाता था। परन्तु बाद में इसका प्रयोग किसी भी गीत के लिए—जिसे जनता का एक दल सामूहिक रूप से गाता हो—किया जाने लगा।[1] इंग्लैंड के गवैयों ने जब इसका प्रयोग प्रारम्भ किया तब नृत्य के साथ इसके साहचर्य का भाव तो नष्ट हो गया, परन्तु लययुक्त सामूहिक कार्य (Rhythmic group action) के अर्थ में इसका प्रयोग होने लगा। इस बैलेड की लोकप्रियता मधुशाला में, खेतों में, जहाजों में काम करने वाले मजदूरों को उत्साह प्रदान करने के लिए अधिक पायी जाती थी। मधुशाला में भिन्न-भिन्न वाद्यों के साथ इसका गान होता था, जिसे जनता बहुत पसन्द करती थी।

लोक-गाथाओं की विशेषताएँ

लोक-गाथाओं की अनेक विशेषताएँ हैं, जो इन्हें अलंकृत काव्य (Poetry of art) से स्पष्टतः पृथक् करती हैं। इन विशेषताओं पर ध्यान देने से यह स्पष्ट प्रतीत होता है कि अमुक गीत लोक-गाथा है, अलंकृत काव्य नहीं। लोक-गाथाओं की इन विशेषताओं को हम प्रधानतः दस भागों में विभक्त कर सकते हैं।

---

१. It is connected with the word 'ballet' and originally meant a song or refrain intended as accompaniment to dancing but later covered any song in which a group of people socially joined.

—राबर्ट ग्रेब्स : दि इंगलिश बैलेड-इन्ट्रोडक्शन।

(१) रचयिता का अज्ञात होना।

(२) प्रामाणिक मूलपाठ का अभाव।

(३) संगीत और नृत्य का अभिन्न साहचर्य।

(४) स्थानीयता का प्रचुर पुट।

(५) मौखिक प्रवृत्ति।

(६) उपदेशात्मक प्रवृत्ति का अभाव।

(७) अलंकृत शैली की अविद्यमानता तथा स्वाभाविक प्रभाव।

(८) रचयिता के व्यक्तित्व का अभाव।

(९) लम्बा कथानक।

(१०) टेक पदों की पुनरावृत्ति।

इनका वर्णन यथाक्रम संक्षिप्त रूप में यहाँ उपस्थित किया जाता है।

१. रचयिता का अज्ञात होना—लोक-गाथाओं की सबसे बड़ी विशेषता यह है कि इसका रचयिता अज्ञात होता है। हीर-राँझा, ढोला-मारू, विजयमल, सोरठी, नयकवा बनजारा, गोपीचन्द और राजा भरथरी आदि की अनेक गाथाएँ उत्तरी भारत में प्रसिद्ध हैं, परन्तु इनकी रचना किसने की यह अन्धकार के गर्त में छिपा हुआ है। किस काल में किस गाथा की रचना) किस व्यक्ति ने की इसका पता लगाना अत्यन्त कठिन है। भोजपुरी में कबीरदास जी के नाम से बहुत से 'निर्गुन' प्रसिद्ध हैं, जिनके अन्त में 'कहत कबीर सुनो भाई साधो' अथवा 'गावेले कबीरदास यह निरगुनवा' आदि पद बार-बार आते हैं। परन्तु कई कारणों से इन गीतों को कबीर के द्वारा रचा गया नहीं माना जा सकता। राबर्ट ग्रेब्स ने लिखा है कि वर्तमान सामाजिक संगठन में किसी लेखक का अज्ञातनामा होना इस बात को सिद्ध करता है कि उसे अपनी कृति से लज्जा लगती है अथवा उसे अपने नाम को प्रक्ट करने में भय लगता है। परन्तु आदिम समाज में यह बात लेखक के नाम की असावधानी के कारण होती थी।[१]

अन्य कविताओं की भाँति इन गाथाओं का भी कोई न कोई रचयिता अवश्य होगा, जिसने अपने साथियों के साथ आनन्द में मस्त होकर इनकी रचना का प्रारम्भ किया होगा। परन्तु जातीय रचना (Communal Composition) की विशेषता यह होती है कि इसका रचयिता उस दल के मुखिया का काम करता है और जब गाथा की रचना समाप्त हो जाती है, तब उसके लेखक होने का अहंकार नहीं करता। इस प्रकार की रचनाओं में गाथा की प्रधानता होती है, दल का भी महत्व होता है, परन्तु किसी व्यक्ति विशेष की महत्ता नहीं रहती। ऐसा देखा जाता है कि छोटे-छोटे बच्चे, छोटे-छोटे गीतों को बनाते, गुन-गुनाते और गाते जाते हैं, परन्तु इनमें से कोई भी गीत के रचयिता होने का दावा नहीं करता। यह किसी को याद भी नहीं रहता कि किस

---

१. Anonymity in the present structure of society usually implies that the author is ashamed of his authorship or afraid of the consequences if he reveals himself; but in a primitive society it is due just to carelessness of the author's name.
—राबर्ट ग्रेब्स : दि इंग्लिश बैलेड-इन्ट्रोडक्शन, पृ० १२।

बालक ने इस गीत में किस कड़ी या पंक्ति को जोड़ा है।[1] जातीय रचना में एक व्यक्ति का नहीं, बल्कि अनेक व्यक्तियों का हाथ रहता है। सभी के सहयोग से उसकी रचना होती है: अतः किसने इसका निर्माण किया यह निश्चित रूप से बतलाना कठिन ही नहीं प्रत्युत असम्भव है।

२. **प्रामाणिक मूलपाठ का अभाव**—लोक-गाथाओं का कोई प्रामाणिक मूलपाठ नहीं होता। चूंकि गाथा समुदाय की सम्मिलित रचना होती है, अतः उसके मूलपाठ (Original Text) का पता लगाना बड़ा कठिन है। रचयिता गाथा की रचना कर उससे पृथक् हो जाता है। अब यह गाथा समस्त समाज, समुदाय या जाति की रचना हो जाती है और प्रत्येक मनुष्य उसे अपनी निजी सम्पत्ति समझता है। प्रत्येक गवैया अपनी इच्छा के अनुसार नयी पंक्तियाँ जोड़ता जाता है। विभिन्न प्रान्तों में प्रचलित होने के कारण स्थानीय निवासी उसमें अपनी भाषा की शब्दावली को मिलाते जाते हैं। इस प्रकार आकार में वृद्धि होने के साथ ही साथ उसकी भाषा में भी परिवर्तन होता जाता है।

हडसन ने अपनी पुस्तक में काव्य को दो भागों में विभक्त किया है:—[2]

(१) अलंकृत काव्य (Poetry of art)

(२) संवर्धित काव्य (Poetry of growth)

अलंकृत काव्य से उनका अभिप्राय उस कविता से है, जो किसी एक कवि की रचना है और जिसमें रस, अलंकार, गुण आदि की योजना की गई है। संवर्धित काव्य से उनका अभिप्राय उस काव्य से है जिसकी वृद्धि युग-युग में विभिन्न कवियों ने की हो। कालिदास का रघुवंश प्रथम का तथा व्यास लिखित महाभारत द्वितीय का उदाहरण है।

संवर्धित काव्य की ही भाँति, लोक-गाथाओं में समय-समय पर लोक-कवियों द्वारा परिवर्तन और संवर्धन होता रहता है। इस प्रकार इनके मूल क्लेवर में वृद्धि होती रहती है। जैसे-जैसे यह एक गवैये से दूसरे गवैये के पास जाता है, वैसे ही वैसे यह लगातार बदलता जाता है। उसमें से पुराने पद निकाल दिये जाते हैं और नये जोड़े जाते हैं। इनके लय भी बदल दिए जाते हैं। पात्रों के नामों में भी भिन्नता आ जाती है। दूसरी लोक-गाथाओं के पद इसमें सम्मिलित हो जाते हैं। इस विधि से यह परम्परा यदि दो-तीन सौ वर्ष तक चलती रही तो गाथाओं में भाषा सम्बन्धी इतना अधिक परिवर्तन हो जाता है कि कदाचित् मूल लेखक भी उसे पहिचान न सके।[3] गाथाओं की यह मौखिक परम्परा शताब्दियों तक प्रवहमान रहती है और इस बीच में अनेक लोक-कवियों द्वारा इसमें इतना परिवर्तन तथा परिवर्धन कर दिया जाता है कि

---

१. The ballad is important, the group is important, but the individual counts for little. Rudimentary balladry is common among group of small children and it will be noticed that no child will claim authorship of the sing-song; no one remembers who added which phrases the common store.
—राबर्ट ग्रेव्स : दि इंगलिश बैलेड-इन्ट्रोडक्शन, पृ० १३।

२. इन्ट्रोडक्शन टु दि स्टडी ऑफ् लिटरेचर।

३. कीट्रीज द्वारा सम्पादित—इंग्लिश एण्ड स्काटिश पापुलर बैलेड्स-इन्ट्रोडक्शन, पृ० XVII।

मूल गाथा का पता ही नहीं चलता। कुछ विद्वानों ने लोकगाथा की उपमा विशाल नदी से दी है। जिस प्रकार कोई नदी अपने स्रोत से अत्यन्त पतली धारा के रूप में निकलती है, बाद में उसमें अनेक छोटी-मोटी नदियाँ तथा नाले मिलते जाते हैं और अन्त में उसका आकार इतना विस्तृत हो जाता है कि उसके स्वरूप को पहिचानना कठिन हो जाता है। उसी प्रकार लोक-गाथाओं के मूल रूप में लोक-कवियों द्वारा इतना अधिक परिवर्तन कर दिया जाता है कि उसके मौलिक रूप का पता ही नहीं चलता।

इसीलिए किसी लोकप्रिय गाथा का कोई निश्चित या अन्तिम स्वरूप नहीं होता। कोई प्रामाणिक पाठ (version) नहीं होता। इसके अनेक पाठ होते हैं, परन्तु कोई एक ही निश्चित पाठ नहीं होता। मान लीजिए कि किसी गाथा में क,ख,ग, तीन विभिन्न पाठ हैं और क पाठ मूल गाथा के अधिक समीप है, परन्तु ख और ग पाठ का महत्व कुछ कम नहीं हो सकता।[१] इन दो पाठों का उतना मूल्य है जितना 'क' पाठ का। कीट्रीज ने लिखा है कि प्रोफेसर चाइल्ड के द्वारा सम्पादित कई बैलेड्स के एक से लेकर इक्कीस पाठ तक उपलब्ध होते हैं, जिनका संग्रह उन्होंने किया है।[२] परन्तु इनमें से किसी एक पाठ का मूल्य दूसरे पाठ से किसी भी प्रकार का कम नहीं है।

राबर्ट ग्रेब्स ने लिखा है कि किसी विशिष्ट गाथा का कोई वास्तविक एवं शुद्ध पाठ नहीं होता। गवैये अपनी इच्छानुसार उसमें परिवर्तन करते रहते हैं। अतएव किसी एक पाठ को ही विशुद्ध नहीं माना जा सकता।[३] पं० रामनरेश त्रिपाठी ने 'भगवती देवी' शीर्षक लोक-गाथा के तीन-चार पाठ संकलित किए हैं, परन्तु कौन-सा पाठ मूल तथा शुद्ध है यह कहना कठिन है।[४]

आल्हा का मूल लेखक जगनिक था, जिसने हिन्दी की बुन्देलखंडी बोली में अपनी अमर कृति की रचना की थी। इस गाथा में आल्हा-ऊदल के पराक्रम का वर्णन था। जगनिक की यह कृति आकार में बहुत बड़ी न रही होगी, परन्तु आजकल जो 'आल्हा' उपलब्ध होता है उसका आकार मूल ग्रन्थ से गई गुना अधिक है। उसमें ऐसी अनेक घटनायें पीछे से जोड़ दी गयी हैं, जो मूल 'आल्हा खंड' में नहीं थीं। जगनिक ने अपना मूल ग्रन्थ बुन्देलखण्डी बोली में लिखा था, परन्तु उत्तरी भारत में आल्हा के सर्वत्र प्रचार के कारण इसके अनेक पाठ उपलब्ध होते हैं

---

१. It follows that a genuinely popular ballad can have no fixed and final form, no sole authentic version. There are texts, but there is no text. Version A may be near the original than versions B and C but that does not effect the pretensions of B and C to exist and hold up their heads among their fellows.
कीट्रीज : इन्ट्रोडक्शन, पृ० १७-१८।

२. कीट्रीज : इन्ट्रोडक्शन, पृ० १७-१८।

३. That is why there is never any actual correct text of a ballad proper, singers are allowed to alter it to their liking. X X X No single version must be regarded as the 'right one' in an absolute sense.
दि इंगलिश बैलेड—भूमिका, पृ० १३।

४. कविता-कौमुदी, भाग ५ (ग्राम गीत)।

जिनमें कन्नौजी, बुन्देलखंडी और भोजपुरी पाठ प्रसिद्ध हैं। कन्नौजी और भोजपुरी पाठ तो प्रकाशित हो गये हैं। खोज करने पर इसके ब्रज तथा अवधी पाठों का भी पता चल सकता है। गोपीचन्द की गाथा के भी कई पाठ उपलब्ध होते हैं। बँगला भाषा में प्रचलित इनकी गाथा भोजपुरी से भिन्न है। डॉ० ग्रियर्सन ने गोपीचन्द के दो पाठों (Versions) का संकलन तथा सम्पादन किया है; जिसमें बँगला और मगही पाठों की तुलना की गई है।[१] पंजाब में प्रचलित राजा रसालू की कथा के भिन्न-भिन्न पाठ पाये जाते हैं। स्विनर्टन तथा डॉ० एलविन ने इन विभिन्न पाठों का संग्रह तथा सम्पादन योग्यता से किया है। ढोला-मारू की गाथा राजस्थान से लेकर भोजपुरी प्रदेश तक अनेक रूपों में उपलब्ध होती है, परन्तु सब में भिन्नता है। विद्वानों से यह बात छिपी नहीं है कि बाला लखन्धर तथा बिहुला की भोजपुरी गाथा बंगाल में भी प्रचलित है।

कहने का सारांश यह है कि **लोकगाथाओं का कोई मूल, प्रामाणिक तथा विशुद्ध पाठ नहीं होता।**

३. **संगीत और नृत्य का अभिन्न साहचर्य**—संगीत और गाथा का अभिन्न साहचर्य है। सच तो यह है कि संगीत के बिना गाथा को सुनने में आनन्द ही नहीं आता है। यह पहले लिखा जा चुका है कि अंग्रेजी बैलेड शब्द की उत्पत्ति लैटिन 'बैलारे' से मानी जाती है, जिसका अर्थ नाचना होता है। अतः बैलेड का मूल अभिप्राय उस संगीत से था जो नाच कर गाया जाता था। इसे जन समुदाय समवेत स्वर—कोरस से गान करता था। उत्तेजनाजनक तथा पुनरावृत्तिमूलक संगीत के बिना गाथा अधूरी ही है,[२] क्योंकि यही इसका प्राण है, इसकी आत्मा है।

यूरोपीय देशों में चारणों के द्वारा—जिन्हें 'मिन्स्ट्रल्स' कहते थे—ढोल अथवा सितार बजा कर लोक-गाथाओं को गाने का उल्लेख मिलता है।[३] डॉ० चाइल्ड और विशप पर्शी ने ऐसे चारणों का विशेष रूप से वर्णन किया है। चाइल्ड ने तो इन चारणों के द्वारा गाये जाने के कारण से ही कुछ गाथाओं को 'मिन्स्ट्रल्स बैलेड' के नाम से अभिहित किया है। विशप पर्शी ने लिखा है कि इन चारणों का अनेक शताब्दियों तक एक पृथक सम्प्रदाय था, जो धनी-मानी व्यक्तियों के यहाँ गीतों को गा-गा कर अपनी जीविका उपार्जन करता था।[४]

गूमर का मत है कि कुछ विशिष्ट प्रकार के गीत बड़े प्रेम से बहुत देर तक गाये जाते थे।

---

१. ज० ए० सो० बं० (भाग LIV), सन् १८८५, भाग १, पृ० ३५।

२. The ballad is incomplete without an exciting and repetitive music.
राबर्ट ग्रेब्स : दि इंग्लिस बैलेड, पृ० १७।

३. चाइल्ड : इ० स्का० पा० बै०—भूमिका।

४. But the minstrels continued a distinct order of men for many ages after the Norman conquest and got their livelihood by singing verses to the harp at the houses of the great.
रेलिक्स ऑफ इन्शेण्ट इंग्लिश पोइट्री—भाग १, भूमिका, पृ० २५।

मध्यकाल में मृत्यु के अवसर पर नृत्य प्रचलित था, जो स्वभावतः धीरे-धीरे होता था।[१]

भारतवर्ष में भी गाथा और संगीत का अभिन्न सम्बन्ध दिखाई पड़ता है। वर्षा के दिनों में 'आल्हा' गाने की बड़ी प्रथा है। अल्हैत आल्हा गाते समय अपने गले में ढोल बाँध लेता है और उसे पीट-पीट कर अपने भावावेश की सूचना श्रोताओं को देता है। 'आल्हा' के गाने की गति ज्यों-ज्यों तीव्र होती जाती है, ढोल बजाने की गति में भी वैसा ही परिवर्तन होता जाता है। गोरखपन्थी साधू—जो जोगी के नाम से प्रसिद्ध हैं—गोपीचन्द तथा भरथरी के गीत सारंगी को बजाकर गाते फिरते हैं। सारंगी उनके गायन का अनन्य सहायक है। संभवतः इसके बिना उनकी स्वर लहरी में कंपन ही नहीं उत्पन्न होता।[२]

जो बात लोक गाथाओं पर लागू है, वही लोक-गीतों के सम्बन्ध में भी कही जा सकती है। होली का गाना भोजपुरी प्रदेश में बड़ा प्रसिद्ध है। इसे गायक लोग 'ढोल' और 'झाल' बजा-बजा कर बड़े प्रेम से गाते हैं। चैता के गीत भी झाल बजाकर गाये जाते हैं। अतः इनका नाम ही 'झलकुटिया चैता' पड़ गया है। भिक्षुक गण 'भजन' और 'निर्गुन' को गाते समय कठताल का प्रयोग करते हैं। गोड़ जाति के लोग अपने गीतों को गाते हुये एक विशेष प्रकार का बाजा बजाते हैं, जिसे 'हुड्का' कहते हैं। संथाली लोग नगाड़े की आकृति का बाजा बजाते हुए गीत गाते हैं।

गीत और संगीत का सम्बन्ध इतना घनिष्ठ है कि देहातों में जहाँ कोई भी वाद्य यन्त्र उपलब्ध नहीं होता, वहाँ स्त्रियाँ काठ के कठौते को उलटा करके, लाठी के हूरे से उसकी पीठ को रगड़ती हैं। इससे एक विचित्र प्रकार की संगीतमयी ध्वनि उत्पन्न होती है। वहाँ वे ताली बजाकर ही संगीत के अभाव की पूर्ति करती हैं। झूमर के गीत प्रायः ताली बजाकर ही गाये जाते हैं। लोकगीत सामूहिक रूप से गाये जाने पर विशेष आनन्द देते हैं। यह बात भी उनकी संगीतात्मक प्रवृत्ति की ओर संकेत करती है। इस प्रकार लोकगीतों और गाथाओं का संगीत से अविच्छिन्न सम्बन्ध है।

४. **स्थानीयता का प्रचुर पुट**—लोक-गाथाओं में स्थानीयता का पुट विशेष रूप से पाया जाता है। इनमें भले ही राजा, महाराजा, रईस और उमरावों का वर्णन हो फिर भी स्थानीय रंग इसमें गहरा होता है। यही कारण है कि जिस देश या प्रांत में जो गीत प्रचलित है उसमें वहाँ के सामान्य लोगों के रहन-सहन, रीति-रिवाज, खानपान और आचार-व्यवहार का सजीव चित्रण रहता है। कहीं-कहीं स्थानीय ऐतिहासिक घटनाओं का भी उल्लेख पाया जाता है। एक भोजपुरी झूमर में "पनिया ना पिये हरदिया का राजा" का बार-बार उल्लेख पाया जाता है। बिहार राज्य में प्रचलित अनेक गीतों में 'बाबू कुंवर सिंह' का वर्णन हुआ है। मारवाड़ में यातायात का साधन

---

१. True, certain of the Border songs were sung lustily enough and at prodigious length. XXX Dances were common at Mediaeval funerals, naturally to a slow measure.
—एफ० बी० गूमर-दि पापुलर बैलेड, पृ० २४५।
डॉ० उपाध्याय—भोजपुरी लोक-साहित्य का अध्ययन।

ऊँट है। 'ढोला मारू रा दूहा' में मारवणी ऊँट की सवारी करती हुई दिखायी पड़ती है। उत्तर प्रदेश के पर्वतीय जिलों में सर्दी अधिक पड़ती है। अतः वहाँ के लोगों के लिए थोड़ी भी गर्मी असह्य होती है। कोई पर्वतीय बाला अपने पिता से प्रार्थना करती है "आप मेरा विवाह छाना बिलौरी नामक स्थान—जहाँ गर्मी अधिक पड़ती है—मत कीजिएगा, क्योंकि पसीने के मारे मैं परेशान हो जाऊँगी।"[१] इसी प्रकार मैथिली लोक-गीतों में वहाँ की स्थानीय प्रथाओं की झाँकी मिलती है।

५. **मौखिक प्रवृत्ति**—लोक-गाथाएँ चिरकाल से मौखिक परम्परा के रूप में चली आ रही हैं। प्राचीन काल में वेदों की परम्परा भी मौखिक थी। गुरु अपने शिष्य को वेद की शिक्षा मौखिक रूप से ही देता था और शिष्य अपने शिष्य को इसी विधि से वेद पढ़ाता था। लोक-गाथाएँ इसी रूप में आज भी सुरक्षित हैं। लोक-कवि भिखारी ठाकुर का सुप्रसिद्ध 'बिदेसिया' नामक गीत उसके शिष्यों द्वारा प्रचलित किया गया है। बुलाकीदास के द्वारा रचित चैता के अनेक गीतों को उनके भक्तों ने गा-गा कर काल-कवलित होने से बचा रखा है। लोक-गाथा तभी तक सुरक्षित रहती है, जब तक उसकी परम्परा मौखिक होती है। लिपिबद्ध करते ही उसकी गति और प्रगति रुक जाती है। उसकी बाढ़ मारी जाती है। इस विषय में सिजविक का कथन नितान्त सत्य है कि यदि किसी गाथा को आपने लिख लिया तो निश्चय समझिये की आपने उसकी हत्या करने में योग प्रदान किया है। जब तक यह मौखिक है तभी तक इसमें जीवन है, अन्यथा नहीं।[२]

गूमर ने लिखा है कि मौखिक परम्परा किसी गाथा की प्रधान उपलब्ध कसौटी है।[३]

जब किसी गाथा को लिपि के शिकन्जों में बाँध लिया जाता है तब उसकी वृद्धि रुक जाती है। उसका पाठ निश्चित हो जाने के कारण उसमें अन्य गायकों द्वारा परिवर्तन तथा सम्वर्धन की गुंजाइस ही नहीं रहती है। परन्तु मौखिक रूप में रहने पर जिस प्रदेश में इनका प्रचार होता है, वहाँ के गायक उसमें दो-चार अपनी कड़ियाँ जोड़ देते हैं। इस प्रकार इनके विभिन्न पाठ हो जाते हैं। 'आल्हा' के भिन्न-भिन्न पाठों का यही रहस्य है।

६. **उपदेशात्मक प्रवृत्ति का अभाव**—लोक-गाथाओं में उपदेशात्मक प्रवृत्ति का अभाव पाया जाता है। जिस प्रकार संस्कृत में 'नीतिशतक' और हिन्दी में 'नीति के दोहे' मिलते हैं, उसी प्रकार 'नीति के वचन' गाथाओं में उपलब्ध नहीं होते। इन गाथाओं की प्रवृत्ति कथानक को गति

---

१. छाना बिलौरी जनि दिया बौजू,
लागला बिलौरी का घामा।

२. In the act cf writing each one (ballad) down, you must remember that you are helping to kill that ballad. " Virum Volitare per oral" is the life of a ballad. It lives only while it remains What the French with a charming confusien of ideas, call oral literature.
सिजविक : दि बैलेड, पृ० ३६।

३. These are the cordinal virtues of the ballad: with respect to its conditions, critics unite in regarding oral transmission as its chief available test.
ओल्ड इंग्लिश बैलेड्स—भूमिका, पृ० २६।

प्रदान करने की हैं न कि उपदेश कथन की। राबर्ट ग्रेब्स ने ठीक ही कहा है कि गाथा नीति या सदाचार की शिक्षा नहीं देती और न पृथकत्व की भावना का ही प्रचार करती है। यदि गाथा में यह बात पायी जाय तो यह समझना चाहिए कि चारण अपने को समुदाय से बाहर समझता है।[१] लोरकी, विजयमल, सोरठी और आल्हा आदि में देशभक्ति, माता की आज्ञा का पालन,साहस, शौर्य और प्रेम के अनेक ऐसे प्रसंग मिलते हैं जिनसे उपदेश या शिक्षा ली जा सकती है। कुसुमा देवी और भगवती देवी के गीतों से उनके अलौकिक सतीत्व तथा आदर्श आचरण की शिक्षा मिलती है, परन्तु उनमें उपदेश देने की प्रवृत्ति नहीं पायी जाती।

७. **अलंकृत शैली की अविद्यमानता तथा स्वाभाविक प्रभाव**—लोक-गाथा कलात्मक या अलंकृत काव्य से सर्वथा भिन्न है। अलंकृत कविता किसी कवि द्वारा लिखी जाती है जो अपनी रचना को सुन्दरतम बनाने के लिए विभिन्न प्रकार के अलंकार, छन्द, रस, रीति और गुणों की अवतारणा करता है। वह अपनी कृति में उपमा, रूपक और उत्प्रेक्षा की योजना कर, उसे किसी विशिष्ट छन्द के साँचे में ढालने के लिए उसमें काँट-छाँट भी करता है। वह विभाव, अनुभाव और संचारी भावों का विधान कर, विभिन्न रसों को अपने काव्य में स्थान देता है। ऐसे काव्य को अलंकृत काव्य (Poetry of art) कहा जाता है। इसकी रचना कवि के प्रयास द्वारा होता है। लोक-गाथाएँ जो जनता की कविता (Poetry of the Folk) कही जाती है इससे बिल्कुल पृथक् हैं। इनमें अलंकार विधान, गुण-योजना आदि का प्रायः अभाव होता है। यदि कहीं अलंकारों की स्थिति दीख भी पड़ती है तो वह अनायास उपस्थित होती है, प्रयासपूर्वक नहीं।

लोक-गाथाएँ 'टेक्नीक' की दृष्टि से बहुत समृद्ध नहीं होतीं। 'टेक्नीक' का अर्थ कठिन छन्द विधान, अलंकारों का प्रयोग, काव्यमय विचारों का प्रस्तुतीकरण और सुगठित शैली समझना चाहिए।[२]

पिंगल शास्त्र के नियमानुसार इनको नाप-तौलकर रखने की भी आवश्यकता नहीं। यही कारण है कि लोक-गाथाओं में छन्द शास्त्र के नियमों का बड़ी शिथिलता के साथ पालन किया गया है। कहीं-कहीं तो इसका नितान्त अभाव ही है। पं० रामनरेश त्रिपाठी ने लोक गीतों का अलंकृत कविता से पार्थक्य बतलाते हुए लिखा है कि :—

---

१. The ballad proper does not moralize or preach or express any strong partisan bias. XXX XXX Moralizing or preaching in a ballad is a sign that the bard is definitely outside the group and is in touch with culture. A partisan bias is incompatible with group action.
दि इंग्लिश बैलेड, पृ० ८१।

२. It has been noted that the ballad proper is not highly advanced in technique. By 'advanced technique' is meant complicated verse forms, the ingenious use of metaphor and allegory, and a presentation of ideas which is poetical before it is poetic, 'artistic' before it is imaginative, 'muscial' before it is intended for singing.
राबर्ट ग्रेब्स : दि इंगलिश बैलेडः—भूमिका, पृ० २०।

"ग्राम गीत और महाकवियों की कविता में अन्तर है। ग्राम-गीत हृदय का धन है और महाकाव्य मस्तिष्क का। ग्राम गीत में रस है, महाकाव्य में अलंकार। रस स्वाभाविक है और अलंकार मनुष्य निर्मित।"[१] एक दूसरे स्थान पर वे कहते हैं:—"ग्राम-गीत प्रकृति के उद्गार हैं। इनमें अलंकार नहीं केवल रस है; छन्द नहीं केवल लय है; लालित्य नहीं केवल माधुर्य है।"[२]

८. **रचयिता के व्यक्तित्व का अभाव**—अलंकृत कविता में लेखक का व्यक्तित्व प्रतिबिम्बित रहता है। ऐसा कहा जाता है कि शैली ही व्यक्ति है। अतः कलात्मक रचना पर उसके रचयिता के व्यक्तित्व की छाप होना सुतरां आवश्यक है। एक कवि का व्यक्तित्व उसे दूसरों की कृतियों से पृथक् करता है। परन्तु लोक-गाथाओं में लेखक के व्यक्तित्व का अभाव होता है। इन गाथाओं का कोई एक रचयिता नहीं होता। ऐसी परिस्थिति में उनके व्यक्तित्व का प्रभाव पड़ना सम्भव नहीं। गाथाओं के कवियों का कोई महत्त्व नहीं होता, न तो वे वर्तमान में उपस्थित रहते हैं और भूतकाल में उनकी सत्ता थी या नहीं, इस विषय में भी हम सन्देह की दोला पर दोलायमान होते हैं।[३]

जहाँ तक श्रोताओं पर प्रभाव उत्पन्न करने का प्रश्न है, गाथाओं का रचयिता केवल अदृश्य ही नहीं बल्कि उसका अस्तित्व ही नहीं होता। कथा कहने वाले का कथा में कुछ भाग ही नहीं होता। अन्य गीतों की भाँति गायक की भावनाओं तथा विचारों की इनमें झाँकी नहीं दिखाई पड़ती। इनमें उत्तम पुरुष का प्रयोग नहीं होता। गाथाओं का गायक (रचयिता) न तो कोई निजी विचार प्रकट करता है और न किसी वस्तु की आलोचना ही करता है। नाटक के पात्रों में वह किसी के पक्ष या विपक्ष को नहीं ग्रहण करता। यदि किसी ऐसी कथा की कल्पना की जा सकती जो वक्ता के बिना स्वतः अपनी कथा कहे तो ऐसी कथा लोक-गाथा ही हो सकती है।[४]

सिजविक ने लिखा है कि किसी भी भाषा की लोक-गाथा का सर्वप्रथम तथा सर्वश्रेष्ठ गुण या लक्षण उसकी व्यक्तित्वहीनता है। परन्तु हमको झट से इस नतीजे पर नहीं पहुँचना चाहिये कि लेखक कोई व्यक्ति था ही नहीं। ऐसा सम्भव है कि अनेक कलात्मक रचनाएँ मौखिक

---

१. कविता कौमुदी, भाग ५ (ग्राम गीतों का परिचय), पृ० ६।

२. वही, भाग ५, पृ० १।

३. In the ballad it is not so. **There the author is of no account. He is not even present. We do not feel sure that he ever existed.**
कीट्रीज : इ० स्का० पा० बै०—भूमिका, पृ० ११।

४. Not only is the author of the ballad invisible but practically non-existelnt. The teller of the tale has no role in it. Unlike other songs, it does not purport to give utterance to the feeling or the mood of the singer. The first person does not occur at all.—There are no comments or reflections by the narrator. He does not take sides for or against any of the dramatist personal.—The story exists for its own sake. If it were possible to conceive a tale as telling itself, without the instrumentality of a conscious speaker, the ballad would be such a tale.
कीट्रिज : इ० स्का० पा० बै०—भूमिका, पृ० १०।

परम्परा की प्रक्रिया में व्यक्तित्व को खो बैठें।[१] कीट्रीज ने बैलेड की परिभाषा बतलाते हुए 'व्यक्तित्वहीनता' उसकी प्रधान विशेषता बतलायी है।

गूमर ने बैलेड की विशेषताओं की चर्चा करते हुए लिखा है कि 'परम्परा, विषय-प्रधानता तथा व्यक्तित्वहीनता से युक्त इन गाथाओं में कथानक भी होता है,[२] अर्थात् इनमें मौखिक परम्परा के साथ ही विषय या वस्तु वर्णन की प्रधानता होती है, जिसमें लेखक के व्यक्तित्व का पता नहीं चलता।

हिन्दी, मराठी, गुजराती, पंजाबी तथा राजस्थानी में जितनी गाथायें प्रचलित हैं उनके अध्ययन से स्पष्ट पता चलता है कि उनमें उनके रचयिताओं की छाप नहीं है। गाथा में कथा की प्रधानता होती है। इस कथा-प्रवाह में लेखक का व्यक्तित्व बह जाता है।

९. लम्बा कथानक—लोक-गाथाओं की अन्य विशेषता है, उनकी कथा-वस्तु की दीर्घता। गाथाओं का आख्यान बड़ा लम्बा होता है। कोई-कोई तो काव्योत्कर्ष में न सही—परन्तु लम्बाई में तो महाकाव्यों की स्पर्धा करते हैं। भोजपुरी आल्हा बड़े साइज के ६२0 पृष्ठों में छपकर प्रकाशित हुआ है, जिसके प्रत्येक पृष्ठ में २८ पंक्तियाँ हैं। ढोला-मारू की कथा भी कुछ कम बड़ी नहीं हैं। 'ढोला-मारू रा दूहा' नामक पुस्तक की आकृति ही इसका प्रमाण है।[३] विजयमल, लोरकी, सोरठी, गोपीचन्द तथा भरथरी के गीत भी छोटे नहीं हैं। डॉ० ग्रियर्सन ने लगभग ८0 पंक्तियों में विजयमल की अपूर्व कथा को प्रकाशित किया है।[४] 'कुंवर विजयी' सैकड़ों पृष्ठों में छपकर भोजपुरी में प्रकाशित हुई है।

अंग्रेजी में छोटे बड़े दोनों प्रकार के बैलेड पाये जाते हैं। परन्तु राबिन हुड सम्बन्धी बैलेड्स बहुत लम्बे होते हैं। A Gilst of Robin Hood नामक गाथा सात सर्ग तथा ४५६ पद्यों में लिखी गयी है। प्रत्येक पद में चार पंक्तियाँ हैं। इसी प्रकार से Robin Hood and Ten Monk की गाथा ९९ पद्यों में तथा Robin Hood's Death की कथा ७0 पद्यों में पायी गयी है।[५]

१0. टेक पदों की पुनरावृत्ति—लोक-गाथाओं की सर्वप्रधान विशेषता टेक पदों की पुनरावृत्ति है। गीतों को जितनी बार दुहराया जाय उतना ही उनका आनन्द बढ़ता है। गीत तथा

---

१. The first and the foremost quality of the ballad in any language is not its personality, but its impersonality. There can be disagreement about that. But we need not at once jump to the conclusion that the author was no person. It is conceivable that an artistic composition might acquire, in the process of oral tradition, a similar impersonality.
सिजविक : दि बैलेड, पृ० ११।

२. Traditional, objective, impersonal, as they are, ballads must also tell a definite tale.
दि पापुलर बैलेड, पृ० ६६।

३. नागरी प्रचारिणी सभा, काशी से प्रकाशित।

४. ज० ए० सो० बं० जिल्द LIII (१८८४ ई०), भाग ३, पृ० ९४।

५. गूमर—ओल्ड इंगलिश बैलेड्स, पृ० १-९३।

संगीत के अभिन्न साहचर्य का उल्लेख पहिले किया जा चुका है। इन टेक पदों की आवृत्ति से गीत अत्यधिक संगीतात्मक हो जाते हैं और श्रोताओं को आनन्द प्रदान करते हैं। सिजविक के मतानुसार टेक पद गाथाओं की एक दूसरी विशेषता है जिससे पता चलता है कि ये गीत सामूहिक रूप से पहिले गाये जाते थे। गवैया जब गीत की एक कड़ी गाता है तब समुदाय के अन्य लोग मिलकर टेक पदों की आवृत्ति करते हैं। इसमें सन्देह नहीं कि वर्तमान काल में समवेत स्वर से गाने की प्रवृत्ति इसी आदत को सूचित करती हैं।[१]

गूमर ने लिखा है कि टेक पद लोक-गाथाओं का सबसे महत्वपूर्ण तत्व है।[२] फड्रिनेण्ड उल्फ के विचार से टेक पद उतना ही प्राचीन है जितना कि जनता की कविता। पूजा, भोज, नृत्य, खेल तथा अन्य आदिम संस्कारों के अवसर पर समस्त जनता के द्वारा गाये जाते हुए गीतों से इनकी उत्पत्ति हुई है। श्रेष्ठ कवियों ने अपने काव्यों में इन पदों का अनुकरण किया है।[३] कीट्रीज ने भी इन्हें लोक गीतों तथा गाथाओं की प्रधान विशेषता स्वीकार की है।[४]

महत्व—इन टेक पदों का महान् उद्देश्य गीतों में जीवन प्रदान कर श्रोताओं के ऊपर प्रभाव उत्पन्न करना है। इन पदों की आवृत्ति का बड़ा महत्व है। लोक-गाथाएँ सामूहिक रूप (कोरस) से गाने की वस्तु है। प्राचीन काल में इन गीतों को दल का नेता—गायक—पहिले गाता था और बाद में साधारण जनता उसका अनुगमन करती थी। प्रारम्भ में नेता एक पद को गाता था और जनता गीत के टेक पद या पदों को दुहराती थी। इससे गवैया की नीरसता दूर हो जाती थी क्योंकि श्रोताओं के द्वारा दुहराये जाने से उस गाथा में नवीन जीवन का संचार बारम्बार होता था।[५]

आजकल भी होली और चैता के गीतों को गाते समय गवैया के दो दल हो जाते हैं। पहिला दल किसी गीत की एक पंक्ति को गाता है, तो दूसरा दल उसके टेक पद की आवृत्ति करता है। जैसे होली के गीत को एक दल गायेगा:—

"बन बोलेला मोर हरि हो
का संग होली खेलो री।" ।।टेक।।

तो दूसरा दल कहेगा :—

आम के डाढ़ कोइलिया बन बोलेला मोर

---

१. The refrain is another peculiarity of the popular ballad that establishes its derivation from the choral song. "The root shall bear this burden." The singer's monotone is regularly relieved by the audience joining in with a repeated phrase.
दि बैलेड, पृ० २७।

२. ओल्ड इंगलिश बैलेड्स, पृ० LXXXIII।

३. गूमर: ओल्ड इंगलिश बैलेड्स—भूमिका, पृ० LXXXIII।

४. What is meant is, rather that there is abundant evidence for regarding the refrain in general as a characteristic feature of ballad poetry.
इ० स्का० पा० बै०—भूमिका, पृ० २१।

५. सिजविक : दि बैलेड, पृ० २७।

"बिरना झीनी झीनी पतिया अमिलि भई
बिरना डोभई बरियवा के पूत।
बलैया लेऊँ बीरन"[१]

बहुत लम्बा है। इसकी प्रत्येक पंक्ति के बाद 'बलैया लेऊँ बीरन' पदों की आवृत्ति हुई है। भोजपुरी के एक झूमर में पंक्ति की आवृत्ति प्रत्येक बार हुई है, जैसेः—

"मोरी धानी चुनरिया इतर गमके;
घनि बारी उमिरिया नइहर तरसे।।१।। मोरी०
सोने की थारी में जेवना परिसलो;
मोरे जेवनवाला विदेश तरसे।।२।। मोरी०
झझरे गेंडुववा गंगाजल पानी;
मोर घूँटनवाला विदेश तरसे।।३।। मोरी०
लवँग इलायची के बीड़ा लगवलीं;
मोर कूँचनवाला विदेश तरसे।।४।। मोरी०
कलियाँ चुनि चुनि सेजिया दसवलीं;
मोर सूतनवाला विदेश तरसे।।५।। मोरी०[२]

कहीं-कहीं ये टेक पद गीत की प्रत्येक पंक्ति के साथ ही जुड़े रहते हैं; ये गीत के अंगभूत हो जाते हैं। जैसे अवधी के इस गीत कीः—

"कंचिनि सिकिआ क मोरी सींक सिकोलिआ हो ना।
सिकिआ मउनिया केन मउरा हो ना।"
"खाऊँ न बहुअरिं तोर भइया भतीजवा हो ना।
काहे के गरियाइउ सासु भइया भतीजवा हो ना।।[३]

प्रत्येक पंक्ति में 'हो ना' की आवृत्ति हुई है। भोजपुरी चैता की प्रत्येक पंक्ति के आरम्भ में 'रामा' या 'आहो रामा' और अन्त में 'हो रामा' बार-बार गाया जाता है; जैसेः—

"रागा ननदी भउजिया दुनो पनिहारिन हो रामा
मिलि जुलि, सागर भरे चलली हो रामा।। १।।
रामा भरि घाट पनिया घरिलवों ना डूबे हो रामा
कबन रसिकवा, घरिला जुठिअवले हो रामा।।२।।[४]

निर्गुन के गीतों में 'किया हो मोरे रामा' की आवृत्ति प्रत्येक पंक्ति में पायी जाती है।

मैथिली लोक-कवि भी 'चैतावर' के गीतों में 'रामा' को नहीं भूलता। कोई तिरहुतिया विरहिणी कहती है कि जब चैत बीत जायगा तब मेरा प्रियतम आकर क्या करेगा ?

---

१. त्रिपाठी ग्राम गीत।
२. डॉ० उपाध्याय : भो० लो० गी०, भाग २, पृ० ८१।
३. डॉ० उपाध्याय : अवधी लोकगीत, सा० भ० प्रा० लि०, इलाहाबाद (१९७८)।
४. डॉ० उपाध्याय : भो० लो० जी०, पृ० ४३५।

चैत बीति जयतइ हो रामा
तब पिया की करे अयतइ ?
डारे पाते भेल मतवलवा हो रामा
चैत बीति जयतइ हो रामा।।[१]

अंग्रेजी साहित्य से उदाहरण—अंग्रेजी की कुछ गाथाओं में निश्चित समय पर एक ही पदावली को बार-बार गाया जाता है। अंग्रेजी के निर्दयी भाई (Cruel Brother) नामक बैलेड में 'वृद्धि-परक आवृत्ति' (Incremental Repetition) उपलब्ध होती है। किसी निर्दयी भाई ने अपनी बहन को किसी कारण छूरा मार दिया। मरते समय बहन विभिन्न व्यक्तियों को भिन्न-भिन्न वस्तु वसीयत के रूप में देती या छोड़ जाती है। गीत की कुछ आवश्यक पंक्तियाँ इस प्रकार हैं :—[२]

"O what will you leave to your father dear?
The silver shod steed that brought me here."
"What will you leave to your mother dear?
My velvet pall and my silken gear."
"What will you leave to your sister Anne?
My silken scarf and my golden fan."
"What will you leave to your sister Grace?
My bloodly cloths in wash and dress."
"What will you leave to your brother John?
The gallows-tree to hang him on."
"What will you leave to your brother John's wife?
The wilderness to end her life."

उपर्युक्त बैलेड में प्रथम पंक्ति थोड़े परिवर्तन के साथ बार-बार दुहरायी गई है। एक दूसरे बैलेड—The Maid Freed from the Gallows—में प्रत्येक पद्य (Stanza) में कभी पहली और कभी प्रथम दो पंक्तियों की आवृत्ति हुई है। कोई स्त्री, किसी कारण से फाँसी के तख्ते से लटकायी जाने वाली है। वह अपने पिता, भाई-बहन, सबसे शासन के अधिकारियों को धन देकर मुक्ति की प्रार्थना करती है परन्तु सब अस्वीकार कर देते हैं। अन्त में उसका प्रियतम उसे मुक्त कराता है। इस पर दुःखी तथा क्रुद्ध होकर वह अपने सम्बन्धियों से घर लौट जाने को कहती है।[३]

"O the briary bush, the bush.
That pricked my heart so sore!

---

१. राकेश : मै० लो० गी०, पृ० २८४।
२. सिजविक: दि बैलेड, पृ० ३०।
३. रार्बट ग्रेब्स : दि इंग्लिश बैलेड, पृ० ४०।

But now I am out this briary bush,
Oh! I shall go in no more.
"Gae hame, gae hame, my father" she says
Gae hame and saw your seed;
And I wish not a pickle of it may grow
But the thistle and the weed.
"Gae hame, gae hame, gae hame, mother!"
Gae hame and brew yer yill;
And I wish the girds may loup off,
And the Deil it a' may spill.
"Gae hame, gae hame,gae hame, brother!"
Gae hame and kiss you wife;
And I wish that the first news I may hear
Is that she has tane your life.
"Gae hame, gae hame, my sister" She says
Gae hame and sew yer seam;
I wish that the needle point may break
And the craws pyke out yer eer."

इस बैलेड के प्रत्येक पद (Stanza) में प्रथम पंक्ति बार-बार आती है।

गुजराती उदाहरण—झबेरचन्द मेघाणी ने 'वृद्धिपरक आवृत्ति' के विषय में लिखा है कि इसके द्वारा एक कड़ी में थोड़ा हेर-फेर करके वार्ता आगे बढ़ती है। उदाहरण रूप में इस गीत को उन्होंने उद्धृत किया है।[१]

"आड़ो आव्यो रे सोनल दादा नो देश जो
सोनले जाण्युँ जे दादो छोड़ावशे।
X X X
आड़ो आव्यो रे सोनल दादा नो देश जो
सोनले जाण्युँ जे काको छोड़ावशे।"

(रढ़ियाली रात, भाग १)

टेक पद(बर्डेन) के विषय में उनका मत है कि यह बार-बार समुदाय के बीच गाने जाने वाली वह पद या पदावली है जो प्रत्येक पंक्ति के साथ दुहराई जाती है[२]

"आवशे रे कांई चोमासा न दा" डा
रे मेहुला तमने भीजवे रे लोल।

---

१. मेघाणी : लोक-साहित्य, भाग १, पृ० ६७।

२. वही, पृ० ६७।

साथे लेशुँ मीणी अपने कांई माफा
रे मेहुला अपने शुँ करे रे लोल
"आवशे रे कांई शियालाना दा" डा
रे टाठडियुँ तमने लागशे रे लोल।
आवशे रे कांई उनालाना दाडा
रे उनाला तमने बालशे रे लोल।

(रढ़ियाली रात, भाग ३, पृ० २४)

इस गीत में 'आवशे रे कांई' और 'रे लोल' की आवृत्ति बार-बार हुई है।

भोजपुरी के झूमर के गीतों में निश्चित समय तथा स्थान, पद या पदों की आवृत्ति पायी जाती है। नीचे लिखे गीत में प्रत्येक दो पंक्तियों के पश्चात् टेक पदों की आवृत्ति हुई है।[१]

आजु के गइल भँवरा कहिया ल लवटबSS क्तेक दिनवाँ।
हम जोहबि तोहरी बटिया, क्तेक दिनवाँ।।टेक।।
गगत गनत मोर अँगुरी भइल खियानी चितवते दिनवाँ।
नैन से ढरे लोरवा, चितवते दिनवाँ।।१।।
आजु केगइल भँवरा कहिया ले लवटबSS क्तेक दिनवाँ।
हम जोहबि तोहरी बटिया, क्तेक दिनवाँ।।टेक।।
एक बने गइलीं दूसरे बन गइलीं तीसरे बनवाँ।
मिलल गोरू चरवहवा, तीसरे बनवाँ।।२।।
आजु के गइल भँवरा कहिया ले लवटबSS क्तेक दिनवाँ।
हम जोहबि तोहरी बटिया, क्तेक दिनवाँ।।टेक।।
गोरू चरवहवा तुहीं मोर भइया क्तुहँ देखSSना।
मोर भँवरा परदेशिया क्तहुँ देखSSना।।३।।
आजु के गइल भँवरा कहिया ले लवटबSS क्तेक दिनवाँ।
हम जोहबि तोहरी बटिया, क्तेक दिनवाँ।।टेक।।

मैथिली 'जट-जटिन' के गीतों में पाँच-पाँच पंक्तियों के पश्चात् थोड़े बहुत परिवर्तन के साथ एक ही पदावली बार-बार दोहरायी गयी है।[२]

राजस्थानी 'कूवो' नामक गीतों में प्रत्येक तीन पंक्तियों के पश्चात् 'म्हारो मानो कह्यो' और 'मेहड़ो हुवण है' की आवृत्ति नियमित रूप से हुई है जिससे गीत बड़ा सरल तथा प्रभावोत्पादक बन गया है।[३]

कोरस—कोरस में प्रत्येक नये पद्य (Stanza) के बाद एक पूरे पद्य की आवृत्ति होती है। अंग्रेजी में सामूहिक गान सम्बन्धी बैलेड्स बहुत पाये जाते हैं। दो जादूगर (The Two

---

१. डॉ० उपाध्याय: भो० ग्रा० गी०, भाग २, पृ० ८८।
२. राकेश : मै० लो० गी०, पृ० ३५५।
३. पारीक : रा० लो० गी०, भा १ उत्तरार्द्ध, पृ० ५०२-५।

Magicians) इसका अच्छा उदाहरण है [१]

"Then she became a turtle dow,
To fly up in the air,
And she became another dow,
And they flew pair and pair
O bide, lady, bide,
And aye he bade her bide;
The rusty smith your lemon shall be,
For a' your mackle Pride.
She turned herself into a hare,
To run upon a hill,
And he became a good grey hound,
And boldly he did feel.
O bide, lady, bide,
And aye he bade her bide;
The rusty smith your lemon shall be,
For a' your mackle pride."

इसी प्रकार प्रत्येक पद्य के बाद O bide, lady, bide से प्रारम्भ होने वाली चार पंक्तियों (पूरे पद्य) को बार-बार गाया जाता है।

राजस्थानी में ओलूँ (लड़की की पीहर से बिदाई) के गीतों में यह लक्षण पाया जाता है। लड़की बिदा होते समय अपनी भावज से कहती है कि 'भाभी! यह अपना घर लो। अब मैं प्रियतम के देश को जा रही हूँ।'[२]

आला गीला बावल बाँस कटाया
तोरण थाँभ रोपाया।
ओ ल्यो भावज घर आपणूँ
मैं तौ जावूँ पियाजी रे देस।। १।।
पग पग बावल चूँरी खुदायो
दीनी दोबड़ दात।
ओ ल्यो भावज घर आपणूँ
मैं तो जावूँ पियाजी रे देस।। २।।
सारी जान जिमायी मेरे बावल
जिंदवाँ रा भात रँधाय।

---

१. कीट्रीज: इ० स्का० पा० बै०, पृ० ७८।
२. पारीक: रा० लो० गी०, भाग १, (पूर्वार्द्ध) पृ० १६६।

ओ ल्यो भावज घर आपणूँ
मैं तो जावूँ पियाजी रे देस।। ३।।

टेक पदों का वर्गीकरण—टेक पदों को हम दो भागों में विभक्त कर सकते हैं (१) सार्थक, और (२) निरर्थक। सार्थक टेक पद वे हैं जिनका कुछ अर्थ होता है। जैसे 'मोरी धानी चुनरिया इतर गमके' या, 'जुगुति बताये जाँव क्वन विधि रहबों राम'। निरर्थक पद वे हैं जिनका कुछ शाब्दिक अर्थ नहीं होता, परन्तु गवैये गाने की सुविधा के लिए उनका प्रयोग करते हैं। इन निरर्थक टेक पदों के सम्बन्ध में मदरवेल (Motherwell) नामक विद्वान् का मत है कि यद्यपि हमारे लिए इनका कुछ अभिप्राय नहीं है, परन्तु प्राचीन लोगों के लिए ये बड़े ही महत्वपूर्ण थे।[1]

भोजपुरी चैता में 'हो रामा' 'आहो राम' 'हे रामा', बिरहा में 'बाजर बोई' और निर्गुन में 'किया हो मोरे रामा' ऐसे ही पद हैं जिनका कोई अभिप्राय नहीं है। अंग्रेजी में विस्मयादिबोधक अव्यय O और Oh या A का प्रयोग बहुधा पाया जाता है जो निरर्थक हैं।[2]

The king he sits in Dumfer'ing
Drinking the blue red wine: O
O where will I get a good sailor
That' I sail the ship O mine ? O

'सर पेट्रिक स्पेन्स' नामक उपर्युक्त बैलेड के 'जी' पाठ ('G'version) में O और A दोनों का व्यवहार हुआ है। 'अर्ल ब्रैण्ड' नामक बैलेड में सार्थक तथा निरर्थक दोनों प्रकार के टेक पदों की आवृत्ति हुई है। परन्तु निम्नांकित टेक पदों का कुछ भी अर्थ नहीं है।

Ay lilly O Lilly lally
All I the night sae early.

अथवा

Gennifer gentle and rose maree.
As the dew flies over the mulberry tree.

हिन्दी में पालने के गीतों में बहुत सी ऐसी शब्दावली का प्रयोग किया जाता है जो इसी कोटि में आती है। उनका अभिप्राय गीत में केवल सुस्वरता उत्पन्न करना है अन्यथा उनका कुछ भी महत्त्व नहीं है।[3]

■ ■ ■

---

१. Of most of these refrains, Motherwell remarks that they have meanings lost to our ears, but significant enough to men of older times.

२. कीट्रीज : इ० स्का० पा० बै०, पृ० १०४।

३. इसके विशेष वर्णन के लिए देखिए—
गूमर : ओ० इ० बै०—भूमिका, पृ० LXXXIII-XCIV.

अध्याय ८

लोक-गाथाओं की उत्पत्ति

विभिन्न मत

लोक-गाथाओं की उत्पत्ति के सम्बन्ध में विद्वानों में बड़ा मत-भेद है। विभिन्न यूरोपीय विद्वान् इस सम्बन्ध में अपना विभिन्न मत रखते हैं। कोई कहता है कि इनकी उत्पत्ति एक समुदाय के द्वारा साथ-साथ गाये जाने से हुई; कोई इन्हें व्यक्ति-विशेष की रचना मानता है। दूसरे लोगों का मत यह है कि चूँकि ये गीत प्राचीन काल में चारणों के द्वारा गाये जाते थे अत: इनकी रचना करने वाले यही लोग हैं। लोक-साहित्य के कुछ मर्मज्ञ जाति-विशेष को ही इसका कर्ता स्वीकार करते हैं। कहने का अभिप्राय यह है कि इस विषय में विद्वानों में मतैक्य नहीं है।

लोक-गाथाओं की उत्पत्ति के सम्बन्ध में जो प्रधान सिद्धान्त इस समय प्रसिद्ध हैं, वे निम्नांकित हैं:—

१. ग्रिम का सिद्धान्त : समुदायवाद

२. श्लेगल का सिद्धान्त : व्यक्तिवाद

३. स्टेन्थल का सिद्धान्त : जातिवाद

४. विशप पर्सी का सिद्धान्त : चारणवाद

५. चाइल्ड का सिद्धान्त : व्यक्तित्वहीन व्यक्तिवाद

६. उपाध्याय का सिद्धान्त : समन्वयवाद

इन सभी सिद्धान्तों की विवेचना इनके गुण तथा दोषों के वर्णन के साथ अगले पृष्ठों में प्रस्तुत की जायेगी।

१. ग्रिम का सिद्धान्त : समुदायवाद—जर्मनी के जेकब ग्रिम का नाम बहुत प्रसिद्ध है। भाषा-विज्ञान के क्षेत्र में इनके द्वारा प्रतिपादित 'ग्रिम-नियम' (Grimm's Law) महत्वपूर्ण सिद्धान्त है। इन्होंने जर्मन लोक-कहानियों का भी संग्रह किया है जो 'ग्रिम्मफेयरीटेल्स' के नाम से प्रकाशित हुई है। लोक गाथाओं के सम्बन्ध में इनका अनुसन्धान अत्यन्त मौलिक है। इन गाथाओं की उत्पत्ति के विषय में इनका एक विशिष्ट सिद्धान्त है जिसे 'समुदायवाद' के नाम से अभिहित किया जा सकता है। ग्रिम का यह मत है कि लोक-काव्य का निर्माण आप से आप होता है। इनके निर्माण के पीछे किसी विशिष्ट कवि या रचयिता का हाथ नहीं होता। समस्त जनता के द्वारा इनकी उत्पत्ति होती है।[१] इनका निष्पादन स्वत:संभूत है।[२] ग्रिम का कहना

---

१. He maintained the poetry of the people "sings itself" has no individual poet behind it and is the product of the whole folk.
गूमर : ओ० इ० बै०—भूमिका, पृ० ४६-५०।

२. Spontaneous generation of the ballad

है कि किसी लोक-काव्य की रचना के विषय में सोचना असंगत है क्योंकि इनका निर्माण स्वतः होता है। ये कवि के द्वारा नहीं लिखे जाते।[१]

ग्रिम ने इस सिद्धान्त को बड़ा महत्व प्रदान किया है। उनके मतानुसार लोक-गाथाओं की उत्पत्ति किसी व्यक्ति विशेष की काव्य-प्रतिभा से नहीं हुई है, बल्कि इसके निर्माण का श्रेय एक समुदाय (Community) को है। जैसे किसी व्यक्ति विशेष के हृदय में हर्ष-विषाद, सुख-दुःख आदि की भावना जागृत होती है, उसी प्रकार किसी विशेष समुदाय के लोग भी विशेष अवसरों पर इन्हीं भावनाओं का अनुभव करते हैं। किसी उत्सव के समय, किसी मेला के अवसर पर अथवा किसी धार्मिक पर्व पर लोकों का समुदाय एकत्र होता है। हर्ष और प्रसन्नता के उमंग में इन्हीं समुदाय के लोगों ने एक साथ मिलकर इन गाथाओं की रचना की होगी। ग्रिम के सिद्धान्त का संक्षेप में आशय यह है—मान लीजिए कि किसी सामाजिक अवसर पर कुछ व्यक्ति एकत्र हैं। सभी आनन्दमग्न हैं। उनमें से किसी एक ने गीत की कड़ी बनाकर गायी, दूसरे ने उसमें दूसरी कड़ी जोड़ दी और तीसरे व्यक्ति ने तीसरी कड़ी का निर्माण किया। इस प्रकार कुछ देर के पश्चात् सामूहिक रूप से एक गीत तैयार हो गया। यद्यपि इस गाथा के निर्माण में सभी व्यक्तियों का सहयोग प्राप्त है, परन्तु इसे किसी व्यक्ति विशेष की रचना नहीं कह सकते। यह पूरे समुदाय की कृति मानी जायेगी न कि किसी विशिष्ट कवि या गवैया की।

आजकल भी हम देखते हैं कि कजली गाने वाले लोग दो दलों में विभक्त हो जाते हैं। प्रत्येक दल में आठ-दस आदमी होते हैं। पहिले एक दल का एक व्यक्ति कजली की किसी कड़ी को तत्काल बनाकर सुनाता है। फिर दूसरे दल का व्यक्ति उसके उत्तर में एक नयी कड़ी बनाकर तुरन्त तैयार कर गाता है। फिर प्रथम दल का व्यक्ति तीसरी कड़ी बनाता है। पुनः दूसरे दल का कोई गवैया चौथी कड़ी जोड़ देता है। इस प्रकार यह सामूहिक गान का क्रम घंटों—और कभी-कभी रात-रात भर—चलता रहता है। इस प्रकार कजली के अनेक गीत बनकर तैयार हो जाते हैं। परन्तु अमुक कजली को अमुक व्यक्ति ने बनाया यह कहना असंगत होगा, क्योंकि इसका निर्माण समस्त समुदाय के सहयोग से हुआ है।[२]

ग्रिम के मतानुसार जिस प्रकार इतिहास का निर्माण नहीं किया जा सकता, उसी प्रकार महाकाव्य का भी निर्माण नहीं हो सकता। सर्वसाधरण जनता ही प्राचीन घटनाओं पर काव्य की धारा प्रवाहित करती है और इस प्रकार काव्य की निष्पत्ति होती है। ग्रिम ने बार-बार अपने

---

१. "It is inconsistent" he says "to think of composing an epic, for every epic must compose itself, must make itself, and can be written by no poet.
गूमर : ओ० इ० बै०—भूमिका, पृ० ५०।

२. नैनीताल तथा अलमोड़े जिले में नन्दाष्टमी के अवसर पर नन्दा देवी के मन्दिर के पास जो मेला लगता है, उसमें पहाड़ी गीतों के गवैये दो दलों में विभक्त हो जाते हैं। पहिला दल गीत बनाकर प्रश्न पूछता है और दूसरे दल का व्यक्ति गीत में ही इसका उत्तर देता है। यह क्रम सारा दिन चलता रहता है। यह सामुदायिक लोकगाथा-निर्माण का उदाहरण है। कजली के गीतों के दंगल सावन के महीने में काशी और मिर्जापुर में देखे जा सकते हैं, जहाँ श्रोताओं की बड़ी भीड़ जमा होती है। यहाँ भी कजली का निर्माण इसी सामुदायिक पद्धति से होता है।

इसी मत का प्रतिपादन अनेक स्थानों पर किया है।[१] एक दूसरे स्थान पर ग्रिम ने लिखा है कि महाकाव्य किसी विशिष्ट व्यक्ति या प्रसिद्ध कवि के द्वारा नहीं बनाया जाता बल्कि इसका प्रादुर्भाव स्वतः होता है और जनता में इसका प्रचार आप-से आप होता जाता है।[२] ग्रिम के मत का सिद्धान्त वाक्य है "जनता लोक-काव्य की रचना करती है"[३] अत : लोक-गाथाओं की परिभाषा बतलाते हुए उन्होंने लिखा है कि गाथा जनता के द्वारा, जनता के लिए, जनता की कविता है।[४] इससे उनके सिद्धान्त पर प्रचुर प्रकाश पड़ता है।

ग्रिम के मत का खण्डन--ग्रिम के मत का गत पृष्ठों में जो विवेचन किया गया है, उसमें सत्य का अंश बहुत कुछ है। परन्तु सभी गीतों और गाथाओं के सम्बन्ध में इस साधरण सिद्धान्त का प्रतिपादन करना कि 'इनकी रचना व्यक्तियों के द्वारा नहीं बल्कि समुदाय (Community) से हुई है' समीचीन नहीं प्रतीत होता।

२. श्लेगल का सिद्धान्त :व्यक्तिवाद---ए०डब्लू०श्लेगल (A.W. Schlegel) ने ग्रिम के मत का बड़े जोरों से खण्डन किया है। लोक-गाथाओं की उत्पत्ति के सम्बन्ध में इनके मत को 'व्यक्तिवाद' के नाम से अभिहित किया जाता है। श्लेगल के मतानुसार किसी कविता का रचयिता कोई न कोई व्यक्ति अवश्य होता है। जिस प्रकार कला की कोई कृति कलाकार की अपेक्षा रखती है उसी प्रकार कविता भी किसी कवि की सृष्टि होती है। गगन-चुम्बी अट्टालिकाएँ, अभ्रंलिह प्रासाद तथा आकाश में विजेता की कीर्ति-पताका को फहराने वाले विजय स्तम्भ, किसी श्रेष्ठ कलाकार के परिश्रम परिणाम होते हैं। पाषाण पर उत्कीर्ण प्रतिमाएँ किसी मूर्तिकला-विशारद की कुशलता को प्रमाणित करती हैं। कला, मनोहर रंगों से रंगे चित्र किसी 'चतुर चितेरे' की तूलिका की विशेषता प्रकट करते हैं। इसमें सन्देह नहीं कि प्रासाद तथा अट्टालिकाओं के निर्माण में अनेक व्यक्तियों का सहयोग रहता है फिर भी उस निर्मित प्रासाद में विशिष्ट कलाकार के व्यक्तित्व की उपेक्षा नहीं की जा सकती। लोक-कविता के सम्बन्ध में भी यही बात समझना चाहिए। लोक-गाथा की सृष्टि में अनेक लोक कवियों का हाथ अवश्य होता है परन्तु वह किसी विशिष्ट कवि की ही रचना होती है। समस्त काव्य प्रकृति और कला के ऊपर आश्रित होता है। अति प्राचीन आदिम कविता का भी कोई उद्देश्य होता है, उसमें भी

---

१. "Epic poetry," he declares, "can no more be made than history can be made. It is the folk which pours its own flood of poetry over far off events and so bring about the epics."
गूमर : ओ० इ० बै० ---भूमिका, पृ० ५१।

२. "Epic poetry," he says, "is not produced by particular and recognized poets but rather springs up and spreads a long time among the people themselves, in the mouth of the people.
गूमर : ओ० इ० बै०---भूमिका, पृ० ५१।

३. "Das volk dischtet."

४. The poetry of the people, by the people, of the people.

कोई योजना होती है। अतः उसका सम्बन्ध किसी विशिष्ट कलाकार से ही होता है।[1]

३. स्टेन्थल का सिद्धान्त : जातिवाद—लोक-गाथाओं की रचना के सम्बन्ध में स्टेन्थल का मत 'जातिवाद' के नाम से प्रसिद्ध है। इनका मत ग्रिम के मत से बहुत कुछ मिलता-जुलता है। ग्रिम के कथनानुसार कुछ व्यक्तियों के समुदाय (Community) के द्वारा लोक-गाथाओं की रचना हुई होगी। परन्तु स्टेन्थल का सिद्धान्त है कि किसी जाति (Race) के समस्त व्यक्ति मिलकर इनकी रचना करते हैं। इनके मत से व्यक्ति सभ्यता तथा युग-युग के विकास की परिणति है। परन्तु आदिम जातियों में व्यक्ति के स्थान पर समष्टि की प्रधानता पायी जाती है। असभ्य जातियों में भावना, एषणा और मूल प्रवृत्तियाँ एक समान ही उपलब्ध होती हैं। जिस वस्तु का अनुभव कोई एक व्यक्ति करता है समष्टि भी उसी का अनुभव करती है। इस परिस्थिति में सामान्य सृजनात्मक भावना के द्वारा भाषा और कविता का निर्माण होता है। इस प्रकार लोकगाथा किसी व्यक्ति विशेष की सम्पत्ति न होकर सम्पूर्ण जाति की धरोहर होती है।[2]

लोक (folk) के निर्माण में समान वंश या जाति का होना जितना आवश्यक है उतना समान भाषा का होना नहीं। यही एकता, जातीयता की यही भावना प्रथम भाषा में प्रकट होती है, पश्चात् कथाओं में, इसके पश्चात् धार्मिक विधि विधानों में, फिर काव्य-कला और सामाजिक रीति-रिवाजों में प्रकाशित होती है। दूसरे शब्दों में जन या लोक-काव्य का निर्माण उन्हीं सूक्ष्म

---

१. A poem implies always a poet, a work of art, as every poem must be, whether good or bad, implies an artist, and for poems of any reach of grace, we must assume an artist of the highest class. Legend, epic and song might well belong to the people as their property, but the making of this verse was never a communal process. A stately tower or any building of beauty means, it is true, that a host of workmen have carried stones from the quarry and reared the walls; but behind them is the shaping thought of the architect. All poetry rests upon a union of nature and art; even the earliest poetry has a purpose and a plan, and therefore belongs to an artist.
गूमर : ओ० इ० बै० —-भूमिका, पृ० LIV.

२. Steinthal tried to set forth doctrine that a whole race can make poems. The individual, he maintained, is the outcome of culture and long ages of development; while primitive races show simply an agreegate of men. Sensation, impulse and sentiment must be quite uniform in the uncivilized community—what one feels, all feel. A common creative sentiment throws out the word and makes language—throws out the song and makes poetry. No one owns a word, a law, a story, a custom. No one owns a song.
गूमर : ओ० इ० बै०—भूमिका, पृ० XXXVI-VII.

विधियों से निष्पन्न होता है जिनमें भाषा, कानून और समाज के नियमों की रचना होती है।[1]

छोटे-छोटे देशों में अनेक ऐसी असभ्य या अर्द्धसभ्य जातियाँ हैं जिनके सम्पूर्ण सदस्य एक स्थान पर एकत्र होकर कोई उत्सव मनाते हैं। मेले अथवा अन्य सार्वजनिक उत्सवों के अवसर पर वे लोग एकत्र होकर अपना मनोरंजन करते हैं। इस समय पर वे गीत बनाते और गाते हैं। इस प्रकार समस्त जाति के द्वारा गीतों का निर्माण होता है।

आलोचना—स्टेन्थल का यह सिद्धान्त किसी छोटी जाति के विषय में तो समीचीन हो सकता है, परन्तु किसी बड़े देश के सम्बन्ध में लागू नहीं हो सकता। यद्यपि इस मत में भी ग्रिम की भाँति सत्य का अंश विद्यमान है, परन्तु इसे पूर्ण रूप से स्वीकार नहीं किया जा सकता। इस मत के खण्डन में भी वही बातें कही जा सकती हैं जो ग्रिम के सिद्धान्त के सम्बन्ध में कही गई हैं। 'समस्त जाति लोकगाथाओं की रचना करती हैं' यह उक्ति उतनी ही हास्यास्पद है जितना 'सारी जाति शासन करती है' यह कथन। जिस प्रकार शासन का संचालन कुछ चुने हुए व्यक्ति किया करते हैं, उसी प्रकार लोक-गाथाओं की रचना कुछ विशिष्ट लोक कवियों का ही कार्य है।

४. विशप पर्सी का सिद्धान्तः चारणवादः—विशप पर्सी इंगलैण्ड के सुप्रसिद्ध गीत-संग्रहकर्ता थे। उन्होंने गाथाओं का सुन्दर संग्रह प्रस्तुत किया है। उनका मत है कि लोक-गाथाओं की रचना चारण या भाटों के द्वारा हुई है। ये चारण लोग प्राचीन काल में इंगलैण्ड में ढोल या सारंगी—हार्प—पर गाना गाते हुए भिक्षा की याचना किया करते थे। इसके साथ ही वे गीतों की रचना भी करते जाते हैं। ऐसे गीतों को 'मिन्स्ट्रल बैलेड' कहा जाता था, क्योंकि इनकी रचना चारणों—जिन्हें मिन्स्ट्रल कहते हैं— के द्वारा की जाती थी। ये चारण धनी-मानी व्यक्तियों के यहाँ जीविकोपार्जन के लिए जाया करते थे, जहाँ इनका बड़ा सम्मान होता था। इंगलैण्ड में कवि और चारण दो पृथक् व्यक्ति हो गये थे। काव्य-कला की समृद्धि विद्वानों और कवियों के द्वारा होती थी और लोक-गाथाओं की रचना चारण लोग करते थे।[2]

विशप पर्सी ने अपने संग्रह में संकलित गाथाओं की रचना के सम्बन्ध में लिखा है कि इसमें तनिक भी सन्देह नहीं कि अधिकांश प्राचीन वीरगाथाओं का निर्माण चारणों के द्वारा हुआ होगा। यह सम्भव है कि बड़े-बड़े छन्दोबद्ध गाथाओं की रचना साधु-सन्तों की प्रतिभा के परिणाम हों,

---

१. This unity, this spirit of the race, manifests itself first in speech, then in myth, then in custom; after long tradition custom gives birth to law. In other words, poetry of the people is made by any given race through the same mysterious process which forms speech, cult, myth, custom of law.
गूमर : ओ० इ० बै०—भूमिका, पृ० XXXVI.

२. Thus, the poet and the minstrel, early with us, became two persons. Poetry was cultivated by men of letters. XX But the minstrel continued a distinct order of men for many ages after the Norman Conquest, and got their livelihood by singing verses to the harp at the houses of the great.
विशप पर्सी : रेलिक्स ऑफ् एन्शेन्ट इंगलिश पोइट्री—भूमिका, पृ० XXIV.

परन्तु छोटे-छोटे वर्णनात्मक गीतों की सृष्टि चारणों द्वारा हुई होगी जो इन्हें बनाकर गाया करते थे।[१] जोसेफ रितसन (Joseph Ritson) का भी यही मत है। उन्होंने अंग्रेजी गाथाओं की उत्पत्ति रानी एलिजाबेथ प्रथम के समय में माना है। अंग्रेजी भाषा के सुप्रसिद्ध उपन्यासकार सर वाल्टर स्काट भी पर्सी के मत का समर्थन करते हैं। उनकी सम्मति में चारण (लोग) गाथाओं के बनाने में बड़े दक्ष थे। उनका कहना है कि प्रारम्भ में गाथाओं की रचना चारणों ने ही की होगी, जो कविता और संगीत दोनों की जानकारी का दावा रखते थे। अथवा इनका सामयिक उद्गार किसी स्वयंभू चारण के द्वारा हुआ होगा।[२] प्रोफेसर पाल का मत है कि मौखिक परम्परा के काल में चारण गीतों की रचना करते हैं और जीविका की प्राप्ति या उदर की पूर्ति के लिए इसे गाँवों में गाते फिरते हैं।

भारत में भी चारणों द्वारा अनेक गाथाओं की रचना हुई है। आल्ह-खण्ड का मूल लेखक जगनिक राजा परमार्दिव के दरबार में चारण था। सुप्रसिद्ध वीर पृथ्वीराज की अमरकीर्ति को 'रासो' की रचना कर अमर बनाने वाला चन्दबरदायी भाट था। आज भी गोरख-पन्थी साधु—जिन्हें साँई कहते हैं—सारंगी बजाकर गीत बनाते और गाते फिरते हैं। उत्तर प्रदेश के पूर्वी जिलों में निवास करने वाले भाट या चारण लोग बारातों में तत्काल काव्य की रचना करते जाते हैं। परन्तु सभी गाथाओं को चारणों के द्वारा निर्मित मानना समीचीन नहीं है।

५. चाइल्ड का सिद्धान्त : व्यक्तित्वहीन व्यक्तिवाद—प्रोफेसर चाइल्ड लोक-साहित्य के अधिकारी विद्वान् थे। इनके द्वारा संगृहीत तथा सम्पादित "इंगलिश एण्ड स्काटिश पापुलर बैलेड्स' नामक ग्रन्थ इनकी अमर कृति है जिससे इनकी अगाध विद्वता तथा भगीरथ प्रयत्न का पता चलता है। लोक-गाथाओं की रचना के सम्बन्ध में प्रोफेसर चाइल्ड का मत है कि जिस प्रकार किसी काव्य का लेखक होता है उसी प्रकार इन गाथाओं की रचना भी किसी व्यक्ति विशेष के द्वारा ही हुई है, परन्तु उसके व्यक्तित्व का विशेष महत्व नहीं है।[३]

---

१. I have no doubt that most of the old heroic ballads in this collection were composed by this order of men for although some of the larger metrical romances might come from the pen of the monks or authors, yet the smaller narratives were probably composed by the minstrels who sang them.
विशप पर्सी : रेलिक्स ऑफ् एन्शेन्ट इंगलिश पोइट्री—भूमिका, पृ० XXIV.

२. In his (Sir Walter Scott) eyes, the minstrel was quite sufficient to account for minstrelsy, whether of the borber or elsewhere. Ballads, he remarks, may be originally the work of minstrels "professing the joint arts of poetry and music" or they may be "the occassional effusions of some self taught bard."
गूमर : ओ० इ० बै०—भूमिका, पृ० LIX.

३. "Though they (ballads) do not write themselves as William Grimm has said, though a man and not a people has composed them, still the author counts for nothing, and it is not by mere accident but with the best reason, that they have come down to us anonymous.
जान्सन : साइक्लोपीडिया, १८९३ ई०।

अध्याय ६

लोक-गाथाओं के प्रकार

लोक-गाथाओं के अनेक भेद पाये जाते हैं। इनका वर्गीकरण दो दृष्टियों से किया जा सकता है। (१) आकार की दृष्टि से, (२) विषय की दृष्टि से। आकार की दृष्टि से विचार करने से गाथाएँ दो प्रकार की उपलब्ध होती हैं। (१) लघु और (२) वृहत्। लघु गाथाएँ वे हैं जिनका आकार छोटा है, जैसे भगवती देवी और कुसुमा देवी की गाथाएँ। वृहत् गाथाएँ प्रबन्धात्मक काव्य के समान हैं जिनको लिपिबद्ध करने में सैकड़ों पृष्ठ काले किये जा सकते हैं। हीर-राँझा, ढोला-मारू, राजा-रसालू और आल्हा-ऊदल की गाथा बड़ी विस्तृत है, जिसकी तुलना किसी भी प्रबन्ध काव्य से की जा सकती है।

१. **डॉ० उपाध्याय का वर्गीकरण**—लोक-गाथाओं का वास्तविक वर्गीकरण विपय की दृष्टि से ही किया जा सकता है। इन गाथाओं में जिन विषयों का वर्णन किया गया है उन्हीं के आधार पर इनका विभाजन समुचित है। इस दृष्टि से लोक-गाथाओं का विभाजन डॉ० कृष्णदेव उपाध्याय के मत के अनुसार प्रधानतया तीन भागों में किया जा सकता है:—

(१) प्रेम-कथात्मक गाथाएँ (Love ballads)

(२) वीर-कथात्मक गाथाएँ (Heroic ballads)

(३) रोमांच-कथात्मक गाथाएँ (Supernatural ballads)

(१) प्रेम-कथात्मक गाथाएँ—प्रेम मानव-जीवन का प्राण है। अतः इन गाथाओं में प्रेम का वर्णन होना अथवा प्रेम सम्बन्धी घटनाओं का उल्लेख होना स्वाभाविक है। यह प्रेम साधारण परिस्थिति में उत्पन्न नहीं होता प्रत्युत विषम वातावरण में पैदा होता है तथा उसी में प लता है। फलस्वरूप इसमें संघर्ष भी पाया जाता है। भोजुपरी की 'कुसमा देवी', 'भगवती देवी' और 'लचिया' की गाथाएँ ऐसी ही हैं जिनमें प्रेम एक ही ओर पलता है और उसका परिणाम बड़ा विषम होता है। 'विहुला' की कथा प्रेम का प्रबन्ध काव्य है। इस गाथा में ऐसा वर्णन पाया जाता है कि विहुला के अप्रतिम रूप को जो भी देखता था वह उसके सौन्दर्य से प्रभावित होकर मूर्छित हो जाता था । उसके अलौकिक लावण्य पर मोहित होकर अनेक युवकों ने उसके साथ पाणिग्रहण के लिए हाथ फैलाया परन्तु वे सफलीभूत नहीं हो सके। अन्त में एक चतुर मनुष्य—जिसका नाम बाला लखन्दर था—ने विहुला के प्रेम को जीतने में सफलता प्राप्त की। 'शोभा नयकवा बनजारा' भी एक दूसरा प्रणय-आख्यान है, जिसमें पति-पत्नी का प्रेम, संयोग एवं वियोग का वर्णन बड़ी ही रोचक तथा मर्मस्पर्शी भाषा में किया गया है। 'भरथरी चरित' में राजा भरथरी का अपने गुरु के उपदेश से घर छोड़कर जंगल में चले जाने का वर्णन है। उनके विरह में उनकी वियोग-विधुरा पत्नी का जो चित्र खींचा गया है वह बड़ा ही हृदय-स्पर्शी है। राजस्थान में प्रचलित 'ढोला-मारू' की गाथा प्रेम का वह अजस्र स्रोत है जिसमें अवगाहन कर पाठकों को अत्यन्त आनन्द आता है। मारवणी का प्रेम अनन्य एवं अलौकिक है। पंजाब में

प्रसिद्ध 'हीर-राँझा' की प्रेम-गाथा किस सरस व्यक्ति के हृदय को रस-मग्न नहीं कर देती? 'सोहिनी और महीवाल' की गुजराती गाथा शुद्ध प्रेम का ज्वलन्त उदाहरण है जिसमें प्रेमी और प्रेमिका दोनों ही प्रेम की धधकती आग में अपने प्राणों की आहुति कर देते हैं। कहने का आशय यह है कि अधिकांश गाथाओं का वर्ण्य विषय प्रेम है जिसका चित्रण बड़ी सुन्दर रीति से किया गया है।[१]

अंग्रेजी साहित्य में भी प्रेम-गाथाओं की प्रचुरता पायी जाती है जिससे वहाँ की सामाजिक परिस्थिति का पता चलता है। निर्दयी भाई (क्रूयल ब्रदर) नामक एक ऐसी ही गाथा है जिसमें कोई बहन अपने प्रेमी से, भाई की बिना आज्ञा के विवाह कर लेती है। फलस्वरूप उसका भाई उसे जान से मार डालता है।

(२) **वीर-कथात्मक गाथाएँ**—वीर-कथात्मक गाथाओं में किसी वीर के साहस-पूर्ण और शौर्य-सम्पन्न कार्य का वर्णन होता है। इन कथानकों में यह वीर पुरुष आपदाग्रस्त किसी अबला का उद्धार करता हुआ दिखायी पड़ता है अथवा वीरता से अपने शत्रुओं का सामना कर, न्याय पक्ष की विजय के लिए लड़ाई में जूझता हुआ हमारे सामने उपस्थित होता है। अलौकिक वीरता का वर्णन करना ही इन गाथाओं का चरम लक्ष्य है। कहीं पर किसी युवती का पाणिग्रहण करने के लिए भीषण संग्राम का वर्णन उपलब्ध होता है, तो कहीं मातृभूमि के उद्धार के लिए शत्रुओं से लड़ने का विवरण पाया जाता है। वीर गाथाओं में 'आल्हा' का स्थान सर्वश्रेष्ठ है। दोनों वीर भाइयों आल्हा और ऊदल ने किस प्रकार अपनी मातृभूमि की रक्षा के लिए महाप्रतापी राजा पृथ्वीराज से भीषण युद्ध किया, यह बात इतिहास के पाठकों से छिपी नहीं है। 'लोरिकायन' नामक गाथा में लोरकी की जीवन-कथा, उसका विवाह और वीरता का मनोरम चित्रण उपस्थित किया गया है। कुँवर विजयी—जिसको विजयमल भी कहते हैं—की गाथा भोजुपरी प्रदेश में प्रसिद्ध है। यह अपने समय का वीर-बाँकुड़ा था, जिसके सामने शत्रुगण रण-क्षेत्र में कभी टिक नहीं पाते थे। इसके साहसपूर्ण कार्यों की गाथा भोजपुरी प्रदेश में बड़े चाव से गायी और सुनी जाती है।

(३) **रोमांच-कथात्मक गाथाएँ**—इस प्रकार की गाथाएँ वे हैं जिनमें रोमांच या रोमांस पाया जाता है। इसके अन्तर्गत सोरठी की सुप्रसिद्ध गाथा आती है। सोरठी एक साधारण घर की लड़की थी जो अपनी माता के विवाह के पहिले पैदा हो जाने के कारण लोकलाज के हेतु, माता-पिता द्वारा परित्यक्त कर दी गई। उसकी माता ने उसे पालने में सुलाकर नदी में प्रवाहित कर दिया। "जाको राखै साइयाँ मारि न सकिहैं कोय।" सोरठी पालने पर पड़ी हुई नदी में बहती हुई चली जा रही थी। एक मल्लाह ने उसे वेगवती नदी में बहते हुए देखा। नदी की धारा में से निकाल कर, घर लाकर उसे पालने-पोसने लगा। धीरे-धीरे सोरठी बड़ी हुई और उसका विवाह हो गया। सोरठी की कथा इतनी अलौलिक और रोचक है कि पढ़ते समय यही मालुम पड़ता है कि कोई 'रोमान्स' पढ़ रहे हैं। अंग्रेजी साहित्य में इस प्रकार की अनेक गाथाएँ हैं जिनमें रोमांस का अत्यधिक पुट पाया जाता है।

---

१. परशुराम चतुर्वेदी : भारतीय प्रेमाख्यान की परम्परा, राजकमल प्रकाशन, दिल्ली।

गाथा 'नो दीठी' के नाम से संगृहीत है।[1] अंग्रेजी में ऐसी बहुत सी गाथाएँ उपलब्ध होती हैं, जिनमें पर-पुरुष के द्वारा बलात्कार या व्यभिचार करने का वर्णन उपलब्ध है। विशप पर्सी के संकलन में ऐसे अनेक गीत उपलब्ध हैं, परन्तु हिन्दी में ऐसी कोई गाथा नहीं मिलती। वस्ती सिंह अवश्य ही अपने बड़े भाई को मारकर अपनी भावज से विवाह करना चाहता है, परन्तु वह सती हो जाती है और इस प्रकार अपने सतीत्व को बचा लेती है।[2] कुछ गीतों में स्त्री के सतीत्व की जाँच के लिए अनेक प्रकार के दिव्यों का विधान पाया जाता है। यह प्रथा अन्य देशों में भी प्रचलित थी।

(३) अलौकिक गाथाएँ—इसके अन्तर्गत मृत्यु गीत, जादू के द्वारा शरीर का बदल जाना और अन्ध विश्वास पर आश्रित अनेक गीत आते हैं। मृत्यु-गीतों की चर्चा अन्यत्र की जा चुकी है। यहाँ पर एक ही उदाहरण पर्याप्त होगा। 'बोनी जेम्स केम्पबेल' नामक गाथा में मृत पुरुष की विधवा पत्नी बड़े ही करुण शब्दों में विलाप करती है, जिसका एक पद्य इस प्रकार है:—[3]

"My meadow lies green
And my corn is unshorn.
My barn is to build
And my babe is unborn."

अंग्रेजी के कुछ गीतों में परियों से प्रेम की कथा भी पाई जाती है। टामस राइमर (Thomas Rymer) नामक गाथा में कोई व्यक्ति परियों के प्रेम-जाल में फँस जाता है और अपने उद्‌देश्य पूर्ति के लिए यह 'परीस्तान' की यात्रा भी करता है। एक गीत में कोई माता स्वर्ग से लौटे हुये अपने तीन पुत्रों का विधिवत् स्वागत करती है।

परन्तु अलौकिकता की यह भावना, परियों और अप्सराओं से प्रेम की कथा, शुद्ध भारतीय गाथों में प्रायः नहीं पायी जाती। इसी प्रकार से भूत-दूत या प्रेत से अविष्ट होने की चर्चा भी नहीं के बराबर है।

(४) पौराणिक गाथाएँ—इनसे अभिप्राय उन गाथाओं से है जो किसी प्राचीन पौराणिक कथा या किम्वदन्ती को लेकर जनता में प्रचलित हैं। शेटलेण्ड में 'ओरफिन्स' की कहानी गीतों में प्रचलित है जो चिरकाल से मौखिक रुप से चली आती है। एक गीत में किसी किसान का उल्लेख पाया जाता है जो अपना खेत बो रहा है। उसी रास्ते से जोसेफ, मेरी और क्राइस्ट के जाने का वर्णन भी गीत में किया गया है। भोजपुरी में राजा ढोलन की गाथा प्रचलित है। ऐसा कहा जाता है कि ढोलन नल और दमयन्ती के पुत्र थे। उनकी कथा ही इस गाथा का प्रतिपाद्य विषय है। नल और दमयन्ती की कहानी महाभारत तथा पुराणों में पायी जाती है।

कुछ गाथाओं में हास्य-रस का पुट अधिक पाया जाता है। अंग्रेजी में 'हमारा अच्छा आदमी' (Our good man) तथा 'प्रसन्न भिखमंगा' (Jolly beggar) ऐसे गीत हैं जिनमें

---

१. मेघाणीः रढ़ियाली रीत, भाग १ (गीत-18), पृ० २७।
२. त्रिपाठीः कविता कौमुदी, भाग ५ (ग्राम-गीत)।
३. कीट्रीजः इ० स्का० पा० बै०।

हास्य की मात्रा प्रचुर परिणाम में उपलब्ध होती है। 'धनि धनि रे पुरुष तोर भागि करकसा नारि मिली' शीर्षक अवधी गीत हास्य-रस का उत्कृष्ट उदाहरण है।[१]

(५) सीमान्त गाथाएँ—इंग्लैण्ड तथा स्काटलैण्ड के सीमान्त भागों में प्रचलित होने के कारण उपर्युक्त गीतों का नामकरण हुआ है। इन गाथाओं में सीमान्त पर होने वाले युद्धों का वर्णन हुआ है। परन्तु यह कुछ कम आश्चर्य की बात नहीं है कि इन गाथाओं में महान युद्धों की अपेक्षा छोटी लड़ाइयों की चर्चा ही विशेष रुप से पायी जाती है।

इनमें कुछ ऐसी भी गाथाएँ हैं जो स्थानीय इतिहास से सम्बद्ध हैं। सन् १८५७ ई० के भारतीय-स्वतन्त्रता संग्राम में भाग लेने वाले वीर बाबू कुँवर सिंह का पँवारा इसी कोटि में आता है। राजस्थान में प्रचलित जगदेव की वीर गाथा इस दृष्टि से बड़ी महत्वपूर्ण है। बारहवीं शताब्दी में सिद्धराज जयसिंह सोलंकी अनहिलवाड़ा (पाटण) में राज्य करता था। इसके यहाँ जगदेव पँवार एक बड़ा स्वामिभक्त क्षत्रिय नौकर था जिसका नाम आदर्श वीरों में प्रसिद्ध है। स्वयं जयसिंह सोलंकी से स्पर्धा हो जाने पर इसने अपने हाथ से अपना मस्तक काट कर चामुण्डा की उपासिका—कंकौली—को दे दिया था। इसी वीरता का वर्णन एक गाथा का वर्ण्य विषय है। अवधी में ऐसी अनेक गीत प्रचलित हैं जिनमें सन् १८५७ ई० के 'विद्रोह' की चर्चा बड़े ही मार्मिक शब्दों में की गई है। राणा वेणी माधव की लोक गाथा भी इसी प्रकार की है। उपर्युक्त सभी गीत ऐतिहासिक गाथाओं (Chronical ballads) की श्रेणी में रखे जा सकते हैं।

(६) आरण्यक गाथाएँ—इंग्लैंड में राबिनहुड नामक एक साहसिक व्यक्ति हो गया है जो ग्रीनउड नामक जंगल में रहता था। वह राजकीय शासन की अवहेलना कर, धनिकों को लूट-खसोट कर, गरीब और निःसहायों की उस धन से रक्षा करता था। शासन के नियमों को भंग करने के कारण वह लुटेरा (out-law) माना जाता था। इस राबिनहुड से सम्बन्धित बीसियों गाथाएँ अंग्रेजी में प्रचलित हैं। ग्रीनउड में उसके निवास करने के कारण उससे सम्बन्धित गाथाओं का नाम ही 'ग्रीन उड बैलेड्स' पड़ गया। इसीलिए इन्हें 'आरण्यक गाथाओं' की संज्ञा प्रदान की गई है। राबिनहुड की गाथाओं की श्रेणी में 'The Gest of Robin Hood' सबसे बड़ी गाथा है जो महाकाव्य के समकक्ष मानी जा सकती है। इन गाथाओं में राबिनहुड का जो चित्रण किया गया है वह एक लुटेरे के रुप में नहीं है, बल्कि गरीब और दुःखियों के रक्षक, त्राता के रुप में चित्रित है। उसका चरित्र नितान्त उदात्त, शुद्ध तथा दिव्य दिखलाया गया है। यह एक राष्ट्रीय वीर (National Hero) के रुप में हमारे सम्मुख उपस्थित होता है। राबिनहुड सम्बन्धी गाथाएँ इतनी अधिक हैं कि उनकी एक पृथक श्रेणी ही बन गई है जो 'ग्रीनउड बैलेड्स' या 'आउड-ला बैलेड्स' के नाम से प्रसिद्ध हैं।

आज से लगभग एक सौ वर्ष पूर्व उत्तर प्रदेश के पश्चिमी जिलों में सुल्ताना नामक डाकू का नाम बड़ा प्रसिद्ध था। परन्तु उसके विषय में ऐसा कहा जाता है कि वह धनी व्यक्तियों को ही लूटता था और उस धन से गरीबों की सहायता करता था। बिजनौर तथा सहारनपुर के जिलों में उसकी लोकप्रियता का सम्भवतः यही कारण था। सुल्ताना के सम्बन्ध में अनेक गाथाएँ उसके

---

१. त्रिपाठी: कविता कौमुदी, भाग ५ (ग्रामगीत)।

जीवन काल में ही प्रसिद्ध हो गई थीं जो आज भी बड़े प्रेम से सुनी और गाई जाती हैं। सुप्रसिद्ध डाकू मानसिंह—के विषय में भी ये ही बातें कही जाती हैं। बहुत सम्भव है कि ग्वालियर और आगरे के आस-पास इसकी वीरता के गीत गाये जाते हों।

राजस्थान में इसी शताब्दी में जोरसिंह या जोरावरसिंह (जोरजी) नाम का एक प्रसिद्ध डकैत हो गया है जिसकी बहादुरी के कई गीत प्रचलित हैं।[१] जोरसिंह को उसके साथियों ने धोखा देकर मार डाला था। जिस दिन उसे मारा गया था उससे पहिली रात को उसकी पत्नी को बुरा स्वप्न हुआ जिससे उसने अपने पति तथा उसके साथियों को पहले से ही आगाह कर दिया था। परन्तु जोरसिंह वीर उदार था, अन्त में अपने साथियों के षडयन्त्र में पड़कर वह मारा गया। मरते समय अपनी पत्नी की सीख उसे याद आई। यहाँ तक का वृतान्त तो एक गीत का विषय है। आगे जोरसिंह के वीर सुपुत्र ने किस प्रकार अपने पिता के खून का बदला लिया, यह दूसरे में वर्णित है।[२] किनकेड ने अपनी सुप्रसिद्ध पुस्तक[३] में काठियावाड़ के लुटेरों या डकैतों (Out-laws) का बड़ा ही रोचक वर्णन प्रस्तुत किया है जिससे पता चलता है कि इन लोगों ने समाज में कितनी लोकप्रियता प्राप्त कर ली थी। इनकी वीरता और उदारता के गीत आज भी काठियावाड़ (सौराष्ट्र) में बड़े चाव से गाये जाते हैं। उपर्युक्त से सभी गाथाएँ 'ग्रीनउड बैलेड्स' की श्रेणी में रखी जा सकती हैं।

इसमें सन्देह नहीं कि प्रो० गूमर द्वारा प्रतिपादित गाथाओं का उपर्युक्त वर्गीकरण बड़ा ही व्यापक और विस्तृत है। इसमें सभी प्रकार की गाथाएँ अन्तर्भुक्त हो जाती हैं।

■ ■ ■

---

१. पारीकः रा० लो० गी०, पृ० ८३।

२. पारीकः रा० लो० गी०, पृ० ८३।

३. Kincaid : The Out-laws of Kathiawad.

अध्याय १०

लोक-कथाओं का विश्लेषण

लोक-साहित्य के अध्ययन में लोक-कथाओं का स्थान अत्यन्त महत्वपूर्ण है। व्यापकता और प्रचुरता की दृष्टि से इनका मूल्य अत्यधिक है। भारतीय लोक-साहित्य में लोक-कथाओं की संख्या अनन्त है। केवल हिन्दी की ही विभिन्न बोलियों में प्रचलित कथाओं का संग्रह किया जाय तो कई वृहत् संकलन-ग्रन्थ तैयार हो सकते हैं। जिस प्रकार आदि काव्य का जन्म इस देश में हुआ था उसी प्रकार सबसे प्राचीन कथाओं की उत्पत्ति भी इसी पुण्य भूमि में हुई थी। भारतीय कथा-साहित्य अत्यन्त प्राचीन है। भारतीय कथाओं की सबसे बड़ी विशेषता यह है कि इनका प्रभाव संसार के प्रायः सभी देशों के कथा-साहित्य पर प्रचुर रूपेण पड़ा है। इनके यूरोपीय देशों में प्रचार की कहानी बड़ी लम्बी है। सर्वप्रथम इन कहानियों का अनुवाद अरबी और पहलवी भाषाओं में हुआ, इसके पश्चात् यूरोप की विभिन्न भाषाओं में इनके अनुवाद प्रस्तुत किये गये। यूरोप में प्रचलित 'इसाप्स फेबुल्स' (ईसप की कहानियों) में भारतीय प्रभाव स्पष्ट दृष्टि गोचर होता है।

(क) लोक-कथाओं की प्राचीन परम्परा

लोक-कथाओं की परम्परा अत्यन्त उद्गम दिखायी पड़ती है। ऋग्वेद में बहुत से ऐसे सूक्त होते हैं जिनमें दो या तीन पात्रों में कथनोपकथन पाया जाता है। इन सूक्तों को संवाद सूक्त कहते हैं। ऋग्वेद में ऋषि शुनःशेप का प्रसिद्ध आख्यान उपलब्ध होता है।[१] अपाला अत्रेयी के आदर्श नारी चरित्र का चित्रण हमें सर्वप्रथम इसी वेद में देखने को मिलता है।[२] च्यवन भार्गव और सुकन्या मानवी की कथा भी बड़ी सुन्दर रीति से इसमें वर्णित है।[३]

ब्राह्मण ग्रन्थों में भी अनेक कथाएँ उपलब्ध होती हैं। शतपथ ब्राह्मण में पुरुरवा और उर्वशी की कथा नितान्त प्रसिद्ध है।[४] इसी कथा को लेकर महाकवि कालिदास ने 'विक्रमोर्वशी' नाटक की रचना की है। तांड्यब्राह्मण में च्यवन भार्गव और सुकन्या मानवी की कथा उपलब्ध होती है।[५] ऐतरेय ब्राह्मण में शुनः शेप का आख्यान वर्णित है।[६] शाट्यायन ब्राह्मण में महर्षि वृश नामक पुरोहित के वैदिक कालीन महत्व का प्रतिपादन किया गया है।[७]

---

१. ऋ० वे०—१-२४-३०
२. ऋ० वे० —८-६-१।
३. ऋ०वे०—१०-३६-४।
४. श० ब्रा०—११-५-१।
५. ता०ब्रा०—१४-६-११।
६. ऐ० ब्रा०—७-३।
७. शा० ब्रा०—५-२।

आज तक इनकी धारा अक्षुण्ण रीति से प्रवाहित होती आ रही है।

प्राचीन वर्गीकरण—प्राचीन आचार्यों ने कथा को दो भागों में विभक्त किया है। (१) कथा और (२) आख्यायिका। कथा उस कहानी को कहते हैं जो कवि कल्पना से प्रसूत होती है, जैसे वाणभट्ट की कादम्बरी और दण्डी का दशकुमारचरित। परन्तु आख्यायिका का आधार ऐतिहासिक इतिवृत्त होता है। यह किसी इतिहास सम्बन्धी सत्य घटना को लेकर लिखी जाती है। जहाँ वाण की कादम्बरी कथा का उदाहरण है वहाँ उनके द्वारा लिखित 'हर्षचरित' आख्यायिका का आदर्श है। आनन्दवर्द्धनाचार्य ने कथा के तीन भेदों का उल्लेख किया है। (१) परि कथा, (२) सकल कथा और (३) खण्ड कथा। परि कथा वह कथा है जिसमें केवल इतिवृत्त मात्र हो, रस परिपाक के लिए उसमें विशेष स्थान न हो। अभिनव गुप्त ने परि कथा में ऐसे वृत्तान्तों का समावेश आवश्यक माना है जिसमें वर्णन की विचित्रता पाई जाती है। सकल कथा में बीज (प्रारम्भ) से फल पर्यन्त समस्त कथा का सन्निवेश उपलब्ध होता है। हेमचन्द्र ने इस कथा को चरित का नाम दिया है और उदाहरण के रूप में 'समरादित्य कथा' का उल्लेख किया है। खण्ड कथा एक देश प्रधान होती है।

हरिभद्राचार्य ने कथाओं का एक नया वर्गीकरण प्रस्तुत किया है जिसमें मौलिकता पायी जाती है। इसके अनुसार कथाओं के निम्नांकित चार भेद हैं:—

(१) अर्थ कथा, (२) काम कथा (३) धर्म कथा, (४) संकीर्ण कथा।

अर्थ कथा का विषय अर्थ की प्राप्ति है। काम-कथा में प्रेम का वर्णन अपनी प्रधानता रखता है। इस प्रकार की कथाओं की संख्या अत्यधिक है। धर्म कथा धार्मिक आख्यानों से सम्बन्ध रखती है। इस कथा की अभिलाषा करने वाले श्रेष्ठ तथा धार्मिक मनुष्य बतलाये गये हैं।

"मोक्षकांक्षैक्तानेन चेतसाभिलषन्ति ये।
शुद्धां धर्मकथामेव सात्विकास्ते नरोत्तमः।।"

परन्तु दोनों लोकों की इच्छा रखने वाले संकीर्ण कथा के प्रेमी मध्यम कहे गये हैं।

"ये लोकद्धयसापेक्षाः किंचित्सत्त्वयुताः नराः।
कथामिच्छन्ति संकीर्णां ज्ञेयास्ते वरमध्यमाः।।"

१. डॉ० उपाध्याय का वर्गीकरण—लोक-कथाओं के वर्ण्य-विषय की दृष्टि से इनका विभाजन डॉ० कृष्णदेव उपाध्याय ने निम्नांकित छः वर्गों में किया है।

(१) उपदेश-कथा, (२) व्रत-कथा, (३) प्रेम-कथा, (४) मनोरंजन-कथा, (५) सामाजिक-कथा, (६) पौराणिक-कथा।

(१) लोक-साहित्य में कथाएँ उपलब्ध होती हैं उनमें अधिकांश प्रथम वर्ग से ही सम्बन्ध रखती हैं। लोक-कथाओं का प्रधान उद्देश्य उपदेशात्मक होता है। उपदेश की इस प्रवृत्ति को इन कथाओं की आत्मा समझनी चाहिए। पंचतंत्र तथा हितोपदेश की समस्त कथाएँ इसी कोटि के अन्तर्गत आती हैं। 'हितोपदेश' नाम से ही यह ज्ञात होता है कि इन काहनियों में कल्याणकारी उपदेश भरा पड़ा है। संभवतः इस ग्रन्थ की रचना भी इसी लक्ष्य को सामने रखकर की गई थी।

'कथाच्छलेन बालानां नीतिस्तदिह कथ्यते' इस पंक्ति को लिखकर लेखक ने ग्रन्थ-रचना के अभिप्राय को स्पष्ट कर दिया है। पंचतंत्र तथा हितोपदेश में जानवरों तथा पक्षियों के मुख से कहानियाँ कहलवाई गईं हैं। उन सब में नीति या उपदेश अन्तर्निहित हैं। लोककथा—जो भोजपुरी प्रदेश में बहुत प्रसिद्ध है—इसी श्रेणी के अन्तर्गत आती है। किस प्रकार मायावी स्त्रियाँ सीधे-सादे पतियों को परेशन करती हैं और उन्हें चक्कर में डाल देती हैं, यही इस कथा का प्रधान उद्देश्य है। इस कहानी के द्वारा लोक-कथाकार ने यह बतलाने का प्रयत्न किया है कि ऐसी दुष्टा स्त्रियों से पुरुषों को सावधान रहना चाहिये।

(२) धर्म हमारे जीवन का अंग है। धार्मिक कृत्यों एवं विधि-विधानों से हमारा जीवन ओत-प्रोत है। अतः हमारे धार्मिक क्रिया-कलापों में व्रतों का महत्वपूर्ण स्थान होना स्वाभाविक है। इन व्रतों के सम्बन्ध में अनेक कहानियाँ प्रचलित हैं। व्रजमण्डल में सत्यनारायण तथा गणेश जी की कथा का बड़ा प्रचार है। इसी प्रकार भोजपुरी प्रदेश में सत्यनारायण तथा त्रिलोकीनाथ की कथा का घर-घर में प्रचार पाया जाता है। भाद्रपद मास के शुक्ल पक्ष की चतुर्दशी को 'अनन्त चतुर्दशी' कहते हैं। इस दिन अनन्त भगवान् की कथा कही जाती है। स्त्रियों के व्रतों में पिंड़िया प्रसिद्ध है। भोजपुरी लड़कियाँ पिंड़िया का व्रत करते समय सबेरे और शाम, नित्यप्रति, इस कथा को सुनती हैं। इसी प्रकार 'बहुरा' व्रत की कथा भी प्रसिद्ध है। इसके अतिरिक्त जीवित्पुत्रिका, करवा चौथ, अहोई आठें, गनगौर आदि व्रतोंके अवसर पर भी कथाएँ कही जाती हैं।

(३) तीसरी प्रकार की कथाएँ प्रेमात्मक हैं। इन कहानियों में प्रेम की कथायें बड़ी सुन्दर रीति से कही गई हैं। माता का पुत्र के प्रति प्रेम जितना वात्सल्यपूर्ण होता है, पत्नी का पति-प्रेम दृढ़ और स्वाभाविक होता है; बहिन का भाई के प्रति प्रेम कितना अकृत्रिम होता है इसकी झाँकी इन कथाओं में देखने को मिलती है। स्त्रियों के प्रति प्रेम का जो उत्कृष्ट एवं अलौकिक आदर्श यहाँ पाया जाता है, उसके दर्शन अन्यत्र कहाँ ? यह बतला देना आवश्यक है कि लोक-कथाओं में जो दाम्पत्य प्रेम उपलब्ध होता है वह नितान्त पवित्र और शुद्ध है, काम-वासना की उसमें गंध भी नहीं पायी जाती।

(४) कुछ कथाओं का उद्देश्य केवल मनोरंजन मात्र है। ऐसी कथाओं को बालकगण बड़े चाव से सुनते हैं। ढेला-पत्ती की कहानी ऐसी ही है जो बालकों के मनोरंजन को लक्ष्य में रखकर लिखी जान पड़ती है। इस कथा का अन्त इस प्रकार से किया है कि मिट्टी का ढेला गल गया, पत्ती हवा में उड़ गई और इस प्रकार कथा समाप्त हो गयी:—

"ढेला गइले भिहिलाई
पतई गइले उड़ियाई
अवरू कथा गले ओराई।"

(५) सामाजिक कथाएँ वे हैं जिनमें समाज का वर्णन पाया जाता है। बहुत सी ऐसी कहानियाँ उपलब्ध होती हैं जिनमें राजा के न्याय की कथा, अर्थाभाव के कारण जनता को कष्ट, बहु-विवाह तथा बाल-विवाह का उल्लेख पाया जाता है। इन कथाओं को सामाजिक कहानियों

की श्रेणी में रखा जा सकता है।

(६) लोक-साहित्य में पौराणिक कथाओं का भी अभाव नहीं है। शिवि, दधीचि, सत्य हरिश्चन्द्र तथा नल-दमयन्ती की कथा लोग बड़े चाव से सुनते हैं। गोपीचन्द, राजा भरथरी तथा सरवन (श्रवण कुमार) की कथा भी कुछ कम प्रसिद्ध नहीं है। सारंगा-सदाबृज की कहानी लोगों में बड़ी लोकप्रिय है। जहाँ पहली (शिव आदि) कहानियाँ पौराणिक हैं वहाँ दूसरी कथाएँ (गोपीचन्द भरथरी) पौराणिक न होते हुए भी पौराणिकता के पुट से युक्त हैं। इस प्रकार से लोक-कथाओं को प्रधानतया इन्हीं उपर्युक्त छः श्रेणियों में विभक्त किया जा सकता है। अन्य प्रकार की कहानियों का भी इन्हीं श्रेणियों में अन्तर्भाव हो सकता है।

२. **डॉ० सत्येन्द्र का वर्गीकरण**—डॉ० सत्येन्द्र ने व्रज की लोक-कथाओं को निम्नांकित आठ श्रेणियों में विभाजित किया है[1]

(१) गाथाएँ, (२) पशु-पक्षी सम्बन्धी कथाएँ, (३) परी की कथाएँ, (४) विक्रम की कहानियाँ, (५) बुझौवल सम्बन्धी कहानियाँ, (६) निरीक्षण गर्भित कहानियाँ, (७) साधु-पीरों की कहानियाँ, (८) कारण निर्देशक कहानियाँ। यह कहने की आवश्यकता नहीं कि इन श्रेणियों का अन्तर्भाव पूर्वोक्त वर्गीकरण में ही हो जाता है।

३. **डॉ० सेन का वर्गीकरण**—डॉ० दिनेशचन्द्र सेन ने बंगाल की लोक-कहानियों को चार भागों में विभक्त किया है।[2]

(१) रूप कथा (Supernatural tales)
(२) हास्य कथा (Humurous tales)
(३) व्रत कथा (Religious tales)
(४) गीत कथा (Nursery tales)

डॉ० सेन के मतानुसार रूप कथाएँ वे हैं जिनमें किसी अमानवीय एवं अप्राकृतिक, अद्भुत वस्तु का वर्णन हो। इसके अन्तर्गत भूत-दूत, प्रेत, देवता तथा दानव आदि की कहानियाँ आती हैं। कहानियों में अलौकिकता का पुट एक आवश्यक अंग माना जाता है। इस प्रकार की अमानवीय कहानियाँ प्रायः सभी प्रान्तों में पायी जाती हैं। दूसरी प्रकार की वे कथाएँ हैं जिनको सुनकर श्रोताओं के हृदय में हास्य रस की उत्पत्ति होती है। ऐसी कथाओं को बालक बहुत पसन्द करते हैं। व्रत कथा किसी विशेष पर्व या त्यौहार के दिन कही जाती है। अन्तिम श्रेणी की कथाएँ वे हैं जिन्हें बच्चे को पालने में झुलाते समय कहा जाता है। इन्हें अंगरेजी में क्रेडेल टेल्स (Cradle tales) या नरसरी टेल्स (Nursery tales) कहते हैं। गाँव की बूढ़ी स्त्रियाँ अपने बच्चे को पालने अथवा गोद मे लेकर अनेक कहानियाँ सुनाती हैं। डॉ० सेन की इन गीत-कथाओं का अन्तर्भाव उपदेशात्मक या मनोरंजनात्मक कथाओं के भीतर मानना चाहिए।

---

१. डॉ० सत्येन्द्र : ब्र० लो० सा० अ०, पृ० ८३।
२. डॉ० सेनः फोक लिटरेचर ऑफ बंगाल।

(ग) लोक-कथाओं की विशेषताएँ

लोक-कथाओं का सम्यक् अनुसन्धान करने पर उनकी अनेक विशेषताओं का पता चलता है। इन विशिष्टताओं को निम्नांकित आठ भागों में विभक्त कर सकते हैं।

(१) प्रेम का अभिन्न पुट, (२) अश्लील श्रृंगार का अभाव, (३) मनुष्य की मूल प्रवृत्तियों से निरन्तर साहचर्य, (४) मंगल-कामना की भावना (५) सुख और संयोग में कथाओं का अन्त, (६) रहस्य, रोमांच एवं अलौकिकता की प्रधानता, (७) उत्सुकता की भावना (८) वर्णन की स्वाभाविकता।

(१) प्रेम का अभिन्न पुट—अधिकांश लोक-कथाओं में प्रेम का अभिन्न पुट पाया जाता है। मानव जीवन से सम्बन्ध रखने वाली इन कहानियों में प्रेम का वर्णन होना नितान्त स्वाभाविक है। इनमें कहीं तो भाई और बहन का विशुद्ध प्रेम पाया जाता है तो कहीं माता का अपनी पुत्री के प्रति अकृत्रिम वात्सल्य प्रेम। किस प्रकार माँ अपने प्यारे पुत्र को प्राणों से अधिक प्यार करती है, गरीबी में अपने दिनों को काटते हुए भी अपने लाड़ले को कष्ट नहीं होने देती और उसे कभी भी अपनी आँखों से ओझल नहीं करती इत्यादि अनेक प्रकार के चित्र इन कहानियों में देखने को मिलते हैं। पत्नी का अपने पति के प्रति जिस पवित्र और दिव्य प्रेम का वर्णन इन कथाओं में मिलता है वह सचमुच ही अलौकिक और आदर्श है। हिन्दी के प्रेम-मार्गी कवियों ने जिन आख्यानों को लेकर अपने काव्यों की रचना की है वे प्रायः सभी प्रेम की आधारशिला पर निर्मित हैं।

(२) अश्लील श्रृंगार का अभाव—लोक-कथाओं में प्रेम का पुट प्रचुर परिमाण में होने पर भी इनमें अश्लीलता का अभाव पाया जाता है। कुत्सित प्रेम—जो आधुनिक कहानियों का प्रधान वर्ण्य विषय बन गया है—-इनमें कहीं भी दृष्टिगोचर नहीं होता। काम-वासना या सौन्दर्य-लोभ से जनित प्रेम विशुद्ध कहलाने का अधिकारी नहीं है। यह कुछ कम आश्चर्य की बात नहीं है कि ग्रामीणों द्वारा गढ़ी गई इन कहानियों में कहीं ग्राम्यता नहीं आने पायी है। प्रेम का भद्दा प्रदर्शन आधुनिक कहानियों की विशेषता भले ही हो परन्तु लोक-कथाओं का नहीं है।

(३) मनुष्य की मूल प्रवृत्तियों से निरन्तर साहचर्य—इन कथाओं में मानव जीवन की मूल प्रवृत्तियों से निरन्तर साहचर्य स्थापित किया गया है। मनुष्य की मूल प्रवृत्तियों से हमारा अभिप्राय उन वस्तुओं से है जो मानव के जीवन में अन्वय-व्यतिरेक से अनुस्यूत हैं। सुख-दुःख, आशा-निराशा, काम, क्रोध, मद, लोभ, एषणा आदि ऐसी ही प्रवृत्तियाँ हैं जो सदा से बनी रही हैं और सदा बनी रहेंगी। इन्हीं मूल प्रवृत्तियों का वर्णन इन कहानियों में उपलब्ध होता है। आजकल की अनेक कहानियाँ किसी क्षणिक घटना को लक्षित कर लिखी जाती हैं। अतएव उनका स्थायी प्रभाव नहीं पड़ता। परन्तु अधिकांश लोक कहानियाँ किसी विशेष घटना या पात्र को लेकर नहीं लिखी गई होती हैं। इनकी रचना जीवन की मूलभूत प्रवृत्तियों को लेकर की जाती है। इनमें जिन घटनाओं का वर्णन होता है वे शाश्वतिक सत्य की प्रतीक होती हैं। 'मानिक चन्द' की कथा ऐसी ही है जिसमें भाग्य परिवर्तन के सत्य को बड़ी ही सुन्दर रीति से दर्शाया गया है।

(४) **मंगल-कामना की भावना**—मंगल-कामना की भावना इन कहानियों की प्रधान विशेषता है। ग्रामीण कथाकार संसार का कल्याण चाहता है। विश्व के मंगल की इच्छा करता है। उसकी यही उत्कट अभिलाषा रहती है कि संसार में सर्वत्र शान्ति का साम्राज्य स्थापित हो। लोक कथाओं में—

"सर्वेऽत्र सुखिनः सन्तु, सर्वे सन्तु निरामयाः।
सर्वे भद्राणि पश्यन्तु, मा कश्चित्, दुःखभाग्भवेत्।।"

की भावना सर्वत्र व्याप्त दिखायी देती है। कहानीकार यह चाहता है संसार में सबकी भलाई हो और कोई भी व्यक्ति दुःखी न रहे।

(५) **सुख और संयोग में कथाओं का अन्त**—लोक-कथाओं का पर्यवसान दुःख में नहीं प्रत्युत सुख में होता है, वियोग में नहीं बल्कि संयोग में होता है। जन-जीवन सम्बन्धी कहानियों में दुःख, निराशा, हानि और विपत्तियों के प्रसंग न आये हों ऐसी बात नहीं है। ये प्रसंग आये हैं और अधिक संख्या में ऐसी कहानियाँ पायी भी जाती हैं। परन्तु कहानी के अन्त में दुःख—सुख के रूप में परिणत हो जाता है, निराशा आशा में बदल जाती है। और हानि के स्थान पर लाभ दीखने लगता है। कथा के नायक के मार्ग से आपदाएँ आप से आप हटती दिखायी पड़ती हैं और अन्त में उसका पथ प्रशस्त बन जाता है। भारतीय मनीषा दुःख में जीवन के पर्यवसान की कल्पना नहीं कर सकती। इसलिए भारतीय नाटकों की भाँति भारतीय लोक-कहानियाँ भी सुखान्त हैं, दुःखान्त नहीं। इनके अन्त में 'भरत-वाक्य' के रूप में यह वाक्य सदा उपलब्ध होता है कि:—

"भगवान ने जिस प्रकार अमुक व्यक्ति के सुख के दिनों को लौटाया उसी प्रकार सभी के सुख के दिन लौटें।"

(६) **रहस्य, रोमांच एवं अलौकिकता की प्रधानता**—कुछ कहानियों में अलौकिकता का अंश भी उपलब्ध होता है। रहस्य-रोमांच, भूत-प्रेत, पिशाच, दानव, परी आदि से सम्बन्ध रखने वाली वस्तुओं का वर्णन भी कहानियों का वर्ण्य विषय होता है। इनमें अद्‌भुत रस की प्रधानता रहती है। इनको सुनने में श्रोताओं की रोचकता बनी रहती है। राजाओं और वीरों के अलौकिक पराक्रम की कहानियाँ भी इसके अन्तर्गत आती हैं। राजा चन्द्रभानु की कथा इसका सुन्दर उदाहरण है। इनके सात लड़कों ने विभिन्न देशों में जाकर वीरता तथा पराक्रम के अद्‌भुत कार्यों को कर दिखाया था। साधारण जन ऐसी कथाओं को बड़े चाव से सुनते हैं।

(७) **उत्सुकता की भावना**—कहानी का सबसे बड़ा गुण उत्सुकता की भावना को बनाये रखना है। जिस कहानी को सुनने के लिए श्रोतागण उत्सुक न दिखायी पड़ें तो यह समझ लेना चाहिए उस कथा में कुछ आकर्षण नहीं है। इस कसौटी पर कसने पर लोक-कथाएँ खरी उतरती हैं। इनको सुनते समय कथानक के आगे वाले अंश को सुनने की लालसा बनी रहती है। यह बात विशेषकर रूप-कथाओं के विषय में पायी जाती है। श्रोताओं को ऐसी कथाओं को सुनने की उत्कण्ठा इतनी अधिक होती है कि बार-बार वे यही पूछते रहते हैं कि "इसके बाद क्या हुआ ?"

(८) **वर्णन की स्वाभाविकता**—वर्णन की स्वाभाविकता कहानी-कला की एक प्रधान विशेषता है। जो ग्रामीण कथाओं में अधिक पायी जाती है। जो घटना जैसी है उसका उसी रूप में वर्णन लोक-कथाओं का प्रधान लक्षण है। इनमें अतिशयोक्ति का पुट नहीं उपलब्ध होता। इसीलिए इनमें भारतीय संस्कृति का सच्चा चित्रण सुरक्षित है। आधुनिक कहानियों में अतिरंजना की जो प्रवृत्ति लक्षित होती है उनका इन कथाओं में प्रायः अभाव है। 'तिरिया चरित्तर' शीर्षक कहानी में स्वाभाविकता कूट-कूटकर भरी हुई है।

शैली—लोक-कथाओं की शैली बड़ी सरल तथा सीधी सादी होती है। इनमें जिन वाक्यों का प्रयोग किया जाता है वे बड़े छोटे होते हैं। साधारण वाक्य को छोड़कर संयुक्त या मिश्र वाक्यों का इनमें अभाव होता है। जैसे "एक था राजा। उसके सात लड़के थे। सातों बड़े वीर थे।" इत्यादि। लोक-कथाओं की भाषा में शब्दाडम्बर नहीं पाया जाता। कथाकार के सम्मुख अनायास जो शब्द उपस्थित हो जाते हैं उन्हीं से वह उनकी रचना करता है। अनमेल, बेजोड़ या भोंड़े शब्दों की योजना इनमें नहीं मिलती। इन कथाओं की कथावस्तु जितनी स्वाभाविक है इनकी भाषा भी उतनी ही अकृत्रिम है। ये कथाएँ अबाध गति से प्रवाहमान सरिताओं की भाँति हैं जिनमें अवगाहन कर जन का मानस आनन्द लेता है, जिनका जल निर्मल तथा शीतल होने के कारण पान करने वालों को संजीवनी शक्ति प्रदान करता है।

लोक-कथाएँ प्रधानतया गद्य में ही पायी जाती हैं परन्तु बीच-बीच में पद्यों का भी प्रयोग किया गया है। चम्पू काव्य की परिभाषा बतलाते हुए संस्कृत के आचार्यों ने इसे पद्य-गद्यमय काव्य कहा है।[१] इस प्रकार इन कथाओं में चम्पू शैली का प्रयोग उपलब्ध होता है। ऐसा ज्ञात होता है कि श्रोताओं पर स्थायी प्रभाव जमाने के लिए कथा के बीच-बीच में पद्य की अवतारणा की गई है। कुछ कहानियों में तो पद्यों की संख्या बहुत अधिक है। 'मानिकचन्द' तथा 'लछटकही' की भोजपुरी कथाओं में हृदय के मार्मिक उद्‌गार पद्य के रूप में प्रकट हुए हैं। गद्य-पद्य की इस गंगा-जमुनी ने कथाओं के महत्व तथा उनकी प्रभावोत्पादकता को बहुत अधिक बढ़ा दिया है।

वेदों में पुरुरवा और उर्वशी, विश्वामित्र और नदियाँ तथा यम-यमी के प्राचीन उपाख्यान पाये जाते हैं जिन्हें हम लोककहानियों का पूर्व रूप कह सकते हैं। ये उपाख्यान भी कथोपकथन की शैली में लिखे गये हैं तथा इनकी रचना में गद्य और पद्य दोनों का प्रयोग किया गया है। लोक-कथाओं के सम्बन्ध में भी यही बात कही जा सकती है। इस प्रकार इन कथाओं की शैली का बीज वैदिक उपाख्यानों में उपलब्ध होता है।

लोक-कथाओं और आधुनिक कहानियों में अन्तर—प्राचीन लोक-कथाओं और आधुनिक कहानियों में बड़ा अन्तर हैं; जिसे (१) रूपगत, और (२) विषयगत इन दो भागों में विभक्त किया जा सकता है। कोई-कोई आधुनिक कहानी बड़ी लम्बी पायी जाती है जैसे प्रेमचन्द की 'पिसनहारी का कुँआँ' शीर्षक कहानी। परन्तु लोक-कथाओं की कथावस्तु प्रायः छोटी होती है।

---

१. गद्य-पद्यमयं काव्यं चम्पूरित्यांमधीयते।

वास्तविक बात तो यह है कि लोक-कहानी जितनी छोटी होगी वह उतनी ही सुन्दर और मनोरंजक होगी।

उपर्युक्त दोनों प्रकार की कथाओं के विषयगत भेद पर ध्यान देते ही यह स्पष्ट दिखायी पड़ता है कि आजकल की कहानियों में सामाजिक वैषम्य, राजनीतिक कोलाहल और आर्थिक शोषण का चित्रण है। प्रेम का अश्लील और भद्दा प्रदर्शन भी कुछ कहानियों में पाया जाता है। परन्तु लोक-कथाओं में न तो सामाजिक वैषम्य का वर्णन है और न आर्थिक शोषण का। राजनीतिक चहल-पहल भी इन कथाओं में नहीं मिलती। इन प्राचीन लोक-कहानियों में जिस समाज का वर्णन है वह सुखी है। इसमें न तो रोटी के लिए संघर्ष की आवाज सुनायी पड़ती है और न मजदूर की वाणी। इस प्रकार लोक-कथाओं और आधुनिक कहानियों का अन्तर स्पष्टतया प्रतीत होता है।

(घ) लोककथा सम्बन्धी पारिभाषिक शब्दावली

लोक-कथाओं से सम्बन्ध रखने वाले कुछ ऐसे पारिभाषिक शब्द हैं जिनका प्रयोग प्रचुरता से किया जाता है जैसे लीजेण्ड और मिथ। हिन्दी में अभी इनके लिए उपयुक्त शब्द उपलब्ध नहीं हैं। अतः अगले पृष्ठों में अंग्रेजी के मूल शब्दों को ही देकर उनकी व्याख्या करने का प्रयास किया गया है। इन पारिभाषिक शब्दों की संख्या अधिक है परन्तु स्थानाभाव के कारण कुछ प्रसिद्ध शब्दों का ही यहाँ विवेचन किया जाता है।

१. फेबुल (Fable)—जानवरों से सम्बन्ध रखने वाली उस कथा को फेबुल कहते हैं जिसमें कोई उपदेश दिया गया रहता है। इन कथाओं में पशु, पक्षी पात्रों के रूप में हमारे सामने प्रस्तुत होते हैं। जानवरों की विशेषताओं को रखते हुए भी ये पात्र मनुष्य के समान बातचीत तथा अभिनय करते हुए पाये जाते हैं। इस प्रकार की लोक-कथाओं का प्रधान उद्देश्य नैतिक शिक्षा देना या उपदेश की प्रवृत्ति होती है। फेबुल के दो भाग होते हैं—(१) कथा का वह भाग जिसमें नैतिक शिक्षा को उदाहरण देकर समझाया जाता है, और (२) उपदेश-कथन जो किसी लोकोक्ति के रूप में होता है। उदाहरण के लिए हितोपदेश की 'व्याघ्र-ब्राह्मण' कथा में कथानक का अंश प्रथम कोटि में आयेगा तथा निम्नांकित उपदेश द्वितीय कोटि में—

कंकणस्य तु लोभेन, मग्नः पंके सुदुस्तरे।
वृद्धव्याघ्रेण सम्प्राप्तः, दुर्बलः पथिको यथा।।

फेबुल को लोक-कथाओं का सबसे प्रारम्भिक रूप समझना चाहिये। पशु-पक्षी सम्बन्धी कथाओं में जानवरों की विशेषताओं का प्रतिपादन नहीं पाया जाता प्रत्युत उनमें मानव को शिक्षा देने की प्रवृत्ति लक्षित होती है। अथवा मनुष्य के जीवन के किसी अंश को लेकर उस पर व्यंग्योक्ति कही जाती है। फलस्वरूप हम इस परिणाम पर पहुँचते हैं कि उपर्युक्त प्रकार की कथायें लोक-सामान्य की रचनाएँ नहीं हैं प्रत्युत ये सभ्य तथा संस्कृत व्यक्तियों द्वारा निर्मित हैं; अन्यथा इनमें उच्च कोटि की बहुमूल्य नैतिक शिक्षा का प्राचुर्य नहीं होता। यह सम्भव है कि शिक्षित पुरुषों के द्वारा इन कथाओं का निर्माण हो जाने पर जनता ने इन्हें अपना लिया हो और इस प्रकार ये इनकी मौखिक सम्पत्ति बन गये हों।

भारतवर्ष में प्राचीनतम 'फेबुल्स' पाये जाते हैं। कथा-सरित्सागर, पंचतन्त्र तथा हितोपदेश पशु-पक्षी सम्बन्धी कथाओं का अनन्त भाण्डार हैं। 'शुक-सप्ततिः' नामक ग्रन्थ केवल शुक (सुग्गा) से सम्बन्धित ७० कहानियों का संग्रह है। पश्चिमी देशों में 'इसाप्स फेबुल्स' के नाम से अनेक कहानियाँ प्रचलित हैं। इसाप (Aesop) ईसापूर्व ६०० ई० में उत्पन्न हुआ था। परन्तु लोक-कथाओं के क्षेत्र में भारत ही संसार का गुरु रहा है। इसी देश की कहानियाँ अरब से होती हुई यूरोप में फैलीं। पंचतन्त्र की कुछ कहानियों का संग्रह मध्य युग में यूरोप में Fables of Bidpai के नाम से किया गया था। इस ग्रन्थ में संग्रहीत कहानियों का प्रभाव इसाप की कहानियों में भी परिलक्षित होता है। लोक-कथाओं में पशु-पक्षी सम्बन्धी अनेक कहानियाँ उपलब्ध होती हैं। उन सबको 'फेबुल्स' की श्रेणी में रखा जा सकता है।

अंग्रेजी में चासर, हेनरीसन, ड्राइडन तथा गेटे ने इस प्रकार की कथायें लिखीं हैं। फ्रांस में ला फान्तेन (La Fontaine) आधुनिक युग का सर्वश्रेष्ठ लोक-कथाकार है। जर्मनी में लेसिंग (Lessing) ने 'फेबुल्स' का सुन्दर संग्रह प्रस्तुत करने के अतिरिक्त इनके इतिहास तथा साहित्यिक महत्व का गम्भीर विवेचन किया है।

२. **फेबलियो** (Fabliau)—यह पद्यमयी वह गाथा है जिसमें हास्य तथा व्यंग्य की प्रधानता होती है। इसकी रचना सरल शैली में की जाती है। फ्रांस देश में १२वीं से १४वीं शताब्दी तक इस प्रकार की रचनाओं की प्रधानता थी। फ्रांस से इनका प्रचार यूरोप के अन्य देशों में हुआ। चासर की 'केन्टरबरी टेल्स' में इस प्रकार की पद्यमयी गाथायें उपलब्ध होती हैं। अंग्रेजी लोक-गाथाओं (Ballads) में भी ऐसी रचनाएँ परिलक्षित होती हैं।

फेबलियो में जो व्यंग्य-उक्ति पायी जाती है वह प्रधानतया किसी स्त्री, पादड़ी तथा विवाह की ओर लक्ष्य करती है। इन गाथाओं की रचना उन लेखकों के द्वारा की जाती है जो वर्तमान जन-जीवन तथा प्रथाओं को लेकर अपना कथानक चुनते हैं।

फेबलियो की रचना प्रधानतया जन धन के अनुरंजन के लिए की जाती है। इनका प्रधान वर्ण्य-विषय चालाक पति, अविश्वासपात्र पत्नी तथा धोखा देने वाला प्रेमी होता है। इसका उदाहरण 'The Dog in the Closet' नामक गाथा है। हिन्दी में इस प्रकार की रचनाएँ प्रायः नहीं पायी जाती हैं।

३. फेयरी (Fairy)—यह शब्द उन अमानवीय (Supernatural) जीवों को बोधित करता है जो प्रायः अदृश्य होते हैं। ये कहीं तो उपकार करने वाले तथा सहायक के रूप में दिखायी पड़ते हैं और कहीं दुष्ट, खतरनाक, बदमाश तथा चिड़-चिड़े स्वभाव वाले चित्रित किये गये हैं। इनका निवास-स्थान यही धरती है जहाँ ये मनुष्यों के सम्पर्क में आते रहते हैं। फेयरी शब्द लैटिन के फेटुम (Fatum) से बना हुआ है जिसका अर्थ जादू या इन्द्रजाल होता है। इसका दूसरा अर्थ वह स्थान है जहाँ ऐन्द्रजालिक या मोह लेने वाले जीव निवास करते हैं। ऐसे व्यक्तियों के समुदाय के लिए भी इस (फेयरी) शब्द का प्रयोग किया जाता है। वास्तव में इस अन्तिम अर्थ में इसका सर्वाधिक प्रयोग होता है। 'फेयरी लैण्ड' उस स्थान को कहते हैं जहाँ 'फेयरी' निवास करते हैं। हिन्दी में 'फेयरी' के लिए 'अप्सरा' या 'गन्धर्व' और 'फेयरी लैण्ड'

६. **मिथ** (Myth)—यह वह कथा है जिसको किसी प्राचीन काल में घटित दिखालया गया हो। इन कथाओं में किसी देश के धार्मिक विश्वास, प्राचीन वीर, देवी-देवता तथा स्थानीय जनता के अलौकिक परम्पराओं का वर्णन होता है। जी० एल० गोमे (Gomme) ने लिखा है कि मिथ के द्वारा विज्ञान-पूर्व युग की घटनाओं का वैज्ञानिक रीति से स्पष्टीकरण किया जाता है। इन कथाओं को हिन्दी में 'पौराणिक कथा' कह सकते हैं।[१] ये कथाएँ पृथ्वी तथा मनुष्य की सृष्टि कथा (जैसे मनुष्य की उत्पत्ति कैसे हुई, पृथ्वी कैसे बनी आदि) जीव-जन्तुओं की कहानी (जैसे उल्लू को दिन में क्यों नहीं दिखायी पड़ता, कौवे की एक ही आँख क्यों है?) को कहती है। अमुक प्राकृतिक दृश्य ऐसा क्यों है ? (चन्द्रमा में कालिमा कहाँ से आ गई तथा सूर्य के सात घोड़े आकाश में कैसे चलते हैं) विभिन्न धार्मिक विधि-विधान किस प्रकार प्रारम्भ हुए, इनका भी वर्णन इन पौराणिक कथाओं में पाया जाता है। मिथ की प्रधान विशेषताएँ निम्नांकित हैं:—

(१) इनकी पृष्ठभूमि प्रायः धार्मिक होती है। (२) इनमें प्रधान पात्र देवी तथा देवता होते हैं। (३) एक कथा का दूसरी कथा से सम्बन्ध होता है।

कोई पौराणिक कथा तभी तक 'मिथ' कही जा सकती है जब तक उसके पात्र देवी-देवता हैं अथवा उन पात्रों में देवत्व की भावना बनी रहती है। परन्तु जब ये पात्र देवत्व की कोटि से नीचे उतर कर मनुष्यत्व की श्रेणी में आ जाते हैं तब उस कथा को 'लीजेण्ड' कहने लगते हैं। भारतीय पुराणों की सृष्टि सम्बन्धी कथाएँ, देवासुर-संग्राम तथा समुद्र-मंथन की कथा 'मिथ' कही जा सकती हैं। परन्तु भरथरी और गोपीचन्द की गाथा 'लीजेण्ड' हैं। किसी साधारण-कथा को 'फोक्टेल' कहा जाता है। 'मिथ' से सम्बद्ध शास्त्र को 'माइथोलोजी' (पुराणशास्त्र) कहते हैं जिसमें प्राचीन देवी-देवताओं , सृष्टि-कथा तथा अलौकिक घटनाओं का वर्णन होता है। वेदों तथा पुराणों में 'माइथालोजी' की प्रचुर सामग्री भरी पड़ी है। डॉ० मेकडानेल ने वेदों के सम्बन्ध में 'वेदिक माइथोलोजी' तथा डॉ० ए०बी० कीथ ने 'इण्डियन माइथोलोजी' नामक गम्भीर तथा विद्वतापूर्ण पुस्तक की रचना की है।

आदिम जातियों में प्रचलित अधिकांश कथाएँ 'मिथ' की श्रेणी में आती हैं। डॉ० एलविन ने मध्यप्रदेश की पौराणिक कथाओं का संग्रह Myths of Middle India नाम से किया है जो आक्सफोर्ड युनिवर्सिटी प्रेस से प्रकाशित हुआ है।

७. **मोटिफ** (Motif)—मोटिफ शब्द का अर्थ प्रधान 'अभिप्राय' या भाव होता है जिसका प्रभाव सर्वत्र दिखलाई पड़ता है। स्टिथ टामसन के अनुसार 'मोटिफ' वह अंश है जिसमें फोकलोर के किसी भाग (Item) का विश्लेषण किया जा सके। लोक कला में डिजाइन के मोटिफ होते हैं। लोक-संगीत में भी मोटिफ पाये जाते हैं परन्तु लोक-कथा के क्षेत्र में ही इनका सांगोपांग अध्ययन किया गया है।

साधारणतया 'मोटिफ' शब्द का प्रयोग परम्परागत-कथाओं के किसी तत्व के लिए किया जाता है। परन्तु इस बात का स्मरण रखना चाहिये कि परम्परा का वास्तविक अंग बनने के

---

१. आजकल 'मिथ' का हिन्दी में मिथक नामकरण किया गया है।

लिए यह तत्व (Element) ऐसा प्रसिद्ध होना चाहिये कि इसे सर्व साधारण जनता स्मरण रख सके। अतएव यह तत्व साधारण न होकर असाधारण होना चाहिये। माता को मोटिफ नहीं कह सकते परन्तु निर्दयी माता या विमाता 'मोटिफ' की संज्ञा प्राप्त कर सकती है। हिन्दी लोक-गीतों में वर्णित 'दारुनिया सास' मोटिफ का अच्छा उदाहरण है। इसी विषय को इस प्रकार समझाया जा सकता है—

'राम कपड़ों को पहन कर शहर को गया।' इसमें कोई उल्लेख योग्य मोटिफ नहीं है। परन्तु यह कहा जाय कि 'मोहन दिखायी न पड़ने वाली (अदृश्य) पगड़ी सिर पर बाँधकर, जादू के घोड़े पर सवार होकर, उस देश को गया जो सूर्य के पूर्व और चन्द्रमा के पश्चिम था।' तो इसमें चार मोटिफ हैं—(१) अदृश्य पगड़ी, (२) जादू का घोड़ा, (३) आकाश मार्ग से यात्रा और (४) अद्भुत देश।

भारतीय लोक-कथाओं में श्रृगाल या शशक को बड़ा चालाक, धूर्त तथा 'काइयाँ' जानवर के रूप में चित्रित किया गया है। इसी प्रकार से गधा मूर्ख, भार-वाही पशु के रूप में दिखायी पड़ता है। ये दोनों ही इस प्रकार की कथाओं में 'मोटिफ' हैं। लोक-कथाओं में हीरामन तोते का मनुष्य की बोली में बोलना, लिलही घोड़ी पर चढ़ कर किसी व्यक्ति का भागना तथा विशेष प्रकार के पक्षियों (कौवा, तोता आदि) द्वारा सन्देश भिजवाना मोटिफ के अन्तर्गत आता है।

'मोटिफ' तथा 'टेल-टाइप' (Tale Type) (कथाओं के प्रकार) में थोड़ा अन्तर है। मोटिफ का क्षेत्र बड़ा व्यापक है। वह अन्तर्राष्ट्रीय है। अनेक देशों की लोक-कथाओं में एक ही प्रकार के मोटिफ मिल सकते हैं तथा मिलते भी हैं। परन्तु 'टाइप' का क्षेत्र किसी देश-विदेश की भौगोलिक सीमा के भीतर ही होता है।

विद्वानों ने 'मोटिफ' तथा 'टाइप' इन दोनों विषयों का बड़ा गम्भीर अध्ययन किया है। स्टिथ टामसन ने अपने 'Motif-Index of Folk Literature' भाग १-६ नामक विशालकाय ग्रन्थ में इस सम्बन्ध में गम्भीर विवेचन प्रस्तुत किया है। दूसरा ग्रन्थ आर्ने तथा टामसन रचित Types of the Folk Tale है जिसमें लोक-कथाओं के विभिन्न प्रकारों की गम्भीर मीमांसा की गई है। इस सम्बन्ध में ये दोनों ही ग्रन्थ पठनीय हैं।

८. टाइप (Type)—लोकसाहित्य के विद्वान् इस शब्द का प्रयोग उन कथाओं के लिए करते हैं जो मौखिक परम्परा में अपनी स्वतन्त्र सत्ता बनाये रखने में समर्थ हो। कोई कथा जो स्वतन्त्र कहानी के रूप में कही जाती है 'टाइप' समझी जा सकती है। दूसरे शब्दों में यह कहा जा सकता है कि अपनी कुछ विशेषताओं (Characteristics) के कारण कोई कथा का वर्ग दूसरी कथाओं से पृथक् होता है। इस वर्ग को 'टाइप' कहते हैं। लोक-कथाओं के शोधी विद्वान् कथाओं के 'टाइप' का अनुसंधान करने के लिए पहले उनके विभिन्न भेदों (Variants) को खोज निकालते हैं। जब अनुसन्धानकर्ता इन विभिन्न भेदों में किन्हीं विशेष समानताओं को पाता है तब वह इनको एक श्रेणी (Category) में रख देता है। फिर वह इन रामान गुणों का अध्ययन करता है और उनको नोट कर लेता है। पुनः वह इन सामान्य गुणों को रखने वाली सभी कथाओं को एकत्र करता है। इस प्रकार सामान्य-गुण-समन्वित इन कथाओं का एक पृथक् 'टाइप' बन जाता है।

यूरोप तथा पश्चिमी एशिया की लोक-कथाओं का वर्गीकरण विद्वानों ने बड़े परिश्रम से किया है। इस विषय में आर्ने तथा टामसन की Types of the Folktale नामक पुस्तक प्रामाणिक मानी जाती है। भारतीय लोक-कथाओं का वैज्ञानिक पद्धति से वर्गीकरण अभी नहीं हुआ है।

अध्याय ११

लोक-नाट्य का विवेचन

लोक-नाट्य की चर्चा

१. **प्राचीनता**—भारतीय नाटक का इतिहास अत्यंत प्राचीन है। भरत मुनि (ई०पू० तीसरी शताब्दी) ने अपने 'नाट्य शास्त्र' में इस विषय का विशद वर्णन किया है। इसके अतिरिक्त धनंजय कृत 'दशरूपक' तथा विश्वनाथ कविराज लिखित 'साहित्य-दर्पण' में इसके सम्बन्ध में बहुमूल्य सामग्री उपलब्ध होती है। परन्तु भरत के नाट्यशास्त्र का महत्त्व सबसे अधिक है। यह ग्रन्थ नाट्यविद्या का मूल तथा स्रोत है।

नाटक की उत्पत्ति के सम्बन्ध में नाट्यशास्त्र में एक कथा दी गई है जिससे यह पता चलता है कि इन्द्र तथा अन्य देवताओं ने सब लोगों के मनोरंजन के लिए ब्रह्मा से कोई मनोविनोद का साधन उत्पन्न करने की प्रार्थना की । वे ऐसा साधन चाहते थे जो श्रव्य तथा दृश्य दोनों ही हो तथा जिसमें सभी वर्णों के लोग समान रूप से भाग ले सकें।[1] चूँकि वेदों के पठन-पाठन का अधिकार शूद्रों के लिए निषिद्ध था अतः पंचम वेद की रचना अत्यन्त आवश्यक प्रतीत हुई। इस प्रकार सभी वर्णों के मनोरंजन के लिए ऋग्वेद से पाठ्य, सामवेद से गान, यजुर्वेद से अभिनय और अथर्ववेद से रस लेकर ब्रह्म ने 'नाट्यवेद' की सृष्टि की।[2]

जग्राह पाठ्यं ऋग्वेदात् सामभ्योगीतमेव च।
यजुर्वेदादभिनयान्   रसमाथर्वणादपि।।

उपर्युक्त कथा से दो बातें स्पष्टतया प्रतीत होती हैं: (१) नाट्यवेद का निर्माण सभी वर्णों के लिए किया गया था, (२) इसके निर्माण का प्रधान कारण जन-मन का अनुरंजन था। इससे यह निष्कर्ष निकलता है कि नाटक की अपील सार्वजनीन होती है तथा यह साधारण जनता के मनोरंजन का सबसे बड़ा साधन है। महाकवि कालिदास ने इसी तथ्य का पुष्टीकरण करते हुए लिखा है कि नाटक विभिन्न प्रकार की रुचि रखने वाले मनुष्यों के मनोरंजन का अद्वितीय साधन है।

नाट्यं भिन्नरुचेर्जनस्य बहुधाप्येकं समाराधनम्।

वेदों में विभिन्न नाटकीय तत्वों के बीज उपलब्ध होते हैं। ऋग्वेद में जो संवादात्मक ऋचाएँ पाई जाती हैं उन्हें नाटकीय संवादों का मूल रूप कहा जा सकता है। सामवेद के गीतों का नाटक के निर्माण में कुछ कम योगदान नहीं है। विभिन्न धार्मिक तथा सामाजिक अवसरों पर नृत्य की प्रथा जनता में प्रचलित थी। इस प्रकार गीत (संगीत), नृत्य तथा अभिनय की त्रिवेणी ने प्राचीन नाट्य को जन्म दिया। ईसा पूर्व तीसरी शताब्दी में भूतपूर्व सरगुजा रियासत की पहाड़ी में अवस्थित 'सीताबैंगा' तथा ' जोगीमारा' की गुफाओं में पुराना प्रेक्षागृह बना हुआ है। पाणिनि ने

---

१. नाट्यशास्त्र, १।१७।
२. वही, १।१७।१८।

और 'सुरतिया' (स्वर भरने वाला) आदि होते हैं। नर्तकी तमाशा का प्राण होती है। नर्तकी अपनी भावभंगिमाओं तथा मधुर गीत से ग्रामीण जनता के हृदय को आकृष्ट कर लेती है।

'ललित' मध्ययुगीन धार्मिक नाट्य है। यह नवरात्र सम्बन्धी विशिष्ट कीर्तन है जिसमें भक्तों के स्वांग आदि दिखलाये जाते हैं। ऐसा ज्ञात होता है कि ललित में कीर्तन की मात्रा कम होती गई और कालान्तर में स्वांग सम्बन्धी विशेषताएँ ही नाटकीय रूप में प्रचलित हो गईं। कुछ विद्वानों का यह मत है कि गोंधल ने पौराणिक एवं ऐतिहासिक नाटकों को जन्म दिया है।

'गोंधल' धर्ममूलक लोकनाट्य है। महाराष्ट्र में इसका अनुष्ठानिक महत्त्व है। विवाहादि अवसर पर गोंधल की व्यवस्था की जाती है। मंडप के नीचे वस्त्र बिछाकर कर आम्रपत्रों तथा कलश सहित अम्बा की प्रतिष्ठा करके गोंधल प्रारम्भ किया जाता है। ग्रामीण वाद्यों के साथ 'पवाड़े' आदि गाये जाते हैं। गोंधल का अभिनय बड़ा मनोरंजक होता है।

'यक्षगान' दक्षिण भारतीय लोकनाट्य का वह प्रकार है जो तामिल, तेलुगु तथा कन्नड़ भाषाभाषी क्षेत्र की ग्रामीण जनता में प्रचलित है। तेलुगु में इसे 'विथि' या 'विथि भागवतम्' कहते हैं। यक्षगान लोकनाट्य की परम्परा में अत्यन्त प्राचीन है। यह नृत्य नाट्य है, जिसमें गीतबद्ध संवादों का प्रयोग होता है। लम्बे-लम्बे बोल पात्रों को सहज की कंठस्थ रहते हैं। इनमें वर्णन का प्राधान्य होता है। यक्षगान नाटकों की कथावस्तु प्रायः रामायण, महाभारत और भागवत से ली जाती है। परन्तु कहीं-कहीं कथानकों का आधार सामाजिक जीवन भी होता है।

'विथि नाटकम्' या 'विथि भागवतम्' तेलुगु का लोकनाट्य है। यक्षगान की अनेक विशेषताएँ इसमें पायी जाती हैं। 'विथि नाटकम्' का शाब्दिक अर्थ है वह नाटक जो मार्ग में प्रदर्शित किया जा सके। अतः यह स्पष्ट है कि ये नाटक लोक-रंजन के प्रबल साधन हैं। इस नाटक में एक या दो ही पात्र मंच पर आते हैं। स्त्रियाँ सामूहिक रूप से नृत्य करती हैं। कृष्णलीला को नृत्य और अभिनय द्वारा बड़ी सफलता से विथि नाटकम् का विषय बनाया गया है। इसका मंच किसी मंदिर के खुले भाग में अथवा किसी ऊँचे स्थान पर बनाया जाता है। यक्षगान की तुलना में 'विथि नाटकम्' अधिक ग्रामीण है।[1]

■ ■ ■

---

१. इस प्रकरण की अधिकांश सामग्री डॉ० परमार लिखित 'लोकधर्मी नाट्य परम्परा' नामक पुस्तक से ली गई है, अतः लेखक उनका अत्यन्त आभारी है।

अध्याय १२

लोक-सुभाषित

ग्रामीण जनता अपने दैनिक व्यवहार में अनेक लोकोक्तियों, मुहावरों, पहेलियों, सूक्तियों आदि का प्रयोग करती है। इससे उनकी वचन-चातुरी का पता चलता है। लोकोक्तियों के प्रयोग से किसी उक्ति या कथन में शक्ति आ जाती है और श्रोताओं पर उसका बड़ा प्रभाव पड़ता है। मुहावरों के द्वारा भाषा में चुस्ती आती है और उसका स्वरूप सुन्दर बन जाता है। मन बहलाव के लिए पहेलियों का व्यवहार किया जाता है। बालकगण समुदाय में बैठकर एक दूसरे से पहेलियों को पूछकर बुद्धि की परीक्षा लिया करते हैं। संस्कृत में अनेक प्रकार की पहेलियाँ उपलब्ध होती हैं जिनमें बुद्धि का व्यायाम पाया जाता है।

बच्चा जब छोटा होता है तब उसकी माता या धाय उसे पालने में सुला कर लोरियाँ गाती हैं। इन लोरियों का उद्देश्य मनोहर संगीत पैदा कर बालक को निद्रा देवी की गोद में देना है। बड़े होने पर बालक अनेक प्रकार के खेलों को खेलते समय विभिन्न गीत गाते हैं। जनता के जीवन में ये लोकोक्तियाँ, पहेलियाँ, सूक्तियाँ, मुहावरे, पालने और खेल के गीत बिखरे पड़े हैं। अतः इनको 'लोक-सुभाषित' का नाम दिया गया है।

१. लोकोक्तियाँ

लोक साहित्य में लोकोक्तियों का महत्त्वपूर्ण स्थान है। इनके द्वारा किसी कथन में तीव्रता और प्रभाव उत्पन्न किया जाता है। इससे भाषा में बल आ जाता है और यह श्रोताओं के हृदय पर अपना प्रभाव डालती है।

लोकोक्तियाँ अनुभवसिद्ध ज्ञान की निधि हैं। मानव ने युग-युग से जिन तथ्यों का साक्षात्कार किया है उनका प्रकाशन इनके माध्यम से होता है। ये चिरकालीन अनुभूत ज्ञान के सूत्र हैं। समास रूप में चिरसंचित अनुभूत ज्ञानराशि का प्रकाशन इनका प्रधान उद्देश्य है। शताब्दियों से किसी जाति की विचारधारा किस ओर प्रवाहित हुई है, यदि इसका दिग्दर्शन करना हो तो उस जाति की लोकोक्तियों का अध्ययन आवश्यक है।

परम्परा—लोकोक्तियों की परम्परा अत्यन्त प्राचीन है। अनुसंधान करने से पता चलता है कि वेदों में भी इनकी सत्ता उपलब्ध है। उपनिषदों में भी लोकोक्तियों की कमी नहीं है। संस्कृत साहित्य में तो ये प्रचुर परिमाण में पायी जाती हैं। महाकवि कालिदास ने अपने ग्रन्थों में लोकोक्तियों का बड़ा ही सुन्दर प्रयोग किया है जिससे उनकी भाषा बड़ी प्रभावोत्पादक हो गई है। 'प्रियेषु सौभाग्यफला हि चारुता' को लिखने वाला कवि यह अच्छी तरह से जानता था कि 'रिक्तः सर्वो भवति हि लघुः पूर्णता गौरवाय'। भारवि, घाघ और श्रीहर्ष के ग्रन्थों में इनका प्रयोग उपलब्ध होता है। नैषधीयचरित के रचयिता ने 'हृदे गंभीरे हृदि चावगाढ़े शंसन्ति कार्यावतरं हि सन्तः' लिखकर बड़े ही अनुभव की बात कही है। महाकवि राजशेखर ने प्राकृत भाषा में लिखे

गये 'कर्पूर मंजरी' नामक सट्टक में 'हत्थ कंक्रण किं दप्पणेण पेक्खी' आदि का उल्लेख किया है जो हिन्दी में 'कर कंगन को आरसी क्या' इस सुन्दर तथा चुस्त रूप में जीवित है। पालिग्रन्थों में भी ऐसी लोकोक्तियाँ मिलती हैं जिनसे अनुभूति की व्यञ्जना होती है।

पंचतन्त्र, हितोपदेश आदि ग्रन्थों में नीति सम्बन्धी उक्तियों का प्रयोग किया गया है। 'आयसैः आयसं छेद्यम्' अथवा 'कण्टकेनैव कण्टकम्' या 'शठे शाठ्यं समाचरेत्' ऐसी ही उक्तियाँ हैं जिनमें नीति या उपदेश भरा पड़ा है। 'क्षीणः नराः निष्करुणाः भवन्ति' को लिखकर संस्कृत कवि ने बहुत बड़े मनोवैज्ञानिक तथ्य का उद्घाटन किया है।

संस्कृत में लोकोक्ति को सुभाषित या सूक्ति कहते हैं जिसका अर्थ है सुन्दर रीति से कहा गया कथन (सुष्ठु भाषित सुभाषितम्)। इस शब्द का प्रयोग नीचे के संस्कृत श्लोक में इस प्रकार किया गया है—

"सुभाषितेन, गीतेन, युवतीनां च लीलया।
मनो न रमते यस्य, स योगी अथवा पशुः ।।"

सुन्दर रीति से कही गई उक्ति को ही सूक्ति कहते हैं। इसी उक्ति को यदि लोक अर्थात् साधारण मनुष्य प्रयोग में लाने लगते हैं तब उसका नाम लोकोक्ति पड़ जाता है।

यह पहिले कहा जा चुका है कि लोकोक्तियों की परम्परा बड़ी प्राचीन है। बहुत-सी ऐसी संस्कृत की लोकोक्तियाँ हैं जो हिन्दी में उसी अर्थ में आज भी व्यवहृत होती हैं। 'वरमद्य कपोतो श्वो मयूरात्' अर्थात् कल के मोर से आज का कबूतर अच्छा है। यह लोकोक्ति हिन्दी में आज 'नौ नकद न तेरह उधार' के रूप में विद्यमान है।

लोकोक्तियों के संग्रह—संस्कृत साहित्य लोकोक्तियों का अक्षय भण्डार है परन्तु इनका विस्तृत संग्रह प्रकाश की प्रतीक्षा कर रहा है। गत शताब्दी में कर्नल जैकब ने 'लौकिक न्यायाञ्जलि' नाम से संस्कृत साहित्य में उपलब्ध न्यायों का अपूर्व संग्रह तीन भागों में प्रस्तुत किया था। काकतालीय न्याय, घुणाक्षरन्याय, अन्धदर्पण न्याय आदि न्यायों को लेकर जैकब ने इनकी व्याख्या करते हुए इन्हें स्पष्ट करने का प्रयास किया है। इसके पश्चात् उन्होंने जहाँ इन न्यायों का प्रयोग हुआ है उनके उद्धरण भी दिये हैं। जैकब का यह कार्य वास्तव में स्पृहणीय है। दक्षिणी भारत के किसी विद्वान् ने संस्कृत के प्रसिद्ध कवियों द्वारा व्यवहृत सुभाषितों तथा लोकोक्तियों का संग्रह कर प्रकाशित किया है। 'सुभाषितरत्नभाण्डागारम्' नामक सुप्रसिद्ध ग्रन्थ में अनेक लोकोक्तियाँ पायी जाती हैं।

हिन्दी भाषा में लोकोक्तियों के संग्रह की ओर अभी विद्वानों का ध्यान बहुत कम आकृष्ट हुआ है। सन् १८८६ ई. में फेलन ने हिन्दी कहावतों के सम्बन्ध में अपना प्रसिद्ध ग्रन्थ 'डिक्शनरी ऑफ् हिन्दुस्तानी प्रोवर्ब्स' लिखा जिसमें मारवाड़ी, पंजाबी, भोजपुरी और मैथिली कहावतों का संकलन किया गया है। फिर भी इस ग्रन्थ में पूर्वी हिन्दी (भोजपुरी) की लोकोक्तियाँ ही अधिक हैं। काश्मीरी लोकोक्तियों पर जे.एच. नोबल्स का काम उल्लेखनीय है। ओझा अभिनन्दन ग्रन्थ में श्रीमती सुमित्रा देवी शास्त्रिणी द्वारा लिखित 'देरेवाली कहावतें' इस दिशा में स्तुत्य प्रयास है। श्री शालिग्राम वैष्णव ने नागरी प्रचारिणी पत्रिका (सम्वत् १९९४ वि.) में 'गढ़वाली भाषा में

पखाणा' लिखकर गढ़वाली लोकोक्तियों पर प्रचुर प्रकाश डाला है। सन् १८६२ ई. में श्री उपरेती ने 'प्रोवर्ब्स एण्ड फोक्लोर ऑफ् कुमाऊँ एण्ड गढ़वाल' नामक ग्रन्थ लिखा था जिसमें गढ़वाल और कुमाऊँ की लोकोक्तियों का बड़ा विस्तृत संग्रह उपलब्ध है। विद्वान् लेखक ने विषयों के क्रम से लोकोक्तियों का संग्रह प्रस्तुत किया है। साथ ही प्रत्येक कहावत का अंग्रेजी अनुवाद देकर उसकी सुन्दर व्याख्या की है। लगभग ४५० पृष्ठों की यह पुस्तक बहुत उपयोगी है। मेरठ क्षेत्र की लोकोक्तियों पर लगभग २० वर्ष पूर्व राय राजेन्द्र सिंह वर्मा ने 'नागरी प्रचारिणी पत्रिका' में एक विस्तृत निबन्ध प्रकाशित किया था। रतनलाल मेहता ने 'मालवी कहावतें' का प्रकाशन किया है। मेवाड़ी कहावतों का संकलन भी हो चुका है। डॉ. उदयनारायण तिवारी ने सन् १६३१ ई. में भोजपुरी लोकोक्तियों का संग्रह प्रयाग की 'हिन्दुस्तानी' पत्रिका में छपवाया था। हिन्दी की अन्य बोलियों की लोकोक्तियों के संग्रह का कार्य आज अनेक विद्वान् कर रहे हैं।

डॉ. कन्हैयालाल 'सहल', प्रिंसिपल बिड़ला आर्ट्स कालेज, पिलानी (राजस्थान) ने राजस्थानी कहावतों के सम्बन्ध में महत्त्वपूर्ण अनुसन्धान कार्य किया है। 'राजस्थानी कहावतें—एक अध्ययन' शीर्षक थीसिस पर राजस्थान विश्वविद्यालय ने इन्हें पी-एच. डी. की उपाधि प्रदान की है। इसी प्रकार डॉ. सत्यदेव ओझा ने 'भोजपुरी लोकोक्तियों' पर प्रशंसनीय शोधकार्य किया है जिस पर इन्हें राँची विश्वविद्यालय (बिहार) से पी-एच. डी. की डिग्री प्राप्त हुई है। ये दोनों ही शोध-प्रबन्ध लोकोक्तियों के अनुसन्धान की दिशा में महनीय तथा स्तुत्य प्रयास हैं।

लोकोक्तियों की विशेषताएँ

(१) लोकोक्तियों की सबसे पहली विशेषता है इनकी समास शैली। इन कहावतों में इनके रचयिताओं ने गागर में सागर भरने का प्रयास किया है। लोकोक्तियाँ आकार में तो छोटी होती हैं परन्तु इनमें विशाल भाव-राशि सिमटी पड़ी रहती है। उदाहरण के लिए 'तीन कनौजिया तेरह चूल्हा' को ही लीजिए। इन चार शब्दों में बहुत बड़ा भाव भरा पड़ा है। इसका अर्थ यह है कि कान्यकुब्ज ब्राह्मण अपने को श्रेष्ठ समझते हैं जैसा कि 'कान्यकुब्जाः द्विजाः श्रेष्ठाः' इस उक्ति से स्पष्ट होता है। अतः वे खान-पान में छुआ-छूत का बड़ा विचार रखते हैं। वे अपनी जाति वालों का भी छुआ हुआ पका अन्न नहीं खाते। वे आपस में इतना भेद-भाव रखते हैं कि यदि तीन भी कनौजिया होगा तो भोजन पकाने के लिए तेरह चूल्हों की आवश्यकता पड़ेगी। इतना अर्थ विस्तार इन चार शब्दों में भरा पड़ा हुआ है। एक दूसरी कहावत है—"चार कवर भीतर, तब देवता पीतर" अर्थात् भोजन करने के पश्चात् ही देवपूजा की चिन्ता करनी चाहिए। इस छोटी सी लोकोक्ति में भौतिकवादी चार्वाक सम्प्रदाय के सिद्धान्त की ओर संकेत किया गया है। चार्वाक का यह मत था कि—

"यावत् जीवेत् सुखं जीवेत्, ऋणं कृत्वा घृतं पिवेत्।
भस्मीभूतस्य देहस्य, पुनरागमनं कुतः ।।"

चार्वाक मतानुयायी देवताओं में विश्वास न कर ऐहिक सुख को ही परम पुरुषार्थ मानते थे। ये लोग भोजन को ही अधिक महत्त्व देते थे। इस लोकोक्ति के द्वारा उन पर व्यंग्य भी किया

गया है। लोकोक्तियां की यही लघुता उनके प्रचुर प्रभाव का कारण है।

(२) लोकोक्तियों की दूसरी विशेषता—अनुभूति और निरीक्षण है लोकोक्तियों में मानव जीवन के युग-युग की अनुभूतियों का परिणाम और निरीक्षण शक्ति अन्तर्निहित है। काशी-निवास के सम्बन्ध में एक लोकोक्ति प्रसिद्ध है

"राँड़, साँड़, सीढ़ी, संन्यासी;
इनसे बचै तो सेवै कासी।"

कहने की आवश्यक्ता नहीं कि इस उक्ति में बहुत कुछ सत्य का अंश छिपा हुआ है। लोगों ने चिर अनुभव के पश्चात् ही इसका निर्माण किया होगा।

घाघ और भड्डरी के नाम से हिन्दी में बहुत-सी लोकोक्तियाँ प्रचलित हैं। इनमें ऋतु सम्बन्धी खेती के लिये उपयोगी बातें कही गई हैं। इसमें सन्देह नहीं कि घाघ और भड्डरी ने अपनी पैनी निरीक्षण शक्ति के बल से ऋतु सम्बन्धी तथ्यों का अनुसन्धान करके ही इन लोकोक्तियों का निर्माण किया होगा। जब विज्ञान की इतनी उन्नति नहीं हुई थी, जब ऋतु सम्बन्धी तथ्यों को जानने के लिए वेधशालाएँ नहीं बनी थीं, उस समय लोग अपने चिरसंचित अनुभव और निरीक्षण शक्ति के द्वारा आगामी दिनों में ऋतु में क्या परिवर्तन होगा इसकी घोषणा किया करते थे। यह परम्परा सम्भवतः बहुत प्राचीन है। आकाश में चमकने वाली चंचला के रंग को देखकर निरीक्षण-सम्पन्न व्यक्ति प्रभंजन आने तथा अकाल पड़ने की सूचना देते हैं—

वाताय कपिला विद्युत, आतपायातिलोहिनी।
कृष्णा भवति शस्याय, दुर्भिक्षाय सिता भवेत्।।

प्राचीन काल के ये ऋतु-विशेषज्ञ किसी यंत्र की सहायता से नहीं, अपितु अपनी निरीक्षण शक्ति के द्वारा ही ऋतुओं के परिवर्तन को उद्घोषित करते थे। वायु परीक्षा सम्बन्धी निम्नांकित कहावत में विभिन्न दिशाओं से वायु चलने से उराका क्या प्रभाव पड़ता है इसका सुन्दर रीति से दिग्दर्शन कराया गया है।[१]

"जो पै पवन पुरब से आवै, उपजै अन्त मेघ झर लावै।
अगिन कोन जो बहै समीरा, पड़ै काल दुःख सहै सरीरा।
दखिन बहै जल थल अलगोरा, ताहि समय जूझै बड़ बीरा।
नैऋत कोन बूँद ना परै, राजा परजा भूखन मरै।
पच्छिम बहै नीक कर जानो, पड़ै तुसार तेज उर मानो।
उत्तर उपजै बहु धन धाना, खेत बात सुख करै किसाना।
कोन इसान दुन्दुभी बाजै, दही भात भोजन सब गाजै।
जो कहु हवा अकासे जाय, परै न बूँद काल परि जाय।
दक्खिन पच्छिम आधो समयो, सहदेव जोसी ऐसे भनयो।।"

१. त्रिपाठी : हमारा ग्राम साहित्य, पृ० २६६।

घाघ ने एक दूसरी जगह पर लिखा है कि—

"सावन में पुरवइया, भादों में पछियाँव।
हरवाहे हर छोड़ दे, लरिका जाय जियाव।।"

अर्थात् सावन में पुरवैया हवा और भादों में पछुवा हवा चले तो वर्षा न होने के कारण बड़ा कष्ट होता है। यदि पूर्वाषाढ़ नक्षत्र में पुरवैया हवा चले तो इतनी अधिक वर्षा होगी कि सूखी नदी में नाव चलने लगेगी।

"जो पुरुवा पुरवाई पावै,
सूखी नदिया नाव चलावै।।"

वर्षा विज्ञान के सम्बन्ध में भी घाघ ने बड़ी सटीक उक्तियाँ कही हैं। जैसे—

"माघ क उखम जेठ के जाड़
पहिलै बरखा भरिगा ताल।
कहै घाघ हम होब वियोगी
कुवाँ खोदि के धोइहैं धोबी।।"

अर्थात् यदि माघ में गर्मी पड़े और जेठ में शीत की प्रधानता हो, और यदि प्रथम वर्षा में ही तालाब भर जाय तो अवर्षण के कारण धोबी कुँआ खोदकर कपड़ा धोयेगा। घाघ की दूसरी उक्ति है कि[१]—

"रोहिनी बरसै मृग तपै, कुछ-कुछ अद्रा जाय।
कहै घाघ घाघिनि से, स्वान भात नहिं खाय।।"

अर्थात् रोहिणी नक्षत्र में वर्षा हो, मृगशिरा नक्षत्र में खूब गर्मी पड़े और आर्द्रा में भी कुछ वर्षा हो तो इतना अधिक अन्न पैदा होगा कि कुत्ता भी भात को नहीं खायेगा।

इसी प्रकार घाघ ने जोताई, बोआई, निराई, कटाई, मड़ाई और ओसाई आदि के सम्बन्ध में उक्तियाँ कही हैं। ऐसा ज्ञात होता है कि घाघ कोई पक्का किसान था जिसने खेती-विज्ञान सम्बन्धी अपनी निरीक्षण शक्ति का परिणाम इन लोकोक्तियों में रखा है।

(३) लोकोक्तियों की तीसरी विशेषता है इनकी सरलता। ये लोकोक्तियाँ बड़ी सरल भाषा में निबद्ध हैं जिससे सुनते ही इनका अर्थ हृदयंगम हो जाता है। इनकी यही सरलता इनके अतिशय प्रभाव उत्पन्न करने का कारण है। जो वस्तु अर्थकठिन के कारण समझ में नहीं आती उसका प्रभाव हृदय पर नहीं पड़ता परन्तु कहावतें अपनी सरसता और सरलता के कारण हृदय पर सीधे चोट करती हैं। जैसे—

"नसकट पनही, बतकट जोय;
जो पहिलौंठी बिटिया होय।
पातर कृषी, बौरहा भाय,
घाघ कहै, दुःख कहाँ समाय।।"

---

१. त्रिपाठीः ह. ग्रा. सा., पृ. २०३।

यह बात किसी से छिपी नहीं है कि पैर के नस को काटने वाला जूता और बात काटने वाली (लड़ाकू या झगड़ालू) स्त्री कितनी दुःखदायी होती है। घाघ ने इसी बात को सीधी-सादी भाषा में कहा है जिसका प्रभाव ग्रामीण जनों के हृदय पर बहुत ही अधिक होता है।

कहावतें गद्य में भी होती हैं और पद्य में भी। पद्यात्मक कहावतों को याद करने में सुविधा होती है। उनका प्रभाव भी जनता के हृदय पर सम्भवतः अधिक पड़ता है।

लोकोक्तियों का वर्गीकरण

डॉ. कृष्णदेव उपाध्याय के अनुसार लोकोक्तियों का वर्गीकरण प्रधानतया निम्नांकित पाँच प्रकार से किया जा सकता है—

(१) स्थान-सम्बन्धी, (२) जाति-सम्बन्धी, (३) प्रकृति तथा कृषि-सम्बन्धी, (४) पशु-पक्षी-सम्बन्धी, (५) प्रकीर्ण।

(१) स्थान-सम्बन्धी—बहुत सी ऐसी लोकोक्तियाँ पायी जाती हैं जो किसी देश या स्थान-विशेष की विशेषताओं को प्रकट करती हैं। काशी के सम्बन्ध में जो कहावत प्रचलित है उसका उल्लेख पहिले किया जा चुका है। उत्तर प्रदेश के बलिया जिले के पश्चिमी भाग को 'बाँगर' कहते हैं। यहाँ सिंचाई के प्रबन्ध की सुविधा न होने के कारण अन्न बहुत कम पैदा होता है। इसी विषय का उल्लेख नीचे की एक कहावत में किया गया है।[१]

"का बाँगर का अन्ने, का जोलाहा का धन्ने"

मगध देश में भोजन अच्छा नहीं मिलता। भुजिया चावल का भात और खराब दाल खाने को मिलती है। अतः वहाँ जाने का निषेध किया गया है—

"उसिना चावल दाल खमोरी।
मगह देश जनि जइह मुरारी।।"

बिहार के तिरहुत प्रदेश की विशेषताओं को बतलाने वाली यह उक्ति कितनी सुन्दर बन पड़ी है—

"कोकटी धोती पटुआ साग,
तिरहुत गीत बड़े अनुराग।
भाव भरल तन तरुणी रूप,
एतवै तिरहुत होइछ अनूप।।"

कलकत्ता शहर में जाकर रहने वाले लोगों के लिये बड़ा ही सुन्दर उपदेश इस लोकोक्ति में दिया गया है। इससे भारत के सर्वश्रेष्ठ नगर की विशेषताओं का पता चलता है—

---

१. लेखक का निजी संग्रह।

"घोड़ा गाड़ी, नोना पानी; और राँड़ के धक्का।
ए तीनू से बचल रहे, तब केलि करे कलकत्ता।।"

हिन्दी के सुप्रसिद्ध उपन्यास लेखक डॉ. वृन्दावनलाल वर्मा ने ग्वालियर राज्य के स्थानों के सम्बन्ध में एक लोकोक्ति को अपने ग्रन्थ में उद्धृत किया है।[1]

(२) जाति-सम्बन्धी—भारत की विभिन्न जातियों की विशेषताओं को प्रकट करने वाली अनेक लोकोक्तियाँ उपलब्ध होती हैं। ब्राह्मण और नाई किस प्रकार अपनी जाति वालों को देखकर जलते हैं इसका उल्लेख इस लोकोक्ति में हुआ है—

"बाँभन, कुकुर, नाऊ।
आपन जाति देखि गुर्राऊ।।"

ब्राह्मण पुरोहित किस प्रकार हवन करते समय यजमान के घी और अन्न को अग्नि में भस्मसात् कर देता है, इसका वर्णन सुनिये—

"करवा[2] कोहार के, घीव जजमान के।
बाबाजी कहेले, स्वाहा स्वाहा।।"

इसी से मिलती-जुलती एक दूसरी उक्ति है जो ब्राह्मणों की भोजनभट्टता को प्रकट करती है—

"आनकर[3] आटा, आनकर घीव।
चाबस[4] चाबस, बाबा जीव।।"

अंग्रेजी में भी इसी प्रकार की एक उक्ति है जो उपर्युक्त लोकोक्ति के भावों को प्रकट करती है—

"फूल्स मेक फीस्ट्स
एण्ड वाइज मेन ईट देम।।"

आजकल के अनेक साधु-महात्मा—जो अपने को ब्राह्मण कहते हैं, रामानुजी टीका लगाये फिरते हैं और मधुर वाणी बोलकर भक्तों को फँसाते हैं। उनके सम्बन्ध की यह लोकोक्ति कितनी सटीक है—

"तीन फँकिया टीका, मधुरी बानी।
दगाबाज के इहे निसानी।।"

बनियों के बारे में यह लोकोक्ति प्रसिद्ध है जो उनकी बद्धमुष्टिता को सूचित करती है:—

"आमी, नीबू, बानिया।
चापें तें रस देय।।"

---

१. 'मृगनयनी' की भूमिका।
२. मिट्टी का वह पात्र जिससे हवन सामग्री कुण्ड में डाली जाती है।
३. दूसरे का।
४. खूब मजे में खाना।

अर्थात् आम, नीबू और बनिया इन तीनों को दबाने या कष्ट देने से ही ये रस देते हैं। क्षत्रिय और कायस्थों के विषय में भी इसी प्रकार की अनेक लोकोक्तियाँ प्रसिद्ध हैं। शूद्रों तथा अन्य तथाकथित नीच जातियों के सम्बन्ध में यह प्रायः कहा जाता है कि ऊंच जाति (ब्राह्मण, क्षत्रिय आदि) बात करने से परन्तु नीच जातियाँ दण्ड देने से ही रास्ते पर रहती हैं:—

"ऊंचजाति बतिअवले।
नीच जाति लतिअवले।"

गोस्वामी तुलसीदास जी ने इस तथ्य का समर्थन "शूद्र, गँवार, ढोल, पशु, नारी। ये सब ताड़न के अधिकारी।।" लिखकर किया है।

रसल ने 'पीपुल्स ऑफ् इण्डिया' नामक अपनी पुस्तक में भारत की विभिन्न जातियों के सम्बन्ध में जो लोकोक्तियाँ प्रचलित हैं और उनमें जो निहित विशेषताएँ हैं उनका उल्लेख बड़े विस्तार के साथ प्रस्तुत किया है। इस दृष्टि से इस पुस्तक का बड़ा उपयोग है।

(३) **प्रकृति तथा कृषि-सम्बन्धी**—अनेक लोकोक्तियाँ प्रकृति से सम्बन्ध रखने वाली हैं। किस समय किस दिशा से वायु चलने पर उसका क्या प्रभाव पड़ेगा; किस रंग की बिजली चमकने से ऋतु के सम्बन्ध में क्या सूचना मिलती है; किन नक्षत्रों में वर्षा होने या न होने से सुकाल या अकाल पड़ता है; इन सभी विषयों का ज्ञान हमें लोकोक्तियों से प्राप्त होता है। ऋतु-विज्ञान की जो बातें वैज्ञानिक अपने अनुसन्धानों द्वारा बतलाते हैं उस विज्ञान की बहुत-सी बातें इनमें मिलती हैं। इसके अतिरिक्त कृषि सम्बन्धी अनेक कार्यों—सिंचाई, बोआई, निराई, कटाई, दवाँई, मड़ाई आदि—के सम्बन्ध में भी कहावतें पायी जाती हैं। इनसे हमें यह ज्ञात होता है कि किस समय में कौन-सा कार्य करने पर उसका फल अच्छा होगा या बुरा। घाघ तथा भडड्री की वायु तथा वर्षा सम्बन्धी लोकोक्तियों का वर्णन पहले हो चुका है। कृषि जीवन से सम्बद्ध ऐसा कोई भी अंग नहीं जिसके विषय में कोई उक्ति न कही गई हो। ऊख के खेत को कितना जोतना चाहिये इस विषय में घाघ कहते हैं—

"तीन कियारी तेरह गोड़,
तब देखै ऊखी के पोर।।"

खेत में खाद डालने से खेती अच्छी होती है इसका समर्थन लोकोक्तियों से भी प्राप्त होता है।

"जेकरे खेत पड़ा नहिं गोबर,
वहि किसान को जान्यो दूबर।।"

खाद को आषाढ़ मास में डालने से फसल खूब होती है:—

"असाढ़ में खाद खेत में जावै,
तब भरि मूठि दाना पावै।।"

(४) **पशु-पक्षी-सम्बन्धी**—कृषि सम्बन्धी कहावतों का उल्लेख पहिले हो चुका है। बैल कृषि-कर्म का अनन्य साधन है। इसके बिना किसान का कोई कार्य सम्पन्न नहीं हो सकता है।

अतः बैल के सम्बन्ध में अनेक लोकोक्तियाँ प्रसिद्ध हैं जिनमें उनके गुण-दोष का विवेचन किया गया है। हल में तेज चलने वाले बैल का लक्षण इस प्रकार दिया है[१] :—

"सींग मुड़े, माथा उठा; मुँह का होवे गोल।
रोम नरम, चंचल करन; तेज बैल अनमोल।।"

बुरे बैल का लक्षण इस प्रकार है [२] :—

"उजर बरौनी मुँह का महुवा;
ताहि देखि हरवहवा रोवा।।"

कृषि कार्य में बैल का कितना महत्त्व है इसका पता नीचे की उक्ति से लगता है।[३]

"बिन बैलन खेती करै, बिन भैयन के रार।
बिन मेहरारू घर करै, चौदह साख लबार।।"

गीदड़ और कौओं का विभिन्न समय पर बोलना अशुभ है, इसकी सूचना हमें कहावतों से मिलती है।[४]

"रात को बोलै कागला, दिन में बोलै स्याल।
तो यों भाखै भड्डरी, निहचै पड़िहैं काल।।"

इसी प्रकार से बन्दर, हाथी और घोड़ा आदि के विषय में भी बहुत सी कहावतें प्रचलित हैं।

(५) **प्रकीर्ण**—प्रकीर्ण लोकोक्तियाँ वे हैं जो उपर्युक्त चार प्रकारों से भिन्न हैं। इनमें नीति से सम्बन्ध रखने वाली कहावतों की प्रधानता है। घाघ ने ऐसी बहुत सी लोकोक्तियाँ कही हैं जिनमें किसी न किसी प्रकार का नीति-कथन उपलब्ध होता है। यहाँ एक-दो उदाहरण पर्याप्त होंगेः—

"मुये चाम से चाम कटाबै, भुँइ सँकरी माँ सोवै।
घाघ कहै ये तीनों भकुवा, उढरि गये पै रोवै।।
X X X
सधुवै दासी, चोरवै खाँसी; प्रीति बिनासै हाँसी।
घग्घा उनकी बुद्धि बिनासै, खाँय जो रोटी बासी।।"

कहीं-कहीं तो घाघ की उक्तियाँ चाणक्य की नीति से टक्कर लेती हैं, जैसेः—

"लरिका ठाकुर बूढ़ दिवान,
ममिला बिगरै साँझ बिहान।।"

---

१. त्रिपाठी : हमारा ग्राम साहित्य, पृ० ३१८।
२. वही, पृ. ३१८।
३. वही, पृ. ३२३।
४. वही, पृ. ३५०।

इस प्रकार नीचे की यह लोकोक्ति इसी आशय की है:—

"ओछो मन्त्री राजै नासै, ताल बिनासै काई।
सुक्ख साहिबी फूट बिनासै, घग्घा पैर बिवाई।।"

गाँवों में इन्हीं नीति-वचनों के द्वारा लोग अपने जीवन का नियंत्रण करते हैं।

कुछ कहावतें ऐसी हैं जिनमें स्वस्थ रहने की विधि बतलायी गई है। इन्हें 'नीरोग के नुसखे' कहें तो कुछ अत्युक्ति न होगी; जैसे:—

"मोटी मुखारी जो करै, दूध बियारी खाय।
बासी पानी जो पियै, तेहि घर बैद न जाय।
X X X
क्वार करैला, चैत गुड़, सावन साग न खाय।
कौड़ी खरचे गाँठ की, रोग बिसाहन जाय।।"

भोजन में पथ्यापथ्य का विधान कर ये लोकोक्तियाँ हमें स्वास्थ्य के नियमों को बतलाती हैं।

ब्रज की लोकोक्तियों के भेद[१]—ब्रज में सामान्य लोकोक्तियों के अतिरिक्त कुछ विशेष प्रकार की लोकोक्तियाँ प्रचलित हैं, जिनके भेद हैं—(१)अनमिल्ला, (२)अचका, (३)भेरि, (४)खुंसि, (५)औठपाय, (६)ओलना, (७)गहगड्ड।

अनमिल्ला—इसमें नाम के ही अनुरूप बेमेल बातों का एक साथ उल्लेख मिलता है। जैसे:—

"भार भुजावन हम गये, पल्ले बाँधी ऊन।
कुत्ता चरखा लै गयौ, काए ते फटकूँगी चून।।"

अचका—इसमें आश्चर्य की प्रधानता रहती है। सुकुमारता की अतिशयता के साथ ही साथ इसमें फूहड़पन भी अपनी पराकाष्ठा को पहुँचा हुआ दिखायी पड़ता है। पतंग के विषय में यह उक्ति कही गई है:—

"पीपर पैंते उड़ी पतंग, जौ कहुँ लगि जाय मेरे अंग।
मैंने दै दई बजर किवार, नहीं उड़ि जाती कोस हजार।।"

इन अचकों में साधारणतः स्त्रियों की गर्वोक्तियाँ हैं जो इनके सौंदर्य या धन की अतिशयता को घोषित करती हैं।

भेरि, खुंसि और औठपाय इन तीनों का सामान्य धर्म यह है कि ये सभी ऐसी बातों का दिग्दर्शन कराते हैं जो अवांछनीय होती हैं। भेरि का अन्तिम चरण एक समान होता है। वह है—गड़आ गढ़त भेरि है गई।

---

१. डॉ० सत्येन्द्र : ब्रज लोक साहित्य का अध्ययन, पृ० ५३७-४२

"राँड नारि ने पहर्यौं काँचु,
अब मति जानौ वाकौ साँचु।।
सालू पहिरि पैठें कू गई।
गडुवो गढ़त भेरि है गई।।"

खुंसि, ऐसी ही बातों के कहने का दूसरा ढंग है। इसमें तीन दोषों की गणना की गई है,[1] जैसेः—

"एक तो बूढ़ी गाय,
दूसरां कूं खेत खाय।
तीसरां कूं दूध हीन,
खुंसि ऊपर खुंसि तीन।।"

अन्तिम चरण सब में समान होता है। जिस प्रकार 'खुंसि' में स्वाभाविक दोषों की गणना होती है उसी प्रकार 'औठपाय' में जान-बूझकर किये गये कुछ कार्यों का परिणाम दिखाया गया रहता है। उदाहरण के लिएः—

"कुँआ पनघट जाइकें, पाँय दिये ललराय।
पीठि मिड़ाबै सोति पै, जेई मरिबे के औठपाय।।"

ओलना—इस प्रकार की लोकोक्ति में सुख देने वाली वस्तुओं की प्राप्ति की इच्छा निविष्ट रहती है। मनोभिलषित वस्तुओं की सूची इसमें दी गई रहती है।[2]

उदाहरणार्थः—

"रिमझिम बरसै मेह कि ऊंची रावटी,
कामिन करै सिंगार कि पहिरै पामटी।
बारह बरस की नारि गरे में ढोलना,
इतनौ दै करतार फेरि ना बोलना।।"

गहगड्ड—इस लोकोक्ति में दो व्यक्तियों की उक्तियाँ रहती हैं। एक व्यक्ति सुख के साधनों का सुझाव रखता है और दूसरा व्यक्ति उन सुझावों को तब तक अस्वीकार करता जाता है, जब तक उसकी अभीष्ट वस्तु न प्रस्तुत की जाय। यथाः—

"किनक कटोरा घ्यौ चना, गुर बनिये की हट्ट।
तपूँ रसोई जेओं मुसाफिर, यों माँचै गहगड्ड।।"
नहीं गहगड्ड, नहीं गहगड्ड।।

संक्षेप में ब्रज की लोकोक्तियों की यही रूपरेखा है।

---

१. डॉ० सत्येन्द्रः ब्रज लोक साहित्य का अध्ययन, पृ० ५४०।
२. वही, पृ० ५४१।

लोकोक्तियों के रचयिता—लोकोक्तियों के रचयितायों का कुछ पता नहीं चलता। परन्तु अधिकांश लोकोक्तियाँ घाघ और भड्डरी के नाम से प्रचलित हैं। कुछ कहावतों में इन दोनों के नामों का उल्लेख पाया जाता है।

(१) घाघ—घाघ अकबर बादशाह के जमाने में हुए थे। ये जाति के दूबे ब्राह्मण थे। कन्नौज के पास इनके नाम से एक पुरवा (छोटा गाँव) बसा हुआ था जिसका नाम अब बदल गया है। परन्तु पुराने कागजों में 'पूरे घाघ' का उल्लेख मिलता है। घाघ के वंशज अब भी उस गाँव में रहते हैं।

घाघ का सम्बन्ध गोरखपुर और छपरा जिले से भी बतलाया जाता है। संभव है घाघ किसी सम्बन्ध से यहाँ कुछ दिनों तक रहे हों। घाघ की कहावतों की भाषा से उनके जन्म-स्थान का पता लगाना बड़ा कठिन है, क्योंकि इनकी कहावतें किसानों में इतनी लोकप्रिय हैं कि सबने अपनी बोली में इसका रूपान्तर कर लिया है।[१]

घाघ के सम्बन्ध में यह प्रसिद्धि है कि अपनी पतोहू से इनकी बड़ी नोक-झोंक रहती थी। घाघ जो कहावत कहते थे पतोहू उसका उल्टा कहती थी। इससे जान पड़ता है कि इनकी पतोहू भी पद्य रचना करना जानती थी।

बहुत सी ऐसी लोकोक्तियाँ जो घाघ के नाम से नहीं हैं अब उन्हीं के नाम से प्रचलित हो गई हैं जिससे उनकी लोकप्रियता का पता चलता है।

(२) भड्डरी—इनके जीवन-वृत्त के विषय में कुछ विशेष ज्ञात नहीं है। ऐसा कहा जाता है कि ये ब्राह्मण पिता और आभीरी माता से उत्पन्न हुए थे। भड्डरी नाम भी इनके नीच वर्ण में उत्पन्न होने की सूचना देता है। इन्होंने वर्षा विषयक अनेक कहावतों का निर्माण किया है जिनमें कथित तथ्य बहुधा सच निकलते हैं। अब तो भड्डरी नाम की एक जाति ही बन गई है जो भड्डरी की कहावतों के आधार पर भविष्य में होने वाली वर्षा-सम्बन्धी बातों को बतलाती है। इस जाति के लोग गोरखपुर और देवरिया जिले में अधिक हैं। राजस्थान में भड्डली नाम की एक स्त्री की कहावतें मिलती हैं। जिनमें भड्डरी की लोकोक्तियों में बहुत कुछ समानता पायी जाती है। वर्षा के अतिरिक्त भड्डरी ने नीति, स्वास्थ्य और शकुन आदि के सम्बन्ध में बहुत-सी कहावतें कही हैं।[२]

(३) लाल बुझक्कड़—ये उत्तर प्रदेश के फर्रुखाबाद जिले के रहने वाले थे। इनका असली नाम लाल था। बुझक्कड़ तो इनकी पदवी थी। ये अपने गाँव के सबसे चतुर आदमी समझे जाते थे। ग्रामीण जनता में प्रचलित वह कहावत सम्भवतः इन्हीं लाल बुझक्कड़ की ज्ञात होती है।[३]

"लाल बुझक्कड़ बूझिया, और न बूझा कोय।
पैर में चक्की बाँध के हरिन न कूदा होय।।"

---

१. त्रिपाठीः ह० ग्रा० सा०, पृ० २५४-५५।

२. त्रिपाठी : ह० ग्रा० सा०, पृ० २६५।

३. वही, २६७ ।

माधोदास तथा हृदयराम ने अनेक नीति-परक लोकोक्तियों की रचना की है, परन्तु इनके जीवन-वृत्त के विषय में कुछ विशेष ज्ञात नहीं है।

२. मुहावरे

अर्थ—मुहावरा अरबी भाषा का शब्द है। इसका अर्थ है—'परस्पर बात-चीत और सवाल-जवाब करना।' इसे अंग्रेजी में 'इडियम' कहते हैं। संस्कृत में इस शब्द के यथार्थ को घोषित करने वाला कोई शब्द नहीं है। कुछ विद्वानों ने 'वाग्रीति' या 'रमणीय प्रयोग' का व्यवहार इसके लिए किया है, परन्तु वास्तव में ये शब्द उपयुक्त नहीं जँचते, क्योंकि इनसे 'मुहावरे' के भाव का सम्यक् प्रकाशन नहीं होता।

अरबी भाषा में मुहावरा शब्द का अर्थ सीमित तथा संकुचित है, किन्तु हिन्दी और उर्दू में यह विकसित होकर व्यापक भाव को द्योतित करता है। मुहावरे के अर्थ में अभिधेयार्थ से कुछ विभिन्नता होती है। अतः इसके अर्थ की सिद्धि लक्षणा और व्यञ्जना शक्तियों के ऊपर अवलम्बित रहती है। उदाहरण के लिए 'नव दो ग्यारह होना' इस मुहावरे को लीजिए। इसका अभिधेयार्थ स्पष्ट है। परन्तु इस मुहावरे का अर्थ है चल देना, भाग जाना आदि। यह भाव अभिधा या लक्षणा से द्योतित न होकर व्यञ्जना शक्ति के द्वारा प्रकट होता है। दूसरा मुहावरा है 'नाकों चना चबाना' जिसका अर्थ है बड़ी कठिनाई से किसी कार्य को सम्पादित करना। चना चबाने का काम मुँह करता है नाक नहीं। नाक से इसे चबाना असम्भव कार्य है। अतः लक्षणा शक्ति के द्वारा इस मुहावरे का अर्थ हुआ किसी काम को बड़ी कठिनता से करना। इसी प्रकार अन्य मुहावरों में भी यही बात पायी जाती है।

मुहावरों की उत्पत्ति—मुहावरों की उत्पत्ति के सम्बन्ध में पण्डित अयोध्या सिंह उपाध्याय लिखते हैं कि "मनुष्य के कार्यक्षेत्र विस्तृत हैं। उसके मानसिक भाव भी अनन्त हैं। घटना और कार्य-कारण परम्परा से जैसे असंख्य वाक्यों की उत्पत्ति होती है उसी प्रकार मुहावरों की भी। अनेक अवसर ऐसे उपस्थित होते हैं जब मनुष्य अपने मन के भावों को कारण विशेष से संकेत अथवा इंगित किंवा व्यंग द्वारा प्रकट करना चाहता है। कभी कई एक ऐसे भावों को थोड़े शब्दों में विवृत करने का उद्योग करता है, जिसके अधिक लम्बे, चौड़े वाक्यों का जाल छिन्न करना उसे अभीष्ट होता है। प्रायः हास, परिहास, घृणा, आवेग, उत्साह आदि के अवसर पर उस प्रवृत्ति के अनुकूल वाक्य-योजना होती देखी जाती है। सामयिक अवस्था और परिस्थिति का भी वाक्य विन्यास पर बहुत कुछ प्रभाव पड़ता है और इसी प्रकार के साधनों से मुहावरों का आविर्भाव होता है।"[१]

कवि सम्राट उपाध्याय जी ने मुहावरों की उत्पत्ति के सम्बन्ध में अपने जो विचार प्रकट किये हैं, वे यथार्थ हैं। भाषा-शास्त्रियों का कहना है कि मानव प्रकृति शब्दों के उच्चारण में प्रयत्नलाघव को पसन्द करती है। यही बात भाषा के प्रयोग के विषय में भी कही जा सकती है। 'मनुष्य थोड़े में अपने भावों को प्रकट करना चाहता है।' अतः वह ऐसी शब्दावली का प्रयोग

---

१. 'बोलचाल', पृ० ३६-३७।

करता है जो संक्षिप्त हो। अत्यन्त घने तथा निविड़ अन्धकार का वर्णन करने के लिए—जिसमें मनुष्य के अपने हाथ-पैर न दिखायी पड़ते हों—संस्कृत में 'सूचिभेद्यं तमः' मुहावरे का प्रयोग किया जाता है। केवल इन दो शब्दों में कितनी अधिक भावराशि भरी पड़ी है।

मनुष्य की दूसरी प्रवृत्ति गोपनीयता की होती है। वह किसी कारण वश अपने भावों को ऐसी भाषा में प्रकट करना चाहता है जो सर्वसाधारण के लिए सरलतया बोधगम्य न हो। बज्रयानी बौद्धों ने तथा हिन्दू तांत्रिकों ने इसीलिए एक ऐसी प्रतीकात्मक भाषा को आविष्कृत किया था जो गोपनीय होने के कारण जनसाधारण की बुद्धि से परे थी। 'पंच मकारों' के ठीक अर्थ को न समझ सकने का यही कारण था। मुहावरों के विषय में भी यही प्रवृत्ति लक्षित होती है। 'नौ दो ग्यारह होना' या 'रफ्फू चक्कर होना' का अर्थ चल देना या भाग जाना है जो अभिधा से सूचित नहीं होता। अतः गोपनीयता की भावना इसमें विद्यमान है।

परिभाषा—मुहावरा किसी बोली या भाषा में प्रयुक्त होने वाला वह अपूर्ण वाक्य खण्ड है जो अपनी उपस्थिति से समस्त वाक्य को सबल, सतेज, रोचक और चुस्त बना देता है। संसार में मनुष्य ने अपने लोक-व्यवहार में जिन-जिन वस्तुओं और विचारों को बड़े कौतूहल से देखा और समझा और बार-बार उनका अनुभव किया उन्हीं को उसने शब्दों में बाँध दिया है। वे ही मुहावरे कहलाते हैं।[१]

लोकोक्ति तथा मुहावरे में अन्तर—मुहावरों और कहावतों में अन्तर है। मुहावरा वाक्य का अंश होता है। उसका स्वतंत्र रूप से व्यवहार नहीं किया जा सकता। परन्तु लोकोक्तियाँ पूर्ण वाक्य होती हैं। उनका प्रयोग स्वतन्त्र रूप से होता है। वे अपना स्वतन्त्र अर्थ रखती हैं। किसी कथन का समर्थन करने के लिए उदाहरण के रूप में अलग से उनका प्रयोग किया जाता है। मुहावरे गद्यात्मक होते हैं, परन्तु लोकोक्तियाँ गद्य और पद्य दोनों में उपलब्ध होती हैं। दोनों का आकार लघु होता है, परन्तु मुहावरा लघुतर है।

मुहावरों का महत्त्व—मुहावरे किसी भाषा की संजीवनी शक्ति हैं। ये उस भाषा के प्राण हैं। इनके द्वारा भाषा में सुघराई और चुस्ती आती है। मुहावरों के प्रयोग से वाक्यों में रोचकता आ जाती है और उनका प्रभाव पाठकों के हृदय के ऊपर सीधे होता है। रोचक भाषा भावों की अभिव्यञ्जना में कितनी समर्थ होती है यह कहने की आवश्यकता नहीं। यही कारण है कि जो लेखक मुहावरों का अधिक प्रयोग करते हैं उनकी भाषा टकसाली होती है। मौलाना हाली ने इनके महत्त्व के विषय में "मुकद्दमा शेर व शायरी" में लिखा है कि—"मुहावरा अगर उम्दा तौर से बाँधा जावे तो बिला शुबहा पस्त शेर को बलन्द और बलन्द को बलन्दतर कर देता है।" इसमें तनिक भी सन्देह नहीं कि उचित मुहावरों के प्रयोग से शैली में माधुर्य, सौन्दर्य और शक्ति आ जाती है। विस्तृत भावों को थोड़े शब्दों में प्रकट करना मुहावरों का ही काम है। इनके प्रयोग द्वारा कोई भी भाषा संस्कृत होकर चमत्कृत हो जाती है।

---

१. त्रिपाठीः 'त्रिपथगा' अंक ६ (मार्च, १९५६), पृ० ३०।

परम्परा तथा व्यापकत्व—मुहावरों का इतिहास भी उतना ही प्राचीन है जितना भाषा की उत्पत्ति का। संस्कृत साहित्य में इनका प्रचुर प्रयोग उपलब्ध होता है। संस्कृत महाकाव्यों तथा नाटकों में ये विशेष रूप से व्यवहृत हुए हैं। 'सूचिभेद्यं तमः' की चर्चा पहिले की जा चुकी है। अत्यन्त शीघ्रता से रात बीत जाने के लिए "अक्ष्णोः प्रभातमासीत्" का प्रयोग पाया जाता है। किसी बात को सामने देखते हुए भी उसके अस्तित्व को न स्वीकार करने के लिए 'गजनिमीलिका' का व्यवहार पण्डित लोग किया करते हैं। संस्कृत में कुछ ऐसे भी मुहावरे हैं जिनकी परम्परा को राष्ट्रभाषा हिन्दी भी अक्षुण्ण बनाये हुए है। बिना समझे-बूझे अन्धविश्वास के कारण किसी कार्य को सामूहिक रूप से करने के लिए 'गड्डलिका प्रवाहः' को प्रयुक्त किया जाता है। यह मुहावरा 'भेड़िया धसान' के रूप में हिन्दी में वर्तमान है। प्राकृत तथा पालि भाषा में भी मुहावरे पाये जाते हैं, परन्तु स्थानाभाव के कारण उनका विवेचन यहाँ सम्भव नहीं।

राष्ट्रभाषा हिन्दी में मुहावरों की संख्या बहुत ही अधिक है। सिर से पैर तक शरीर का कोई भी अंग ऐसा नहीं है जिससे सम्बद्ध दर्जनों मुहावरे न हों। कवि सम्राट् पं० अयोध्यासिंह उपाध्याय ने अपनी बोलचाल नामक पस्तक[१] में इन मुहावरों का पद्यों में प्रयोग किया है। इस पुस्तक से हिन्दी के मुहावरों के प्राचुर्य का पता लगाया जा सकता है।

हिन्दी की विभिन्न बोलियों—भोजपुरी, ब्रज, अवधी, बुन्देलखण्डी आदि—में हजारों की संख्या में मुहावरे उपलब्ध होते हैं जो नितान्त मौलिक हैं। केवल भोजपुरी में ही सैकड़ों ऐसे मुहावरे हैं जो खड़ी बोली हिन्दी में नहीं पाये जातः जैसेः—

१. पाताल खिलना—बहुत दूर चला जाना।
२. हाथ में दही जमाना—मारने पर भी क्रुद्ध न होकर चुप रहना।
३. हाथ झुलावत आना—असफल होकर लौटना।
४. हाँका हाँकी बदना—प्रतिस्पर्द्धा करना।
५. लग्गा लगाना—किसी काम को प्रारम्भ करना।

मुहावरों का प्रयोग बड़ा ही व्यापक है। हमारे जीवन का कोई ऐसा कार्य नहीं जिसके वर्णन में मुहावरों प्रयोग न होता हो। हजारों वर्षों से बोलचाल में बार-बार आते रहने से मुहावरे मनुष्य जीवन के पक्के साथी बन गये हैं। वे मानव की गति, क्रिया, अनुभूति, उसके शरीर के अंग-उपांगों, भोजन के पदार्थों, घर-गृहस्थी के काम-काज, प्रकृति के विभिन्न तत्व—आकाश, आग, हवा, पानी और पृथ्वी—दिन-रात, पशु-पक्षी, पेड़-पौधों और जीव-जन्तु सभी से सम्बन्ध रखते हैं। कहने का आशय यह है कि स्थावर और जंगम जितनी सृष्टि है उन सभी से इनका सम्बन्ध है।

मुहावरों की विशेषताएँ—(१) मुहावरों की सबसे बड़ी विशेषता यह है कि यह किसी वाक्य का अंगीभूत बन कर रहता है। जैसे 'आग लगाना' एक मुहावरा है। परन्तु इसकी कोई स्वतन्त्र सत्ता नहीं है। जब तक इसका किसी वाक्य में प्रयोग नहीं होता तब तक इसका कोई अर्थ नहीं

---

१. खंगविलास प्रेस, पटना से प्रकाशित।

है। परन्तु जब हम यह कहते हैं कि 'वह आग लगाकर तमाशा देखने लगा' तब इसका अर्थ होता है झगड़ा लगाना।

(२) मुहावरा अपने मूल रूप में ही सदा प्रयुक्त होता है। यदि इसमें आये हुए शब्दों के पर्यायवाची शब्दों का प्रयोग किया जाय तो मुहावरा नष्ट हो जाता है। जैसे 'कमर टूटना' एव मुहावरा है। परन्तु इसके स्थान पर इसके पर्याय के प्रतिपादक 'कटिभंग होना' लिखें तो यह पूर्वोक्त अर्थ का द्योतक कदापि नहीं हो सकता। इसी प्रकार 'हाथ धोना' मुहावरा है, परन्तु 'हस्त प्रक्षालन' का प्रयोग करने पर अभीष्ट अर्थ की प्राप्ति हमें नहीं हो सकती।

(३) मुहावरे का वाच्यार्थ से विशेष सम्बन्ध नहीं होता। लक्ष्यार्थ के द्वारा ही अभीष्ट अर्थ की सिद्धि होती है। उदाहरण के लिए 'गड़े मुर्दे उखाड़ना' इस मुहावरे को लीजिए। इसका अभिधेयार्थ है दफनाये गए मुर्दे की कब्र खोदना, परन्तु इसका वास्तविक अर्थ है दबी दबायी बात को फिर से उठाना। इसी प्रकार 'लड़ाई में काम आना' का अर्थ लड़ते-लड़ते मर जाना है, न कि लड़ाई के काम में उपयोगी होना।

जन-जीवन का चित्रण—मुहावरों में जनता के जीवन की झाँकी देखने को मिलती है। साथ ही साधारण प्रथाओं, रूढ़ियों और परम्पराओं का उल्लेख इनमें पाया जाता है। साथ ही साधारण जनता की आर्थिक दशा कैसी थी, इस पर भी प्रकाश पड़ता है। इतिहास की अनेक टूटी और बिखरी हुई कड़ियाँ भी इनकी सहायता से जोड़ी जा सकती हैं। भारतीय संस्कृति का दर्शन भी हमें मुहावरों में मिलता है। इन दृष्टियों से इनका महत्त्व अत्यधिक है।

जनता की आर्थिक स्थिति के परिचायक कुछ मुहावरों को लीजिए। 'गरीबी में आटा गीला' एक मुहावरा है। गरीब के पास थोड़ा सा आटा होता है। यदि सानते समय वह गीला हो जाय, तो उसकी रोटियाँ नहीं बन सकतीं और उसे भूखा ही रहना पड़ेगा। इसी से जब किसी कष्ट के बाद दूसरा कष्ट आ पड़ता है तब इस मुहावरे का प्रयोग किया जाता है। दूसरा मुहावरा है 'सत्तू बाँधकर पीछे पड़ना'। देहात के लोग सत्तू का उपयोग बहुत करते है। जब वे कहीं बाहर यात्रा करते हैं तब साथ मे सत्तू बाँधकर ले जाते हैं, जिससे उन्हें भोजन सदा तैयार मिलता है और इस प्रकार समय की काफी बचत होती है। परन्तु यह गरीबों का ही भोजन है। 'पेट काटना' भी मुहावरा है, जिसका अर्थ है धन की कमी से जान-बूझ कर कम खाना; जैसे—मोहन ने पेट काट कर अपने पुत्र को पढ़ाया-लिखाया।

सामाजिक प्रथाओं का चित्रण इन मुहावरों में अधिकता से हुआ है। 'छीपा बजाना' एक भोजपुरी मुहावरा है। जिस समय किसी के घर पुत्र पैदा होता है उस समय प्रसन्नता के कारण थाली बजायी जाती है। पुत्री के जन्म पर थाली नहीं बजायी जाती। अतः 'छीपा बजाना' पुत्र की उत्पत्ति का द्योतक है। विवाह तथा कथा आदि में एक साथ ही स्त्री-पुरुष मण्डप में बैठते हैं। उस काम में एकाग्र चित्त होकर बैठना होता है। अतः 'चौका बैठना' यह मुहावरा इस घटना की

और संकेत करता है।

स्त्री-पुरुष का विवाह होते समय दोनों के कपड़ों को लेकर आपस में गाँठ बाँध देते हैं। यह दम्पत्ति के अभिन्न प्रेम का द्योतक है। इस अर्थ को द्योतित करने वाला मुहावरा है 'गठ जोड़ाव करना'। भोजपुरी में एक दूसरा मुहावरा है 'गोतरुचार करना' जिसका अभिप्राय है गाली-गलौज करना। यह संस्कृत के गोत्रोच्चारण का अपभ्रंश रूप है। विवाह के समय वर-कन्या की वंशावली का वर्णन वैदिक किया करते हैं जिसे गोत्रोच्चारण कहते हैं। इसीलिए जब कोई किसी के बाप, दादे का नाम लेकर गाली देने लगता है तब इस मुहावरे का प्रयोग किया जाता है।

विवाह के पश्चात् कन्या का भाई मिट्टी के बड़े मटके—जिसे कुण्डा कहते हैं—में मिठाई भरकर बहिन के घर आता है। इससे सम्बद्ध मुहावरा है 'कुण्डा लेकर आना' जिसका अभिप्राय है कोई सौगात लेकर पधारना।

'घंट बाँधना' भी मुहावरा है जो उस प्रथा को द्योतित करता है जो मृत्यु के पश्चात् जलांजलि देने के लिए पीपल के पेड़ में मटका बाँधकर की जाती है।

स्त्रियों के व्रतों का उल्लेख भी कुछ मुहावरों में पाया जाता है। स्त्रियाँ कार्तिक शुक्ल द्वितीया—जिसे भ्रातृ द्वितीया कहते हैं—के दिन 'गोधन' की गोबर की मूर्ति बना कर उसे ओखल में खूब कूटती हैं। इसी प्रथा की ओर संकेत करता हुआ यह मुहावरा है 'गोधन कूटना' जिसका अर्थ है खूब पीटा जाना।

कुछ कहावतों में पौराणिक कथाओं का उल्लेख पाया जाता है। 'चउथी के चान देखल' एक भोजपुरी मुहावरा है, जिसका अभिप्राय है दोष रहित मनुष्य को व्यर्थ में कलंकित करना। भाद्र मास की शुक्ला चतुर्थी को चन्द्रमा का दर्शन निषिद्ध माना जाता है। एक पौराणिक कथा के अनुसार भगवान् श्री कृष्ण ने इस दिन चन्द्र दर्शन कर लिया था। फलस्वरूप उन्हें मणि चुराने का दोष लगा। इसी पौराणिक कथा की ओर उपर्युक्त मुहावरा संकेत करता है। 'कपारे पर बरह्म चढ़ल' मुहावरे का अर्थ है अत्यन्त क्रोधित होना। अकाल मृत्यु से मरा हुआ ब्राह्मण ब्रह्म कहलाता है जो भूतों की एक योनि है। जब वह किसी के सर पर चढ़ता है तब आविष्ट व्यक्ति हाथ पैर पीटता हुआ बक्-बक् करने लगता है। वह क्रोध में आकर अनाप-सनाप बकता है। अतः इसका अभिप्राय है क्रोध में आकर असम्बद्ध प्रलाप करना।

ऐतिहारिक तथ्यों के ऊपर भी इन मुहावरों से प्रचुर प्रकाश पड़ता है। 'अँगूठा दिखाना' हिन्दी का प्रचलित मुहावरा है जिसका अभिप्राय है इन्कार करना। यह मुहावरा ईस्ट इण्डिया कम्पनी के काल की उन परिस्थितियों की ओर संकेत करता है जिसके कारण ढाके के बारीक मलमल बुनने वाले जुलाहों का अँगूठा काट लिया जाता था। 'कंजड़ भइल' मुहावरा कंजूस होना

या दरिद्र स्वभाव का होना इस अर्थ में प्रयुक्त होता है। कंजड़ एक खानाबदोश जाति है जो स्थान-स्थान पर घूमा करते हैं। 'उजुबुक भइल' का अर्थ है—मूर्ख होना। यह मुहावरा सम्भवतः रूस देश के अन्तर्गत उजबेकिस्तान में निवास करने वाली उजबेक जाति की ओर संकेत करता है जो पहले असभ्य थी। अतः उपर्युक्त मुहावरों में ऐतिहासिक तथ्यों की झलक हमें देखने को मिलती है।

अनेक जातिगण विशेषताएँ भी इनसे परिलक्षित होती हैं। 'कोइरी' का देवता का अभिप्राय है सीधा-सादा होना। कोइरी एक जाति विशेष है जो शाक पैदा करने और बेचने का काम करती है। ये सज्जन और सीधे होते हैं। 'करटाहा' महाब्राह्मणों की दूसरी संज्ञा है जो मृत्यु के पश्चात् दान लेते हैं। ये बड़े भोजन-भट्ट होते हैं और बड़ी निर्लज्जता के साथ माँग-माँग कर भोजन करते हैं। अतः 'करटाहा भइल' का अर्थ है बेहद लालची, निर्लज्ज और वृकोदार होना।

कहावतों में शकुन-विचार की सामग्री भी उपलब्ध होती है। 'गीदड़ बोलना' या 'उरुवा (उल्लू) बोलना' मुहावरे का भाव उस स्थान का उजाड़ हो जाना समझना चाहिए। जैसे उस घर में अब गीदड़ बोल रहे हैं। 'कौवा बोलना' प्रियतमा के आगमन की शुभ सूचना देता है। 'आँखि फरकल' प्रिय समागम का सूचक है। 'खंड़लिचि (खंजन पक्षी) देखल' सौभाग्य का परिचायक है। 'गूलर का फूल होना' या लेना भी मुहावरा है। गूलर में फूल नहीं होता। अतः इसका अर्थ है असम्भव वस्तु की प्राप्ति करना।

मुहावरों में जन-जीवन का चित्रण किस प्रकार हुआ है इसका वर्णन गत पृष्ठों में किया जा चुका है। यदि इन मुहावरों का सम्यक् अध्ययन किया जाय तो लोक संस्कृति सम्बन्धी बहुत सी बातें ज्ञात हो सकती हैं। अतः इस बात की आवश्यकता है कि इनका संकलन तथा सम्पादन वैज्ञानिक रीति से किया जाय। हिन्दी की विभिन्न बोलियों में प्रचलित मुहावरों का भी संग्रह करना चाहिए। विद्वानों का ध्यान अब इधर आकृष्ट हो रहा है, यह शुभ लक्षण है।

३. पहेलियाँ

मानव प्रवृत्ति रहस्यात्मक है। जब मनुष्य यह चाहता है कि उसके कथन को सर्व साधारण न समझ सकें तो वह ऐसी भाषा का प्रयोग करता है जो जन साधारण की समझ से परे होती है। यही पहेली का रूप धारण कर लेती है। मनुष्य की गोपनीय प्रवृत्ति ही पहेलियों की उत्पत्ति का कारण है। डॉ० फ्रेजर ने लिखा है कि पहेलियों की रचना उस समय हुई होगी जब कुछ कारणों से वक्ता को स्पष्ट शब्दों में किसी बात को कहने में किसी प्रकार की अड़चन पड़ती होगी।[1]

बातचीत के प्रसंग में भी साधारणतया यह देखा जाता है कि जब हम यह नहीं चाहते कि हमारी बात सभी लोग जान जायँ तब हम ऐसी कथन पद्धति का आश्रय लेते हैं जो दुर्बोध होती

---

१. डॉ० फ्रेजरः दि गोल्डेन बाऊ, भाग ६, पृ० १२१।

है। यही पहेली बन जाती है। संस्कृत के प्राचीन ग्रन्थों में रूपकालंकार का सहारा लेकर जिन वस्तुओं का वर्णन हुआ है वे सब इसी कोटि में आयेंगी। हिन्दी के महाकवि सूरदास जी ने अनेक दृष्टिकूपों की रचना की है।[1] जिनका अर्थ समझना टेढ़ी खीर है। इन दृष्टिकूपों को हम पहेली के अन्तर्गत रख सकते हैं।

उत्पत्ति—किसी व्यक्ति की बुद्धि परीक्षा के लिए भी पहेलियों का प्रयोग किया जाता है। भारतवर्ष के मूल निवासियों में मध्यप्रदेश के मँडला जिले में गोंड़, प्रधान तथा बिरहौर जातियों में विवाह के अवसर पर पहेली पूछना (बुझाना) एक आवश्यक कार्य है।[2]

भोजपुरी प्रदेश में विवाह के समय जब वर वैवाहिक विधि के पश्चात् कोहबर में प्रवेश करने लगता है तब घर की स्त्रियाँ उससे पहेलियाँ पूछती हैं जिन्हें छेंका कहा जाता है।[3]

इन पहेलियों का सन्तोषजनक उत्तर देने पर ही वर कोहबर में प्रवेश कर सकता है अन्यथा नहीं। यह प्रथा सम्भवतः वर की विद्वता अथवा बुद्धि की परीक्षा लेने के लिए ही की जाती है।

पहेलियों की उत्पत्ति का तीसरा कारण मनोरंजन भी है। किसान को दिन भर कठोर परिश्रम करते रहने से तनिक भी अवकाश नहीं मिलता। भीषण श्रम से उसका शरीर और मस्तिष्क चूर-चूर हो जाता है। अतः रात्रि में भोजन आदि से निवृत्त होकर वह इन पहेलियों को बुझाकर अपने दिल और दिमाग को ताजा करता है। वह थोड़ी देर के लिए शारीरिक श्रम को भूल जाता है तथा शान्ति और सुख का अनुभव करता है। गाँवों में जहाँ सिनेमा नहीं है, जहाँ थियेटर का अत्यन्त अभाव है, जहाँ मनोरंजन के कोई भी अन्य साधन उपलब्ध नहीं हैं, वहाँ ये पहेलियाँ इन कृषकों के मनोरंजन के अनन्यतम साधन हैं।

परम्परा—पहेलियों को संस्कृत में प्रहेलिका कहा जाता है, इनकी परम्परा बहुत प्राचीन है। वैदिक काल में भी इनकी सत्ता का पता चलता है। अश्वमेध यज्ञ में तो यह अनुष्ठान का एक भाग ही समझा जाता था। अश्व की वास्तविक बलि से पूर्व होता और 'ब्राह्मण' ब्रह्मोदय (प्रहेलिका) पूछा करते थे।[4] इन्हें पूछने का केवल इन दो को ही अधिकार था।

वैदिक ऋषियों ने रूपकालंकार का आश्रय लेकर अनेक ऐसी ऋचाओं की रचना की है जो अथ की दुर्बोधता के कारण रहस्यात्मक बन गई हैं, जो प्रहेलिका के रूप में हमारे सामने प्रस्तुत होती हैं। ऋग्वेद का यह प्रसिद्ध मन्त्र है:—

"चत्वारि श्रृंगा त्रयो अस्य पादा
द्वे शीर्षे सप्तहस्ता सो अस्य,

---

१. शुक्ल : भ्रमर गी०। सार की भूमिका।
२. मैन इन इण्डिया, भाग १३, संख्या ४, पृ० ३१६।
३. डॉ० उपाध्याय : भोजपुरी लोक साहित्य का अध्ययन।
४. डॉ० सत्येन्द्र : ब्र० लो० सा० अ०।

त्रिधा बद्धो वृषभो रोरवीति
महादेवो मर्त्या आविवेश।।"

उपर्युक्त मंत्र में वर्णित 'वृषभ' कौन है इसके विषय में विद्वानों में बड़ा मतभेद है। भिन्न-भिन्न आचार्यों ने अपने-अपने मत के अनुसार इसके विभिन्न अर्थ किये हैं। यह उपर्युक्त ऋचा निश्चय ही पहेली है जो जन साधारण की समझ में नहीं आ सकती। 'कस्मै देवाय हविषा विधेम' इस वैदिक ऋचा के द्रष्टा ऋषि ने वास्तव में विद्वानों को इसके अभिप्राय को समझने के लिये चुनौती दी है। उपनिषदों की भाषा भी कुछ कम रहस्यात्मक नहीं है। नचिकेता ने यम से उस रहस्यमय तत्व को बतलाने का आग्रह किया है जिसको जान लेने या पाने से मनुष्य अमरत्व को प्राप्त कर लेता है। नचिकेता का प्रश्न एक पहेली ही है जिसको सुलझाने को यम तैयार नहीं था।

भगवान् श्रीकृष्ण ने गीता में इस संसार की सृष्टि का जो वर्णन किया है वह बहुत ही गूढ़ है। उन्होंने कहा है कि जो इस रहस्य को समझ सकता है वही 'वेदवित्' है।

"ऊर्ध्वमूलमधः शाखमश्वत्थं प्राहुरव्ययम्।
छंदांसि यस्य पर्णानि यस्तं वेद स वेदवित्।।"

यहाँ संसार की उपमा पीपल के वृक्ष से दी गई है।

महाभारत में यक्ष और युधिष्ठिर का संवाद उपलब्ध होता है जिससे प्राचीन काल में पहेलियों का स्वरूप कैसा था इसका पता चलता है। यक्ष किसी तालाब का अधिष्ठातृ देवता था। वहाँ पानी पीने के लिये नकुल, सहदेव आदि गये। सभी से यक्ष ने चार प्रश्न किये परन्तु किसी से उसका उत्तर देते न बन पड़ा। जब उस तालाब से जल पीने या लाने युधिष्ठिर गये तब उनसे भी यही चार प्रश्न किये जो निम्नांकित हैं—

"का वार्ता ? किमाश्चर्य?
कः पन्था ? कश्च मोदते।
इति में चतुरः प्रश्नान्,
उत्तरं दत्वा जलं पिब।।"

अर्थात् इस संसार में नयी बात क्या है ? आश्चर्य की कौन सी वस्तु है ? कौन सा प्रशस्त मार्ग है और इस संसार में सुखपूर्वक कौन निवास करता है ? युधिष्ठर ने क्रमशः इन प्रश्नों का बड़ा सुन्दर उत्तर दिया है—

"अस्मिन् महामोहमये कटाहे, सूर्याग्निना रात्रिदिवेन्धनेन।
मासर्तुदर्वी परिघट्टनेन, भूतानि कालः पचतीति वार्ता।।१।।"
"अहनि अहनि भूतानि गच्छन्ति यममन्दिरम्।।
शेषाः स्थातुमिच्छन्ति, किमाश्चर्यमतः परम्।।२।।"
"वेदाः विभिन्नाः स्मृतयो विभिन्नाः, नैको मुनिर्यस्य वचः प्रमाणम्।
धर्मस्य तत्वं निहितं गुहायां, महाजनो येन गतः स पन्थाः।।३।।"

"पञ्चमेऽहनि षष्ठे वा, शाकं पचति वै गृहे।
अनृणी चाप्रवासी च, स वारिचर! मोदते।।४।।"

संस्कृत साहित्य में इस प्रकार की प्रहेलिका प्रचुर संख्या में पायी जाती हैं, जिन्हें अन्तर्लापिका और बहिर्लापिका कहते हैं। 'सुभाषित-रत्न-भाण्डागारम्' में इनका संग्रह विस्तार से उपलब्ध होता है। कुछ पहेलियाँ ऐसी हैं जिनमें केवल प्रश्न किया गया है और उनका उत्तर बाहर से देना पड़ता है; जैसे—

"पंचभर्त्री न पांचाली, द्विजिह्वा न च सर्पिणी।
कृष्णमुखी न मार्जारी, यो जानाति सः पण्डितः।।"

इसका उत्तर है 'लेखनी'; जिसमें ऊपर लिखी बातें ठीक-ठीक घटती हैं। कुछ पहेलियाँ ऐसी हैं जिनमें प्रश्न और उत्तर एक ही में मिले हुए हैं। चतुर मनुष्यों का यह कार्य है कि वे उन प्रश्नों के भीतर से ही उन पहेलियों का उत्तर निकालें। यहाँ एक ही उदाहरण पर्याप्त होगा—

"का काशी, का मधुरा, का शीतलवाहिनी गंगा।
कंसंजघान कृष्णः, कं बलवन्तं न बाधते शीतम्।।"

यह एक पहेली है जिसमें प्रश्न के भीतर ही उसका उत्तर भी अन्तर्निहित है। प्रश्नकर्ता पूछता है—

प्रश्न—का मधुरा—(मधुरा कौन सी वस्तु है?)

उत्तर—काम धुरा—(कामदेव की धुरा या चक्र)

प्रश्न—का शीतल वाहिनी गंगा—? (शीतल जल वाली गंगा कहाँ है?)

उत्तर—काशी-तल-वाहिनी गंगा-(अर्थात् काशी नगरी के नीचे (पास) बहने वाली गंगा)

प्रश्न—कं संजघान कृष्णः—(कृष्ण ने किसको जान से मार डाला?)

उत्तर—कंसं जघान कृष्णः—(कृष्ण ने कंस को जान से मार डाला)

प्रश्न—कं बलवन्तं न बाधते शीतम्?-(किस बलवान् व्यक्ति को जाड़ा नहीं लगता?)

उत्तर—कंबलवन्तं न बाधते शीतम्—(जिसके पास ओढ़ने के लिये कम्बल है उसको जाड़ा नहीं सताता)

इस प्रकार सभंग श्लेष के द्वारा एक ही श्लोक में प्रश्न और उत्तर दोनों मिले हुए हैं। कहीं-कहीं ऐसा होता है कि श्लोक के तीन चरणों में तो प्रश्न किये जाते हैं और चतुर्थ चरण में सबका उत्तर एक साथ दे दिया जाता है। जैसे—

"किमायुष्यकरं लोके, जयन्तः कस्य वै सुतः।
कथं विष्णु पदं प्रोक्तं, तक्रं, शक्रस्य, दुर्लभम्।।"

इसमें प्रथम तीन चरणों में निम्नांकित प्रश्न किये गये हैं और चौथे में इन तीनो का क्रमशः उत्तर दिया गया है—

प्रश्न—संसार में आयु करने वाली कौन सी वस्तु है?

उत्तर—तक्रम्—(दही)

प्रश्न—जयन्त किसका लड़का था ?

उत्तर—शक्रस्य—(इन्द्र का)

प्रश्न—विष्णु का स्थान कैसा कहा गया है ?

उत्तर—दुर्लभम्—(अत्यन्त कठिनाई से प्राप्त होने योग्य)

कुछ प्रहेलिकाओं में क्रिया-पद गुप्त रहता है। अर्थात् क्रिया-पद तो होता है परन्तु वह वाक्य में इस प्रकार से मिला रहता है कि स्पष्ट नहीं जान पड़ता। उदाहरण—

"विराटनगरे तात ! कीचकादपि कीचकम्।
अत्र क्रियापदं गुप्तं, यो जानाति स पण्डितः।।"

इसमें क्रिया दिखाई नहीं पड़ती। 'विराट' शब्द इस नाम के राजा को द्योतित करता है परन्तु इसी में क्रिया छिपी पड़ी है। विराट में सन्धि है—विः+आट (विः—पक्षीः आट—घूमते थे)। अतः इस पहेली का अर्थ हुआ "एक बाँस से दूसरे बाँस पर पक्षी घूमते थे।" इसी प्रकार से अन्य बहुत से उदाहरण दिये जा सकते हैं।

हिन्दी में अमीर खुसरो की मुकरियाँ बहुत ही प्रसिद्ध हैं। उन्होंने पुराने ढंग की सुन्दर मुकरियाँ लिखी हैं। इन मुकरियों की परम्परा भी संस्कृत में पाई जाती है। जैसे—

"काले वारिधराणां, अपतितया नैव शक्यंते गन्तुम्।
उत्कंठितासि भद्रे? नहि नहि सखि! पिच्छिलः पन्था।।"

कोई युवती स्त्री कहती है कि वर्षाकाल में बिना पतन (गिरना, पथ भ्रष्ट होना) हुये रहना कठिन है। इस पर उसकी सखी पूछती है कि क्या तुम पति-समागम के लिये उत्कंठित हो ? तब वह निषेध करती हुई कहती है नहीं-नहीं सखि ! मैं तो यह कह रही हूँ कि रास्ते में बडी फिसलन हो गई है। ये मुकरियाँ भी पहेली के ही अन्तर्गत समझनी चाहिए।

पहेलियाँ वाग्विलास की वस्तु हैं। ये बुद्धि परीक्षा की अन्यतम साधन हैं। जिस प्रकार आधुनिक मनोवैज्ञानिक प्रश्नों द्वारा किसी बालक की बुद्धि का माप (Intelligence Test) करते हैं उसी प्रकार से प्राचीन काल में मनुष्यों की बुद्धि परीक्षा के लिये इनकी रचना की गई होगी। इन पहेलियों के द्वारा बुद्धि का व्यायाम भले ही होता है; उनसे थोड़ी देर के लिये किसी का मनोरंजन भले ही हो जाता है परन्तु रस की निष्पत्ति नहीं होती। अतः काव्य की दृष्टि से इनका विशेष महत्त्व नहीं है। अपनी दुर्बोधता के कारण ये रस की चर्वणा में बाधा उपस्थित करती हैं। इसीलिये मम्मटाचार्य ने इन्हें अलंकार की कोटि में नहीं रखा है। उन्होंने अपने ग्रन्थ में स्पष्ट ही लिखा है कि—

"रसस्य परिपन्थित्वात् नालंकारः प्रहेलिका"

अतः ये कथन के सुन्दर प्रकार भले ही हों परन्तु अलंकार की श्रेणी में इन्हें कदापि स्थान नहीं मिल सकता।

पहेलियों के प्रकार—पहेलियों के अनेक प्रकार हैं। जन-जीवन से सम्बन्ध रखने वाली सभी वस्तुओं के विषय में पहेलियाँ पाई जाती हैं। इनको साधारणतया सात भागों में विभक्त किया जा सकता है।

(१) खेती सम्बन्धी पहेलियाँ, (२) भोज्य पदार्थ सम्बन्धी पहेलियाँ, (३) घरेलू वस्तु सम्बन्धी पहेलियाँ, (४) प्राणि सम्बन्धी पहेलियाँ, (५) प्रकृति सम्बन्धी पहेलियाँ, (६) शरीर सम्बन्धी पहेलियाँ, (७) प्रकीर्ण पहेलियाँ।

इनमें घरेलू और प्राणि सम्बन्धी पहेलियों की प्रधानता है जो घर में प्रयुक्त होने वाली वस्तुओं—जैसे दीपक, मूसल, लोढ़ा, बेलना, खाट, ताला-चाभी, कुर्ता-धोती आदि—के सम्बन्ध में पाई जाती हैं। सुई दैनिक व्यवहार में आने वाली वस्तु है। इसके सम्बन्ध में यह भोजपुरी पहेली कही जाती है।[१]

"हती मोटी गाजी मियाँ, हतवत पोछि।
भागल जाली गाजी मियाँ, धरि्हे पोंछि।।"

ग्रामीण लोग कन्द (शकरकन्द) का प्रयोग अधिक किया करते हैं। गरीबों की उदरदरी की पूर्ति का यह अनन्य साधन है। इसके सम्बन्ध में निम्न पहेली प्रसिद्ध है—

लाल छड़ी भुँइ में गड़ी।
सासु ले पतोहि बड़ी।। (कन्द)

कन्द सफेद और लाल दोनों तरह का होता अतः उसे 'लाल छड़ी' कहा गया है। मूली के सम्बन्ध में यह उक्ति कितनी सुन्दर है।

एक बाग में ऐसा हुआ।
आधा बगुला आधा सुआ।। (मूली)

लकड़ी काटने वाली आरी की उपमा पहेलियों में चिड़िया से दी गई है। कितनी सुन्दर पहेली है—

"एक चिरइया चटनी, काठ पर बइठनी।
काठ खाले गुबुर गुबुर, हगेले भुरूकनी।।"

प्रकृति के विभिन्न पदार्थों को लेकर भी पहेलियाँ उपलब्ध होती हैं। आकाश के सम्बन्ध में यह पहेली बड़ी प्रसिद्ध है।[२]

"एक थाल मोतिन से भरा,
सबके सिर पर औंधा धरा।
चारों ओर थाल वह फिरै,
मोती उससे एक न गिरै।।"

---

१. लेखक का निजी संग्रह।

२. त्रिपाठीः हमारा ग्राम साहित्य, पृ. २८१।

बादल के हाथ-पैर नहीं होता फिर भी वह पहाड़ पर चढ़ जाता है। इसका उल्लेख नीचे की पहेली में किया गया है।[1]

"बेहाथ के बेगोड़ क पहाड़ चढ़ा जाथै।
देखा तो बनखंडी बाबा, कौन जनारौ जाथै।।" (बादल)

बबूल गाँवों में बहुत पाया जाता है। पहेलियों में उसका भी स्मरण किया गया है—

"सावन फूलै, चैत में फरै, ऐसो रूख बोई का करै।
घासी कहै पवारी खेरे, है नियरे पर पहौ हेरे।।"

जैसा कि पहले लिखा जा चुका है इन पहेलियों का प्रधान उद्देश्य मनोरंजन है। बहुत सी ऐसी पहेलियाँ हैं जिनमें हास्य उत्पन्न करने के लिए शब्दों की योजना की गई है। ढेकुल—जिसके द्वारा कुयें से जल निकाल कर खेत सींचा जाता है—के सम्बन्ध में यह भोजपुरी पहेली कही गई है।[2]

"आकाश गइले चिरई, पाताल गइले बच्चा।
हुचुक्क मारे चिरई, पियाब मोर बच्चा।।"

ब्रज की यह पहेली भी ऐसी ही है जिसके पढ़ने से हास्य रस की उत्पत्ति होती है।[3]

"चार पग की चापड़ चुप्पो, वापै बैठी लुप्पो।
आई सप्पो लै गई लुप्पो, रह गई चापड़ चुप्पो।।"

इसका भाव यह है कि भैंस पर मेढ़की बैठ गई और मेढ़की को चील लेकर उड़ गई। यहाँ प्रर चापड़ चुप्पो भैंस के लिए, लुप्पो मेढ़की के लिए और सप्पो चील के लिये प्रयुक्त हुये हैं।

परन्तु शुद्ध मनोरंजन के अतिरिक्त कुछ पहेलियों में गणित सम्बन्धी कुछ प्रश्न भी उपलब्ध होते हैं जिनको बताने में बालकों को दिमागी कसरत करनी पड़ती है।[4]

उदाहरण—

"चार आना बकरी आठ आना गाय।
चार रुपया भैंस बिकाय, बीसै रुपया बीसै जीव।।"

अर्थात बीस रुपया में बीस जानवर खरीदने हैं जिनका मूल्य उक्त प्रकार से है। इसका उत्तर है—तीन भैंस, पन्द्रह गाय और दो बकरी।

एक दूसरी पहेली है जिसमें एक मन अन्न चार बाटों से पूरा-पूरा तौलना है जिससे किसी प्रकार कमी न पड़ने पाये।[5]

---

१. त्रिपाठी : हमारा ग्राम साहित्य, पृ. २८१।
२. लेखक का निजी संग्रह।
३. सत्येन्द्रः ब्रज लो. सा. अ., पृ. ५२६।
४. त्रिपाठीः हमारा ग्राम साहित्य, पृ. २८३।
५. वही, पृ. २८२।

"एक मन दाना चारि बाट।
जितना तौलो परै न घाट।।"

(उत्तर—१, ३, ६, २७ सेर के बाट)

किसी-किसी पहेली में पौराणिक उपाख्यानों की ओर संकेत रहता है। जब तक व्यक्ति उस कथा को नहीं जानता तब तक उत्तर देने में असमर्थ रहेगा—

"स्याम बरन मुख उज्ज्वल क्त्ति?
रावन सीस मदोदरि जित्ते।
हनुमान पिता करि लैहों,
तब राम पिता भरि दैहों।।"

प्रश्न—उड़द का क्या भाव है ?

उत्तर—जितना रावण और मन्दोदरी का सिर है अर्थात् १०+१=११सेर।

प्रश्न—मैं हवा से फटक कर (साफ कर) लूँगा।

उत्तर—तब पिता (दश+रथ) के बराबर १० सेर दूँगा।

इस पहेली का उत्तर देने में यह जानने की आवश्यकता है कि राम और हनुमान के पिता कौन थे तथा रावण के कितने सिर थे।

किसी जाति विशेष की विशेषताओं की ओर भी कहीं-कहीं संकेत किया गया है। ब्राह्मणों की भोजन-प्रियता प्रसिद्ध है। मथुरा के चौबे लोगों ने इस क्षेत्र में काफी कीर्ति कमाई है।

अगहन पइठ चैत के प्याट,
तेहि पर पण्डित करैं झप्याट।
है नेरे पैहो ना हेरे,
पण्डित कहे विगहपुर केरे।

इसका उत्तर है—कचौरी। एक भोजपुरी कहावत से इस कथन की पुष्टि होती है जिसमें कहा है कि ब्राह्मण लोग चिउड़ा दही खाने के लिए चौबीस मील तक चले जाते हैं और यदि पूरी खाने को मिले तो छत्तीस मील तक धावा बोलते हैं—

"चिउड़ा दही बारह कोस,
लुचुई अठारह कोस।"

पहेलियों में आदर्श प्रेम की अभिव्यक्ति भी सुन्दर रीति से की गई है। पति की मृत्यु पर स्त्रियों के सती होने का उल्लेख बहुत पाया जाता है, परन्तु इनमें 'बत्ती' के सती होने का वर्णन हुआ हैं।

"नाजुक नारि पिया संग सोती,
अंग सो अंग मिलाय।
पिय को बिछुड़त जानि के,
संग सती हो जाय।।"

इसका उत्तर है—बत्ती और तेल।

इन पहेलियों के लेखकों का नाम कहीं उपलब्ध नहीं होता। किसी-किसी में सवासी खेरे के घासीराम का नाम उपलब्ध होता है। यथा—

"हाथी हाथ हथिनियाँ काँधे, जात कहाँ हौ बकुचा बाँधे।
घासी कहै सवासी खेरे, है नियरे पै पैहो हेरे।।"

हिन्दी की प्रत्येक बोली में हजारों की संख्या में पहेलियाँ पाई जाती हैं परन्तु इनके कर्त्ता का कुछ पता नहीं चलता। पहेलियों का निर्माण आजकल भी जारी है। आधुनिक वैज्ञानिक आविष्कारों को लेकर अनेक पहेलियों की सृष्टि हुई है।

ढकोसले

ढकोसले पहेलियों से भिन्न होते हैं। पहेलियों में प्रश्न और उत्तर सार्थक होते हैं परन्तु इन ढकोसलों में बे-सिर-पैर की ऊँट-पटाँग तथा असंभव बातें कही जाती हैं। इन ढकोसलों का प्रधान उद्देश्य मनोरंजन होता है। ये हास्य रस की सृष्टि करते हैं। कितना भी मनहूस आदमी क्यों न हो इनको सुनकर वह एक बार खिलखिलाकर हँस पड़ेगा। जैसे[१]

ऊँट पनारे बहि चला, मैं जानों पिय मोर।
हाथ नाइ पिय ढूँढ़न लागी, मिला कठौती का बेंट।।

इसमें सभी बातें असम्बद्ध प्रलाप की भाँति कही हुई हैं। दूसरा उदाहरण—

"ऊँटिन कहै ऊँट सौ, सुनु पिय मेरी बात।
राजा एक पदमिनी हेरै, कोउ कोउ मोहि क सुगात।।"

ढकोसलों में जितनी ही ऊँट-पटाँग बातें कही जायँ उतना ही वह सुन्दर समझा जाता है। हिन्दी में अमीर खुसरो के ढकोसले बहुत प्रसिद्ध हैं।

संस्कृत के नाटककारों ने विदूषक के मुख से अनेक स्थानों पर ऐसी असंबद्ध उक्तियाँ कहलाई हैं जिनको 'ढकोसला' कह सकते हैं। शूद्रक के मृच्छकटिक नाटक में शकार नामक पात्र कुछ ऐसी ही हास्यजनक बातें कहता है[२] कि—

किं स शक्रो वालिपुत्रो महेन्द्रो
रम्भापुत्रः कालनेमिः सुबन्धुः।
रुद्रो राजा द्रोणपुत्रो जटायुः
चाणक्यो वा धुन्धुमारस्त्रिशंकुः।।

---

१. त्रिपाठी : ह० ग्रा० सा०, पृ० २६४
२. मृच्छकटिक, अंक ८, श्लोक ३४।

वह वसन्तसेना से कहता है कि मैं तुम्हें उसी प्रकार से मार डालूँगा जिस प्रकार चाणक्य ने महाभारत में सीता को और जटायु ने द्रौपदी को मार डाला था।[१]

"चाणक्येन यथा सीता, मारिता भारते युगे।
एवं त्वां मोटयिष्यामि, जटायुरिव द्रौपदीम्।।"

कहने की यह आवश्यक्ता नहीं कि शकार की यह उक्ति सिर से पैर तक बेतुकी है। इसमें नाटककार का प्रधान लक्ष्य श्रोताओं तथा दर्शकों को हास्य रस में निमग्न करना है।

भोजपुरी में भी बहुत सी इसी कोटि की उक्तियाँ हैं जिसका कोई अर्थ नहीं लगता।[२]

"हाथी चढ़ल पहाड़ पर,
बिनि बिनि महुआ खाई।
चींटी मरलसि बाघ के,
उलुटा पैर उठाई।।"

ब्रज में प्रचलित अनेक पहेलियों में भी यही बात पाई जाती है जैसे[२]—

"धौरी घोड़ी लाल लगाम।
वापै बैठ्यौ सालिग्राम।।"

इन पहेलियों और ढकोसलों का यदि सम्यक् अध्ययन किया जाय तो इनमें हिन्दू समाज, धर्म और संस्कृति की बाँकी झाँकी देखने को मिल सकती है। अतः लोक साहित्य के इस अंग की ओर भी अधिकारी विद्वानों को ध्यान देना चाहिए।

४. पालने के गीत (Cradle Songs)

उत्पत्ति—पालने के गीत उतने ही प्राचीन हैं जितना मानव का इस पृथ्वी पर आविर्भाव। अतः इन गीतों की परम्परा चिर प्राचीन है। शिशु जब बच्चा रहता है, तब माँ उसको थपकियाँ देकर सुलाती है। वह उसे पालने पर सुलाकर लय से गाकर गीत सुनाती है। यही गीत 'पालने के गीत' कहे जाते हैं। इन गीतों का कोई अर्थ नहीं होता क्योंकि ये अर्थ-प्रधान न होकर लय-प्रधान होते हैं। इनमें ऐसी शब्दावली का प्रयोग किया जाता है जो श्रोत-सुखद होती है और जो उच्चारणसाम्य के कारण लययुक्त है। ग्रेसरीज ने अपनी पुस्तक में लिखा है कि[३]

"They begin with two line Nenna, sung on two notes in a monotonous chant. Their charm lies in the monotonous cadence of the mother's chant."

माताएँ बालक को सुलाते समय निन्नी, नेन्ने, नुन्नी आदि को बड़े आरोह-अवरोह के लय के साथ गाती हैं। इन शब्दों का कोई अर्थ नहीं होता। इनकी प्रधान मनोहरता माता के स्वरयुक्त

---

१. मृच्छकटिक, अंक ८, श्लोक ३५।

२. लेखक का निजी संग्रह।

३. Cradle Songs and Nursery Rhymes.

उच्चारण में है।

इन पालने के गीतों में दो या तीन से अधिक शब्द नहीं होते। गाये जाते हुए इन गीतों की आवाज झुलाये जाते हुए पालने की आवाज के समान होती है। इनका शिशु के स्नायुओं पर बड़ा अच्छा प्रभाव पड़ता है। इस सम्बन्ध में ग्रेसरीज़ का निम्नांकित मत सटीक एवं उपयुक्त जँचता है।[1]

"The best lullaby would seem to be that sung naturally by peasant mothers but two or three words and sung no two notes—a sort off soothing drone, corresponding exactly to the sound of a rocking cradle and having apparently the same effect on the nerves of the child."

छोटे से छोटे बच्चों में लयपूर्ण गीतों को सुनने की भावना जन्मजात होती है। वे उन मधुर गीतों को सुनकर सुख का अनुभव करते हैं और शीघ्र ही निद्रा देवी की गोद में चले जाते हैं।

इन गीतों में स्वर-साम्य को पैदा करने के लिए एक ही शब्द की बार-बार आवृत्ति होती रहती है जिससे अभीष्ट प्रभाव उत्पन्न हो सके। एक भोजपुरी गीत है—

"हाल हाल बबुआ,
कुरुई में ढेबुआ,
माई अकसरुआ,
बाप दरबरुआ,
हाल हाल बबुआ।"

इस गीत के प्रत्येक चरण के अन्तिम शब्द में एक ही प्रकार के स्वरों की उपलब्धि होती है। हाल, हाल की आवृत्ति इसी अभिप्राय से की गई है।

एक दूसरा उदाहरण लीजिए जिसमें समान स्वर वाले वर्णों तथा शब्दों की पुनरावृत्ति हुई है[2]:—

"अरर बरर पूआ पाकेला,
चीलर खोंइछा नाचेला।
चीलर भइले थोर,
मोर बाबू से मुँहवा गोर।।"

इन गीतों की प्रधानता इनके शब्दों में निहित है। स्वरप्रधान होने के कारण इनका अनुवाद किसी दूसरी भाषा में नहीं हो सकता।[3] भोजपुरी की यह लोरी लीजिए—

---

१. Cradle Songs and Nursery Rhymes.

२. लेखक का निजी संग्रह।

३. They do not bear translating. Their charm lies in the words themselves, often half meaningless and the monotonous cadence of mother's chant.
ग्रेसरीज—Cradle Songs and Nursery Rhymes

"चाना मामा! आरे आवऽपारे आव;
नदिया किनारे आव,
सोने के कटोरवा में दूध भात लेले आव,
बबुआ के मुँहवा में घुटूक, घुटूक घुटूक"

"आरे आव, पारे आव और किनारे आव" इन शब्दों में जो नाद-सौन्दर्य है वह इनके अनुवाद में अवश्य ही नष्ट हो जायेगा।

अंग्रेजी के पालने के इस गीत में भी यही तत्त्व निहित है।

By By Lulla lullaby
lullaby oh lullaby

दूसरा उदाहरण—

Ay lilly O Lilly lally
All I the night sae early

इन गीतों में माता का पुत्र के प्रति स्वाभाविक प्रेम छलका पड़ता है। पुत्र-वत्सला माँ अपने शिशु को बड़े प्रेम से सुलाती और पुचकारती है। संसार की सभी जातियों के पालने के गीतों में पुत्र-वत्सलता तथा प्रेम अत्यन्त सीधे-सादे शब्दों में व्यक्त किया गया है।[१] भोजपुरी का यह उदाहरण लीजिए जिसमें माँ अपने पुत्र से कहती है कि ए पुत्र! तुम किस चीज के बने हुए हो? कभी तुम चाँदी के और कभी सोने के बने हुए दिखाई देते हो—

"ए बबुआ तू कथी के ?
खने सोना, खने रूपा के;
माई लँवग के बाप चउवा चन्नन के
पितिया पीतम्बर के, लोग बिराना माटी के
ए बबुआ तू कथी के,
खने सोना, खने रूपा के।"

कोई अंग्रेजी विधवा एवं परित्यक्ता माता अपने शिशु से कहती है कि ए पुत्र! तुम्हारी नीली आँखों में मैं तुम्हारे पिता की आँखों को देखती हूँ[२]—

"He calls me, he cries
Who is father to thee
O birdeen his eyes,
In there blue eyes I see."

---

१. लेखक का निजी संग्रह।

२. ग्रेसरीज—Cradle Songs and Nursery Rhymes.

एक दूसरे गीत में माता कहती है—मेरे प्यारे शिशु ! आओ और माँ की गोद में खेलो तुम्हारा दगाबाज बाप यहाँ से भाग गया है।

"But come to mother, babe! and play,
For father false is fled away."

संस्कृत साहित्य में लोरियाँ

पालने के गीतों की परम्परा बड़ी प्राचीन है। महाभारत में मदालसा का उपाख्यान पाया जाता है जो अपने बाल शिशु को सुलाते समय गीत गाती है। इन गीतों में दर्शनशास्त्र—अद्वैत वेदान्त—के गूढ़ तत्त्वों का समावेश पाया जाता है। मदालसा अपने शिशु अलर्क को सम्बोधित करती हुई कहती है कि ए पुत्र ! तुम शुद्ध, बुद्ध और निरंजन हो। तुम संसार की माया से रहित हो। तुम मोह निद्रा को छोड़ो—

"त्वमसि तात! शुद्ध, बुद्ध! निरंजन!
भवमायावर्जित ज्ञाता।
भव स्वपनं च मोहनिद्रां त्यज
मदालसाह सुतं माता।।"

रोते हुए बच्चे को सम्बोधित कर मदालसा कहती है कि तुम नाम से रहित हो। न तो यह शरीर तुम्हारा है और न तुम इसके हो। अतः क्यों रोते हो—

"नामविमुक्त शुद्धोऽसि रे सुत!
मया कल्पितं तव नाम।
न ते शरीरं न चास्य त्वमसि
किं रोदिषि त्वं सुखधाम !"

मदालसा कहती है कि ब्रह्म सत्य है, वह मल रहित है; ज्ञान स्वरूप है और संसार का स्वामी है—

"विमलविज्ञानविश्वेश्वरव्यापक,
सत्य ब्रह्म त्वमसि ज्ञाता।
प्राह मदालसाऽलर्कसुतं प्रति,
शास्त्रप्रसिद्धा वरमाता।"

इससे पता चलता है भारतीय लोरियों का स्तर कितना ऊँचा होता था और उनमें तत्त्व-ज्ञान का कितना गहरा पुट था।

५. बाल-गीत

बच्चों की जितनी भी क्रियायें हैं—जैसे बैठना, चलना-फिरना, कूदना, किसी वस्तु को पाने के लिए मचलना, घुटनों के बल चलना तथा थिरक कर नाचना आदि—इन सभी के सम्बन्ध में लोकगीत पाये जाते हैं। बालक के समस्त क्रिया-कलापों से सम्बन्ध रखने वाले गीतों को

बाल-गीत कहते हैं। गुजराती लोक साहित्य के मर्मज्ञ श्री झबेरचन्द मेघाणी ने बाल-गीतों को निम्नांकित दस भागों में विभक्त किया है।[१]

(१) चलने-कूदने के गीत, (२) बैठे-बैठे चलने के गीत (३) किसी वस्तु को दिखलाकर बच्चे को बुलाने के गीत, (४) ऋतु सम्बन्धी गीत, (५) पशु-पक्षी सम्बन्धी गीत, (६) चाँदनी रात के गीत, (७) कथा सम्बन्धी गीत।, (८) व्रत सम्बन्धी गीत, (६) गरबा के गीत, (१०) रास के गीत।

जब बालक पैरों के बल चलने में समर्थ हो जाता है, तब उसकी माता उसे चलने के लिए प्रोत्साहित करती है और गीत गा-गाकर उसे चलने का अभ्यास कराती है। माँ गाती है—

"पा! पा! पगली
मा मा नी डगली"

दूसरा उदाहरण[२]

"डगमग डगमग डगलां भरता
हरजी मन्दिर आव्या।
पगमां डाक जशोदा माये
गोकुल मां ज चलाव्या।
थेई थेई चरण भरौने कान
आपुं मुक्ताफल ने पान।।"

इस गीत को द्रुत लय में गाया जाता है।

जब बालक बैठे-बैठे हाथों-पैरों के बल घसीट कर जमीन पर चलते हैं उस समय का गीत यह है[३]

"अड़को दड़को दही दड़ाको
एतर भेतर चमरो ढाल्यो
ऊर मूर धातुरानुं फूल
शाकर शेरड़ी छोकरां
खाई जाव खजूर।"

बच्चे जब बड़े हो जाते हैं तब कूदकर चलते हैं।[४] माता उनका चलना देखकर प्रसन्न होती है और गीत गाती है।

"घुंबड़ी सैयर मां रमे
घुंबड़ी काजर नी कोर।

---

१. मेघाणी : लोक साहित्य, भाग १, पृ० १६६।
२. वही, पृ० २००।
३. वही, पृ० २०१।
४. वही, पृ० २००।

घुंबड़ी आवानी छांय,
घुंबड़ी सैयर मां रमे।"

हिन्दी के प्राचीन कवि सूर और तुलसी ने अनेक बाल-गीतों की रचना की है, जिनमें राम और कृष्ण की बाल लीलाओं का बड़ा सुन्दर वर्णन किया गया है।

ऋतु सम्बन्धी गीतों को गा-गाकर भी बालकों का मनोरंजन किया जाता है।[1] यथा—

"आव रे बरसाद
घेवरियो परसाद।
उनी उनी रोटली ने कारेलानुं शाक
मेघ मेघ राजा।
दिवाणी न बाजरा ताजा"

वर्षा के स्वागत में यह गीत बड़ा ही सुन्दर है।[2]

"बरस रे बादड़ी
बीर ना खेत मां
(तो) वटी नुं ढेवरूं
बेन ना पेट मां"

अनेक पक्षी अनेक प्रकार से कलरव करते हैं। उनकी बोली में बड़ा माधुर्य होता है जिसका अनुकरण कर बालकों को रिझाया जाता है। यथा[3]—

घूघी फई
घोघे गई
घूघी फई
घोघे गई

तित्तिर की बोली का अनुकरण इस गीत में हुआ है जिसमें एक अन्तर्कथा भी छिपी हुई है—

उठ बेन! उठ बेन!
तल तेतला
तल तेतला
तल तेतला

---

१. मेघाणी : लोक साहित्य भाग १ पृ० २०३।

२. वही, पृ० २०४।

३. वही, पृ० २०४।

भोजपुरी प्रदेश में पशुओं के सम्बन्ध में अनेक बाल-गीत प्रसिद्ध हैं जिन्हें बालक प्रायः गाया करते हैं। इन गीतों का कुछ विशेष अर्थ नहीं होता। केवल बालकों के मनोरंजन के लिए ही इनकी रचना हुई है। बन्दर के सम्बन्ध में यह गीत प्रसिद्ध है[१]—

"चोकर के लिट्टी, कसइली के दाल।
ए बनरा तोर गड़िये लाल।।"

ऊँट के सम्बन्ध में यह गीत लड़के बड़े चाव से गाते हैं।[२]

"ए उँटवा दुगो बूटवां दे।
भरल बाजार में पइसा ले।।"

गीदड़ बड़ा डरपोक जानवर है। वह आदमी को देखकर भाग चलता है। उसकी इस विशेषता का वर्णन इस प्रकार किया गया है।[३]

"एक देखि लपटी
दुई देखि झपटी
तीनि देखि चलिहे पराइ।"

साँड़ की पीठ पर 'क्कुद्र' होता है जिसे भोजपुरी में 'बदुरी' कहते हैं। बच्चे जब किसी साँड़ को देखते है तब जोर से चिल्ला कर कहने लगते हैं कि[४]—

"साँड़वा के पीठि पीठि बदुरी विआहल जाला
हे हा हा, हे हा हा, हे हा हा , हे।।"

रात्रि काल में जब चाँदनी छिटकी होती है तब मातायें बालकों को चन्द्रमा को दिखलाती हैं और उसे अपने पास बुलाती हैं।

चाँदा मामा आरे आव, पारे आव
नदिया किनारे आव।

गुजरात में भी इसी प्रकार की गीत पाये जाते हैं। यथा—

रातां बगलां रणे चड़ायाँ
पाणी देखि पाछं वल्वां।
एक बगलानी भांगी कोड़ी
लाव्या रे लंकानी दोड़ी।।

कुछ ऐसे भी गीत हैं जिनमें कोई अन्तर्कथा सन्निहित नहीं है।[५]

काणी कहूँ भैया
सांभड़ मारा छैया।

---

१. लेखक का निजी संग्रह।
२. वही।
३. वही।
४. वही।
५. मेघाणी : लोक साहित्य, भाग १, पृ० २०५।

छैया माड़ो हाट
हाथ-माँथी निकल्यो भाट।।

भोजपुरी में भी अनेक बाल-गीत उपलब्ध हैं जिसमें किसी न किसी अन्तर्कथा का संकेत पाया जाता है। भोजपुरी का यह बाल-गीत नीचे दिया जाता है जिसमें राम रावण के युद्ध की कथा की ओर संकेत किया गया है। मन्दोदरी रावण से कहती है कि[१]—

"अठल मठेल गोइयाँ, अठल मठेल
राजा घोड़ विसंभर तेल।
कति कति आवे? खेल खेलावे,
कवन खेलि ? अठल मठेल।।
केकरा पर मेलि? तोहरा पर मेलि।"

विभिन्न अवसरों पर गेय व्रत-गीत भी बालकों का मनोरंजन करते हैं। पौष पूर्णिमा के अवसर पर यह गीत गाया जाता है।

चाँदा तारी चानकी
मारू चुरमूँ।
भाई जम्यो
बेन भूखी।

पालने के गीतों का जन्म—पालने के गीतों की परम्परा बड़ी प्राचीन है। इनके उद्‌गम का स्रोत धर्म की पृष्ठभूमि में सन्निहित है। भागवत् में कृष्ण चरित का सांगोपांग वर्णन मिलता है। कृष्ण के पैदा होने, सूप में रखकर गोकुल पहुँचाने, घुटने के बल चलने, थिरक-थिरक कर नाचने, दूध पीने, माखन चुराकर खाने आदि—समस्त बाल क्रीड़ाओं का उल्लेख भागवतकार ने बड़े उत्साह के साथ किया है। यशोदा माता बालक कृष्ण को पालने में झुलाती हैं और तरह-तरह के गीत गाकर उन्हें सुलाने का प्रयास करती हैं। कृष्ण भगवान तो हैं ही; साथ ही वे आदर्श बालक हैं, आदर्श राजनीतिवेत्ता हैं और आदर्श लोकरक्षक हैं। कृष्ण की बाल लीलाओं का जितना सुन्दर वर्णन महाकवि व्यास ने किया है उतना सम्भवतः अन्य किसी ने नहीं। महाभारत में मदालसा की कथा प्रसिद्ध है जो अद्वैत वेदान्तपूरक गीतों को गा-गाकर अपने बालक अलर्क को सुलाया करती थी। हिन्दी के कवियों ने—विशेषकर सूरदास और अष्टछाप के भक्तों ने—भगवान् कृष्ण की शिशु क्रीड़ा का बड़ा सरस तथा सजीव वर्णन किया है। महाकवि सूरदास जी कहते हैं कि—

"यशोदा हरि पालनें झुलावै,"

अंग्रेजी साहित्य में लोरियाँ

गरीब माता की गोद ही उसके बच्चे का पालना है। अतः वह अपने बालक को गोद में

१. लेखक का निजी संग्रह।

लेकर उसको सुलाने या रिझाने के लिए गीत गाती है। माइकेल एन्जिलो, राफेल आदि प्रसिद्ध चित्रकारों ने कुमारी माता मेरी की गोद में विराजमान बालक ईसा मसीह का बड़ा सुन्दर चित्र अंकित किया है। यूरोपीय साहित्य में पालने के गीत प्रचुर संख्या में उपलब्ध होते हैं। कोई विदेशी माता कह रही है कि ए मेरे बच्चे ! तू चुप हो जा, तू अब सो जा। स्वर्गीय देवदूत तुम्हारी रक्षा कर रहे हैं। तुम्हारे सिर पर स्वर्गीय आशीर्वादों की अजस्र वर्षा हो रही है[१]—

"Hush! my dear, lie still and slumber,
Holy angles guard thy bed.
Heavenly blessing without number,
Gently falling on the head"

कोई गुर्जरदेशीय माँ अपने बालक से कहती है।[२]

"सूई जा बीर सूई जा
लाडकडा वीर सूई जा।
तने राम जी रमाड़े,
वीर सूई जा।
तने सीता जी सुवरावे,
वीर सूई जा।।"

बालक को सुलाती हुई यूरोपीय माता कित्तने मधुर शब्दों में अपने भावों को प्रगट करती है।

So fair, so dear, so warm upon my bossom
And in my hands the little rosy sweet.
Sleep on, my little bird, my lamb, my bossom!
Sleep on, sleep on, my sweet.

रस की दृष्टि से इन गीतों के प्रकार—यदि रस की दृष्टि से इन पालने के गीतों का विवेचन किया जाय तो यह स्पष्ट ही ज्ञात होता है कि इनमें प्रधानतया तीन रसों का मिश्रण हुआ है; ये गीत गंगा, यमुना, और सरस्वती की त्रिवेणी हैं, जिनका प्रवाह आज भी अक्षुण्ण बना हुआ है। वात्सल्य, करूण और वीर इन रसों से इन गीतों की सृष्टि हुई है। जब माता प्रेमपूर्वक अपने लाड़िले को पालने पर सुलाती हुई गीत गाती है तब इनसे वात्सल्य रस छलका पड़ता है। उदाहरण रूप में जो गीत दिये गये हैं इनसे यह बात प्रमाणित होती है। परन्तु कुछ ऐसे भी गीत हैं जिनमें विषाद की गहरी रेखा खिंची दिखाई पड़ती है। कोई विधवा माता अपने रोते हुए बालक को सान्त्वना देती हुई कहती है कि—

---

१. मेघाणी : लोक साहित्य, भाग १, पृ० २०७।
२. वही, पृ० १२५।

"Weep not my wanton, smile on my knee;
When thou art old, there is grief enough for thee.
He must go, he must kiss
Child and mother, baby bliss!
For he left his pretty boy'
Father's sorrow, father's joy."

कोई विदेशी स्त्री—जिसका पति लम्पट है और जिसने उसका परित्याग कर दिया है—अपने नन्हें शिशु से कहती है कि[1]—

"Come little babe, come silly soul.
The father's shame, the mother's grief."

वही माता आगे चलकर कहती है कि ए बालक! तुम्हें क्या पता कि मेरे दुःख का क्या कारण है? प्यारे बच्चे! तुम मेरी गोद में आकर खेलो क्योंकि तुम्हारा विश्वासघाती एवं झूठा पिता मुझे छोड़कर भाग गया है—

"Thou little thinkest, and less dost know,
The cause of this thy mother's moan.
But come to mother babe and play,
For father false is fled away.
If any ask thy mother's name
Tell her, by love she purchased blame."

पालने के गीतों में वीर रस का परिपाक भी अच्छा हुआ है। इन गीतों को गाकर सुनाने पर बालकों के अचेतन मन पर बड़ा प्रभाव पड़ता है। अंग्रेजी के इन गीतों में कितना वीर-भाव भरा हुआ है।

"O fear not the bugle, though loudly it blows,
It calls but the warders that guard thy repose.
Their bows would be bended,
Their bades would be red.
Ere the step of a foeman draws near to thy bed."

गुजराती में भी वीर रस के अनेक गीत पाये जाते हैं। शिवाजी और वनराज के विषय में ऐसे बहुत से गीत प्रसिद्ध हैं। शिवाजी के सम्बन्ध में मातायें यह गीत गाती हैं—

"पोढ़ जो रे मारां बाल
पोढ़ी लेजे पेट भरीने आज।
काले काला युद्ध खेलाशे
सूवा टाणू कथांय नै रे-शे।।"

१. मेघाणी, लोक साहित्य, भाग १, पृ० २२८।

वनराज के सम्बन्ध में गुजराती मातायें इस गीत को गाकर अपने बालकों को सुलाती हैं—

"हाँ रे बीरा आजुनी रात आरामए,
हाँ रे बाला आजुनी दिन विश्राम।
काले ने केसरिया रे, खाड़ा धारे खेल जो हा राज।
काले कंकुमरिया रे अरि ने तेड़ां मेल जो ही राज।।"

पालने के मराठी गीत

महाराष्ट्र वीर-प्रसू भूमि है। इसके कण-कण में वीरता भरी हुई है। यहाँ बच्चे-बच्चे में वीर-भाव भरे हुए हैं। शिवाजी की जन्मभूमि में ऐसे भावों की उपलब्धि स्वाभाविक ही है। झाँसी की रानी का नाम भारतीय इतिहास में स्वर्णाक्षरों में अंक्ति है। इस रानी ने रणक्षेत्र में जो वीरता दिखलाई वह इतिहास की अमर कहानी है। मराठी भाषा में लक्ष्मीबाई की वीरता से सम्बन्धित अनेक गीत गाये जाते हैं।[१]

"लक्षुमीबाई आली, आलीस जाउ न को;
धराला पदर सोडु न को, केशव बाल!
लक्षुमी बाई आली, तां ब्यानी दूध प्याली,
धराला मानवली, वासुदेव बालाच्या!
मालया चा मलया मधे माली बैसला [कुबो मधे।]
वलयां घाली टोपी मधे केशव बालाच्या!"

शिवाजी के सम्बन्ध में बहुत से पालने के गीत मराठी भाषा में प्रसिद्ध हैं। उनमें से एक दो उदाहरण ही पर्याप्त होंगे—

"हि दासी जले मही अम्बिका माय
हंवरड़ फोड़ी हाय !
निज शत्रुनी हिये भंगीले छत्र
मांगल्य सूत्र स्वातंत्र्य !
ह्या दुःखाने दुःखी फार जे पाही,
मी जीजा बाई तब आई"

शिवाजी की वीरता एवं आर्य-धर्म की रक्षा की प्रशंसा में कहा गया यह गीत कितना मर्मस्पर्शी एवं प्रभावोत्पादक है।

"गद्‌गदा तदा पालण्यात शिव हसला
जणु मातृ बील त्या रुचला !
मग करी लीला मृदुल मुष्टि बलवून
जणु म्हणे इने रिपु वधीन !
अशी आर्य शिखा रक्षिल या भावे हो
जावला शीतो खेले हो।

---

१. मेघाणी : लोक साहित्य, भाग १, पृ० २३३।

श्री जीजा आईला असा क्रीडता तान्हा
दाटला प्रीति चा पान्हा !"

भोजपुरी में वीर रसात्मक पालने के गीत उपलब्ध नहीं होते परन्तु उनकी सत्ता का अभाव है ऐसा नहीं कहा जा सकता। जिस भूमि में आल्हा-ऊदल जैसे पराक्रमी योद्धा और कुँवर सिंह जैसा रण-बाँकुरा पैदा हुआ है वहाँ ऐसे गीतों का अभाव असंभव है।

धाय के गीत (Nursery Rhymes) उन गीतों को कहते हैं जिन्हें नर्स या धाय बालक को सुलाते समय गाती हैं। इन गीतों में चूँकि (Rhythm) की ही प्रधानता होती है अतः इन्हें 'नर्सरी राइम्स' कहते हैं। हिन्दी में इन्हें 'धाय के गीत' कह सकते हैं। अंग्रेजी के इस उदाहरण से यह बात स्पष्ट हो जाती है कि इनमें ताल लय ही सर्वस्व है।

Brown eyes
Straight nose,
Dirt pies
Rumpled clothes
Falling down
Off chairs
Breaking crown
Down stairs
Folded hands
Saying prayers,
Understands
Not, not care,
Thinks it odd
Smiles away:
Yet may God
Hear her Pray.

गुजराती का यह गीत भी इसी कोटि में आयेगा—

डगमग डगमग डगला भरता
हरजी मन्दिर आब्या—आदि।

भोजपुरी का गीत 'चाना मामा आरे आव, पारे आव, नदिया किनारे आव,' नर्सरी राइम का उपयुक्त उदाहरण है।

६. खेल के गीत

महत्व—किसी देश के खेल-कूद के अध्ययन से वहाँ के निवासियों के स्वभाव, साहस और शक्ति का पता चलता है। जिस जाति के खेल जितने साहसपूर्ण और वीरता से युक्त होंगे वह जाति उतनी ही साहसी समझी जायेगी। खेल-कूद लोक-संस्कृति के प्रधान अंग हैं। इनके

अनुसन्धान से यह जाना जा सकता है कि आदिम जातियों की अवस्था कैसी थी ? उनके मनोरंजन के क्या साधन थे ?

इन खेलों में सहयोग की प्रवृत्ति लक्षित होती है। अंग्रेजी की एक कहावत है कि वाटरलू की लड़ाई क्रिकेट के मैदान में ही जीती गई थी। जिसका आशय यह है कि साथ मिलकर काम करने की आदत से ही बैलिंगटन को विजयश्री प्राप्त हुई थी। आदिम लोगों में खेल-कूद में सहयोग की जो भावना थी वह आज भी उपलब्ध होती है। भारत के प्रत्येक राज्य में विभिन्न प्रकार के खेल पाये जाते हैं। यदि इनका सम्यक् अध्ययन किया जाय तो लोक संस्कृति के अनेक तथ्यों का उनसे पता चल सकता है।

भारतवर्ष में प्रचलित खेल-कूदों की संख्या असंख्य है। अतः उत्तर प्रदेश के पूर्वी जिलों में उन्हीं खेलों का संक्षेप में यहाँ उल्लेख किया जायेगा जिनमें गीतों का प्रयोग मनोरंजन के लिए किया जाता है।

खेलों के भेद—भोजपुरी प्रदेश में दो प्रकार के खेल प्रचलित हैं। (१) घर में खेले जाने वाले खेल (Indoor games)। (२)मैदान में खेले जाने वाले खेल (Outdoor games)। इन दोनों प्रकार के खेलों में गीत का सहयोग पाया जाता है।

१. कबड्डी—इस खेल ने अब तो अन्तर्राष्ट्रीय प्रसिद्धि प्राप्त कर ली है। इस खेल के खिलाड़ी दो भागों में विभक्त कर दिये जाते हैं तथा इन दोनों दलों के बीच में रेखा खींच दी जाती है। एक पक्ष का व्यक्ति दूसरे दल के लोगों को छूकर अपने दल में भाग आता है। बालक दूसरे दल में जाते समय निम्नांकित गीत या तुकबन्दी गाते रहते हैं।[1] गीत गाते हुए दल में जाने को कबड्डी पढ़ाना कहते है।

(१) ए कबड़िया रेता, भगत मोर बेटा।
भगताइन मोरी जोरी, खेलबि हम होरी।।
(२) ए कबड़िया आईले, तबला बजाईले।
तबला में पइसा, लाल बगइचा।।
(३) आव तानी हो, परइह जनि हो।
टाँग जाई टूटी, कपार जाई फूटी
लड़कपन छूटी।।
(४) आम छू, आम छू, कउड़ी झनक छू।
आम छू, आम छू, कउड़ी बदाम छू।।

२. मौन साधन—बच्चों का एक खेल है जिसमें उन्हें मौन रहने की साधना करनी पड़ती है। सन्ध्या के समय जब दो चार लड़के साथ हैं तो वे आपस में मौन रहने की प्रतियोगिता करते हैं। इस खेल में इस बात की परीक्षा की जाती है कि कौन अधिक देर तक चुपचाप बैठ सकता है जो बच्चों के स्वभाव के नितान्त प्रतिकूल है। जब सब लड़के एक साथ आकर बैठ जाते हैं तब

---

१. लेखक का निजी संग्रह।

उनमें से एक लड़का नीचे लिखी पदावली को कहता है जिसमें गाली द्वारा माँ-बहिन की शपथ लेकर मौन रहने के लिए कहा गया है:—

"आदा बादा नून सवादा;
मछरी के कंटा, बैल के सींग;
जे बोली से गँइयाँ बोली;
सगरी नगरिया बोली;
जे बोली ओकरा माई के... ।"

ऐसा कहने के पश्चात् सभी लड़के चुपचाप बैठ जाते हैं। यदि कोई चपलतावश बोल उठता है तो माँ की गाली उसी के सिर पड़ती है।

एक दूसरे खेल में कुछ लड़के एक साथ बैठ जाते हैं। एक लड़का दूसरे लड़के के पैर के अंगूठे को अपने बायें हाथ की मुट्ठी से पकड़ता है। फिर दूसरे लड़के भी अपने हाथ की मुट्ठी को उसके ऊपर रखते हैं। फिर वही लड़का अपने दाहिने हाथ को तलवार मानकर उन मुट्ठियों को काटता है और गीत गाता जाता है।[१]

"तार काटो तरकुल काटो, काटो रे बन खाजा।
हाथी पर के घुघुरा चमकि चले राजा।
राजा के रजइया अवरू बाबू के दूपाटा।
इचि मारो, खींचि मारो, मूसर अइसन बेटा।।"

ऐसा कहकर वह मुट्ठियों की श्रृंखला को तोड़ देता है और इस प्रकार खेल समाप्त हो जाता है। कहने की आवश्यक्ता नहीं कि इस गीत का कुछ अर्थ नहीं है। यह केवल तुक बन्दी मात्र है।

३. झाकाझूमरि—इस खेल को प्रायः लड़कियाँ ही खेलती हैं। आठ-दस लड़कियाँ एक दूसरे का हाथ पकड़ कर गोलाई में खड़ी हो जाती हैं। वे कभी आगे आती हैं और कभी पीछे जाती हैं। इस प्रकार वे झूमती रहती हैं। झूमते समय वे गीत गाती हैं।

"एक हाड़ी झिकड़ा, बड़ेरी लागे धूंआ।
सासु पकवली गल गल पूआ।
अपने खइली घिअवाहा पूआ।
हमारा के दिहली तेलहवा पूआ।
ना खाइबि पूआ, खेलबि जूआ।
ना खाइबि पूआ, खेलबि जूआ।।"

ऐसा ज्ञात होता है कि इस खेल में भगवान् श्रीकृष्ण की रासलीला का प्रभाव पड़ा है। इसमें भाग लेने वाली लड़कियों की संख्या जितनी अधिक हो उतना ही अच्छा होता है। झूम-झूमकर खेलने के ही कारण इसका नाम झाका-झूमरि पड़ गया है।

---

१. लेखक का निजी संग्रह।

४. **ओका बोका का खेल**—यह खेल बड़ा ही मनोरंजक है। इसमें दस पाँच लड़के एक साथ बैठ जाते हैं। ये अपने दोनों हाथों की अंगुलियों से जमीन को छूते हुए अपनी हथेली को ऊपर उठाये रहते हैं। फिर उस दल का नेता प्रत्येक बालक के हाथ को छूता हुआ यह कहता है:—

"ओका बोका तीन तड़ोका।
लउवा लाठी चन्दन काठी।
बाग में बगउवा डोले।
सावन में करइला फूले।
ओ करइला के नाँव का ?
इजइल बिजइल, पानवा फूलवा
ढोढ़िया पंचक।।"

पहिले यह अगुआ बालक 'ओका' कहकर दूसरे बालक के एक हाथ को छूता है। फिर 'बोका' कहकर उसके दूसरे हाथ को स्पर्श करता है। इसी प्रकार प्रत्येक बार यह यही क्रम रखता है। पंचक शब्द कहकर वह किसी बालक के हाथ को जमीन पर पिचका देता है।

इसी प्रकार एक दूसरे खेल में लड़के यह गाते हैं:—

"ताई ताई पुरिया घीव में चभोरिया।
हम खाई कि भउजी खाई
भउजी पतरेंगिया।।"

इन खेलों के गीतों में कहीं-कहीं आधुनिकता का पुट पाया जाता है। बच्चे रेलगाड़ी का खेल खेलते हैं जिसका एक गाना इस प्रकार है:—

"माल बाबू माल बाबू, टिकट कटाइ द।
बलिया के गाड़ी आइल, सिंगल गिराइ द।।"

विदेशों में बालकों के खेल—संसार में प्रायः सभी देशों में बालकों के खेल सम्बन्धी गीत पाये जाते हैं। उत्तरी हैटी (Northern Haiti) प्रदेश के बहुत से खेल भोजपुरी खेलों से समानता रखते हैं। जिस प्रकार भारतीय खेलों का उद्देश्य बाल मनोरंजन है उसी प्रकार इन खेलों का लक्ष्य भी यही है। हैटी प्रदेश के एक खेल का नाम है 'जोम्बी मैन-मैन-मैन—।' यह खेल लड़कियों को बड़ा प्रिय है। इस खेल में एक वृत्त बनाया जाता है जिसके भीतर कई खेलाड़ी रहते हैं। अब कोई खेलाड़ी गोलाई से बाहर जाता है तब बाहर का खेलाड़ी उसे पकड़ने का प्रयास करता है। बाहरी खेलाड़ी के लिए यह अभीष्ट है कि वह उसे पकड़ने में समर्थ हो सके। खेल होते समय सभी खेलाड़ी यह गीत गाते हैं।[१]

Catch the small chicken for me.
The small chicken escapes. For me.

---

१. सिमसन—Peasant Chidren's Games in Northern Haiti.
फोक्लोर Vol. LXV. No २, P ६५.

अध्याय १३

लोक-संगीत

लोक-गीतों की आत्मा लोक-संगीत है। लोक-संगीत का इतिहास अत्यन्त प्राचीन है। बहुत से विद्वानों का मत है कि शास्त्रीय संगीत की उत्पत्ति लोक-संगीत से हुई है। यही कारण है लोक-संगीत का प्रभाव शास्त्रीय संगीत पर परिलक्षित होता है। अतः इसकी विशेषताओं का अध्ययन अत्यन्त आवश्यक है।

लोक जीवन का सुन्दरतम प्रतिबिम्ब लोक-गीत और लोक संगीत में दिखाई पड़ता है क्योंकि लोक-गीतों में शब्दों और स्वरों के चयन में कृत्रिमता का अभाव रहता है। इनमें लोक-जीवन का सीधा-सादा चित्र उपलब्ध होता है। लोक-गीत सरल, सुन्दर, अनुभूतिमय तथा संगीतमय होते हैं। कदाचित् ही कोई ऐसा लोक-गीत हो जो संगीत से अनुप्राणित न हुआ हो।

संगीत के बिना लोक-गीत प्राणरहित शरीर के समान है, जल रहित सरिता के तुल्य है; फल से विरहित वृक्ष की तरह है। कहने का आशय यह है कि लोक-गीतों का स्वास्थ्य, उनके आनन्द का रहस्य, उनके संगीत में अंतर्निहित है। अतः लोक-संगीत का अनुसंधान लोक-गीतों का एक अनिवार्य अंग है।

लोक-गीतों के गाने की विधि

लोक-गीतों के गाने की एक विशेष पद्धति होती है। जो लोग इस विधि से पूर्णतया परिचित नहीं हैं वे इसके गाने की पद्धति को नहीं समझ सकते। इन गीतों के गाने की विधियों का ज्ञान पूर्ण रूप से तभी किया जा सकता है जब इन गीतों की स्वर लिपि (नोटेशन) तैयार कर ली जाय। यूरोपीय देशों में लोक साहित्य के विद्वानों ने अपने देश के लोक गीतों का संग्रह कर उनकी स्वर लिपि भी निर्मित कर ली है। इसके अतिरिक्त उन्होंने उन गीतों के संगीत को कराल काल के गाल से बचाने के लिए इनको टेप रिकार्ड भी कर लिया है। परन्तु भारतीय लोक संस्कृति के विद्वानों का ध्यान अभी इस दिशा में विशेष रूप से आकृष्ट नहीं हुआ है। डॉ० वैरियर एलविन ने अपनी पुस्तक में वैगा तथा गोंड जातियों के लोक-गीतों की स्वर लिपि प्रस्तुत की है जो अत्यन्त उपादेय है।[1]

लघु और गुरु का शिथिल बन्धन

यह बात सदा ध्यान में रखनी चाहिए कि लोक-गीत पिंगल शास्त्र के साँचे में ढाल कर तैयार नहीं किये जाते । प्रत्युत इनका प्रवाह उस पहाड़ी नदी के समान होता है जो स्वच्छन्द गति से बहा करती है। गीतों में पिंगल शास्त्र का कठोर बन्धन न होने के कारण उनकी कोई पंक्ति तो बहुत बड़ी हो सकती है और कोई बहुत छोटी। परन्तु लोक-नायक उन गीतों को गाते

---

१. फोक सांग्स ऑफ मैकल हिल्स (आ० यू० प्रे०)।

समय अक्षरों तथा मात्राओं को इस प्रकार से घटा बढ़ा लेते हैं जिससे छन्दोभंग का बिल्कुल ही पता नहीं चलता। इन लोक-गीतों में लघु तथा गुरु मात्राओं का नियम बड़ा शिथिल होता है। अतः गवैये इनको गाते समय अपनी सुविधा के अनुसार कहीं लघु मात्राओं को दीर्घ कर देते हैं और कहीं दीर्घ मात्रा को लघु। समवेत स्वर (कोरस) में गाते समय स्त्रियाँ गीतों को इस प्रकार गाती हैं जिससे अक्षरों अथवा मात्राओं की त्रुटि से उत्पन्न दोष का कुछ पता नहीं चलता। निम्नांकित उदाहरण लीजिएः—

"झूठ भइले सधुआ, झूठ वियफइयाः
झूठ भइले कागवा के बोल।
झूठ भइले बाभना के पातारा ओ पोथिया,
कि सइयाँ नाहीं अइले हा मोर।।"

"इस बिरहे में 'झूठ' और 'नाहीं' शब्दों में दीर्घ ऊकार और दीर्घ ईकार का उच्चारण लघु उकार और लघु इकार के रूप में किया जाता है। यदि इनका दीर्घ रूप में उच्चारण किया जाय—जैसा कि होना उचित है—तो छन्दोभंग हो जाता है" संस्कृत के आचार्यों ने भी कहा है किः—

"अपि माषं मषं कुर्यात् छन्दोभंग न कारयेत्।" अर्थात् माष शब्द को मष भले ही लिखना पड़े, अथवा पढ़ना पड़े, परन्तु छन्दोभंग नहीं करना चाहिए।

एक दूसरा उदाहरण लीजिएः—

"पाँच, पचीस कोसे बसेले महाजन हो,
कि आहो रामा, कवना अवगुनवे हरि मोरे रूसेले हो राम।
बाट बटोहिया हो रामा, तुहु मोरे भइया, हो,
कि आहो रामा, एहि बाटे देखल हरि मोरे रूसल हो राम।"

उपर्युक्त गीत में 'बसेले' और 'रूसेले' में एकार का 'हो' में ओकार का, 'बाटे' और 'मोरे' में एकार का और 'आहो' शब्द में ओकार का उच्चारण लघु रूप में किया जाता है। यदि इन शब्दों का उच्चारण दीर्घ रूप में किया जाय तो छन्द की गति में भंग हो जाता है। अतः गाने की सुविधा के अनुसार इन शब्दों का उच्चारण लघु करना पड़ता है।

कहीं-कहीं गेयता के सौकर्य्य के लिए ह्रस्व का दीर्घ भी उच्चारण किया जाता है। छन्द की गति कहीं त्रुटित न हो जाय, इसलिए यह परिवर्तन आवश्यक हो जाता है। नीचे का यह गीत सुनिये।

"उड़ल-उड़ल सुगा गइले कलकतवा
कि जाई बइठेना, मोर सामी जी के पगिया।
कि जाइके बइठे ना।
पगरी उतारि सामी जाँघ बइठवलेः
कि कह सुगा ना, मोर घर के कुसलतिया,

कि कह सुगा ना।
माई तोहरा कुटनी, बहिनि तोरि पिसनी,
कि जोइया कइली ना, तोरि दउरी दोकनिया
कि जोइया कइली ना।"

इस पूर्वी गीत की प्रथम पंक्ति में 'उड़ल-उड़ल' शब्द यद्यपि लघु स्वरों से युक्त है परन्तु इसका उच्चारण दीर्घ किया जाता है। इसी प्रकार से चौथी पंक्ति में 'कह' शब्द का भी उच्चारण दीर्घ रूप में होता है। 'पगिया' शब्द में 'प' का 'कुसलतिया' शब्द के प्रथम चार अक्षरों (कु,स,ल,ति) का उच्चारण दीर्घ रूप में समझना चाहिए। उदाहरण के लिए अवधी का यह प्रसिद्ध गीत लीजिए:—

"छागक पेड़ छिउलिया, तो पतवन गहवर लो।
आरे रामा तिहितर ठाढ़ हरिनियाँ,
त मन अति अनमनि हो।"

यहाँ 'तिहितर' में 'हि' का उच्चारण दीर्घ है।

उपान्त्य स्वर को प्लुत स्वर में उच्चारण करना

लोक-गीतों के गाने की दूसरी विधि यह है कि इनके उपान्त्य स्वर—अर्थात् चरण के अन्तिम अक्षर के ठीक पूर्व वाला स्वर—को प्लुत स्वर में उच्चारण किया जाता है। यह नियम विशेषतया विरहा के गीतों के लिए प्रयुक्त होता है। इसमें गीत के अन्तिम स्वर का लघु उच्चारण किया जाता है और उसके ठीक पहिले वाले स्वर—उपान्त्य स्वर का उच्चारण प्लुत स्वर में करते हैं। उदाहरण के लिए यह बिरहा लीजिए:—

"उड़ली चिरिइया, झूरे झाँग बइठलि,
राम नामवा के गोहराई
निचवा जे घूमत बाड़े पापी रे बहेलिया,
ऊपर बाजवा रे मेड़राई।।"

इसे बिरहे के दूसरी और चौथी पंक्तियों में 'गोहराई' और 'मेड़राई' शब्दों में जो उपान्त्य स्वर 'रा' है, उसका उच्चारण प्लुत स्वर में किया जाता है। जैसे:—

गो ह रा SS SS SS SS SS ई।
और मे ड़ रा SS SS SS SS SS ई।

इन बिरहों का गायक (अहीर) जब अपने कानों में उँगुली डाल कर "राम नामवा के गोहराई" इस द्वितीय चरण में, गोहराई शब्द के 'रा' उच्चारण करता है तब वह एक दो मिनट तक इसका प्लुत स्वर में उच्चारण करता है। इस शब्द के उच्चारण का ठीक ज्ञान हो तो बिरहा गाते हुए किसी अहीर के मुख से सुनकर ही हो सकता है। परन्तु इन बिरहा के गीतों की स्वर लिपि से—जो आगे दी गई है—स्पष्ट ही ज्ञात होता है कि बिरहे के उपान्त्य स्वर का उच्चारण किस प्रकार किया जाता है। उपर्युक्त बिरहे को गाते समय इसका शुद्ध उच्चारण निम्न

प्रकार से किया जायेगाः—

"राम नामवा के गो ह रा-आ-आ-आ-आ-आ ई।
ऊपर बाजवा रे मे ड़ रा-आ-आ-आ-आ-आ-ई।।"

यह बात ध्यान में रखनी चाहिए कि यह उच्चारण—भेद केवल दूसरे और चौथे चरण के अन्तिम शब्दों में ही पाया जाता है। प्रथम और तृतीय चरणों के उच्चारण में कोई अन्तर नहीं पड़ता।

एक दूसरा उदाहरण लीजिएः—

"सिरि बिरिना बनवा के कुन्ज गलियवा में
राधे ओरमवली हा डारी।
एकहू बइरि राधे तूरहू ना पवली
कि देले कान्हा बँसिया बजाई।।"

यहाँ पर भी द्वितीय एवं चतुर्थ चरण के अन्तिम शब्द 'डारी' और 'बजाई' में 'डा' और 'जा' का उच्चारण प्लुत स्वर में किया जायेगा और इन दोनों शब्दों के अन्तिम अक्षर 'री' और 'ई' का उच्चारण दीर्घ होते हुए भी ह्रस्व ही किया जायेगाः—

इस बिरहे को गाते समय उच्चारण की दृष्टि से इसका स्वरूप निम्नांकित होगाः—

"सिरि बिरिना बनवा के कुन्ज गलियवा में
राधे ओरमवली हा डा-आ-आ-आ-आ-आ-आरि।
एकहू बइरि राधे तूरहू ना पवली,
कि देले कान्हा बँसिया ब जा-आ-आ-आ-आ-आ-इ।

जिस बिरहे के द्वितीय तथा चतुर्थ चरण का अन्तिम अक्षर दीर्घ स्वर में नहीं है—अर्थात् ह्रस्व है—उसका केवल उपान्त्य स्वर ही प्लुत स्वर में गाया जायेगा। अन्तिम स्वर जिसका उच्चारण लघु है अपने स्वाभाविक रूप में ही उच्चरित होगा।

यह उदाहरण लीजिएः—

"ससुई पतोहिया में लागल बा झगड़वा,
कइली मुसरवा के मार।
आजु पतोहिया के हम बन दिहतीं,
जो जियत रहिते बुढ़ऊ हमार।"

इस बिरहे के द्वितीय तथा चौथे चरण के अन्तिम शब्द 'मार' और 'हमार' के उपान्त्य स्वर 'मा' का उच्चारण प्लुत है तथा अन्तिम अक्षर 'र' का उच्चारण ह्रस्व है। नियम के अनुसार यदि यहाँ कोई दीर्घ स्वर भी होता तो उसका या उच्चारण ह्रस्व के समान ही करना पड़ता।

यह तो हुई बिरहों के गाने की चर्चा। परन्तु पचरा—जिसको दुःसाध नामक जाति के लोग गाते हैं—गाते समय इस पद्धति में थोड़ा परिवर्तन हो जाता है। पचरा के गीतों में उपान्त्य स्वर का उच्चारण ज्यों का त्यों रहता है परन्तु अन्तिम स्वर का उच्चारण प्लुत स्वर में करने का

विधान है। एक ही उदाहरण पर्याप्त होगा:—

"डोलिया पर चढ़ि भइली काली मोर देबिया हो,
चली भइली हाजीपुर के हाट हो।
काली जी से करेली भेटवा चोटवा,
फेरु डोलिया रे लवटाव हो।

इसमें द्वितीय तथा चतुर्थ चरण के अन्तिम वर्ण 'हो' का उच्चारण प्लुत स्वर में किया जाता है। जैसे:—

चली भइली हाजीपुर के हाट हो-ओ-ओ-ओ-ओ।
फेरु डोलिया लवटाव हो—ओ—ओ—ओ—ओ।

स्तोभ की प्रणाली—लोक-गीतों के गाने की पद्धति में एक और विशेषता पायी जाती है। यह विशेषता है गान सौकर्य्य के लिए गीतों के प्रारम्भ,मध्य अथवा अन्त में कुछ नये वर्णों, पदों अथवा मात्राओं को जोड़ देना अथवा गीत के बीच में मिला देना। गीतों के गाने की सुविधा के लिए जोड़े गये अथवा बीच में मिलाये गये ऐसे पदों को 'जोड़' कहते हैं। लोक-गीतों का गायक गीतों को गेयता प्रदान करने के लिए एवं छंदोभंग की त्रुटियों को दूर करने के लिए उनमें कुछ नये शब्दों को जोड़ता जाता है। कहीं-कहीं अधिक मात्राओं का भी वह समावेश कर देता है और कहीं कई शब्द समूहों को गीत के आदि अथवा मध्य में समाविष्ट कर देता है। ऐसा करने से छंदोभंग का दोष दूर हो जाता है, गीत को गाने में जो असुविधा होती है और श्रोताओं को भी उस गीत को सुनने में अधिक आनन्द मिलता है।

गीतों को गाते समय नये शब्दों को जोड़ने की यह प्रथा अत्यन्त प्राचीन है। सामवेद के गायन में भी नये पदों को जोड़ने की यह प्रथा उपलब्ध होती है जिसे 'स्तोभ' कहते हैं[1]। स्तोभ शब्द का अर्थ है ऐसी वस्तु या शब्द जो बीच में जोड़ या घुसेड़ दिया गया हो।[2] इसी प्रकार से सामगायन में 'पुष्पण' की पद्धति प्रचलित है जिसका अर्थ है गीत में नये शब्दों को जोड़कर उसे अलंकृत या सुशोभित करना।

सामवेद के गायन में जो 'स्तोभ' उपलब्ध होता है वह तीन प्रकार का पाया जाता है।[3]

(१) वर्ण स्तोभ, (२) पद स्तोभ और (३) वाक्य स्तोभ। वर्ण-स्तोभ उसे कहते हैं जहाँ सामगायन के बीच में वर्णों को जोड़ दिया गया हो। पद-स्तोभ में वैदिक ऋचा के बीच में पूरे शब्द या पद जोड़ दिये जाते हैं। इनका भी उद्देश्य प्रधान रूप से छन्द में गेयता लाना ही होता है। वाक्य स्तोभ उसे कहते हैं जहाँ पूरे के पूरे वाक्य या पद समूह ऋचा के आदि अथवा अन्त में समाविष्ट कर दिया गया हो। जो वाक्य, वाक्य-स्तोभ के रूप में ऋचाओं में सम्मिलित किये जाते हैं उनके कुछ नमूने निम्नांकित हैं:—

---

१. स्तोभ—Anything inserted —आपटे-कोश।
२. अधिकत्वे सति ऋग्विलक्षणो वर्णः स्तोभः।
३. स्तोभः त्रिविधः।

"अगन्मज्योतिरमृता अभूम।"
"नमोन्नाय नमोऽन्नपतये।"
"ये देवाः दिविषदः, अन्तरिक्ष सदः, पृथिवी सदः।"

ये उपर्युक्त वाक्य साम गायन के समय ऋचाओं में जोड़ दिये जाते हैं। इन्हीं को वाक्य स्तोभ कहते हैं।

लोक-गीतों के गाने में स्तोभ की प्रणाली—पिछले विवरण से यह स्पष्ट पता चलता है कि सामगायन में वर्ण स्तोभ और पद-स्तोभ और वाक्य-स्तोभ का प्रयोग किया जाता था। ये गान की सुविधा के अनुसार मन्त्र अर्थात् ऋचा के आदि, मध्य अथवा अन्त में जोड़े जाते थे।

लोक-गीतों के गाने की पद्धति पर जब हम सूक्ष्म दृष्टि से विचार करते हैं तब हम इन तीनों प्रकार के स्तोभों—वर्ण स्तोभ, पद स्तोभ और वाक्य स्तोभ को पाते हैं। कहीं-कहीं मात्रा स्तोभ भी उपलब्ध होता है। सामगायन की ही भाँति ये स्तोभ भी कहीं गीत के प्रारम्भ में, कहीं मध्य में और कहीं अन्त में मिलते हैं।

१. मात्रा स्तोभ—मात्रा स्तोभ में गीत के किसी वर्ण में अधिक मात्रा जोड़ दी जाती है। जैसेः—

"मचिया बइठली ए सासु, सुनहु बचनिया।
राउर बेटा मोरंग चलले, कवन (आ) राम अवगुनिया।"

यहाँ पर कवन (कौन) शब्द में 'आ' मात्रा जोड़ी गई है जिससे 'कवना' रूप तैयार हुआ है। इसी प्रकार से "भड़सल पइसली ए गोतिनी सुनहु बचनिया" इस गीत में 'पहसल' (प्रविष्ट) शब्द में 'ई' जोड़कर गेयता लाने का प्रयास किया गया है। अतः ये दोनों उदाहरण मात्रा स्तोभ के हैं।

२. वर्ण स्तोभ—वर्ण स्तोभ के उदाहरण लोक-गीतों में प्रचुर परिमाण में पाये जाते हैं। ये कहीं गीत के बीच में जोड़े जाते हैं और कहीं अन्त में।

जाँत का यह गीत (जँतसार) लीजिएः—

"बाव बहेले पुरवइया, अलसि निनिया आइलि।
निनिया **भइली** *बइरिनिया,* **पिया फिरि गइले हो।**
घरवा रोवे घरनी ए *लोभिया,*
बाहारावा राम *हरिनिया।*
दाहावा रोवे चाका *चकइया,*
बिछोहवा कइले निरवा *मोहिया।***।"**

उपर्युक्त गीत के तिरछे **शब्दों**—जैसे निनिया, बइरिनिया, हरिनिया, मोहिया, चकइया, लोभिया, मोहिया आदि के अन्त में 'इया' प्रत्यय जोड़ा गया है। 'निरवा मोहिया' शब्द का मूल रूप निर्मोही (निर्दयी) है। इस शब्द के बीच में 'वा' और अन्त में 'इया' वर्ण (अक्षर) जोड़ा गया है। लोक साहित्य में गीतों को गेयता प्रदान करने के लिए और उनमें सुकुमार भावों का सन्निवेश

करने के लिए प्रायः 'इया' प्रत्यय जोड़ दिया करते हैं। ऐसे सभी गीत वर्ण स्तोभ के उदाहरण हैं। जैसेः—

"*नदिया* के तीरे सीरे बोइलों में राई।
राजा जी हरिना चरि ए चरि आई"

x x x

"बाव बहेला *पुरवइया* ए सजनी
करसिन जागेला आगि ए।"

x x x

"बेला चमेली फूले *बगिया* में
जोनवा फूलल मोरे *अंगिया* हो रामा
नाही भेजे *पतिया*।"

यह कहने की आवश्यकता नहीं कि उपर्युक्त तिरछे शब्दों में 'इया' प्रत्यय लगा देने से इनकी कोमलता में कितनी अधिक वृद्धि हो गई है।

३. पद स्तोभ—लोक-गीतों में पद-स्तोभ के अनेक उदाहरण उपलब्ध होते हैं। चैता और जाँत के गीतों में यह अधिक मात्रा में पाया जाता है। चैता—जिन्हें घाटों भी कहते हैं—के गीतों के प्रारम्भ में 'आहो रामा' और अन्त में 'हो रामा' प्रायः सर्वत्र जोड़ा जाता है। उदाहरणार्थः—

"*आहो रामा* सूतल रहली पिया संगे सेजिया *हो रामा*
बाते, बाते, लागि गइले पियवा से रेरिया *हो रामा।*
बाते बाते।
आहो रामा मुँहवा से निकलेला, बोलिया कुबोलिया *हो रामा*
ताहि बोलिए, पियवा भइले बयरगिया *हो रामा।*
ताहि बोलिए।"

उपर्युक्त गीत में तिरछे सभी शब्द पद-स्तोभ के उदाहरण हैं। ये गीत के मूलभूत अंग न होकर केवल गाने की सुविधा के लिए जोड़े गये अंश मात्र हैं। जाँत के गीतों में कहीं गीत के आदि में 'ए राम' और अन्त में 'हो रामा' और कहीं 'नु रे जी' कहीं 'रे ना' तथा कहीं 'हे ना' आदि विभिन्न प्रकार का पद-स्तोभ पाया जाता है। नीचे के जँतसार में आदि और अन्त दोनों स्थानों में स्तोभ मिलता है।

उदाहरण :—

"ए राम हरि मोरे गइले विदेसवा,
त दुइ नवरंगिया लगवले हो रामा।।
ए राम हरि जी के लावल नवरंगिया
त नवरंग झुरा गइले हो रामा।।

एक दूसरा उदाहरण लीजिएः—

"हाथे नवरंगिया ए हरि जी,
चढ़ली जवनिया नु रे जी
कइसे कइसे रहली ए हरि जी।
उतरी बनिजिया नु रे जी।।

इस गीत की प्रत्येक पंक्ति में 'नु रे जी' जोड़ा गया है। इस प्रकार 'हो ना' और 'रे ना' आदि उदाहरण भी समझना चाहिए।

४. **वाक्य स्तोभ**—कहीं-कहीं गाने की सुविधा के लिए गीतों के प्रायः आदि में पूरा वाक्यांश ही जोड़ा जाता है। निर्गुन के गीतों में प्रत्येक पंक्ति के प्रारम्भ में 'कि आहो मोरे रामा' जोड़ने की प्रथा पाई जाती है। उदाहरण के लिए यह निर्गुन लीजिए:—

"नदिया के तीरे तीरे बछरू चरावेले;
कि आहो मोरे रामा, साँवनवाँ रे झड़ी लागेला ए राम।।"
"बाट में चलत बटोहिया भइया हितवा;
कि आहो मोरे रामा, हमरो सनेसवा ले ले जइहऽए राम।।"

इस प्रकार हम देखते हैं कि सामगायन में जिस स्तोभ प्रणाली का प्रयोग किया जाता था, वह ठीक उसी रूप में लोक-गीतों के गायन में आज भी उपलब्ध होती है।

(ख) संगीत शास्त्र की दृष्टि से लोक-गीतों की विशेषतायें

संगीत शास्त्र की दृष्टि से लोक-गीतों का महत्त्व अत्यधिक है। ग्रामीण जनता के हृदय की अभिव्यक्ति में शब्दों और स्वरों—इन दोनों का योग समान रूप से पाया जाता है। यद्यपि लोक-गीतों में संगीत का सर्वांगपूर्ण शास्त्रीय रूप नहीं पाया जाता परन्तु लोक-संगीत शास्त्रीय संगीत से सर्वथा पृथक् या विरहित है ऐसा कहना असमीचीन होगा। इन लोक-गीतों में अधिकतर शास्त्रीय परम्परा के कहरवाँ ताल, खेमटा ताल और जत ताल का प्रयोग पाया जाता है। जत ताल चौदह मात्राओं का होता है और खेमटा छः मात्राओं का। कहरवाँ ताल कुछ गीतों में चार मात्राओं का अधिक संगत प्रतीत होता है। कुछ अन्य गीतों में आठ मात्राओं का भी प्रयोग हुआ है। प्रायः सभी लोक-गीतों में कुल चार थाटों (ठाटों) का ही अंश उपलब्ध होता है। ये चार निम्नांकित हैं—(१) विलावल,(२) खमाज, (३) काफी, और (४) भैरव। विलावल थाट का उदाहरण 'पूर्वी' का यह गीत है:—

"जेठ वैसखवा के तलफी भभुरिया
हो महेन्दर मिसिर।
चलत में गोड़वा मोर पिराय,
हो महेन्दर मिसिर।।

चैता के गीतों में प्रायः खमाज थाट का प्रयोग पाया जाता है। जैसे:—

"मानिक हमरो हेरइले हो रामा
जमुना में।

केहू नहीं खोजला हमरो पदारथ हो रामा
जमुना में।"

काफी थाट का प्रयोग छठी माता के गीतों में दिखलाई पड़ता है। नमूने के लिए नीचे का गीत देखिए:—-

"गंगाजी के तीरे तीरे बोअलों में राई।
राजा जी के मिरिगा चरि ए चरि जाई।
ए छठी माता करबि सेवकाई,
करबि सेवकाई।।"

'पूर्वी' के गीतों में जहाँ विलावल थाट का प्रयोग दिखाई पड़ता है वहाँ कहीं-कहीं भैरव थाट का भी दर्शन होता है। उदाहरणार्थः—

"सभका के देलऽ भोला, अन, धन सोनवा,
बनवारी हो! हमरा के लरिका भतार।
लरिका भतार लेके सुतली ओसरवा,
बनवारी हो ! जरि गइले एड़ी से कपार।।"

भोजपुरी लोक-गीतों में प्रायः सात शुद्ध स्वरों का और दो विकृत-कोमल गान्धार और कोमल निषाद-स्वरों का प्रयोग मिलता है। अर्थात् उनमें मुख्यतः विलावल, खमाज और काफी थाटों के स्वर लगते हैं। शास्त्रीय संगीत की दृष्टि से भी इन थाटों के राग अपेक्षाकृत अधिक सरल और सुग्राह्य होते हैं। कुछ गीतों में अन्य विकृत स्वरों का भी प्रयोग मिलता है, जैसे उदाहरण के लिए कोमल धैवत और कोमल ऋषभ। इनमें भी कोमल ऋषभ का प्रयोग, कोमल धैवत की अपेक्षा कम मिलता है। तीव्र मध्यम से युक्त लोक-गीत कदाचित् ही दो चार मिलेंगे। किसी-किसी गीत की स्वर परिधि भी बहुत संक्षिप्त होती है। अधिकांश लोक-गीत में तीन, चार अथवा पाँच स्वर ही प्रयुक्त होते हैं। हमारे देश में शास्त्रीय संगीत के प्रचार और विकास के साथ-साथ, गाँव और नगर में अधिकाधिक सम्पर्क बढ़ने के कारण लोक-गीतों की स्वर सीमायें भी बढ़ती जा रही हैं।

लोक-धुनें (Folk-Tunes) बहुत ही सरल होती हैं। परन्तु इनकी सरलता का यह अर्थ नहीं कि इनमें गायन-क्रिया के सौन्दर्यवर्धक उपकरणों का पूर्णतया अभाव है। ऐसे अनेक लोक गायक उपलब्ध होते हैं जो सरल से सरल धुनों को गाते समय भी स्वभावतः अनेक प्रकार के खेमटे, मुकरियाँ और मींड का प्रयोग अनायास करते हैं। शास्त्रीय संगीत में प्राप्त अनेक रागों का जन्म लोक धुनों से हुआ है, ऐसा कहना कुछ असमीचीन न होगा। आसावरी, झिंझोटी और पहाड़ी आदि रागों का मूल स्रोत लोक धुनों में खोजा जा सकता है।

भोजपुरी प्रदेश के लोक-गीतों में प्रायः कहरवाँ, जत, दादरा, खेमटा और दीपचन्दी (चाँचर) तालों का प्रयोग अधिक पाया जाता है। इनमें से कुछ तालों का उदाहरण पिछले पृष्ठों में दिया गया है। इन तालों में से कहरवाँ ताल का प्रयोग प्रायः अस्सी प्रतिशत लोक-गीतों में प्राप्त होता है। सोरठी, कजरी, बिरहा, पचरा, झूमर, पूर्वी, निर्गुन, पाराती (भजन), पिड़िया,

छठी माता और शीतला माता के गीत कहरवाँ ताल में गाये जाते हैं। सोहर, जनेऊ, गवना, गोधन, होली, चैता और जँतसार आदि गीत 'जत' ताल में गेय हैं। भोजपुरी का सुप्रसिद्ध तथा लोकप्रिय लोक-गीत 'विदेसिया' को दीपचन्दी ताल में गाते हैं। झूमर—जिसे स्त्रियाँ झूम-झूम कर समवेत स्वर (कोरस) में गाती हैं। दादरा ताल का गेय विषय है। कहीं कहीं यह भी देखने में आता है कि एक ही लोक-गीत दो भिन्न-भिन्न तालों में लोक गायकों द्वारा गाया जाता है। उदाहरण के लिए 'विदेसिया' गीत 'दीपचन्दी' और 'जत' इन दोनों तालों में समान रूप से गेय है। इसी प्रकार से गायक लोग झूमर को 'कहरवाँ' तथा 'दादरा' इन दोनों तालों में गाते हैं।

इन उल्लेखों से यह स्पष्ट ज्ञात होता है कि यद्यपि लोक-गीतों में शास्त्रीय संगीत का सम्पूर्ण एवं सांगोपांग विवेचन एकत्र उपलब्ध नहीं होता फिर भी शास्त्रीय संगीत के बहुत से स्वर, थाट, राग और ताल इनमें पाये जाते हैं। बहुत सम्भव है कि अनुसन्धान करने पर इन गीतों में अनेक विशिष्ट स्वर, राग एवं ताल मिल सकें जिनका शास्त्रीय संगीत में अभाव है। अतः संगीत की दृष्टि से भी लोक-गीतों का अध्ययन अत्यन्त आवश्यक तथा उपादेय है। लोक-संगीत और शास्त्रीय-संगीत में किसका, किस पर, कितना प्रभाव पड़ा है इस दृष्टि से भी लोक संगीत का अनुसंधान महत्त्वपूर्ण है।

लोक-गीतों के गाने में प्रयुक्त होने वाले वाद्य यन्त्र

लोक-गीत और लोक-संगीत का अभिन्न सम्बन्ध है। प्रत्येक लोक-गीत के गाने में किसी न किसी वाद्य-यंत्र की सहायता ली जाती है। जहाँ पर कोई वाद्य-यंत्र उपलब्ध नहीं होता वहाँ चुटकी बजाकर अथवा ताली देकर इस अभाव की पूर्ति की जाती है। उत्तर प्रदेश के पूर्वी जिलों में लोक-संगीत में प्रयुक्त होने वाले वाद्यों में से ढोलक, खँजड़ी, सारंगी, झाँझ, करताल और जोड़ी मुख्य हैं। इनमें ढोलक सबसे अधिक लोकप्रिय तथा महत्त्वपूर्ण है। ढोलक के बाजे में अद्‌भुत विकास दिखाई पड़ता है। इसके बोल पृथक्-पृथक् होते हैं। कुछ ढोलक बजाने वाले तो ऐसे होते हैं कि जो तबले के समान ढोलक पर अपनी कला का पूर्ण विस्तार और वैभव दिखलाते हैं।[१] आल्हा गाते समय अल्हैत अपने गले में ढोलक बाँधकर उसे तार स्वर से बजाते हैं। होली या फगुआ गाते समय भी इसका प्रयोग किया जाता है। झाँझ और ढोलक का अभिन्न सम्बन्ध है। होली के गीतों को गाने में ढोलक के साथ झाँझ भी प्रयोग में लाया जाता है। गोपीचन्द और भरथरी की सुप्रसिद्ध लोक-गाथाओं को गाने वाले 'साँईं' लोग सारंगी बजा-बजाकर अपनी जीविका का उपार्जन करते हैं। लावनी गाने वाले लावनीबाज अपने गीतों का प्रदर्शन करते समय बायें हाथ में 'खँजड़ी' को पकड़ कर दाहिने हाथ से उसे बजाते हैं। निर्गुन या भजन को गाने वाले साधु-महात्मा करताल या कठताल को अपने दोनों हाथों में लेकर अपनी कला का प्रदर्शन करते हैं। जोड़ी कोई स्वतन्त्र वाद्य नहीं है। बल्कि यह सांरगी का सहायक है।

---

१. इस सम्बन्ध में आरा (बिहार) जिला निवासी बाबू मुद्रिका सिंह—जो आजकल डी० एस० आफिस इलाहाबाद में काम करते हैं—का उल्लेख करना अनुचित न होगा जिन्होंने ढोलक के बजाने में अद्‌भुत क्षमता प्राप्त की है। इनकी ढोलक बजाने की कला प्रसिद्ध है। ये श्रोताओं को अपनी कला से आनन्द-विभोर कर देते हैं।

राजस्थान में विभिन्न प्रकार के वाद्य यन्त्रों का प्रयोग लोक-गीतों को गाते समय किया जाता है। बंगाल में बाउल लोग गीतों के गाने में 'एकतारा' नामक लोक-वाद्य का प्रयोग करते हैं। इस यंत्र में केवल एक ही तार रहता है। इसीलिए इसे 'एकतारा' की संज्ञा प्राप्त है। 'एकतारा' के विभिन्न रूप भी पाये जाते हैं। कहीं-कहीं 'दोतारा' वाद्य यंत्र का भी प्रयोग किया जाता है। वास्तव में इसमें चार तार होते हैं यद्यपि इसका नाम 'दोतारा' ही है। उत्तरी बंगाल के 'भावैया' और 'चक्ता' नामक लोक-गीतों को गाते समय ये यंत्र उपयोग में लाये जाते हैं। खनक या गुपी-यंत्र भी बंगाल का एक प्रसिद्ध लोक-वाद्य है। इसमें भी एक ही तार होता है परन्तु यह 'एकतारा' की आकृति से बिलकुल भिन्न है। इसका स्वरूप भोजपुरी ढोलक से प्रायः मिलता-जुलता है। परन्तु यह चमड़े से एक ही ओर बन्द रहता है। गवैये अपनी काँख में इस यंत्र को दबाकर बजाते हैं। बिहार के छोटा नगपुर के सन्थाल जाति के आदिवासी लोग गीतों को गाते समय बहुत बड़े नगाड़ों का प्रयोग करते हैं जिसे वे रस्सी के सहारे अपने गले तक लटका कर छोटी-छोटी दो लकड़ियों से पीट कर बजाते हैं। इन नगाड़ों को सम्भवतः 'माँदर' कहा जाता है। इन लोगों का दूसरा वाद्य 'वनम' है जिसमें 'एकतारा' की भाँति एक ही तार होता है।

लोक-गीतों की स्वर लिपि (नोटेशन)

जैसा कि पहिले कहा जा चुका है लोक-गीतों की आत्मा लोक-संगीत है। अतएव गीतों की सुरक्षा के साथ ही साथ उनकी आत्मा (संगीत) की रक्षा करना भी अत्यन्त आवश्यक कार्य है। लोक साहित्य के विद्वानों का यह परम, कर्तव्य है कि गीतों के संकलन के साथ वे उन गीतों में निहित संगीत को सुरक्षित करने के लिए उनकी स्वर लिपि भी अवश्य ही तैयार कर लें। उचित तो यह है कि गीतों के संगीत के संरक्षण के लिए इन समस्त गीतों को टेप रेकार्ड करा लिया जाय। परन्तु, आर्थिक कठिनाइयों के कारण तथा अन्य साधनों के अभाव में, यदि यह सम्भव न हो तो उनकी स्वर लिपि तो अवश्य ही तैयार कर लेनी चाहिए। जब हम किसी गीत को स्वर लिपि की कारा में बाँध लेते हैं तब हमें निश्चय ही यह विश्वास हो जाता है कि इसके संगीत की रक्षा हो गयी है।

हिन्दी की विभिन्न बोलियों में लोक-गीतों का संकलन-कार्य हुआ है। परन्तु यह खेद के साथ कहना पड़ता है कि लोक-साहित्य के विद्वानों का ध्यान इसके संगीत पक्ष की ओर अभी विशेष रूप से आकृष्ट नहीं हुआ है। इस दिशा में भारतीय लोक कला मण्डल, उदयपुर के संस्थापक और प्राण श्री देवीलाल जी सागर का कार्य अत्यन्त प्रशंसनीय है जिन्होंने 'राजस्थान का लोक संगीत' नामक ग्रन्थ को प्रकाशित कर एक बहुत बड़े अभाव की पूर्ति की है। डॉ० कृष्णदेव उपाध्याय ने 'भोजपुरी लोक संगीत' नामक पुस्तक लिखी है। डॉ० उपाध्याय की लिखी हुई "भोजपुरी और उसका साहित्य" पुस्तक में भोजपुरी लोक-संगीत की संक्षेप में चर्चा की गई है और उदाहरण स्वरूप कुछ प्रधान लोक-गीतों की स्वर लिपि प्रस्तुत करने का प्रयास किया गया है।

परन्तु लोक-संगीत के क्षेत्र में सबसे महत्त्वपूर्ण कार्य डॉ० आशुतोष भट्टाचार्य का है[१], जिन्होंने बंगला के लोक-गीतों के संगीत पक्ष का गम्भीर अध्ययन और तलस्पर्शी अनुसंधान किया है। इन्होंने अपने अध्ययन के फलस्वरूप 'बांगलार लोक-संगीत' नामक ग्रन्थ का पाँच भागों में प्रकाशन किया है।[२] यह ग्रन्थ अत्यन्त विद्वतापूर्ण है। डॉ० भट्टाचार्य ने बंगला के प्रधान-प्रधान लोक-गीतों की गवेषणा प्रस्तुत करते हुए उनकी स्वर लिपि भी इस ग्रन्थ में दी है। जहाँ तक इन पंक्तियों के लेखक को ज्ञात है लोक-संगीत का इतना विस्तृत विवेचन अन्यत्र उपलब्ध नहीं है।

अब यहाँ पाठकों के समक्ष भोजपुरी के कुछ प्रधान-प्रधान गीतों की स्वर लिपि प्रस्तुत की जाती है जिससे वे इन गीतों के संगीत का आनन्द ले सकें।

१. गीत झूमर

ताल कहरवाँ

दिनवा के बइरी रे सासु ननदिया,
मैं का करों हों, राति बइरी अंजोरिया।।
कहत सुनत में बिसरि गइल अंजोरिया।।
मैं का करों हों, बलमा अजबे सोवइया।।
चिऊंटिहि काटि काटि बलमा जगवलीं
मैं का करों हों, गोद में रोवे बलकवा।।
ठोकिहि ठोकि हम बलका सुतवली
मैं का करों हों, बोले लागलि चुचहिया।।

स्थायी

सा रे ग - म प प - प म प - प म ग रे रे
दिन वा S के ब इ री रे सा सु S न न दि या मैं
सा ग
सा—रे ग रे— रे ग प प—म ग ग रे—
का S क रों हों S रा ति बै री S अँ जो रि या S

---

१. डॉ० आशुतोष भट्टाचार्य, एम० ए०, पी-एच० डी०, कलकत्ता विश्वविद्यालय में आधुनिक भारतीय भाषा विज्ञान के प्रोफेसर तथा अध्यक्ष के पद पर अध्यापन का कार्य कर रहे थे। भारतीय सरकार ने लोक-संगीत के क्षेत्र में इनकी महती सेवा का आदर करते हुए इन्हें संगीत नाटक अकादमी, नई दिल्ली का आनरेरी मेम्बर मनोनीत किया था।

२. बंगाल म्युजिक कालेज, कलकत्ता से प्रकाशित।

अन्तरा (१)

सा रे म म पप, प प प म प—प म ग रे रे
क ह त सु नत, वि सरि, गई, ल S अँ जो रि या मैं
सा— रे ग रे —रे ग गप प—म ग ——रे
का S क रो हों S बल मा अज, बे S सो वइ S या S

अन्तरा (२)

सा रे म म प प प प म प—प म ग रे रे
चि ऊं टि हि का टि का टि बल मा S ज ग व ली मैं
सा ग
सा — रे ग रं — रे रे ग प प — म ग रे रे —
का S क रो हों S गो द में रो वे S बा ल क वा S

अन्तरा (३)

सा रे म म प प प प म म प—प म ग रे रे
ठो S कि हि ठो कि ह म ब ल का S सु त व ली हो
सा
सा—रे ग रे—रे ग प प—म ग रे रे-—
का S क रो हों S बो ले ला गलि S चु चु हि या S

२. गीत चैता

ताल—जत

मात्रा चौदह

मानिक हमरो हिरैले हो रामा
जमुना में।
केहू नाहीं खोजेला पदारथ हो रामा,
जमुना में।
ओ ही रे जमुनवा के चिकटि मटिया
चलत में पाँव बिछि लइले हो रामा
जमुना में।
ओ ही रे जमुना के करिया पनिया
देखत के मन घबरइले हो रामा
जमुना में।

तोरे लेखे ग्वालिन मानिक हिरैले
मोरा लेखे चान छपितवा हो रामा
जमुना में।
"दास बुलाकी" चइत घाँटो गावे हो रामा
गाई गाई बिरहिनि समुझावे हो रामा
जमुना में।

स्थायी

रे - - म - म - प ध - ध — ध
मा S S नि S क S ह S रो S S म हि
ध - नी पध नीध पम म म - - मप ध - म
रै S S ले S SS SS हो रा S S मा S SSS
x २ ० ३
ध म
प ध - प - म - पम गरे - - - - -
ज मु S S S S ये S S S S S S S S
x २ ० ३
ध ध - ध् - ध - ध प - - ध - - नी
कें हू S ना S ही S खो जे S ला S S प
प
पध नीध - प म - म म - - मप ध - म
दाS SS S र थ S हो रा S S माS S S S
x २ ० ३
ध म
प ध - प न - - पम गरे - - - - -
ज मु S ना S S S मेS SS S S S SS
x २ २ ३

अन्तरा (१)

प ध - सा - सा - सा सा -सा-सानी - ध
ओ ही S रे S जS मु न S वा S केS SS
नी
- प ध सा - रे - रे सा -सा - सानी धप
S चि क टि S S S म टि S या S SS SS
x

धध - ध - ध - धप -ध - नी -
चल ऽ त ऽ में ऽ पाँ व ऽ वि ऽ कि ऽ
प प
पध नीध - म - म - म - - मप ध - म
लइ ऽऽऽ ले ऽ हो ऽ रा ऽ ऽ माऽ ऽ ऽ ऽ
२ ० ३
ध
प ध - प - म - पम गरे - - - - -
ज मु ऽ ना ऽ ऽ ऽ मेंऽ ऽऽ ऽ ऽ ऽ ऽ ऽ
x २ ० ३

३. गीत-विदेशिया[१]

ताल —दीपचन्दी

रहिया तकत मोरी भारी भइली अँखिया।
अमवा मोंजरि गइले, महुआ टपकि गइले,
कत दिन बटिया जोहइबे रे बिदेसिया।।१।।
मचिया बइठल धनी मने मने समुझे से
भुँइयाँ लोटेला लामी केस रे बिदेसिया ।।२।।
गँवना कराई सँइयाँ घर बइठवले से
अपने चलेले परदेस रे बिदेसिया ।।३।।
चढ़ली जवनियाँ बइरिनि भइली हमरी से
के मोर हरिहैं कलेस रे बिदेसिया।। ४।।
तोहर कारन सइयाँ भभूती रमइबों से
धरबों जोगिनिया के भेस रे बिदेसिया।।५।।
कबलों ले फिरिहें दइब निरमोहिया से
मोरा बिरहिनियाँ के भाग रे बिदेसिया ।।६।।
सा रे - रेप -म - ग मग - सारे - सा -
र हि ऽ या त ऽ क तऽ ऽ मोऽ ऽ री ऽ
x २ ० ३
सा रे - म - ग - रे सा - सा - - -
भा री ऽ भइ ऽ ले ऽ अँ खि ऽ याँ ऽ ऽ ऽ
x २ ० ३

---

१. बिदेसिया के सम्पूर्ण गीत के लिए देखिये—डॉ० कृष्णदेव उपाध्याय—भोजपुरी और उसका साहित्य, पृ० १२६ (राजकमल प्रकाशन, नई दिल्ली)।

अन्तरा (१)

प प - ध सा सा - नी सा नीध नीध प -
अ म S वा S मों S ज रि S ग इ ले S S
x २ 0 ३
प ध - प ध धप - म ग - सारे - सा -
म हु S आ S ट S S प क S गइ S ले S
x २ 0 ३
सा रे - रेप - म - ग - रेसरे - सा -
क त S दि S न S ब टिSS याSS S जो S
x २ 0 ३
सा रे - रेम - ग - रे सा - सा - - -
हाइ बे S रे S S वि S दे सि S या S S S[१]

■ ■ ■

---

१. इस विषय के विस्तृत तथा प्रामाणिक वर्णन के लिए देखिये—डॉ० कृष्ण देव उपाध्याय—भोजपुरी लोक संगीत (लोक संस्कृति शोध संस्थान, वाराणसी सन् १९८७ ई०)

अध्याय १४

लोक-साहित्य में काव्यत्व

लोक काव्य और अलंकृत काव्य के विभेद को बतलाते हुए यह स्पष्ट करने का प्रयास किया गया है कि लोक काव्य की आत्मा उसकी सरलता, स्वाभाविकता और सरसता है। लोक-साहित्य में रस की प्राप्ति ही नहीं होती प्रत्युत यह तो रस से ओत-प्रोत होता है। परन्तु रस की सृष्टि के लिए जिन विभाव, अनुभाव और संचारियों की आवश्यकता होती है उनका इसमें अभाव है। इसमें रस की उत्पत्ति स्वतः होती है। अलंकारों के सम्बन्ध में भी यही समझना चाहिये। लोक-गीतों में अलंकार कहीं-कहीं अवश्य पाये जाते हैं परन्तु उनकी योजना आयास पूर्वक नहीं की जाती है। वे स्वतः आ जाते हैं। अलंकारों में भी रूपक, उपमा, उत्प्रेक्षा और श्लेष ही अधिक उपलब्ध होते हैं अन्य नहीं। लोक-कवि पिंगल शास्त्र का अध्ययन कर कविता करने नहीं बैठता। अतः उसकी रचना में छन्द योजना का अभाव पाया जाता है। लोक-गीतों में तुक प्रायः नहीं पाया जाता क्योंकि लोक काव्य स्वच्छन्द होने के कारण छन्द और तुक की बेड़ियों में नहीं बाँधा जा सकता। परन्तु इन गीतों में लय अवश्य प्रचुर मात्रा में उपलब्ध होता है जो इनको संगीतमय बना देता है। यही कारण है कि लोक-गीतों को सुनकर मनुष्य मस्ती में आकर झूमने लगता है।

(क) लोक गीतों में अलंकार-योजना

पिछले किसी अध्याय में लिखा जा चुका है कि लोक-गीत सर्वथा स्वतन्त्र तथा स्वच्छन्द होता है। इसमें कहीं कृत्रिमता का पता नहीं होता। लोक-कवि के मन में जो भाव उठते हैं उनका प्रकाशन वह अनायास करता है। यही कारण है कि कलात्मक कविता (Poetry of Art) में अलंकरण की जो प्रवृत्ति पाई जाती है उसका लोक-गीतों में अभाव है। जो कविता कवि के हृदय के अन्तरतम से निकलती है उसमें रस की तो प्रचुरता रहती है परन्तु अलंकार योजना की प्रवृत्ति नहीं दीख पड़ती। वाल्मीकि और कालिदास की यही विशेषता है। यही बात लोक-गीतों के सम्बन्ध में भी समझनी चाहिये।

लोक कवि अलंकारों की उलझन में नहीं पड़ता। वह परिसंख्या और परिकर के परे होता है। सच तो यह है कि लोक कवि अलंकारों के माध्यम द्वारा भाव-प्रकाशन करना नहीं जानता। उसके वर्णन का ढंग ही निराला होता है। फिर भी यह नहीं समझना चाहिये कि लोक-गीतों में अलंकारों का अत्यन्ताभाव है।

अलंकार योजना की विशेषता

(१) लोक-गीतों के अलंकार योजना की पहिली विशेषता यह है कि उनका सन्निवेश अनायास ही होता है। अर्थात् लोक-कवि जान-बूझ कर अलंकारों का प्रयोग नहीं करता है। हिन्दी के अलंकारवादी कवियों की यह परम्परा सी हो गई थी कि वे हठात्—चाहे अवसर हो

या न हो—उपमा, रूपक आदि का प्रयोग अपने काव्यों में करते थे। केशव की रामचन्द्रिका से इस कथन की पुष्टि की जा सकती है। परन्तु लोक-गीतों में ठीक इसके विपरीत पाया जाता है। गीतों में जो अलंकार उपलब्ध होते हैं वे बिना किसी परिश्रम के स्वयं उपस्थित हो गये हैं। गीतों के पढ़ने से इस विषय का स्पष्टीकरण हो जाता है।

(२) लोक-गीतों के अलंकार विधान की दूसरी विशेषता इनकी मौलिकता है। लोक-कवि ने जिन उपमानों का प्रयोग किया है वे कवि-परम्पराभुक्त (Conventional) नहीं हैं बल्कि नूतन और मौलिक हैं। प्राचीन कवियों ने आँख की उपमा खंजन, मीन और मृग की आँखों से दी है परन्तु लोक कवि ने इन परम्पराभुक्त उपमानों का तिरस्कार कर 'आम की फारि' (तिरछा कटा हुआ कच्चे आम का टुकड़ा) से इसकी तुलना की है। इसी प्रकार होंठ की उपमा कविजन विद्रुम या विम्बफल से दिया करते हैं परन्तु ग्रामीण कवि कटे हुए पान के टुकड़े से उसकी समानता करता है।

(३) इनकी तीसरी विशेषता है ग्रामीण वातावरण से उपमानों का चुनाव। लोक-कवि जिस वातावरण में जन्म लेता और पलता है उस वातावरण का उसके हृदय पर स्थायी प्रभाव बना रहता है। अतः अपने भावों को स्पष्ट करने के लिए वह जिन उपमानों का चुनाव करता है वे उसके आस-पास की चिर परिचित वस्तुयें हुआ करती हैं। यही कारण है कि पेट की उपमा उसने पुरैन के पत्ते[1] से और पीठ की उपमा धोबी के पाट (काठ का बना हुआ तख्ता जिस पर धोबी कपड़े धोता है) से दी है। कहने की आवश्यकता नहीं कि ये दोनों ही वस्तुयें ग्रामीण जगत् में चिर परिचित हैं। आँख के उपमान के लिए कच्चे आम के कटे हुए तिरछे टुकड़े की खोज निकालने वाला कवि वास्तव में अपने वातावरण से ओत-प्रोत रहा होगा।

(४) ग्रामीण अलंकार योजना की चौथी विशेषता है आकृति-साम्य। अर्थात् लोक-कवि उपमानों का चुनाव करते समय उपमेय की आकृति का अनुकरण करने वाले उपमान को ही स्थान या महत्त्व देता है। किसी स्त्री के जूरा (बालों को समेट कर तथा बाँधकर गोल आकृति) की उपमा वह 'हूरा' (लाठी का निचला गोलाकार भाग) से देता है। जूरा गोल होता है। अतः उसकी गोली आकृति को देखकर लोक-कवि ने उसकी समानता हूरा से की है। बालों की स्निग्धता और चिक्कणता की ओर उसका ध्यान बिल्कुल नहीं गया। पीठ की उपमा धोबी के पाट से देते समय कवि की दृष्टि दोनों की आकृति (लम्बाई-चौड़ाई) की ओर ही विशेष थी। इस प्रकार उन्नत ललाट के लिए 'लोटा' को अप्रस्तुत के रूप में वर्णन करना आकृति-साम्य का परिचायक है।

उपमा—लोक-गीतों में जिन अलंकारों का उल्लेख पाया जाता है उनमें उपमा, श्लेष, रूपक और उत्प्रेक्षा अधिक प्रसिद्ध हैं। अलंकारों में भी उपमा का ही सर्वाधिक प्रयोग हुआ है। अपने भावों को स्पष्ट करने तथा साकार रूप प्रदान करने के लिए गीतों में इसका स्थान-स्थान पर उल्लेख पाया जाता है। कुछ उदाहरण लीजिए:—

---

१. विवाह आदि उत्सवों में ग्रामीण जन पुरइन के पत्ते पर भोजन करते हैं जो वहुत लम्बे-चौड़े होते हैं।

कोई स्त्री कहती है कि आज मेरा पति मोरंग देश को जा रहा है। यदि मैं इस बात को जानती तो उसके प्रस्थान की वस्तु को अपने आँचल में छिपा लेती। वह उसके विभिन्न अंगों का वर्णन करते हुए कहती है कि [१]:—

"गहरी नदिया अगम बहे राम पनिया
पिया चलले परदेसिया, बिहरेला राम छतिया।
जो हम जनिती ए लोभिया, जइबे रे विदेसवा,
पिया के पयेतँवाए लोभिया, छिपइतीं रे अंचरवा।
मुँह तोर हवे ए लोभिया, सुरुज के जोतिया,
आँखि तोर हवे ए लोभिया, आमवा के फरिया।
नाक तोर हवे ए लोभिया, सुगबा के ठोरवा,
भहूं तोर हवे ए लोभिया, चढ़ल कमनिया।
ओठ तोर हवे ए लोभिया, कतरल पानावा,
अबरू तोर हवे ए लोभिया, कड़ी-कड़ी मोछिया।
बाँहि तोर हवे ए लोभिया, सोबरन सोटवा,
पेट तोर हवे ए लोभिया, पुरइन पतवा।
पीठि तोर हवे ए लोभिया, धोबिया के पटवा,
गोड़ तोर हवे ए लोभिया, केरवा के थुन्हवा।"

उपर्युक्त गीत में ध्यान देने की बात यह है कि इसमें जो अप्रस्तुत विधान किया गया है वह सर्वथा मौलिक है। ये उपमान देहाती दुनिया से सम्बन्ध रखने वाले हैं तथा ग्रामीण सौन्दर्य के मापदण्ड हैं। काव्य जगत् में मुख की उपमा चन्द्रमा या कमल से; आँखों की उपमा मीन या मृग से और होठों की उपमा विद्रुम या बिम्ब (फल) से दी जाती है। परन्तु लोक कवि ने इन परम्पराभुक्त उपमानों का सर्वथा परित्याग कर अपनी नवीनता तथा मौलिकता का परिचय दिया है। इन उपमानों की यह विशेषता है कि ये ग्रामीण सौन्दर्य-भावना के प्रतीक हैं। भोजपुरी प्रदेश में नाक के अगले भाग का नोकीला होना सुन्दर माना जाता है। इसलिए उपर्युक्त गीत में नाक की उपमा तोते की चोंच से दी गई है जो लाल और नोकीली होती है। इसी प्रकार हे पतला होना सुन्दरता को द्योतित करता है। अतएव कवि ने इसकी तुलना विद्रुम या बिम्बफल से न कर तराशे गये (पतले) गान से दी है।

कोई ग्रामीण पुरुष किसी स्त्री के सौन्दर्य का वर्णन करता हुआ कहता है कि ए गोरी ! तुम्हारा जूरा लाठी के हूरे के समान है तथा तुम्हारे गाल मालपूआ की भाँति मुलायम हैं। ए गोरी ! तुम पान के समान पतली हो और तुम्हारा ललाट लोटे के समान उन्नत है।

बिरहा इस प्रकार है:—

"हूरवा नियर तोर जूरवा ए गोरिया,

---

१. डॉ० उपाध्याय : भो० लो० गी०, भाग १।

पूअवा नियर तोर गाल।
पानवा नियर तू पातर बाड़ू गोरिया,
लोटवा नियर तोर भाल।"

इस बिरहे में जिन उपमानों का उल्लेख हुआ है वे सभी ग्रामीण वातावरण से लिए गये हैं। देहाती अहीर सदा लाठी लेकर चलता है। रात-दिन लोटे का उपयोग करता है। घर में आटा, दूध-घी की कमी होने के कारण—सदा नहीं तो पर्वों पर ही सही—वह पूआ भी खाता है। विवाह-शादी के अवसर पर वह पान का भी प्रयोग करता है। अतः यदि वह किसी स्त्री के अंगों की उपमा अपने दैनिक प्रयोग में आने वाली वस्तुओं से न दे तो और किससे दे? हिन्दी के कवियों ने "कनक छड़ी सी नायिका" का वर्णन किया है परन्तु जो कोमलता, सरसता और सुन्दरता पान के पत्ते में है वह सोने की बनी सख्त छड़ी में कहाँ ?

किसी नायिका के उठते हुए विकासोन्मुख-स्तनों का वर्णन उपमा के माध्यम द्वारा कितना सुन्दर और सटीक हुआ है। लोक कवि कहता है कि यौवन के प्रभात में नायिका के स्तन जंगली बेर के समान छोटे-छोटे थे। बाद में विकसित होने पर वे 'टिकोरे' (आम का कच्चा फल जिसमें अभी गुठली नहीं होती) के रूप में परिणत हुए। परन्तु विवाह के पश्चात्, यौवन के मध्याह्न में, ज्योंही प्रियतम के हाथों से उनका स्पर्श हुआ त्योंही विकसित होकर उन्होने सिन्धोरा का रूप धारण कर लियाः—

"पहिले बइरि सम
फिर भइले टिकोरा।
सइयाँ जी के हाथ लागल,
होइ गइले सिन्धोरा।"

इस गीत में पूर्ण विकसित स्तनों की उपमा सिन्धोरा से देना बड़ा ही उपयुक्त है। जायसी ने इनकी उपमा औंधे हुए कटोरे से दी है।

"हिया थार कुच कंचन लारू।
कनक कचोरु उठे जनि चारू।।"

श्लेष—लोक-गीतों में श्लेषालंकार का भी प्रयोग अनेक स्थानों पर हुआ है परन्तु इनकी योजना भी अनायास ही हुई है। हिन्दी तथा संस्कृत के कवियों ने अभंग तथा सभंग श्लेष के द्वारा काव्य रचना में बड़ी चातुरी दिखलाई है। परन्तु गीतों में अभंग श्लेष ही दृष्टिगोचर होता है। नीचे के इस बिरहे में यमक और श्लेषालंकार की योजना बडी सुन्दर हुई है।

"रसवा के भेजलीं भँवरवा के संगिया,
रसवा ले अइले हा थोर।
अतना ही रसवा में केकरा के बटवों,
सगरी नगरी हित मोर।।"

स्वाधीनपतिका कोई स्त्री कहती है कि ए सखी ! मैंने भँवरा को रस लेने के लिए भेजा

लेकिन वह थोड़ा सा ही रस ले आया। मेरे पास रस इतना थोड़ा है कि मैं किसे-किसे इस रस को दूँ क्योंकि गाँव में जितने लोग हैं वे सभी मेरे परिचित या हितचिन्तक हैं। यहाँ पर 'रस' शब्द का अर्थ प्रेम और मधु है। अतः यह यमक अलंकार का उदाहरण है। इस गीत में भँवरा शब्द का प्रयोग पति और भ्रमर इन दोनों अर्थों का वाचक है। अतएव 'भँवरवा' में श्लेषालंकार है।

इस प्रकार उपर्युक्त एक ही बिरहे में यमक और श्लेष दो-दो अलंकार उलझे पड़े हैं।

रूपक—इन गीतों में कहीं-कहीं रूपकालंकार भी मिल जाता है। परन्तु इन रूपकों की विशेषता यह है कि ये कहीं भी दीर्घ (लम्बे-लम्बे) और सांग नहीं हैं। गोस्वामी तुलसीदास जी ने रामचरितमानस में ज्ञान दीपक के वर्णन में सांग रूपक की जो लम्बी लड़ी लगाई है वैसा प्रदर्शन लोक-गीतों में नहीं पाया जाता। आरोप का क्रम प्रारम्भ करके उसका सांग तथा सम्पूर्ण निर्वाह इनमें नहीं किया गया है। वस्तु के आरोप की प्रक्रिया थोड़ी ही दूर चलकर समाप्त हो जाती है। इसका कारण सम्भवतः यह जान पड़ता है कि भाव के भूखे और रस के प्यासे लोक कवि को रूपकालंकार की योजना करते समय किसी वस्तु के रूप का सम्पूर्ण आरोप करने का अवकाश कहाँ ? उसने किसी स्थान विशेष पर जोर देने के लिए अलंकार का पल्ला पकड़ा और फिर उसे छोड़कर वह आगे बढ़ गया। एक उदाहरण लीजिए:—

"सत सुकीरित के घइलवा, परेम केरा लेजुर हो।
ललना, पनिया भरऊं झकझोरि माँग भरि सेन्दुर हो।।"

कोई स्त्री कहती है कि सत्य और सुकीर्ति रूपी घड़ा है। इस घड़े से प्रेम रूपी रस्सी के द्वारा मैं अच्छी तरह से माँग में सिन्दूर लगाकर पानी भरूँगी। अर्थात् प्रेम के द्वारा सुयश और सत्य का अवलम्बन कर मैं मोक्ष रूपी पवित्र जल को पिऊंगी। यहाँ कुएँ से पानी भरने का रूपक बाँधा गया है परन्तु कुएँ के पूर्ण वर्णन के अभाव में यह रूपक सांग (पूर्ण) नहीं है।

ईश्वर को प्रियतम या पति मानकर उसकी उपासना करना सन्त कवियों की परम्परा चिरकाल से चली आ रही है। ज्ञान रूपी दीपक के द्वारा हृदय के अन्धकार को दूर करने का उपदेश कोई सन्त कवि दे रहा है। वह आत्मा (स्त्री) को सम्बोधित करता हुआ कहता है कि पति रूप ईश्वर तुम्हारी प्रतीक्षा कर रहा है। सोने के बने हुए पलंग में चाँदी की पाटी लगी हुई है। त्रिकुटी के घाट पर स्नान करके इस पलंग पर प्रियतम के साथ सो रहो।

"सखी तोरे पियवा देइ गयो एगो पतिया।
बारहु दियवा जड़ाइ लेहु हियवा,
समुझि समुझि के बतिया।
इहाँ बा ना केहू साथी न सँघतिया,
कामिनी ! कंत तोरे जोहत बटिया।
सोने की खाटी, रूपे के पटिया,
करु मज्जन चलू त्रिकुटी के घटिया।
ओही रे घाट पर सुन्दर पियवा,
निरखत रहु दिन रतिया।

लछिमी सखी के सुन्दर पियवा,
सूत रहु लगाई के छतिया।।"

इस गीत में आत्मा तथा परमात्मा के मिलन का वर्णन है जिसे स्थूल रूप प्रदान करने के लिए स्त्री-पुरुष के समागम का रूपक बाँधा गया है। परन्तु यह रूपक किसी अंश में पूर्ण नहीं है। इसी प्रकार से रूपकालंकार के अन्य उदाहरण भी दिये जा सकते हैं।

(ख) लोक-गीतों में रस-परिपाक

लोक-गीतों में रस परिपाक प्रचुर परिमाण में पाया जाता है। जनता के ये गीत रस में सने हुए हैं। यदि कहा जाय कि रस ही इन गीतों का प्राण है तो यह सत्य से बहुत दूर न होगा। इन गीतों की रसात्मकता के आगे बड़े-बड़े कवियों की सरस सूक्तियाँ भी शुष्क जान पड़ती हैं। एक-एक लोकगीत क्या है रस से लबालब भरा हुआ प्याला है जिसके पीने से प्यास बुझती नहीं बल्कि और बढ़ती है। क्या हिन्दी और क्या बंगला सभी प्रान्त के लोक-गीतों में यही रस-प्रवाह प्राप्त होता है जो जन-जीवन को सदा आप्लावित करता हुआ उसे हरा भरा बनाये रखता है। लोक-गीतों की पयस्विनी जिस प्रदेश से प्रवाहित होती है वह अपने तट पर स्थित वृक्षों को ही जीवन-प्रदान नहीं करती बल्कि उसका शीतल प्रवाह सभी जनों को समान भाव से आनन्द प्रदान करता है। अपनी इसी रसात्मकता के ही कारण लोक-जीवन से संबंधित ये गीत मानव-हृदय को इतना 'अपील' करते हैं। शुष्क हृदय भी इनको एक बार पढ़ कर द्रवित हुए बिना नहीं रह सकता।

लोक-गीतों में नारी के जीवन का विशेष रूप से चित्रण हुआ है। क्या सोहर, क्या बारहमासा, क्या कजली और क्या झूमर सभी में अबला जीवन की करुण कहानी पायी जाती है। राष्ट्रकवि मैथिलीशरण जी गुप्त ने लिखा है कि:—

अबला जीवन हाय, तुम्हारी यही कहानी।
आँचल में है दूध, और आँखों में पानी।।

जिसकी आँखों में पानी हो फिर उसकी कहानी करुण क्यों न हो? स्त्री जीवन की विविध दशाओं के चित्रण के कारण ही इन गीतों में इतनी सरसता पाई जाती है।

पुत्र या पुत्री के जन्म से लेकर गवना के गीतों तक स्त्री जीवन की किसी न किसी दशा का वर्णन इनमें उपलब्ध होता है। किम्बहुना जँतसार—जाँत के गीत—और झूमर के गीतों में (जिनका सम्बन्ध किसी संस्कार या ऋतु से नहीं है) भी नारी जीवन के कारुणिक प्रसंग का चित्रण हमें देखने को मिलता है।

यों तो लोक-गीतों में प्रायः सभी रस पाये जाते है परन्तु इनमें प्रधानतया श्रृंगार तथा करुण रस की ही उपलब्धि होती है। वैवाहिक प्रसंग में हास्यरस का भी आस्वादन किया जा सकता है। आल्हा-ऊदल से सम्बन्धित काव्य 'आल्हा' में वीर रस का विराट् रूप दिखाई पड़ता है। भजन और गंगा माता के गीतों में शान्त रस पाया जाता है। सोरठी की कथा में अद्भुत रस मिलता है।

१. श्रृंगार रस—लोक-गीतों में श्रृंगार रस के दोनों पक्षों—संयोग और वियोग—का वर्णन बड़ी मार्मिक रीति से किया गया है। इनमें श्रृंगार का जो वर्णन उपलब्ध होता है वह नितान्त पवित्र, संयत, शुद्ध और दिव्य है। हिन्दी के रीतिकालीन कवियों ने श्रृंगार रस का जो भद्दा, अश्लील तथा कुरुचिपूर्ण प्रदर्शन अपनी कविताओं में किया है उसका यहाँ नितान्त अभाव है। हिन्दी के इन कवियों ने अपनी कवितायें अपने अन्नदाता राजाओं को प्रसन्न करने के लिए ही लिखी थीं। अतः उनमें घोर श्रृंगार का होना स्वाभाविक है परन्तु लोक-गीत "स्वान्तः सुखाय" लिखे गये हैं।

श्रृंगार रस का विशेष प्रयोग सोहर आदि विवाह के गीतों में दिखाई पड़ता है। महाकवि कालिदास ने जिस प्रकार 'रघुवंश' में गर्भवती सुदक्षिणा का वर्णन किया है उसी प्रकार इन गीतों में भी गर्भवती स्त्री की शरीर यष्टि, दोहद तथा प्रसव के कष्टों का उल्लेख स्थान-स्थान पर हुआ है। एक गर्भवती स्त्री का सजीव चित्रण देखिए जिसमें उसकी प्रसव पीड़ा का वर्णन बहुत ही सुन्दर हुआ है।

"सुपुली खेलत तुहु ननदी; मोर पियारी ननदी रे।
ए ननदी आपन भइया देई न बोलाई;
हम दरद बेयाकुल रे।
जुववा खेलत तुहु भइया; अबरू बीरन भइया हो।
ए भइया प्रानप्यारी भउजी हमार;
दरद से बेयाकुल हो।
X X X
डाँड़ मोर बथेला गाहागहि, कपार मोर टनकेला हो।
ए प्रभु पिरिथवी मोरे सुझेली अलोपित;
अंगुरी में दम बसे हो।।"[१]

पुत्र जन्म के अवसर पर आनन्द और उछाह का उल्लेख गीतों में प्रायः सर्वत्र पाया जाता है। पुत्र के जन्म पर सास रुपया लुटाती है, ननद ब्राह्मणों को मुहर दान में देती है और बन्धु-बान्धवों को स्त्रियाँ अन्य वस्तुयें लुटा रही हैं। यह वर्णन देखिये।

"सासु जे आवेली गवइत, ननदी बजवइत रे।
ललना गोतिनि आवेली विसाधल,
गोतिनि के घर में सोहर रे।
सासु लुटावेलि रूपैया,
त ननदी मोहरवा रे।
ललना गोतिनि लुटावेली बनउरवा,
गोतिनियाँ फेरिहे पाँइच रे।।"

---

१. डॉ० उपाध्यायः भो० लो० गी०, भाग १, पृ० १५१।

विवाह के गीतों में श्रृंगार रस का आनन्द अधिक मात्रा में मिलता है। विवाह के बाद जब वर को 'कोहबर' में ले जाते हैं उस समय के गीत श्रृंगारिक वर्णनों से ओत-प्रोत होते हैं। परन्तु इनमें अश्लीलता का भद्दा प्रदर्शन कहीं भी नहीं हुआ है। [१]

"झोप झोपारी रे फरेला सोपारी,
तर नरियरवा के बारी।
कंचन सेज डसावेली कवन देई,
केहु ना आवेला केहु जाई।
धावल धूपल अइले कवन राम,
मोहर दे गइले साई।
आधी राति जनि अइह मोरे राजा हो,
नगर के लोग डेराई।
ठीक दुपहरिया अइह मोरे राजा हो,
हम रउरा करबि लराई।
निचवा रजाई रे उपरा दोलाई,
ताहि बीचे होखेला लराई।
आहो लाल ताहि बीच होखेला लराई।

कहने की आवश्यकता नहीं कि उपर्युक्त गीत में संभोग श्रृंगार का जो वर्णन हुआ है वह कितना शिष्ट और संयत है।

२. **करुण रस**—श्रृंगार रस के साथ ही इन लोक-गीतों में करुण रस की मात्रा भी अत्यधिक है। यह रस अनेक अवसरों पर विभिन्न परिस्थितियों में प्रवाहित होता हुआ दिखाई पड़ता है। इस रस की अभिव्यक्ति इन गीतों में तीन अवसरों पर विशेष रूप से हुई है।

(१) विदाई, (२) वियोग, और (३) वैधव्य। इन तीनों अवसरों पर सुखमय जीवन का अवसान हो जाता है तथा दुःख का नया अध्याय प्रारम्भ होता है। जीवन के बसन्त में अचानक पतझड़ प्रारम्भ हो जाता है। ये तीनों अवसर स्त्रियों के हृदय पर गहरी चोट करने वाले होते हैं। विदाई के अवसर पर लड़की का अपने परम प्रिय माता, पिता तथा बन्धुओं से विछोह होता है, वियोग की अवस्था में पति से विप्रयोग होता है और वैधव्य में अपने प्राणनाथ-प्रियतम से सदा के लिए आत्यन्तिक विच्छेद हो जाता है। यही कारण है कि इन गीतों में करुण रस की मात्रा उत्तरोत्तर बढ़ती ही चली जाती है। जिस प्रकार भवभूति की करुण कविता सुनकर वज्र का भी हृदय फट जाता है और पत्थर भी पसीज जाता है, [२] उसी प्रकार इन करुण रस से ओत-प्रोत गीतों को पढ़कर पत्थर के समान कठोर पुरुषों का भी कलेजा आँसुओं के रूप में पसीज-पसीज कर बाहर निकलने लगता है:—

१. डॉ० उपाध्याय : भो० लो० गी०, भाग १, पृ० १५१ ।
२. अपि ग्रावा रोदित्यपि दलति वज्रस्य हृदयम्। भवभूतिः उत्तररामचरित।

"आँसुन के मग जल बहूयौ
हियो पसीज पसीज।"

(क) बेटी की विदाई

कन्या की विदाई का समय कितना करुणोत्पादक है, इसे शब्दों में बतलाने की आवश्यकता नहीं। पिता के घर में स्वतन्त्रतापूर्वक जीवन बिताने वाली, दुलार से पाली गई कन्या, एक अनजान एवं अपरिचित घर में जाती है। पिता के घर के लाड़-प्यार की याद उसके हृदय को मसोसने लगती है। उसकी मानसिक वेदना आँसुओं की झड़ी के रूप में बहती दीख पड़ती है। ऐसे अवसर पर बड़े-बड़े धीरों की भी धीरता का बाँध टूट जाता है फिर साधारण लोग किस गिनती में हैं ? कालिदास ने शकुन्तला की विदाई के अवसर पर उद्विग्नचेता महर्षि कण्व के मुख से जिस भावोद्गार को अभिव्यक्त किया है वह साहित्यवेत्ताओं से अपरिचित नहीं है। इस प्रसंग का मार्मिक चित्रण इन गीतों में उपलब्ध होता है।

एक भोजपुरी गीत में बेटी की विदाई के समय म ता-पिता के रोने का पारावार नहीं है। पिता के लगातार रोने के कारण गंगा में बाढ़ आ गई है। माता के अश्रुपात के कारण उसकी आँखों के आगे अंधेरा छा गया है। भाई के रोने से उसकी धोती पैर (चरण) तक भींग गई है परन्तु भावज की आँखें गीली भी नहीं हुई हैं।[१]

बाबा के रोवले गंगा बाढ़ि अइली,
आमा के रोवले अनोर।
भइया के रोवले चरण धोती भीजें,
भऊजी नयनवा ना लोर।।

इस छोटे से गीत में करुण रस कां सागर हिलोरें मार रहा है जिसमें सहृदय पाठक अपनी सुधि-बुधि खोकर भावमग्न हो जाते हैं।

एक दूसरे भोजपुरी गीत में इसी प्रकार का वर्णन उपलब्ध होता है। पुत्री की विदाई से व्याकुल होकर पिता घर के दरवाजे पर बैठा हुआ रो रहा है और कह रहा है कि ए बेटी! अब मैं कहीं भी तुम्हारा नूपूर (पायजेब) नहीं देख रहा हूँ। आँगन में बैठी माता रो रही है और रसोई घर में बैठी भावज अश्रुपात कर रही है। माता कहती है कि मेरी बेटी कहीं भी दिखाई नहीं पड़ती। उसके बिना रसोई घर भयानक और छूंछा (खाली) लगता है। गीत इस प्रकार है।[२]

"दुवरा भूलीए भूली बाबा जे रोवेले,
कतही न देखो हो बेटी, नुपुरवा हो तोहार।
आँगाना भूलीए भूलो आमा जे रोवेली,

१. डॉ० उपाध्याय : भो० लो० गी०, भाग १, पृ० ७४।
२. वही, पृ० ७५।

कतही न देखो हो बेटी, रसोइया झाझाकाल।
रसोइया भूलीए भूली भउजी जे रोवेली
कतही ना देखो हे बेटी, रसोइया झाझाकाल।"

इसमें सन्देह नहीं कि पुत्री की विदाई का समय बड़ा दुःखदायी होता है। इस कारुणिक दृश्य को देखकर पाषाण हृदय व्यक्ति भी पिघल जाता है।

अन्य भाषाओं के लोक-गीतों में भी कन्या की विदाई के अवसर पर इसी प्रकार के भाव प्रकाशित किये गये हैं। मानव हृदय सर्वत्र एक समान है चाहे ये गीत भोजपुरी के हों अथवा गुजराती या पंजाबी के, सभी में एक ही समान भावधारा प्रवाहित हो रही है। पंजाबी लोक-गीत में कोई कन्या विदाई के समय अपने पिता से कह रही है कि ए पिता जी ! मैं तो एक चिड़िया हूँ। मुझे तो एक दिन उड़ जाना होगा। मेरी उड़ान बड़ी लम्बी है। मुझे किसी अनजान देश में उड़कर जाना होगा। ए पिताजी ! मेरे बिना आपका चौका-बर्तन कौन करेगा? घर में बैठी हुई मेरी माँ विदाई के अवसर पर रो रही हैः—

"साँडा चिड़ियाँदा चम्बा वे बाबल असीं उड़ जाना।
साडी लम्बी उड़ारो वे, बाबल के हड़े देश जाना।
तेरा चौका भाण्डा वे, बाबल तेरा कौन करे?
तेरा महल दाँ बिचबिच वे, बाबल मेरी मा रोवे।।"

ठीक इसी प्रकार, कोई गुजराती बहिन (बेन) अपनी दशा का वर्णन करती हुई कह रही है कि मैं तो एक हरे-भरे खेत की चिड़िया हूँ। आज दादा जी के देश में हूँ, कल परदेश चली जाऊँगी।[१]

अमेरे लीलुड़ा बननी घर कलड़ी,
उड़ी जाशुं परदेश जो।
आज रे दादा जाना देश माँ,
काले जाशुं परदेश जो।

मैथिली—पुत्री की विदाई के अवसर पर गाये जाने वाले गीतों को मिथिला में "समदाऊनि" कहते हैं। इन गीतों में भी करुण रस पर्याप्त मात्रा में पाया जाता है। इसका श्रृंगार प्रेम और करुणा के मोतियों से हुआ है। विदाई के समय कोई मैथिल सास कहती है कि "गाय को खूटे में बाँधा जाता है। लेकिन बछिया को कौन बाँधता है। हाय ? मेरा दामाद मेरी बेटी को लिये भागा जाता है। दूध दुहने के समय गाय हुँकारती है। बेटी की माँ बेटी की विदाई के समय भोजन करते समय विसूर रही है। X X

माँ किसी पथिक से पूछती है कि क्या तुमने रास्ते में बेटी और दामाद को देखा है? वह पथिक स्वीकारात्मक उत्तर देता हुआ कहता है कि तुम्हारी बेटी की आँखों से सावन-भादों की

---

१. मेघाणी : लोक-साहित्य, पृ० १८३।

झड़ी लग रही है [१]

"अँगने अँगने बुलु हँसइत जमाय।
धिआ हे समोधु सासु मन चित्त लाय।।
गैया के बँधितों में खूटा है लगाय।
बछिया के लेल जाब भागल जमाय।।
गैया जे हुँकरय दुहान केर बेर।
बेटी क माए हुँकरय रसोइया केर बेर।।
बाट रे बटोहिया कि तुहिं मोर भाय।
एहिं बाट देखलो में धिंया धी जमाय।।
देखलौं में देखलौं असोकवा तर ठाड़।
धीआ हकन कानु हसइय जमाय।।
धिअवा के कनइत में गंगा बहि गेल।
दामद के हँसइत में घादरि उड़ि गेल।।"

राजस्थानी—राजस्थानी लोक-गीतों में भी कन्या की विदाई के गीत करुण रस से ओत-प्रोत हैं। इन गीतों को राजस्थानी में 'बधावा' कहते हैं। कोई राजस्थानी नवबधू अपने पति के साथ ऊंट पर बैठकर विवाह के पश्चात् ससुराल जा रही है। वह अपने पति से कहती है ए प्रियतम? केवल एक बार अपने ऊंट को लौटा लो। राजन्! मुझे अपने पिता की बहुत याद आती है। इसी प्रकार वह अपनी माता, भाई और छोटी बहिन को देखने के लिए अपने पति से ऊंट को माइके ले चलने के लिए बार-बार कहती है परन्तु पति उसकी प्रार्थना को अस्वीकार कर देता है। [२]

"एक वर क़रला था रा, मारू जी! पाछा जी मोड़।
राजीदा ढ़ोला, ओलूं घणी आवै म्हारा बाबो-सारी।।
एक वर, ओ मारूजी, करला जी पाछा मोड़।
राजीदा ढोला, ओलूं घणी आवै म्हारी माय री।।"

इस गीत में पुत्री का अपने पति से ऊंट को मायके लौटा ले चलने का निवेदन कितना करुणाजनक है। इसी प्रकार से अन्य राजस्थानी विदा-गीत भी करुणरस में सने हुए हैं।

(ख) वियोग

लोक-गीतों में करुण रस की अभिव्यक्ति प्रिय-वियोग के अवसर पर बड़ी मार्मिक रीति से हुई है। प्रियतम के परदेश चले जाने पर पत्नी के लिए सारा संसार सूना लगता है। घर काटने को दौड़ता है। प्रिय के प्रवास के समय समस्त प्रकृति में एक अनोखी विषमता का साम्राज्य छाया हुआ रहता है। कोई भोजपुरी प्रोषितपतिका अपनी दयनीय दशा को दर्शाती हुई कह रही है कि

---

१. राकेश : मै० लो० गी०, पृ० १७३-७४।
२. पारीक : राजस्थान के लोक गीत. भाग १, पृ० ७८।

अरे निर्मोही ! लोभी ! तुम्हें देखे बिना कितने लोग रो रहे हैं—घर में तुम्हारी घरनी रोती है, बाहर तुम्हारी हरिनी रोती है, तालाब में चकवा चकई रो रहे हैं। बिछोह करते समय तुम्हें इन पर तनिक भी दया नहीं आई। गीत के इन शब्दों को सुनिये[१]:—

"घरावा रोवे घरिनी ए लोभिया,
बाहरवा राम हरिनिया।
दाहावा रोवे चाकावा चकइया,
बिछोहव। कइले निरवामोहिया।।"

पति के वियोग में केवल उसकी स्त्री ही नहीं रो रही है प्रत्युत उसका वियोग पशु (हरिनी) और पक्षियों (चकवा, चकई) को भी प्रभावित किये बिना नहीं रहता। महाकवि तुलसीदास ने राम के वन गमन के अवसर पर कुछ इसी प्रकार का करूणाजनक वर्णन किया है जिसमें अयोध्या के परिजन और पुरजन ही नहीं बल्कि समस्त चराचर दुःखी हैं।

एक दूसरी स्त्री भावी वियोग के दिनों को बिताने के लिए अपने प्रियतम से युक्ति पूछ रही है। वह कहती है कि ए प्रिय ? तुम यदि परदेश में बहुत दिनों तक रहोगे तब तक अपनी आकृति को मेरी बाँहों पर चित्रित करा दो जिसे देखती हुई मैं अपने दिनों को व्यतीत करूँगी। अथवा मेरे भाई को बुलाकर मुझे अपने मायके भिजवा दो। यदि तुमने परदेश में बहुत दिनों तक रहने का निश्चय कर लिया है तब मेरी बाँह पकड़कर मुझे गंगा में डाल दो जिससे मुझे तुम्हारे असह्य वियोग को सहने का अवसर ही न मिले। गीत यह है[२]

"जुगुति बताये जाव
कवन विधि रहबो राम।।टेक।।
जो तुहु साम बहुत दिन बितिहें।
बिरना बोलाइ मोको नइहर पहुंचाये जाव।।जुगुति०।।
जो तुहु साम बहुत दिन बितिहें।
अपनी सुरतिया मोरे बहियाँ पर लिखाये जाव।।जुगुति०।।
जो तुहु साम बहुत दिन बितिहें।
बहियाँ पकरि मोके गंगा भसिआये जाव।।जुगुति बताये जाव।।"

इस गीत के प्रत्येक पद से करुण रस चुआ पड़ता है। यह गीत क्या है करुण रस का कलश है। वियोग की आशंका से उत्पन्न दुःख का इतना सरस, सजीव, अकृत्रिम तथा हृदयद्रावक वर्णन अन्यत्र उपलब्ध नहीं।

लोक-गीतों में भौंरे को पति का प्रतीक माना गया है जो एक पुष्प के मकरन्द का पान कर दुसरे पुष्प से सम्बन्ध स्थापित करता है। कोई स्त्री अपने पति से कहती है कि ए भौंरा! तुम

---

१. डॉ० उपाध्याय : भो० लो० गी०, भाग १, पृ० ७८।
२. वही, पृ० ७९।

आज परदेश जाकर कितने दिनों में लौटोगे ? मैं कितने दिनों तक तुम्हारे आगमन की प्रतीक्षा करूँगी? जब पति बहुत दिनों तक परदेश से लौट कर नहीं आया तब वह स्त्री दुःखी होकर कहती है कि पति के आने की अवधि के दिन गिनते मेरी अंगुली घिस गई। उनके आने के दिन की प्रतीक्षा करते हुए मेरी आँखों से आँसू गिरते रहते है।[१]

"आजु के गइल भँवरा, कहिया ले लवटब।
कतेक दिनवाँ, हम जोहबि तोरी बटिया।।
कतेक दिनवाँ।
गनत गनत मोरी अंगुरी भइल खियानी।
चितवते दिनवाँ, नैना से दुरे लोरवा।।
चितवते दिनवाँ।
एक बने गइली दोसर बन गइली।
तीसरे बनवाँ, मिलल गोरू चरवहवा।।
तीसरे बनवाँ।
गोरू चरवहवा तुहीं मोर भइया।
कतहुं देखल ना, मोर भँवरवा परदेसिया।।
कतहुं देखल ना।"

गीत में वियोगिनी की व्याकुलता देखने ही योग्य है। प्रियतम के वियोग में विधुरा वह स्त्री उसे खोजने के लिए घर से बाहर निकल पड़ती है। अपने प्राणप्रिय को वन-वन खोजती है परन्तु कहीं भी उसका पता नहीं चलता।

(ग) वैधव्य

विदाई और वियोग के गीतों में करुण रस की उत्तरोत्तर वृद्धि हुई है परन्तु वैधव्य के गीतों में यह अपनी पराकाष्ठा पर पहुंचा हुआ दिखाई देता है। इनमें विषाद की गहरी रेखा खिंची हुई है। बाल-विधवाओं की मनोवेदना का चित्रण भला किस प्रकार किया जा सकता है? इन बाल-विधवाओं में कितना भोलापन भरा हुआ है जो विवाह जैसी अजनवी चीज को जानती ही नहीं। इनकी दर्दनाक आहें किसके दिल को न दहला देंगी? इनके गीतों में बड़ी वेदना भरी हुई है।

एक भोली-भाली बाल विधवा अपने पिता से पूछ रही है कि आपने किस लिए मेरी शादी की? कब मेरा गौना किया? पिता उत्तर देता है तेरी शादी आनन्द भोगने के लिए मैंने की तथा मुहूर्त देखकर तुम्हारा गवना किया। इस पर बेटी कहती है कि ए पिता जी! मेरा सिर सिन्दूर के बिना रो रहा है; आँखें काजल बिना रो रही हैं, मेरी गोद पुत्र के बिना रो रही है और मेरी सेज पति के बिना रो रही है।[२]

---

१. डॉ० उपाध्याय : भो० लो० गी०, भाग १, पृ० ८२।
२. डॉ० उपाध्याय : भो० लो० गी०, भाग १, पृ० ८४।

"बाबा सिर मोरा रोवेला सेनुर बिनु,
नयना कजरवा बिनु ए राम।
बाबा गोद मोरा रोवेला बालक बिनु,
सेजिया कन्हइया बिनु ए राम।"

गीत की अन्तिम दो पंक्तियों में ही कितनी मार्मिक वेदना भरी पड़ी है। करुण रस का प्रवाह कितना गम्भीर है।

शान्त रस—लोक-गीत में शान्तरस का बड़ा ही सुन्दर परिपाक दिखाई पड़ता है। देवी देवताओं की स्तुति विषयक गीतों में जिस प्रकार भक्ति का उद्रेक दृष्टिगोचर होता है उसी प्रकार भजनों में ऐहिक जीवन की निःसारता और पारलौकिक जीवन की महत्ता प्रतिपादित की गई है। स्त्रियों की कामना के केन्द्र दो ही हैं—माँग और कोख अर्थात् पति और पुत्र। इनके कल्याण साधन के लिए वे भिन्न-भिन्न देवी-देवताओं से मंगल की कामना किया करती हैं। इन देवताओं में एक प्रधान देवता षष्टी माता (छठी माई) हैं जिनकी पूजा कार्तिक शुक्ल षष्ठी को भोजपुरी प्रदेश में बड़े उमंग तथा उत्साह के साथ की जाती है। यह व्रत प्रधानतया पुत्र की प्राप्ति के लिए किया जाता है।

कोई वन्ध्या स्त्री षष्ठी माता से पुत्र-कामना करती हुई कहती है कि ए माता! मेरा जीवन निरर्थक सा प्रतीत होता है। सास मुझे दुतकारती है, ननद गालियों की बौछार करती है और पति भी मुझे कष्ट देता है। बेचारी का दोष केवल यही है कि उसकी गोद पुत्र के बिना सूनी है। अन्त में सूर्य भगवान् उसकी प्रार्थना को स्वीकार कर लेते हैं।

दूसरा प्रसंग उस समय का है जब प्रातःकालीन प्राची गगन में अरुण की आभा तनिक छिटक रही है। रात के चेहरे पर से अन्धकार का काला परदा उठ गया है। परन्तु अभी सूर्य भगवान् का उदय नहीं हुआ है। भक्त नारी का हृदय बेचैन हो रहा है कि कब भगवान् सूर्य का उदय होगा। सूर्योदय की प्रतीक्षा करते-करते वह थक सी जाती है। उस समय उसके मुँह से जो प्रार्थना निकलती है वह कितनी भक्ति पूर्ण और भावपूर्ण है[1]

"ए आमा के कोरा पइसि सुतेले अदितमल,
भोरे हो गइले विहान।
आरे हाली हाली उग ए अदितमल,
अरघ दिआऊ।।
फलवा फूलवा ले ले मालिनि बिटि ठाढ़।
आरे हाली हाली उगि ए अदितमल,
अरघ दिआऊ।।
गोड़वा दुःखइले रे, ड़ाडवा पिरइले,
कब से जे हम बानी ठाढ़।

१. डॉ० उपाध्याय : भो० लो० गी०, भाग १, पृ० ८८।

आरे हाली हाली उग ए अदितमल,
अरघ दिआऊ।।

शीतला (चेचक) के होने पर जब बालक का शरीर जलने लगता है, बेहद पीड़ा होती है, तब उसकी जननी भक्ति भावना से झूमते हुए दयामयी शीतला माता से प्रार्थना करती है कि मैं रोग से पीड़ित बालकों की माँ हूँ। मैं अपना आँचल पसार कर भीख माँग रही हूँ। इस बालक को मुझे भिक्षा-रूप में दीजिये। ए मेरी मन की इच्छाओं की पूर्ति करने वाली शीतला माता! इस बालक को भीख दीजिये अर्थात् इसके रोगों को दूर कीजिए। गीत इस प्रकार है[१]

"पटुका पसारि भीखि माँगेली बालाकवा के माई,
हमरा के बालाकवा के भीखि दीं।
मोर दुलारी हो मइया,
हमरा के बालाकवा के भीखि दीं।
आँचारा पसारि भीखि माँगेले बालाकवा के बाबा,
हमरा के बालाकवा भीखि दीं।
मोरी मनवा राखनि मइया,
हमरा के बालाकवा भीखि दीं।"

बालक की दर्द-भरी आहों से व्याकुल होकर उसकी माँ जब उपर्युक्त गीत को मस्ती में झूम-झूम कर गाती है तब सुनने वालों के शरीर में रोमांच हो जाता है। उनका हृदय माता की प्रार्थना पर पिघलने लगता है।

भजनों में शान्तरस की मात्रा अत्यधिक है। इनमें संसार की निःसारता, जीवन की अनित्यता और वैभव की क्षण-भंगुरता का सुन्दर प्रतिपादन मिलता है। वृद्धा स्त्रियाँ जब गंगा स्नान या तीर्थ-यात्रा के लिए जाती हैं तब वे इन भजनों को प्रायः गाया करती हैं। एक तो भजनों का कोमल भाव, दूसरे इन वृद्धों के कण्ठ से निकली हुई भक्ति-विह्वल ध्वनि, तीसरा प्रातः काल का सुहावना समय—ये तीनों मिलकर इन भजनों को इतना रसमय बना देते हैं कि सुनने वालों का हृदय इस सांसारिक प्रपंच से दूर हटकर भगवद्भक्ति के सागर में गोता लगाने लगता है। शरीर की क्षणभंगुरता का द्योतक यह गीत कितना सरस है।

"का देखि के मन भइल दिवाना, का देखि के।।टेक।।
मानुख देहि देखि जनि भूल,
एक दिन माटी होई जाना।।का देखि०।।
आरे ई देहिया कागद की पुड़िया,
बूंद परे भिहिलाना।।का देखि०।।
ई देहिआ के मलि मलि धोवलों,
चोवा चनन चढ़ाई।

---

१. डॉ० उपाध्याय : भो० लो० गी०, भाग १ पृ० ८६।

ओहि देहिया पर काग बइठे।
देखत लोग घिनाई।। का देखि०।।"

हास्य रस—लोक-गीतों में हास्य रस का भी पुट पाया जाता है। यह बड़े आश्चर्य की बात है कि इन गीतों का हास्य ग्रामीण होते हुए भी ग्राम्य नहीं है। विवाह के अवसर पर ससुराल में वर के साथ जो परिहास किया जाता है वह कितना मीठा, कितना विशुद्ध है। कहीं-कहीं इन गीतों का व्यंग्य इतना चुभता और चुटीला होता है कि पाठकों के हृदय पर उसका प्रभाव पड़े बिना नहीं रहता। शिवजी के विवाह के अवसर पर पार्वती की माता शिव की विचित्र तथा वीभत्स आकृति को देखकर डर जाती हैं और कहती हैं कि ऐसे वर से मैं पार्वती का विवाह नहीं करूँगी चाहे वह अविवाहित ही क्यों न रहे।

"धिया लेके उड़बी धिया लेके बुड़बी
धिया लेके खिलबों पाताल।
अइसन तपसिया के गउरा नाहीं देबों
बलु गउरा रहिहें कुँवारि।।"

पार्वती अपनी माता से शिवजी की जो हुलिया बतलाती हैं उसे पढ़ कर हँसी आये बिना नहीं रह सकती। वह कहती हैं कि जो शिव जी की डाढ़ी सूप के समान है वे भाँग पीते हैं और धतूरे की गोली निगल जाते हैं।[१]

"सूप अइसन दहिया ए आमा, बरध अस आँखी।
उहे तपेसिया ए आमा, हमें बेलमाई।
भँगिया पीसत ए आमा, जीयरा अकुलाई।
धतुरा के गोलिया ए आमा, हाथावा रे खिआई।"

सुन्दर चित्रों के अंकन करने में चित्रकार जितने सिद्धहस्त दीख पड़ते हैं उतने वे कुरूप तथा भद्दे चित्रों के चित्रण में नहीं। कुरूपता के चित्रण में भी एक विशेष कला है। आदर्श सती स्त्रियों के चित्रण से हमारा साहित्य भरा पड़ा है परन्तु कुलटा स्त्रियों का कला पूर्ण चित्र बहुत कम मिलता है। इस दृष्टि से कर्कशा स्त्री का यह निम्नांकित चित्रण हास्य रस के नितान्त अनुकूल है।[२]

"धनि धनि रे पुरुष तोरि भागि करकसा नारि मिली।
सात घरी दिन सोय के जागी, लिहिन बढ़निया उठाय।
निहुरे निहुरे अँगना बटोरे, घर भर को गरिआय।। १।।
करकसा नारि मिली।
बखरी पर से कौआ रोवे, पहुना अइले तीन।
आव पाहुन घर में बइठ, कंडा लाऊँ बीन।। २।।

---

१. डॉ० उपाध्याय : भो० लो० गी०, भाग १, पृ० २४६।
२. वही, पृ. ७०-७१।

करकसा नारि मिली।
हँडिया भरि अदहन दिहली, घाउर मेरवली तीन।
कठवत भरि के माँड़ पसवली, पिव हिलोर हिलोर।। ३।।
करकसा नारि मिली।
सात सेर के सात पकवली, नव सेर के एक।
तू दहिजरऊ सातो खइल, हम कुलवन्ती एक।। ४।।
करकसा नारि मिली।
डेहरी बइठे तेल लगावे, सेन्दुर भरावै मांग।
आँचर पसारि के सुरुज मनावे, कब होइबों मैं राँड़।। ५।।
धनि धनि रे पुरुष तोरि भागि, करकसा नारि मिली।"

उपर्युक्त गीत में कर्कशा स्त्री का जो सजीव वर्णन किया गया है वह अन्यत्र उपलब्ध नहीं है।

वीर रस—'आल्ह खण्ड' वीर रस का सर्वश्रेष्ठ काव्य है। कौन ऐसा मनुष्य होगा जिसकी धमनियों में इसे पढ़ या सुनकर खून न दौड़ने लग जाय? वर्षा ऋतु में अल्हैतों के द्वारा 'आल्ह खण्ड' को गाते सुनकर बूढ़ों के भी दिल में जोश उमड़ पड़ता है। सचमुच आल्हा वीर रस का अनूठा काव्य है। इसकी प्रत्येक पंक्ति में वीर रस भरा पड़ा है। सिरसा गढ़ की लड़ाई का यह वर्णन पढ़िये जिसमें गाढ़बन्धता लाने के लिए कवि ने वैसे ही उपयुक्त शब्दों का प्रयोग किया है—

"दोनों फौजन के अन्तर में, रहि गयो तीन पैग मैदान।
खटखट तेगा बाजन लागो, जूझन लगे अनेकन ज्वान।
बढ़े सिपाही दोनों दल के, सब के मारू मारू रट लागि।
पैदल अभिरि गये पैदल संग, औ असवारन ते असवार।
हौदा के संग हौदा मिलि गये, हाथिन अड़ो दाँत से दाँत।
सूड़ि लपेटा हाथी होइगे, औ बहि चली रक्त की धार।"

इन शब्दों में कितना ओज गुण भरा हुआ है। इसी प्रकार आल्ह खण्ड के अन्य स्थलों से ऐसे ही अनेक उदाहरण दिये जा सकते हैं।[१]—

प्रसिद्धनारायण सिंह ने अपने 'भोजपुरी वीर काव्य' में सन् १८५७ ई. के विद्रोह के नेता बाबू कुँवर सिंह का वर्णन बड़ी ही ओजपूर्ण भाषा में किया है। अंग्रेजों के साथ कुँवर सिंह के युद्ध का वर्णन करते हुए यह कवि लिखता है कि[२]—

"छप छप गोरन के काटि चलल,
रन भूमि रक्त से पाटि चलल।

---

१. नारायण प्रसाद मिश्रः असली आल्ह खण्ड। प्रकाशक—बैजनाथप्रसाद बुकसेलर—वाराणसी।
२. 'भोजपुरी', वर्ष ४, अंक ३-६ (जनवरी १९५६)।

जे जहँ मिलल ते तहँ मुअलः
शासन के सोरि उपारि चलल।"

फिर आगे यही कवि कहता है कि—

"अहसन सेना बलिदानी ले,
मद में मातल तूफानी ले।
आइल रन में रिपु का आगे,
ज़ब कुँवर सिंह सेनानी ले।
खच खच खंजर तरुआरि चलल,
संगीन, कृपान, कटारि चलल।
बर्छी बर्छी का बरखा में,
बहि लाल लहू के धार चलल।"

इसी लोक कवि ने सन् १६४२ ई. में अंग्रेजों द्वारा उत्तर प्रदेश के बलिया जिले में जो अत्याचार किया गया था उसका बड़ा ही सजीव चित्रण किया है। इससे ज्ञात होता है कि लोक-भाषा में भी कितनी वीर-रसमयी कविता की जा सकती है।

"सड़कन डालन से पाटि पाटि,
पूलन के दिहली काटि काटि।
तहसील खजाना लूट फूँकि,
अगवढ़ि दिहनी तनखाह बाटि।
अपना खूनन से सींचि सींचि,
गड़ली हम झण्डा जिला बीच।
गूँजल हमार जब विजय घोष,
आइल तब नेदरसोल नीच।"

अंग्रेजों द्वारा जनता पर किये गये अत्याचारों का वह वर्णन पढ़िये।

"गाँवनि पर दगलनि गन मशीन।
बेतन सन मरलन बीन बीन।।
बैठाई डाल पर नीचे से।
जालिम भोक्लन खच खच संगीन।।
X X X
घर घर से निक्लल त्राहि त्राहि,
कोना कोना से आहि आहि।।
गाँवन गाँवन में लूट फूँक,
मारल, काटल, भागल पराहि।।"

इसी प्रकार प्रसिद्धनारायण सिंह ने बड़ी ही ओजस्विनी भाषा में सन् १६४२ ई. के आन्दोलन का वर्णन किया है।

यह बिरहा उपर्युक्त नियम की कसौटी पर खरा उतरता है। इस छन्द के नियमानुसार इसके प्रथम तथा तृतीय चरणों में १६ अक्षर और द्वितीय तथा चतुर्थ चरणों में १० अक्षर उपलब्ध होते हैं। विभिन्न चरणों के अन्तिम दो अक्षरों में लघु और गुरु का क्रम भी ठीक है। एक दूसरा उदाहरण लीजिए जिसमें उक्त नियम का पालन विधिवत् किया गया है।[1]

"गोरि गोरि बहियाँ गोरि गोदना गोदावेले,
मोरि साले अल्हर करेज।
अइसन गोदना गोदू ना रे गोदनरिया,
चूनरी रंगोला रँगरेज।।"

परन्तु इस नियम का पालन सर्वत्र नहीं दिखाई पड़ता है। नीचे के बिरहे में इस नियम का उल्लंघन स्पष्ट है—

"पिसवा के परिकल मुसरिया तुसरिया,
दूधवा के परिकल बिलारि।
आपन आपन जोबना सँभरि हे ये बिटियवा,
रहरी में लागल बा हुँडार।।"

इस बिरहे के तृतीय और चतुर्थ चरण में १८ और ११ अक्षर हैं जो नियम के प्रतिकूल हैं। डॉ. ग्रियर्सन ने यति के ऊपर विशेष ध्यान देते हुए बिरहा के प्रत्येक चरण के लिए निम्नलिखित नियम बतलाया है—

प्रथम चरण—६+४+४+२=१६ अक्षर
द्वितीय चरण—४+४+३=११ अक्षर
तृतीय चरण—६+४+४+२=१६ अक्षर
चतुर्थ चरण—४+४+४=१२ अक्षर

परन्तु इस नियम का पालन जिन बिरहों में हुआ है उनकी संख्या बहुत थोड़ी है।

आल्हा—आल्हा एक विशेष प्रकार का छन्द है। प्रसिद्ध कवि जगनिक ने महोबे के विख्यात वीर आल्हा-ऊदल की कथा 'आल्हा' नामक छन्द में लिखी है। यह छन्द इतना लोकप्रिय हुआ कि फिर तो इस गाथा का नाम ही 'आल्हा' पड़ गया। इसके पश्चात् जो भी कविता इस छन्द में लिखी जाने लगी उसे 'आल्हा' नाम से अभिहित किया जाने लगा।

यह छन्द वीर रस के वर्णन में बड़ा ही उपयुक्त होता है। जिस प्रकार संस्कृत में मन्दाक्रान्ता छन्द प्रावृट् तथा प्रवास के वर्णन में प्रयुक्त होता है और हिन्दी में श्रृंगार के वर्णन में सवैया तथा कवित्त का प्रयोग किया जाता है उसी प्रकार जहाँ वीर रस का वर्णन करना होता है वहाँ 'आल्हा' छन्द का प्रयोग समीचीन होता है। इस छन्द में वीर रस की जैसी सुन्दर अवतारणा की जाती है वैसी सम्भवतः हिन्दी के किसी दूसरे छन्द में नहीं हो सकती। एक उदाहरण लीजिए—

---

१. डॉ० उपाध्याय : भो० लो० गी० भाग १, पृ० ४४४।

"खट खट खट खट तेगा बाजै,
बाजै छपकि छपकि तलवार।
धड़ धड़ धड़ धड़ गोला छूटै,
धुवाँ धूरि एक ह्वै जाय।
सर सर तीर करे धनु हनते,
गोली फटकि फटकि रहि जाय।
गिरे सिपाही दोनों दल के,
अपनी खींचि खींचि तलवार।"

सोहर—पुत्र जन्म के अवसर पर जो गीत गाये जाते हैं उन्हें सोहर कहते हैं। चूँकि ये गीत 'सोहर' नामक छन्द में लिखे गये हैं अतः इनका नाम ही 'सोहर' पड़ गया है। लोक-कवि पिंगल शास्त्र के पचड़े में पड़कर अपनी काव्य-रचना करने नहीं बैठता। वह सर्वथा स्वतन्त्र होता है और उसके हृदय में जो भाव आते हैं उन्हें छन्द शास्त्र के नियमों की परवाह न करता हुआ लिपि-बद्ध करता है। यही कारण है कि सोहर के गीतों की प्रत्येक पंक्ति में अक्षरों अथवा मात्राओं की समानता नहीं पाई जाती है। उदाहरण के लिए सोहर की ये पंक्तियाँ लीजिए—

"माघ ही मास के चउथिया, बहुवा मोरी भूखेली हो।
ए ललना! बहुआ चलेले असनान, त सासु निरेखेली हो।। १।।"

इसमें प्रथम पंक्ति में १८ अक्षर और दूसरी में २२ अक्षर हैं।

इसी प्रकार-

"बाजन बाजेला बनहि बीखे, अजोधा में तड़पेला हो।
लालाना असीहि कोस हो अजोधा, सबद कानवा परि जइहें हो।"

उपर्युक्त गीत की पहली पंक्ति में २० अक्षर और दूसरी पंक्ति में २४ अक्षर हैं। इस गीत की अन्य पंक्तियों में भी इसी प्रकार अक्षरों का कोई समान क्रम नहीं दिखाई पड़ता है। इससे स्पष्ट ज्ञात होता है कि स्त्री-कवियों ने सोहर के निर्माण में बड़ी स्वतन्त्रता से काम लिया है और उन्होंने छन्द-शास्त्र के नियमों पर विशेष ध्यान नहीं दिया है।

गोस्वामी तुलसीदास जी ने 'राम लला नहछू' में सोहर छन्द का प्रयोग किया है परन्तु उन्होंने इनकी मात्राओं को ठीक करके इसे साहित्यिक रूप प्रदान किया है। तुलसीदास जी ने जिन छन्दों का प्रयोग किया है वे छन्द-शास्त्र की दृष्टि से नपे-तुले और उचित हैं। गोस्वामी जी ने 'राम लला नहछू' में तुक भी मिलाया है और मात्रायें भी प्रत्येक पद में बराबर रखी हैं। जैसे—

"बनि बनि आवति नारी जानि गृह मायन हो।
बिहँसत आउ लोहारिन, हाथ बरायन हो।
अहिरिनि हाथ दहेड़ी सगुन लेइ आवइ हो।
उनरत जोबन देखि नृपति मन भावइ हो।
रूप सलोनि तँबोलिनि बीरा हाथहिं हो।
जाकी ओर विलोकहि मन उन साथहिं हो।

दरजिनि गोरे गात लिहे कर जोरा हो।
केसरि परम लगाइ सुगन्धन बोरा हो।
नैन बिसाल नउनियाँ भौ चमकावइ हो।
देइ गारी रनिवासहि प्रमुदित गावइ हो।"

(घ) लोक गीतों में भाव व्यंजना और छन्द-विधान का सामंजस्य

संस्कृत में छन्द-विधान का नियम—छन्द विधान और भाव-व्यंजना में परस्पर घनिष्ठ सम्बन्ध है। जिस प्रकार के भावों की व्यंजना करनी हो उनके अनुकूल ही छन्दों का प्रयोग समुचित होता है। संस्कृत साहित्य में भाव-व्यंजना और छन्द-विधान में अत्यधिक सामंजस्य पाया जाता है। संस्कृत के कवियों ने विभिन्न भावों को द्योतित करने के लिए विभिन्न छन्दों का प्रयोग किया है। आचार्य क्षेमेन्द्र ने अपने 'सुवृत्त तिलक' में इस विषय पर बड़ा गम्भीर विवेचन किया है और यह दिखलाया है कि विभिन्न रसों की अवतारणा के लिए भिन्न-भिन्न छन्दों का प्रयोग ही समुचित होता है। उन्होंने लिखा है कि प्रावृट् (वर्षा) और प्रवास के वर्णन के लिए मन्दाक्रान्ता छन्द अधिक उपयोगी होता है।

"प्रावृट्प्रवासकथने मन्दाक्रान्ता विशिष्यते।।"

मन्दाक्रान्ता का शाब्दिक अर्थ होता है धीरे-धीरे आक्रमण करने वाला। इस छन्द में भाव तथा लय की वृद्धि उत्तरोत्तर होती जाती है। इस कारण इसमें प्रवास या विप्रलम्भ श्रृंगार या दर्णन बड़ा सुन्दर होता है। संभवतः महाकवि कालिदास ने इसी हेतु अपने सुप्रसिद्ध ग्रन्थ 'मेघदूत' में केवल इसी छन्द का प्रयोग किया है। प्रवास वर्णन में करुण रस की प्रधानता होती है। अतः मन्दाक्रान्ता में इस रस का वर्णन अन्य छन्दों की अपेक्षा अधिक समीचीन होता है।

क्षेमेन्द्र ने आगे चलकर यह भी लिखा है जहाँ केवल वस्तुवर्णन और नीतिकथन हो वहाँ अनुष्टुप छन्द का प्रयोग प्रशंसनीय होता है। इसी प्रकार से भयंकर वस्तु एवं प्रचण्ड रूप के वर्णन में स्रग्धरा आदि लम्बे छन्दों का प्रयोग करना चाहिए। ऐसा करने से भाव तथा तदनुरुप छन्दों का सम्मिलित बल श्रोताओं के हृदय पर समाधिक प्रभाव उत्पन्न करता है।

हिन्दी साहित्य में इस विषय की विशेष विवेचना उपलब्ध नहीं होती परन्तु रीतिकालीन कवियों ने संभोग तथा विप्रलम्भ श्रृंगार के वर्णन में प्रायः सवैया छन्द का प्रयोग किया है। यदि किसी वस्तु का लम्बा वर्णन कर उनमें गाढ़बन्धता लानी अभीष्ट हुई तो घनाक्षरी या कवित्त छन्द का उपयोग किया जाता है। हिन्दी में घनानन्द और मतिराम के सवैये तथा देव और भूषण के कवित्त अपना सानी नहीं रखते। मतिराम ने "ज्यों-ज्यों निहारिये नेरे ह्वै नैननिः त्यों-त्यों खरी निकरैसीनिकाई" लिखकर नायिका के शरीर की गुराई के साथ ही साथ अपनी सवैया की सुघराई की ओर भी संकेत किया है।

लोक-गीतों के रचयिताओं की जो कवितायें उपलब्ध होती हैं उनके अध्ययन से पता चलता है कि इनमें भाव-व्यंजना और छन्द-विधान का प्रचुर सामंजस्य है। मानव जीवन के हर्ष-विषाद, आशा-निराशा, सुख-दुख आदि जिन परिस्थितियों का वर्णन हुआ है प्रायः उन्हीं के अनुकूल

छन्दों का प्रयोग भी पाया जाता है। यद्यपि लोक-कवि ने जान-बूझ कर ऐसा किया होगा यह कहना कठिन है।

भाव-व्यंजना और छन्द का समन्वय—लोक-गीतों में जहाँ जीवन की आनन्दात्मक वृत्ति का वर्णन है; जहाँ उछाह, उत्साह एवं संभोग का उल्लेख है वहाँ प्रायः झूमर का प्रयोग किया गया है। झूमर की प्रत्येक पंक्ति छोटी-छोटी होती है। इसकी लय ऐसी सुन्दर और सरस होती है कि इसके सुनने से आनन्द की अद्‌भुत अनुभूति होती है। किसी स्त्री की यह उक्ति सुनिये—

"ना जानो यार झुलनी मोरा कहाँ गिरी।।टेक।।
पनिया भरन जाऊँ राजा न जानो
यहाँ गिरी ना जानो वहाँ गिरी न जानो
रोटिया पोवन जाऊँ राजा न जानो
यहाँ गिरी ना जानो वहाँ गिरी न जानो।।"

झूमर छन्द का लय बड़ा द्रुत होता है। यह बड़ी शीघ्रता के साथ गाया जाता है। स्त्रियाँ गोल आकार में खड़ी होकर झूम-झूम कर इसे जल्दी-जल्दी गाती हैं। झूम-झूम कर गाने के ही कारण इस गीत का नाम झूमर पड़ गया है। द्रुत लय में गाये जाने से इस छन्द में आनन्द, हर्ष और उल्लास का वर्णन समुचित रूप से किया जाता है। संभोग श्रृंगार का—जिसमें आनन्द और हर्ष की अधिकता होती है—वर्णन इस छन्द में बड़ा ही समीचीन होता है। उदाहरण के लिए एक दूसरी झूमर सुनिये जिसमें उपर्युक्त विशेषतायें उपलब्ध होती हैं।[१]

"मोरी धानी चुनरिया इतर गमके,
मोरी बारी उमिरिया नइहर तरसे।। १।। टेक।।
सोने की थारी में जेवना परोसलो,
मोर जेवन वाला विदेस तरसे।। २।। मोरी०
झझरे गडुअवा गंगा जल पानी,
मोर पीयन वाला विदेश तरसे।। ३।।मोरी०
लवंग इलाइची के बीरा लगवली,
मोर कूँचन वाला विदेस तरसे।। ४।।मोरी०
कलियाँ चुनि-चुनि सेजिया दसवेली,
मोरी सूतन बाला विदेस तरसे।।५।। मोरी०

मैथिली लोक-गीतों में भी संभोग श्रृंगार का वर्णन तथा आनन्द एवं हर्ष का उल्लेख झूमर के गीतों में ही हुआ है। एक मैथिली झूमर सुनिये जिसमें जूही, चमेली के सूँघने तथा अनार के चखने के सम्बन्ध में दो सखियों में वार्तालाप हो रहा है।[२]

"कहमा लगएलौं में जुही-चमेली,
कहमा लगएलौं अनार हे।

---

१. डॉ० उपाध्याय : भो० लो० गी०, भाग १, पृ० ८१।
२. राकेश : मै० लो० गी०, पृ० २०७।

नारियर के गछिया।
दुअरे लगएलौं में जुही-चमेली,
अँगने लगएलौं अनार हे।
नारियर के गछिया।
कय फल फूले जुही-चमेली,
कय फूल फूलै अनार हे।
नारियर के गछिया,
दस फूल फूलै जुही-चमेली,
दुइ फूल फूलै अनार हे।
नारियर के गछिया।
केहि सखि चिखलन जुही-चमेली,
केहि सखि चिखलन अनार हे।
नारियर के गछिया।
देवरा दहेला चिखै जुही-चमेली,
सँइया रँगीला अनार हे।
नारियर के गछिया।"

उपर्युक्त मैथिली झूमर में संभोग श्रृंगार का सुन्दर तथा मनोहारी वर्णन हुआ है।

जीवन के गम्भीर पक्ष की अभिव्यक्ति के लिए, हृदय के मार्मिक भावों की अभिव्यंजना के लिए, लम्बे-लम्बे छन्दों की आवश्यकता होती है जिससे रस का स्रोत शीघ्र ही सूख न जाय। इसलिए विप्रलम्भ श्रृंगार का वर्णन प्रधानतया जँतसार और निर्गुन के गीतों में हुआ है। जाँत के गीत लोक-गीतों की परम्परा में प्रायः सबसे लम्बे होते हैं। अतः करुण रस की जो सरिता इसमें प्रवाहित होती है उसका स्रोत अविछिन्न रूप से बहता रहता है। एक उदाहरण लीजिए।[१]—

"ए राम जेहि बन सिकियो ना डोलेला,
बधवो ना गुजरेला ए राम।
ए राम ताहि बने हरि मोर गइले
त केहु न सनेसिया ए राम।।
ए राम मचिया बइठल तुँहुँ आमा,
त अवरू से आमा मोरी ए राम।
ए राम बिपतलि धियवा रे संगेरू,
त बिपति गवने अइलों ए राम।
ए राम पासवा खेलत तुँहु भइया,
त अवरू से भइया मोरे ए राम।
ए राम बिपतलि बहिना रे संगेरू,

१. डॉ० उपाध्याय : भो० लो० गी०, भाग १, पृ० ३०६-१०।

त बिपति गवने अइलों ए राम।।
ए राम मीलहु सखिया रे सहेलरि,
अवरू सहेलरि ए राम।
ए राम चलहु जमुनवा के तीरवा,
आसानानावा करबो ए राम।।"

जाँत के उपर्युक्त गीत में करुण रस की प्रचुरता है। इसकी प्रत्येक पंक्ति से करुण रस चुआ पड़ता है। इस गीत में मन्दाक्रान्ता की भाँति विलम्बित लय है जो धीरे-धीरे आगे बढ़ता है। इसीलिए बिरह या विप्रलम्भ श्रृंगार के वर्णन में 'जँतसार' का प्रयोग बड़ा ही रस-पोषक होता है।

जहाँ वीरता और साहस का वर्णन अपेक्षित होता है, युद्ध का विवरण प्रस्तुत करना अभीष्ट होता है वहाँ 'आल्हा' छन्द का प्रयोग किया जाता है। वर्णन में गाढ़बन्धता लाने के लिए इसमें टवर्ग, संयुक्ताक्षर तथा अन्य कर्णकटु शब्दों का प्रयोग उपलब्ध होता है। आल्हा छन्द की लय इतनी द्रुत होती है, गाने का स्वर इतना उच्च और ओजपूर्ण होता है कि उसे सुनकर रोंगटे खड़े हो जाते हैं और वीर रस साक्षात् मूर्तिमान दिखाई पड़ता है। युद्ध के इस वर्णन में कितनी गति और प्रवाह है। टवर्ग के प्रयोग की प्रचुरता दिखाई पड़ती है।[1]

"खट खट खट खट तेगा बाजै,
बाजै छपकि छपकि तलवार।
धड़ धड़ धड़ धड़ गोला छूटैं,
धुँआ धूरि एक ह्वै जाय।।
निक्ले खाँड़ा बर्दवान के,
औं नागौंदी केर कटार।
खुखड़ा निक्ले नैपालिन के,
जिनके लगे भरहरा खाय।।"

X X X

नैनागढ़ की लड़ाई का यह वर्णन कितना सजीव और प्रभावोत्पादक है[2]

"अररर अररर गोला छूटैं,
गोला भन्न भन्न भन्नाय।
चारि घरी भरि गोला बरसै,
तोपैं लाल बरन होइ जाँय।।
झुके सिपाही महुबे वाले,
रण में कठिन करैं तलवारि।

---

१. त्रिपाठी : आल्हा, पृ० ८८।

२. नारायण प्रसाद मिश्र : असली आल्ह खण्ड, पृ० १३०-३१।

भगे सिपाही नैनागढ़ के,
अपने डारि डारि हथियार।।"

संस्कृत साहित्य में हास्य रस की दृष्टि के लिए 'दोधक' छन्द का प्रयोग किया जाता है। इस छन्द का लय ऐसा होता है कि इसे पढ़कर हँसी आये बिना नहीं रह सकती।

इसी प्रकार जहाँ हास्य रस का वर्णन अभीष्ट होता है वहाँ 'गोड़ऊ' नामक गीत का प्रयोग किया जाता है। गोड़ एक जाति विशेष है जो उत्तर प्रदेश के पूर्वी जिलों में पाये जाते हैं। ये विवाह आदि मांगलिक अवसरों पर एक विशिष्ट प्रकार के गीत गाते हैं जिन्हें 'गोड़ऊ' कहा जाता है। इन गीतों में हास्य रस की मात्रा अधिक होती है। यह इस रस के वर्णन के लिए नितान्त उपयुक्त होता है। इसकी शब्दावली चलती हुई और लय अत्यन्त द्रुत होता है। हास्य रस में विलम्बित लय की अवतारणा नहीं होनी चाहिए क्योंकि यह उसकी प्रकृति के विरुद्ध है। नीचे के उदाहरण में ऐसे शब्दों का प्रयोग किया गया है जो हास्य रस के उत्पादक हैं।

"हल बल हल बल धुनिया घूने,
सूत काते हलुआई।
फुफुती तर के झुलनी झूले,
बुटवलि के कामाई।
आरे बुटवलि के कामाई।।
खुर खुर खुर खुर टाटी बोले,
हम जानी पियवा मोर।
पियवा के भेखे भेखे अइले,
काँगाना ले गइले चोर।
आरे काँगाना ले गइले चोर।।"

(ङ) लोक-गीतों में तुक और लय

तुक के प्रयोग से कविता को स्मरण रखने में सहायता मिलती है। यह कुछ अंश तक श्रुति-मधुर भी होता है। इसीलिए प्राचीन हिन्दी कवियों ने तुकान्त कविता की रचना की है। संस्कृत भाषा में तुकान्त कविता नहीं होती और अंग्रेजी भाषा में भी बहुत सी ऐसी कवितायें उपलब्ध होती हैं जिनमें तुक का अभाव होता है। यद्यपि तुक काव्य का आवश्यक अंग नहीं है फिर भी इसके प्रयोग से कविता में नाद-सौन्दर्य आ जाता है। तुकान्त कविता का पाठ मधुर मालूम पड़ता है।

लोक-गीत प्रायः तुकान्त होते हैं परन्तु इनमें तुक का पालन कठोरता के साथ नहीं किया जाता। कहीं तो पद के अन्त में समान स्वर मिलते हैं और कहीं समान व्यंजन। कहीं पर प्रत्येक पंक्ति में एक ही शब्द या शब्दावली का प्रयोग समान रूप से पाया जाता है और कहीं विषम पंक्तियों में। भोजपुरी 'चैता' की प्रत्येक पंक्ति में 'हो रामा' और मैथिली 'वटगमनी' के गीतों में 'सजनि गे' शब्दों की आवृत्ति पुनः पुनः पायी जाती है। इससे इन गीतों की मुखरता में

उत्तरोत्तर वृद्धि प्राप्त होती है। आगे के उदाहरणों से यह बात स्पष्ट हो जायेगी।

"कब होइहे दरसनवा हो मोरा साम सुनर के।
सपना में देखलो भवनवा हो, अपना साम सुनर के।
लिखियो न भेजेला सनेसवा हो, अपना साम सुनर के।
ना जाने कवने करनवा हो, हमरा के तेजि के।
आधि राति बोले ला पपिहरा हो, जियरा के बेधि के।"

उपर्युक्त गीत की प्रथम तीन पंक्तियों में 'साम सुनर' का तुकान्त रूप में व्यवहार हुआ है। 'के' का अन्त में प्रयोग पाँचों पंक्तियों में दिखाई पड़ता है।

लोक-गीतों में प्रायः रे ना, होना, आहो रामा, कि आहो मोरे रामा, ए राम, हो राम, ए, हो, रे, आदि पदों की—प्रत्येक पंक्ति के अन्त में—आवृत्ति देखी जाती है। भोजपुरी चैता की प्रत्येक पंक्ति के अन्त में 'हो रामा' नियत रूप से पाया जाता है।[1] यथा—

रामा ननदी भउजिया दुनो पनिहारिन हो रामा।
मिलि जुलि सागर पानि भरे चलली हो रामा।। १।।
रामा भरि घूठि पनिया घरिलवो ना डूबे हो रामा।
कौन रसिकवा घरिला जुठिअवले हो रामा।। २।।
रामा घरिला भरि भरि अररा चढ़वली हो रामा।
केहूँ नाहीं घरिला मोर अलगावे हो रामा।। ३।।

इसी प्रकार मैथिली 'जट-जटिन' नामक गीतों में 'रे जटा' की आवृत्ति प्रत्येक बार हुई है।[2]

दूर दूर रे जटा
दूर रहिह रे जटा
सड़क चाउर रे जटा
राख चाउर रे जटा
बइगन भाँटी रे जटा
जुल्फ सँवारइत चल अइह रे जटा।

भोजपुरी गीतों में तुक— कहीं-कहीं पर किसी समस्त पद की पुनरावृत्ति न होकर केवल पदान्त के स्वर या व्यंजन ही समान पाये जाते हैं। जैसे बिसराई और नाई में 'आई' समान हैं। बहुरा के निम्नलिखित गीत में यह बात स्पष्ट दिखाई पड़ती है—

"माथ मींसे गइली रामा बाबा के सागारावा,
सखिया सब बोले ए बारि कुँवारि।। १।।

---

१. डॉ० उपाध्याय : भो० लो० गी०, भाग २, पृ० १६७।
२. राकेश : मै० लो० गी०, पृ० ३५५।

साभावा बइठल तुहुँ बाबा हो बढ़इता,
कतेक दिनवा रखबऽ हो बारि कुँवारि।। २।।
तोहरो बियाह बेटी नान्हे हम कइलीं,
से तोर कन्त गइले हो जमोराई।। ३।।
जवना हि रहिया बाबा कन्त मोर गइले,
से तवन रहिया देहु ना हो बतलाई।। ४।।
जवना ही बटिया बेटी कन्त तोर गइले,
से तवना बटिया उपजेला हो धमोराई।। ५।।
देहु ना बाबा होऽ ढाल तरुवरिया,
से हमहू कटइबो हो धमोराई।। ६।।
लेहु ना बेटी हो डाल भरि सोनवा,
से आपन कन्हैया देहु ना हो बिसराई।। ७।।
आगि लगइबो बाबा डाल भरि सोनवा,
से आपन कन्हैया बिसरे जोग नाई।। ८।।"

अनेक गीतों में निरर्थक पदों की आवृत्ति कर तुक मिलाने का प्रयास किया गया है।[१] जैसे—

"पानावा छेवड़ि छेवड़ि भजिया बनौलों,
लौंगन दिहलो धुँअरवा हू रे जी !
सठिया कूटि कूटि भातावा रिन्हौलों,
ऊपर मुँगिया केरि दलिया हू रे जी।। ९।।

'बारह मासा' में प्रथम-द्वितीय तथा तृतीय-चतुर्थ पंक्तियों में तुक की योजना बड़ी ही सुन्दर रीति से की गई है। जैसे—

"माघ मास रितु आइल बसन्त,
कहति मदोदरि सुनु पिया कन्त।।
दे डालु जानिकी रामअवध फिरि जाई।
नाहीं त निसाचर बंस नसाई।।
X X X
जइसे फागुन उड़त अबीर,
तइसे धरेले राम लखन दुई बीर।।
X X X
खड़बड़ भूमि निसाचर जूथ।
अइले कपिदल सेन बरूथ।।"

---

१. डॉ० उपाध्याय : भो० लो० गी०, भाग २, पृ० २४४।

इस गीत में तुक की योजना बड़ी सुन्दर बन पड़ी है। यह अलंकृत कविता की कोटि में पहुँचता दिखाई दे रहा है।[1]

बिरहा के गीतों में प्रथम तथा तृतीय पंक्ति में और द्वितीय तथा चतुर्थ पंक्ति में तुक पाया जाता है। जैसे[2]—

बइठलि माँजेले बटलोहिया गोरिया,
तूरेले गेडुअवा पर तान।
जेतना के सँइयाँ तोर करेला नोकरिया
हम ओतना के कचरीला पान।।

मैथिली गीतों में तुक—मैथिली 'बटगमनी' के गीतों में भी तुक का विधान इसी प्रकार से किया गया है। उदाहरण के लिए कुछ पंक्तियाँ लीजिए।[3]

"अवधि मास छल माधव सजनि गे,
निज कर गेलाह बुझाय।
से दिन अब नियरायल सजनि गे,
धैरज धैलो नहि जाय।
अति आकुलि भेलि पहुँ बिनु सजनि गे,
उर अछि अति सुकुमारि।
उकछि नयन पथ हेरय सजन गे,
अजहु न आयल मुरारि।"

दाम्पत्य प्रेम के निम्नांकित राजस्थानी लोक-गीत में भी तुक का क्रम द्वितीय तथा चतुर्थ पंक्तियों में दिखाई पड़ता है।[4]

"मै तने बूझूँ ए सखी
था रा किस बिध खुला जी केस।
नैण झरै, टपका पड़ै,
था रा किस बिध बिरंगा जी भेस।
X X X
च्यार कूँट की बावड़ी,
जे मे सीतल नीर।
आप रल मिल न्हायस्यां,
(म्हारी) लाल नणद रा बीर।।[5]

---

१. डॉ० उपाध्याय : भो० लो० गी०, भाग २, पृ० १९१-१९२।
२. वही, भाग १, पृ० ३५२-५३।
३. राकेश : मै० लो० गी०, पृ० २६३।
४. सूर्यकरण पारीक : राजस्थान के लोक-गीत, भाग १, उत्तरार्द्ध, पृ० ३७७।
५. सूर्यकरण पारीक : राजस्थान के लोक-गीत, भाग १, उत्तरार्द्ध, पृ० ३६७।

लय—वास्तव में लय ही लोक-गीतों की आत्मा है। लय के बिना इन गीतों को निष्प्राण ही समझना चाहिए। इसीलिए इनका वास्तविक आनन्द समवेत स्वर से लयपूर्वक गाने में है। जब स्त्रियाँ सामूहिक रूप से किसी गीत को गाने लगती हैं तब वे लय के अनुसार किसी ह्रस्व स्वर को दीर्घ और दीर्घ को ह्रस्व कर लेती हैं। जहाँ किसी पंक्ति में अक्षरों की कमी होती है वहाँ वे नये शब्दों को जोड़कर उसकी पूर्ति कर लेती हैं। वे उनके कलकंठ से गीतों का लयपूर्ण गायन गीतों में जान सी डाल देता है जिसको सुनकर श्रोतागण आनन्द सागर में डूबने लगते हैं। शुष्क से शुष्क गीतों में भी स्त्रियाँ लय द्वारा सरसता तथा मधुरता का संचार कर देती हैं। एक छोटा सा गीत लीजिए—[१]

"जुगुति बताये जाँव,
क्वना विधि रहबो राम।। टेक।।
जो तुहु साम बहुत दिन बितिहें,
अपनी सुरतिया मोरे बहियाँ पर लिखाये जाँव। जुगुति०
जो तुहु साम बहुत दिन बितिहें,
बहियाँ पकड़ि मोके गंगा भसिआये जाँव।
जुगुति बताये जाँव
कबना विधि रहबो राम।।"

भिन्न-भिन्न गीतों को भिन्न-भिन्न लयों में गाया जाता है। लय दो प्रकार के होते हैं—(१) द्रुत, (२) विलम्बित। कुछ गीतों को द्रुत—शीघ्रतापूर्वक-लय में गाया जाता है। झूमर के गीतों को गाते समय द्रुत लय का प्रयोग किया जाता है। निर्गुन तथा चैता को विलम्बित लयों में धीरे-धीरे गाया जाता है। जँतसार के विषय में भी यही बात कही जा सकती है।

कुछ गीत तार स्वर से गाये जाते हैं और कुछ मन्द स्वर से। बिरहा और आल्हा ऐसे गीत हैं जो सदा उच्च (तार) स्वर से गाये जाते हैं। आल्हा के अतिरिक्त अन्य लोक-गाथाओं—विजयमल, लोरकी, सोरठी, कहरवाँ, नयकवा, बनजारा—के गाने में भी उच्च स्वर का प्रयोग किया जाता है। स्त्रियों द्वारा गेय जितने गीत हैं—सोहर, जनेऊ, विवाह, गवना, जँतसार, रोपनी, सोहनी आदि—वे प्रायः सभी मन्द स्वर में गाये जाते हैं। यद्यपि सामूहिक रूप से गाये जाने के कारण ये भी तार स्वरता को प्राप्त कर लेते हैं।

■ ■ ■

१. डॉ० उपाध्याय : भो० लो० गी० भाग १, पृ० ७६।

अध्याय १५

लोक-साहित्य में लोक-संस्कृति का चित्रण

भारतीय संस्कृति का सच्चा तथा स्वाभाविक चित्रण लोक साहित्य में उपलब्ध होता है। लोक संस्कृति के वास्तविक स्वरूप को देखने के लिए हमें लोक साहित्य का ही अनुसन्धान करना होगा। ग्रामीण कवि ने समाज में जिस समता या विषमता का अनुभव किया है उसका उसी रूप से चित्रांकन भी किया है। पारिवारिक जीवन के जो मर्मस्पर्शी दृश्य यहाँ उपलब्ध हैं उसके दर्शन अन्यत्र कहाँ? ऐसा ज्ञात होता है कि जन-जीवन को चित्रित करने वाले 'चतुर चितेरे' ने बड़े संयम से अपनी तूलिका का प्रयोग किया है। सुन्दर तथा दिव्य दृश्यों को चित्रांकित करने में उसकी तूलिका उतनी ही सफलीभूत दिखाई पड़ती है जितना भोंड़े तथा भद्दे चित्रों के प्रदर्शन में। लोक साहित्य में जहाँ आदर्श पतिव्रता नारियों का उल्लेख है वहाँ ऐसी कर्कशा स्त्रियों का भी वर्णन पाया जाता है जो विधवा होने के लिए सूर्य भगवान् से प्रार्थना करती हैं। जहाँ माता और पुत्री का दिव्य प्रेम दिखलाया गया है वहाँ सास-बहू तथा भावज-ननद के कटु एवं विषाक्त व्यवहार का वर्णन भी है। भाई और बहन के निस्पृह, पवित्र और दिव्य प्रेम का वर्णन करने के लिए जो भी विशेषण प्रयुक्त किया जाय वह थोड़ा ही है।

भाई-भाई के घनिष्ट प्रेम के उल्लेख के साथ ही देवर और भावज का जो सम्बन्ध दिखलाया गया है वह कुछ प्रशंसनीय नहीं है। कहने का अभिप्राय केवल इतना ही है कि लोक-कवि ने जन-जीवन के उभय पक्षों—सुन्दर तथा असुन्दर—को हमारे सामने प्रस्तुत किया है। इसीलिए वह समाज के सच्चे दृश्य को स्वाभाविक रूप में उपस्थित करने में सफलीभूत हुआ है।

सामाजिक जीवन के साथ ही साथ धार्मिक जीवन का चित्रण भी लोक साहित्य में पाया जाता है। व्रत के गीतों में कहीं सूर्य की पूजा उपलब्ध होती है तो कहीं शीतला माता की। गंगा माता और तुलसीमाता के गीतों की भी संख्या कुछ कम नहीं है। शिव-पार्वती और राम-कृष्ण की अर्चना भी की गई है।

लोक-साहित्य में सामान्य जनता की आर्थिक परिस्थिति का भी चित्रण बड़ी सुन्दर रीति से किया गया है। झूमर के सभी गीत 'सोने की थाली में जेवना परोसलों' से प्रारम्भ होते हैं। प्रियतम के भोजन करने की थाली तो सोने की बनी ही है उसका जल-पात्र भी सुवर्णमय है। वह चन्दन की लकड़ी के बने पलंग पर सोता है जो रेशम की रस्सियों से बुना गया है। भोजन की वस्तुयें भी बड़ी सुन्दर तथा स्वादिष्ट हैं। परन्तु जहाँ धनधान्य तथा वैभव एवं ऐश्वर्य का वर्णन उपलब्ध होता है वहाँ साधारण किसान की गरीबी का वर्णन श्रोताओं के हृदय को अपनी ओर आकृष्ट किये बिना नहीं रहता।

कहने का अभिप्राय केवल इतना ही है कि लोक साहित्य में सामान्य जनता की धार्मिक, सामाजिक तथा आर्थिक परिस्थितियों के उभय पक्षों का रमणीय चित्रण उपलब्ध होता है।

(क) सामाजिक जीवन का चित्रण

हिन्दू परिवार संयुक्त परिवार का आदर्श उदाहरण है जहाँ पिता-पुत्र, माता-पुत्री, भाई-बहन, सास-वधू, पति-पत्नी, ननद-भावज सभी आनन्द से एक साथ निवास करते हैं। पति-पत्नी के आदर्श प्रेम की बाँकी झाँकी हमें लोक-गीतों में देखने को मिलती है। लोक-गीतों में आदर्श सती स्त्रियों का जैसा चित्रण पाया जाता है वैसा संसार के अन्य साहित्य में मिलना दुर्लभ है। पति परदेश चला जाता है, बारह वर्षों के सुदीर्घ काल को वह विदेश में बिताता है। वह अपनी सती स्त्री की तनिक भी खोज नहीं करता। परन्तु इन दुःखद दिनों को बिताती हुई उसकी स्त्री, अनेक प्रलोभनों के सामने आने पर भी अपने सतीत्व की रक्षा करती है। पति जब 'पूरबी बनिजिया' से बारह वर्षों के पश्चात् लौटकर आता है तब वह अपनी स्त्री के चरित्र पर संदेह करता है और उसकी अग्नि-परीक्षा के बाद ही उसे ग्रहण करता है। परन्तु उसकी स्त्री, सती सीता के समान, इसके लिये तनिक भी बुरा नहीं मानती और अपने पतिव्रत धर्म से विचलित नहीं होती।

आदर्श सतीत्व

सतीत्व की यह भावना मानव समाज का अतिक्रमण कर पशु जगत् में भी व्याप्त दिखाई पड़ती है। किसी अनमनी (उदासीन) हरिणी को देख कर हिरन उसकी उदासीनता का कारण पूछता है। उत्तर में हरिणी कहती है कि आज राजा दशरथ के घर में पुत्र जन्म के कारण छट्ठी का उत्सव है जिसमें तुम्हें मारकर तुम्हारा माँस पकाया जायेगा। हिरण के मारे जाने पर हरिणी रानी कौशल्या से प्रार्थना करती है कि हिरन की खाल मुझे देने की कृपा कीजिए जिसे मैं पेड़ पर टाँग कर अपने दुःखी हृदय को सान्त्वना प्रदान कर सकूं। परन्तु उसकी विनम्र प्रार्थना अस्वीकृत हो जाती है। रानी हिरन की खाल से खँजड़ी बनवाती है और बालक राम उसे बजा-बजा कर खेलते हैं। जब-जब खँजड़ी बजती है तब तब उसकी आवाज सुनकर विचारी दुखिया हरिणी चौंक उठती है। वह ढाक वृक्ष के नीचे खड़ी होकर अपने प्यारे हिरन की याद करती रहती है। अवधी का यह लोक गीत निम्नांकित है:—

"छापक पेड़ छिउलिया त पतवन गहबर।
अरे रामा, तेहि तर ठाढ़ि हरनियाँ त मन अति अनमनि।
धरतै चरन हरिनवाँ त हरिनि से पूंछई।
हरिनी ! की तोर चरहा झुरान की पानी बिनु मुरझिऊ।
नाहीं मोर चरहा झुरान न पानी बिनु मुरझेऊँ।
हरिना ? आज राजा जी के छट्ठी, तुमहिं मारि डरि हैं।
मचियै बैठी कौसल्या रानी, हरिनि अरज करइ।
रानी, मांसवा त सिझहिं करहिया,
खलरिया हमें देतेऊ।
पेड़वा से टँगतिऊं खलरिया, तोहेरि हेरि देखतिऊं।
रानी देखि-देखि मन समुझउतिउं,

जनुक हिरना जियतइँ।
जाहु हरिनि घर अपने खलरिया नाहीं देबइ।
हरिनि, खलरी के खँजड़ी मढ़उबइ,
त राम मोर खेलिहइँ।
जब जब बाजै खँजड़िया सबद सुनि अनकइ।
हरिनि ठाढ़ि ढँकुलिया के नीचे हिरन के विसूरइ।"

इस गीत में पत्नी के आदर्श पतिव्रत धर्म का वर्णन अत्यन्त मनोहर है। साथ ही दुःखिनी हरिणी की दशा देखकर पाषाण हृदय भी पिघल उठता है।

सतीत्व की रक्षा के लिए स्त्रियों ने किन-किन कष्टों को नहीं उठाया। इन्होंने अपनी काञ्चन काया को धधकती हुई आग में जला कर जौहर व्रत के द्वारा अपने सतीत्व का जौहर दिखलाया, प्रत्यक्ष जल-समाधि लेकर अपने कुल को कलंकित होने से बचाया, दुराचारी आततताइयों को छलकर अपने पतिव्रत धर्म की रक्षा की और अनेक कष्टों तथा यातनाओं को भोगते हुये भी ये अपने पवित्र पथ से विचलित नहीं हुईं। इन्होंने संसार की सम्पदा को अपने पैरों से ठुकरा दिया तथा संसार की कोई भी शक्ति इन्हें चाँदी और सोने के जाल में नहीं फँसा सकी। कुसुमा देवी और भगवती देवी के लोकोत्तर चरित्र से कौन परिचित नहीं है, जिन्होंने अपनी अलौकिक चातुरी तथा साहस के द्वारा आततायी मुगल सरदारों से अपना पिण्ड छुटा कर, अपने प्राणों को निछावर कर, दिव्य चरित्र का परिचय दिया है ?

प्रोषितपतिका किसी सुन्दरी स्त्री को देखकर कोई बटोही उस पर मोहित हो जाता है और उसे बहुमूल्य सोना, मोती आदि देकर उसके सतीत्व को खरीदना चाहता है। परन्तु वह सुन्दरी कहती है कि ए बटोही! तुम्हारे सोने में आग लग जाय और मोतियों में बज्र पड़े। दुनियाँ में 'सत' (सतीत्व) छोड़ने से 'पत' (प्रतिष्ठा) नहीं रहती।[१]

बटोही धन का लालच देते हुए कहता है कि:—

"डाल भरि सोना लेहु, मोतिया से माँग भरूं,
जाति छाड़ि मोरे संग लागहु रे की।"

इस पर सती स्त्री उसका मुंह तोड़ जवाब देती हुई कहती है कि:—

"आगि लागो सोनवा, बजर परे मोतिया रे,
सत छोड़े कइसे पत रहिहें नु रे की।"

पुत्र जन्म के एक गीत में स्त्री की सतीत्व रक्षा के साथ ही उसका अदम्य उत्साह एवं अलौकिक पराक्रम दिखलाया गया है। नदी के पार जाने के लिए किसी स्त्री द्वारा नाव माँगने पर कोई कामुक मल्लाह उसे हार और अंगूठी देने का लालच देकर व्यभिचार का प्रस्ताव करता है। वह सती स्त्री इस प्रस्ताव को पैरों से ठुकर कर, नदी को तैर कर, पार चली जाती

---

१. डॉ० उपाध्याय : भो० ला० सा० का अध्ययन।

तू केकर कमइया खइबू ए राम।"

सास केवल कटु बचन ही नहीं बोलती बल्कि वह पतोहू को शारीरिक कष्ट भी देती है। वह वधू से इतना अधिक घर का काम करवाती है जिसे वह करने में असमर्थ है। वह उससे बर्तन मँजवाती है और वह गहरे कुएँ से पनी भरवाती है।[1] वधू की यह गाथा कितनी मर्मस्पर्शिनी है:—

"कई मन कूटो भइया, कई मन पीसीला हो ना।
भइया कइ रे मन रीन्हीला रसोइया हो ना।।
सासू खाँची भर बासना मँजावेले हो ना।
सासू पनिया पताल से भरावेले हो ना।।"

सास अनेक छोटी-छोटी बातों को लेकर बहू के चरित्र पर सन्देह भी करने लगती है इस प्रकार वह अपने 'दारुनियाँ' विशेषण को चरितार्थ करती हुई दिखाई पड़ती है।

ननद और भावज—ननद और भावज का सम्बन्ध भी सास और पतोहू की अपेक्षा कुछ कम विषाक्त नहीं है। ननद अपनी माँ और भाई से भावज की शिकायत करती हुई पाई जाती है। वह बात-बात में भावज पर वयंग्य बाण छोड़ती है जो मर्म को भेदने वाले हैं। ननद और भावज का यह झगड़ा कुछ नया नहीं है। यह चिरकाल से चला आ रहा है। संस्कृत के किसी कवि ने दुष्टा सास और मर्म-भेदन में पटु ननद का बड़ा ही सुन्दर चित्रण किया है। कोई स्त्री अपने दुःखों का वर्णन करती हुई अपनी सखी से कहती है कि:—

"श्वश्रूः पश्यति नैव पश्यति यदि भ्रूभंगवक्रेक्षणा,
मर्मच्छेदपटुः प्रतिक्षणमसौ ब्रूते ननान्दा वचः।
अन्यासामपि किं ब्रमीमि चरितं स्मृत्वा मनो वेपते,
कान्तः स्निग्धदृशा विलोकयति मामेतावदागः सखि।।"

इस श्लोक में ननद को कटु वचनों के द्वारा हृदयरूपी मर्मस्थल को भेदन करने में चतुर कहा गया है। यह विशेषण ननद के लिए उपयुक्त ही है। इसकी पुष्टि लोक-गीतों से पूर्ण रूप से होती है।

सौतिया डाह—सौतिया डाह बड़ी बुरी चीज होती है। एक देहाती कहावत है कि काठ की भी सौत अच्छी नहीं लगती। फिर यदि सजीव सौत घर में आ जाय तो कहना ही क्या? गृह की शान्ति नष्ट हो जाती है और घर सौतों के लड़ने का अखाड़ा बन जाता है। लोक-गीतों में एक सौत के द्वारा दूसरी को विष खिलाने का भी उल्लेख पाया जाता है। आज भी इस सम्बन्ध में अनेक हत्याओं की कथा सुनने में आती है जो कुछ अस्वाभाविक नहीं है।

सौत की कल्पना भी दूसरी स्त्रियों को दुःखदायी होती है। वह उसके प्रतीक से भी घृणा करने लगती हैं। प्रियतम के अधरों को स्पर्श करने के कारण वंशी सपत्नी की प्रतिनिधि है। कोई

---

१. दुर्गाशंकर सिंह : भोजपुरी लोक-गीतों में करुण रस, पृ० ४४५।

स्त्री कहती है कि:—

"राजा के बंशी सेजरिया पर बाजे,
सवतिया होके सुनबि राउर बंशी।"

एक झूमर में सपत्नी की चिन्ता के कारण नींद न लगने का उल्लेख पाया जाता है।[1]

"लागति नाहीं निनिया ए राजा जी
बायें सूतलि बा सवतिया ए राजा जी,
लागति नाहीं निनिया ए राजा जी।"

सौतिया डाह कभी-कभी उग्र रूप भी धारण कर लेता है। पहिले तो सौतें आपस में वाग्वाणों का ही व्यवहार करती हैं। परन्तु जब यह शस्त्र सफल सिद्ध नहीं होता तब हाथा-पाई की भी नौबत आ जाती है। निरवाही के एक गीत में दो सौतों के आपस में झोटा-झोंटौवल (सिर के बालों को पकड़ कर जोरों से खींचना) करने का बड़ा ही सजीव चित्रण किया गया है जिसकी केवल एक दो पंक्तियाँ ही यहाँ पर्याप्त हैं।[2]

"उढ़री बियहि करे झोंटी क झोंटा हो ना,
रामा राजा बैठि डेहरी झंखे हो ना।"

एक दूसरे गीत में कोई बहू अपनी सौत—जो सुनारिन है—की हत्या करने के लिए सास से छूरी और कटारी माँग रही है।[3]

"देहू न सासु हो छुरिया कटरिया,
कतल कइ घलबों सोनारिन हो।"

(ख) आर्थिक पक्ष का चित्रण

लोक साहित्य में साधारण जनता के सामाजिक जीवन के चित्रण के साथ ही आर्थिक पक्ष का चित्रांकन भी उपलब्ध होता है। जहाँ ग्रामीण जीवन में सुख और समृद्धि का सागर हिलोरें मार रहा है वहाँ घोर निर्धनता, हीनता और दीनता का वीभत्स कंकाल सामने दिखाई पड़ता है। जहाँ देहात की दुनिया में धन-धान्य और वैभव का साम्राज्य दिखाई पड़ता है वहाँ दुःख, गरीबी और भूख का भैरव नाद भी सुनाई पड़ता है। जहाँ झूमर के गीतों में सोने की थाली में भोजन करने और सुवर्णमय पात्रों से जल पीने का वर्णन उपलब्ध होता है वहाँ टूटी हुई खाट और टपकते हुए छप्पर का मर्मस्पर्शी चित्रण हमारे हृदय को आकर्षित कर लेता है। कहने का तात्पर्य केवल इतना ही है कि सुख-दुःख, आशा-निराशा, विलास-वैभव और दैन्य-दीनता के उभय पक्षों का वर्णन लोक-साहित्य में पाया जाता है।

---

१. दुर्गाशंकर सिंह : भो० लो० गी०, क० र०, पृ० २१६।
२. त्रिपाठी : कविता कौमुदी, भाग ५, पृ० ४०३।
३. दुर्गाशंकर सिंह : भो० लो० गी०, क० र०, पृ० २०६।

निर्धनता का वर्णन

कोई निर्धन तथा दुःखिया स्त्री गीतों के माध्यम से अपने दुःख तथा गरीबी का वर्णन करती हुई कहती है कि मेरा छप्पर टूटा हुआ है और वर्षा की बूदें टपक रही हैं। मेरी सुधि लेने वाला कोई नहीं है। मेरा जेठ अपना बँगला छवाता है और मेरा देवर चौपाल छवाता है। उस स्त्री के घर को भला कौन छवायेगा जिसका पति परदेश में है? इस गीत में दुखिया स्त्री के निर्धन जीवन का मर्मस्पर्शी चित्रण प्रस्तुत किया गया है। यह अवधी लोक-गीत निम्नांकित है।

"टुटही मड़इया बुनिया टपकइरे।
के सुधि लेवै हमार?
जेठा छ्वावइ आपन बँगलवा,
देवरा छ्वावै चौपार।
हमरा मंदिलवा केऊ न छ्वावै,
जेकर पियवा विदेस।।"

इसी प्रकार कोई भोजपुरी गरीब स्त्री विलाप करती हुई कहती है कि मेरा पति तो पूर्व देश—बंगाल—में व्यापार करने के लिए जा रहा है अब मेरे उजड़े हुए घर को कौन छवावेगा?[1]

"पियवा जे चलेले पुरुब बनिजिरया
से केइ रे छइहें ना, मोरा उजड़ल बँगलवा
से केइ रे छइहें ना।"

गाँवों में गरीबों के लिए न रहने को झोपड़ी है और न पहनने को वस्त्र। उपर्युक्त गीत में स्त्री ऐसी ही गरीबी की मूर्तिमयी प्रतिनिधि है। हमारे गाँवों में निवास करने वाली अगणित अभागिन स्त्रियाँ इसी प्रकार थोड़ी-थोड़ी सी आवश्यकताओं की पूर्ति के लिए तड़प-तड़प कर मर जाती हैं। उनके दिल के अरमान दिल में ही रह जाते हैं।

महर्घता के कष्टों से पीड़ित कोई ग्रामीण युवा कह रहा है कि मँहगी के कारण पेट की ज्वाला से पीड़ित होने से 'बिरहा' का गाना भूल गया। अब कजरी और कबीर के गीत भी अच्छे नहीं लगते। सुन्दरी युवती के उभरे हुए यौवनों को देखकर अब मेरे हृदय में पीड़ा नहीं होतीः—

"मँहगी के मारे बिरहा बिसरिगा,
भूलि गइली कजरी कबीर।
देखि के गोरी के उभरल जोबनवा,
अब उठे ना करेजवा में पीर।।"

सचमुच पेट की मार बड़ी जबरदस्त मार होती है। जब पेट खाली होता है तब साहित्य-संगीत की चर्चा सूखी मालूम पड़ती है। इसी तथ्य की अभिव्यक्ति आभीर युवक ने बड़ी स्पष्टता से की है।

संस्कृत में किसी कवि ने ग्रामीण जीवन की गरीबी का चित्रण सहृदयता की तूलिका से

---

१. डॉ० उपाध्याय : भो० लो० गी०, भाग १, पृ० ३६४।

किया है जिससे उसका जीता जागता चित्र हमारे सामने प्रस्तुत हो जाता है।

"वृद्धोऽन्धः पतिरेष मञ्चकगतः स्थूणावशेषं गृहम्;
कालोऽभ्यर्णजलागमः कुशलिनि पुत्रस्य वार्ताऽपि नो।
यत्नात्संचिततैलविन्दुघटिका भग्नेतिपर्याकुला,
दृष्ट्वा गर्भभरालसां निजवधूं श्वश्रूः चिरं रोदिति।।"

गँवई की गरीबी का नंगा चित्र हमें उस निरवाही के अवधी गीत में दिखलाई पड़ता है, जिसमें कोई बहन अपने कष्टों का हृदय-विदारक वर्णन अपने प्यारे भाई से करती है। वह कहती है कि "भैया! मुझे न मालूम कितना मन धान कूटना पड़ता है, कितना मन गेहूँ पीसना पड़ता है और कितने मन की रसोई बनानी पड़ती है। इसके बाद बहुत सा बर्तन माँजना पड़ता है तथा बहुत दूर के कुएँ से पानी खींच कर लाना पड़ता है। सब लोगों के भोजन करने के पश्चात् जब खाने की मेरी पारी आती है तब मुझे सबसे छोटी रोटी खाने को मिलती है। इसमें से भी ननद के लिए कलेवा रखना पड़ता है। कुछ अश देवर को देना पड़ता है। फिर कुत्ते और बिल्ली को भी कुछ भाग देना जरूरी है। कपड़ों की भी दशा यही है। दूसरों के द्वारा व्यवहार में लाया गया वस्त्र मुझे पहिनने को मिलता है। इसमें भी ननद के लिए ओढ़नी देनी पड़ती है। देवर का लँगोटा भी इसी कपड़े से बनाया जाता है। शेष कपड़े से मैं किसी प्रकार अपना तन ढकती हूँ।"[१]

उपर्युक्त गीत ग्रामीण जीवन की निर्धनता की पूर्ण रूप से व्याख्या ही नहीं करता अपितु भाष्य का भी काम करता है।

किसान-जीवन की साध

भारतीय किसान का जीवन बड़ा सीधा-सादा और सरल होता है। वह थोड़े में सन्तोष प्राप्त कर लेता है। अतएव उसका जीवन सुखी होता है। विद्वानों ने कहा ही है कि 'सन्तोषं परमं सुखम्' अर्थात् सन्तोष ही सबसे बड़ा सुख है। कृषक का जीवन सन्तोष का उत्कृष्ट तथा मूर्तिमान् उदाहरण है। एक मारवाड़ी गीत इस प्रकार है:—

"उठे ही पीरो होय उठे ही सासरो
अथूणें होय न खेत चवे न आसरो।
नाड़ा खेत नजीक जड़े खोलणा
इतना दे करतार फेर नहीं बोलणा।।

जिसका भाव यह है कि किसान केवल यह चाहता है कि उसके पिता का घर और उसकी ससुराल एक ही गाँव में हो; खेत पश्चिम में हो, झोपड़ी वर्षा के दिनों में चूने (टपकने) वाली न हो। तालाब खेत के पास ही हों जिससे बैलों को पानी पीने के लिए दूर न जाना पड़े। यदि भगवान् इतना दे दे तो उससे और कुछ नहीं माँगना है। इस गीत से पता चलता है कि किसान के जीवन की साध, उसके जीवन का उद्देश्य क्या है। उसकी आवश्यकताएँ कितनी सीमित हैं। 'सुत्तनिपात' में इसी प्रकार का एक गीत (गाथा) पाया जाता है:—

---

१. त्रिपाठी : क० कौ०, भाग ५ (ग्राम गीत)।

"पक्कदनो दुद्धखीरोहमस्मि
अनुतीरे महिया समानवासो।
छन्ना कुटि आहिलोगिनि
अथ चे पत्थयसी पवस्स देव।।"

अर्थात् मेरे यहाँ भोजन प्रचुर परिणाम में उपलब्ध है। मेरे घर में दूध देने वाली गायें हैं। मैं नदी के किनारे अपने कुटुम्बियों के साथ एक घर में रहता हूँ। मेरा घर अच्छी तरह से छाया गया है जिससे चूने का डर नहीं है। मेरे यहाँ जलती हुई आग भी मौजूद है। अतः हे देव! तुम जितना चाहो बरस लो। इस गीत में जो अलौकिक ओज, जो अदम्य उत्साह, सन्तोष की ज्वलन्त भावना, विपत्तियों के प्रति चुनौती और जीवन के प्रति जो सच्ची आस्था विद्यमान है वही लोकगीतों की आधार-शिला है।

ग्रामीण जीवन की सादगी और सरलता की प्रशंसा संस्कृत साहित्य में भी उपलब्ध होती है। देहाती दुनिया की सरलता पर मुग्ध होकर कोई कवि कहता है कि हे सुन्दरी! गँवई के लोग बड़े सुखी हैं। वे साठी के चावल का मीठा भात खाते हैं, सरसों का साक और मीठी सजाव दही का स्वाद लेते हैं। इस प्रकार वे थोड़े से ही व्यय में मीठा तथा स्वादिष्ट भोजन करते हैं। हिन्दी के किसी कवि ने ग्रामीण जीवनी का वर्णन करते हुए ठीक ही कहा है कि:—

"थोड़े में निर्वाह यहाँ है
ऐसी सुविधा और कहाँ है।"

किसान का जीवन सचमुच ही बड़ा सादा और सरल है तथा उसका संसार न्यूनतम आवश्यकताओं से बना हुआ है।

धार्मिक जीवन की झलक

लोक साहित्य—विशेषकर लोकगीतों—में सामान्य जनता की धार्मिक परिस्थिति का चित्रण उपलब्ध होता है। यद्यपि नयी सभ्यता तथ शिक्षा के चाकचिक्य के कारण हमारी प्राचीन धारणाओं और विश्वासों में परिवर्तन होने लगा है परन्तु लोक-संस्कृति की सरिता आज भी अपनी अक्षुण्ण गति से प्रवाहित हो रही है। ग्रामीण स्त्रियाँ आज भी उसी प्रकार से व्रत रखती हैं और अपनी अभीष्ट कामनाओं की सिद्धि के लिए देवताओं की पूजा करती हैं जिस प्रकार से प्राचीन काल में की जाती थी। पुरुष वर्ग भी अपनी धार्मिक भावनाओं और विधि-विधानों को सँजोकर थाती के समान सुरक्षित रखे हुए है। यही कारण है कि भारतवर्ष में अनेक राजनैतिक उथल-पुथल हुए, अनेक क्रान्तियाँ हुईं परन्तु हमारी धार्मिक विचार-धारा में कुछ परिवर्तन नहीं हुआ। फलतः लोक-साहित्य में जनता के धार्मिक जीवन का सजीव चित्रण अंकित किया गया है।

विभिन्न देवताओं की पूजा—लोक-गीतों में जिन प्रधान देवताओं की पूजा का उल्लेख पाया जाता है उनमें शिवजी सबसे अधिक प्रचलित हैं। भगवान् शिव देवता के रूप में ही चित्रित नहीं किये गये बल्कि वे एक साधारण पति के रूप में भी दिखाई पड़ते हैं। इनकी पूजा प्रति गाँव में की

जाती है। कोई भक्त स्त्री कहती है कि ए सखी! शिव के दर्शन करने के लिए चलो। कोई इनके मन्दिर में अक्षत-चन्दन चढ़ाता है और कोई लाल चूनरी चढ़ाकर अपनी अभीष्ट सिद्धि की प्रार्थना करता है।[1] स्त्रियाँ षष्ठी माता की पूजा कार्तिक मास में किया करती हैं। यह वास्तव में सूर्य की ही उपासना है। पुत्राभिलाषिणी कोई स्त्री भगवान् सविता से प्रार्थना करती हुई कहती है कि हे भगवन् ! मैं आपको अर्घ्य प्रदान करने लिए कब से खड़ी हूँ। अब मेरा पैर दुःखने लगा है और कमर में पीड़ा हो रही है। अतः आप शीघ्र उदय लीजिए जिससे मै अर्घ्य प्रदान कर सकूं।[2]

"गोडवा दुःखइले रे डाड़वा पिरइले,
कबसे जे बानी हम ठाढ़।
आरे हाली हाली उग ए अदिमल,
अरघ दिआउ।।"

कोई स्त्री कहती है कि हे राजन् ! मैं अधिक पुत्रों को नही चाहती। केवल पाँच पुत्रों को प्राप्त कर ही सन्तुष्ट हो जाऊंगी। वह सूर्य की पूजा के लिए अक्षत और शीतल जल लिए हुए है जिससे सूर्य को अर्घ्य दे सके।[3]

"खोंइछा अछवता गडुववा जुड़ पानी,
चलली कवन देई अदित मनावे।
थोर नाहीं लेबों आदित बहुत न माँगिले,
पाँच पुतर आदित हमरा के दिहिती।"

मारवाड़ में अनेक देवी-देवताओं के गीत गाये जाते है जिनमे हनुमान् और भैरव (भैरु जी) अधिक प्रसिद्ध हैं। कोई मारवाड़ी भक्त कहता है कि बाबा बजरंग की मूर्ति बड़ी भव्य है। कमर में लाल लँगोटा और माथे पर सिन्दूर का तिलक है। बाबा बजरंग आसन लगाकर बैठे हैं। अपने ब्रह्मचर्य के प्रताप से बजरंग जी ने रावण की अशोक वाटिका को विध्वस्त कर डाला और राजा रामचन्द्र जी के कार्य को सिद्ध किया। माता अंजनी की कोख धन्य है जिसने हनुमान् जैसे पराक्रमी पुत्र को जन्म दिया।[4]

"लाल लँगोटो तिलक सिन्दूर को
बैठ बजरंग आसण ढाल।
बाग बिधूस्या, लंका दलमली
सार्‌या राजा रामचन्द्र का काम।
धन माता अंजनी की कूख,
अण जायो हणवंत पूत।

---

१. डॉ० उपाध्याय : भो० लो० गी०, भाग १, पृ० ३६८।
२. वही : भो० लोक गीत।
३. वही : भाग १, पृ० २४६।
४. पारीक : रा० लो० गी०, भाग १ (पूर्वार्द्ध), पृ० १२-१३।

भी अनेक गीत उपलब्ध होते हैं । स्त्रियों के विभिन्न ब्रतों के अवसर पर देवी-देवताओं की स्तुति में गीत गाये जाते हैं। जब बच्चा अथवा घर का कोई अन्य व्यक्ति रोग विशेष से पीड़ित होता है तब किसी विशेष देवता की मनौती मानी जाती है। दुष्ट ग्रहों की पूजा की जाती है। यहाँ तक कि भूत-दूत और प्रेत-पिशाच भी पूजा का भाग प्राप्त करते हैं।

लोकगीतों में जिन प्रधान देवताओं की पूजा का उल्लेख मिलता है उनमें शिव सबसे अधिक लोकप्रिय हैं। शिव देवता के रूप में ही केवल चित्रित नहीं किये गये हैं बल्कि एक साधारण व्यक्ति के रूप में भी इनका वर्णन हुआ है। कभी वे दूल्हे के रूप में बारात लेकर विवाह करने के लिए जाते हुए दिखाई पड़ते हैं तो कभी अर्थोपार्जन के लिए "पूरुबी बनिजिया" को जाते हुए दृष्टिगोचर होते हैं।

शिव की पूजा का उल्लेख अनेक गीतों में पाया जाता है। ग्रामीण स्त्रियाँ गंगा स्नान करके शिवजी की प्रतिमा के ऊपर जल चढ़ाना आवश्यक धार्मिक कृत्य समझती हैं। किसी भक्त स्त्री के शिव मन्दिर में जाने का यह वर्णन कितना सुन्दर है:—

"चल देखि आई भोला के लाल गली,
केहू चढ़ावेला अच्छत चन्दन ।
केहू चढ़ावेला सुन्दर चूनरी,
राजा चढ़ावेला अच्छत, चन्दन,
रानी चढ़ावेली सुन्दर चूनरी।।"

सूर्य की पूजा का प्रचार भी कुछ कम नहीं है। स्त्रियाँ प्रतिदिन स्नान करने के पश्चात् सूर्य को अर्घ्य देती हैं। बन्ध्या स्त्री पुत्र की प्राप्ति के लिए सूर्य की उपासना करती है। इसके लिए वह जिस व्रत का अनुष्ठान करती है.वह "छठी माता का व्रत" कहलाता है। परन्तु वास्तव में वह सूर्य का ही व्रत है। इसीलिए इसे 'सूर्य षष्ठी व्रत' भी कहते हैं। इस अवसर पर जो गीत गाये जाते हैं उनमें पुत्र की प्राप्ति के लिए सूर्य की स्तुति पाई जाती है। कोई बन्ध्या स्त्री, सूर्य को अर्घ्य देने के लिए प्रातःकाल स्नान कर जल में खड़ी है और वह भगवान् भास्कर से प्रार्थना करती हुई कहती है कि हे भगवान् ! मैं जल में बहुत देर से खड़ी हूँ। इस कारण मेरा पैर दुःखने लगा है और कमर में पीड़ा हो रही है। हे सूर्य! आप शीघ्र ही उदय होइए जिससे आपको अर्घ्य प्रदान कर सकूँ:—

"गोड़वा दुःखाइले ने डाँड़वा पिरइले, कब से जे बानी हम ठाड़।
आरे हाली हाली उग ए अदितमल, अरघ दिआउ।।

एक लोकगीत में भगवान् सूर्य के स्वरूप की बड़ी सुन्दर कल्पना की गई है। उन्हें मानव का रूप प्रदान किया गया है। सूर्य भगवान् खड़ाऊं के ऊपर चलते हैं। उनके ललाट के ऊपर तिलक है तथा हाथ में सोने की छड़ी विराजमान है।[1]

---

१. डॉ० उपाध्याय : भो० लो० गी०, भाग १।

रूपकालंकार के द्वारा सूर्य का यह वर्णन कितना सजीव है। पुत्र-प्राप्ति की कामना करने वाली कोई स्त्री सूर्य को अर्घ्य देने के लिए जाती हुई कहती है कि हे भगवान्! मैं अधिक पुत्र नहीं चाहती। केवल पाँच पुत्रों को प्राप्त करके ही मैं सन्तुष्ट हो जाऊंगी।

जिस प्रकार हिन्दी के भक्त कवियों ने श्रीकृष्ण के बाल रूप का ही वर्णन किया है उसी प्रकार लोक-गीतों में ब्रज-बल्लभ की बाल लीलाओं का ही उल्लेख उपलब्ध होता है। कभी तो कन्हैया किसी गोपी का रास्ता रोक लेते हैं, कभी किसी दूसरी स्त्री से छेड़खानी करते हैं और कभी दही बेचने के लिए जाती हुई किसी ग्वालिन से 'गोरस' (दूध-दही तथा इन्द्रिय सुख) माँगते हैं। परन्तु इतना ही नहीं, वे उसका दही खाकर मटका फोड़ देते हैं और मना करने पर उसकी कोमल बाँह को मरोड़ देते हैं।[१]

> **"अरे दही मोरा खइले हो कान्हर, मटुका दिहले हो फोर।**
> **बहियाँ मोर मुरुकवले हो मनवा बसेला हो मोर।।"**

छोटे बच्चों को जब चेचक निकलती है और वे कष्ट से पीड़ित होते हैं तब उनकी पीड़ा को दूर करने के लिए शीतला माता की पूजा की जाती है। शीतला देवी इस रोग की अधिष्ठातृ देवता मानी जाती हैं। ऐसा विश्वास है कि इनका निवास नीम के वृक्ष पर है। अतः इस रोग से पीड़ित बालक को नीम की टहनी से पंखा किया जाता है। पुत्रवत्सला माँ बालक को पीड़ा से छटपटाता देखकर आर्त्त स्वर से शीतला माता से प्रार्थना करती हुई कहती है कि हे मेरी पूजनीया देवी ! मेरे बालक की रक्षा करो ! मुझे उसके प्राणों की भिक्षा दो। नीचे की इन पंक्तियों में कितनी करुणा भरी है:—

> **"पटुका पसारि भीखि माँगेली बालकावा के माई।**
> **हामारा के बालकवा भीखि दीं।**
> **मोरी दुलारी हो मइया,**
> **हामारा के बालकावा भीखि दीं।।"**

पर्वों के अवसर पर स्त्रियाँ गंगा में स्नान करने के लिए जाया करती हैं। इस समय वे समवेत स्वर में गंगा की स्तुति में गीत गाया करती हैं। इन गीतों में गंगा स्नान करने से शारीरिक तथा मानसिक मैल के नष्ट होने की चर्चा प्रधान रूप में की गई है। सच है गंगा में गोता लगाने से शरीर की ही मैल नहीं धुलती प्रत्युत मन की मैल भी नष्ट हो जाती है।

तुलसी का पौधा बड़ा पवित्र माना जाता है। स्त्रियाँ कार्तिक मास में विशेष रूप से इसकी पूजा करती हैं। प्रातः काल स्नान कर स्त्रियाँ माता को अर्घ्य देती हैं, और सायंकाल उनकी आरती उतारती हैं। उनकी स्तुति में गीत भी गाती हैं।

नीची जातियों में देवी की पूजा विशेष रूप से प्रचलित है। दुःसाध (हरिजन) जाति में यदि कोई व्यक्ति बीमार हो जाता है तो तब उसको नीरोग करने के लिए कोई डॉक्टर या वैद्य नहीं बुलाया जाता बल्कि उस जाति का कोई बूढ़ा व्यक्ति बुलाया जाता है। वह देवी—दुर्गा,

---

१. डॉ० उपाध्याय : भो० लो० गी०, भाग १।

भगवती—स्तुति में 'पचरा' नामक गीत गाता है। और देवी का आवाहन करता है। वह पलाश की लकड़ी और घी से देवी की आराधंना के लिये हवन करता है और उनसे प्रार्थना करता है कि वे रोगी को शीघ्र ही स्वास्थ्य-लाभ प्रदान करें। इस प्रकार वह देवी को प्रसन्न कर अपने कार्य में सफली-भूत होता है।

व्रतों का विधान—स्त्रियाँ विभिन्न व्रतों का सम्पादन करती हैं। वर्ष के विभिन्न मासों में विभिन्न कार्यों की सिद्धि के लिए वे व्रतों को करती हैं। कभी प्रिय भाई की मंगल-कामना के लिए, कभी पुत्र की प्राप्ति के लिए और कभी पति के स्वास्थ्य-लाभ के लिए वे व्रतों का विधिवत् आचरण करती हैं। कुमारी लड़कियाँ भाई की शुभ-कामना के लिए कार्तिक के महीने में 'पिंडियां' का व्रत एक मास तक बड़े प्रेम से करती हैं।

इसी प्रकार 'छठी माता' का व्रत पुत्र की प्राप्ति के लिए किया जाता है। यह वास्तव में सूर्य का ही व्रत है और उसकी चर्चा पहिले की जा चुकी है। पुत्रवती स्त्रियों द्वारा अपने पुत्र की कुशलता तथा मंगल-कामना के लिए 'जिउतिया' का व्रत सम्पादित किया जाता है। इसे संस्कृत में 'जीवित्पुत्रिका' व्रत कहते हैं। पति और पुत्र के नीरोग रहने के लिए रविवार और मंगलवार को भी व्रत किया जाता है। प्रत्येक मास की एकादशी को व्रत रखना अनेक स्त्रियों का प्रायः नियम सा है। इनके अतिरिक्त 'बहुरा' और 'तीज' के व्रत किये जाते हैं। इन सभी व्रतों तथा पर्वों के अवसर पर लोक-गीत गाये जाते हैं।

संस्कार-सम्बन्धी जो गीत उपलब्ध होते हैं उनमें भी धर्म के किसी अंग का उल्लेख अवश्य पाया जाता है। सोहर के गीतों में राजा दशरथ पिता के प्रतीक हैं और रामचन्द्र पुत्र का प्रतिनिधित्व करते हैं। होली के गीतों में राधा और कृष्ण का वर्णन प्रेमिका तथा प्रेमी के रूप में किया गया है। कहने का आशय यह है, कि लोक-कवि की काव्य-प्रतिभा धर्म को केन्द्र-बिन्दु मानकर ही विकसित होती दिखाई पड़ती है। वह जिस किसी भी वस्तु का वर्णन करता है उसमें किसी देवी-देवताओं का स्वरूप लाकर हमारे सामने खड़ा कर देता है।

धार्मिक विश्वास—लोक-गीतों में जनता के धार्मिक विश्वासों का चित्रण उपलब्ध होता है। बात-बात में ग्रामीण जन भाग्यवाद और कर्मवाद की दुहाई देते हैं। जगत् में जो विषमता दिखाई पड़ती है उसका मूल कारण कर्मों का फल बतलाया जाता है। लोक-गीतों में भाग्यवाद की अमिट रेखा दृष्टिगोचर होती है। भाग्य की प्रबलता और कर्म की दुर्निवारता की अभिव्यक्ति इन गीतों में बड़ी मार्मिक रीति से की गई है। ये कर्म और भाग्य शब्द के ही अर्थ के द्योतक हैं। कोई बाल विधवा पुत्री अपने दुःखों का वर्णन पिता से करती है। उसका पिता उत्तर देता है कि मेले में जाकर मैं तुम्हारे भाग्य को—अन्य वस्तुओं की भाँति—बदल दूँगा। इस पर वह चतुर पुत्री उत्तर देती है कि एक पिता जी काँसा और पीतल की वस्तुयें तो मेले में बेंची या बदली जा सकती हैं परन्तु मेरा कर्म (भाग्य) कैसे बदला जा सकता है ?

"बाबा काँसावा, पीतर सब बदली,
करम कइसे बदली ए राम।।"

इन पंक्तियों में लोक-कवि ने कर्म की दुर्निवारता की बड़ी मार्मिक अभिव्यक्ति की है।

गोस्वामी तुलसीदास जी ने लिखा है कि संसार कर्म प्रधान है और जो जैसा करता है उसका फल उसे अवश्य ही मिलता है:—

"कर्म प्रधान विश्व कर राखा।
जो जस करे सो तस फल चाखा।।

गोस्वामीजी की उपर्युक्त चौपाई लोगों के जीवन का महामन्त्र है। इस भाव की प्रतिध्वनि अनेक गीतों में उपलब्ध होती है। कोई बहिन अपने भाई से ससुराल के कष्टों को निवेदन करती हुई कहती है कि ए भइया! दुःखभरी मेरी इस गाथा को तुम अपने मन ही में रखना किसी से भी मत कहना। मेरे कर्म में जैसा लिखा होगा वैसा फल मुझे तो भोगना ही पड़ेगा।[१]

"इ, दुःख तुम भैया मन ही में राखेउ रे ना।
भैया करम लिखा तस भोगब रे ना।"

शास्त्रकारों ने लिखा है कि:—

"अवश्यमेव भोक्तव्यं कृतं कर्म शुभाशुभम्।

राजा गोपीचन्द के जन्म के अवसर पर ज्योतिषी आकर उनकी जन्मकुण्डली का फल बतलाते हुए कहता है कि यह योगी हो जायेगा। इस समाचार को सुनकर जब उनकी माता क्रोधित होकर कहती है कि तुम्हारे पोथी-पत्रे में आग लग जाय। तब वह उत्तर देता है कि कागज को तो फाड़कर फेंका जा सकता है परन्तु कर्म को कौन मेटने वाला है ?:—

"कागज होई राजा फारि के फेकौं।
कर्म न मेटो जाय हो राम।"

लोक-गाथाओं में अनेक प्रकार के धार्मिक विचार, विश्वास, रूढ़ियों और परम्पराओं की उपलब्धि होती है। लोक-गीतों में कर्मवाद की चर्चा अभी की जा चुकी है। लोक कथाओं में भाग्यवाद की अमिट छाप दिखायी पड़ती है। मानिकचन्द्र की कथा इसका प्रत्यक्ष प्रमाण है। दुर्दिन के चक्कर में पड़कर मानिकचन्द्र नामक व्यक्ति अपने राज्य से च्युत होकर भड़भूजा का काम करने लगता है परन्तु फिर उसके दिन पलटते हैं और वह राज्य को प्राप्त कर लेता है। इस प्रकार लोक-कथाकारों ने भाग्य के परितर्वन का चित्रण बड़ी सुन्दर रीति से इस कथा में किया है।

विश्व की मंगल-कामना की भावना भी इन कथाओं में उपलब्ध होती है। लोक-कहानियाँ सदा सुखान्त होती हैं दुःखान्त नहीं। कथावस्तु के भीतर कितनी ही दुःखान्त घटनायें क्यों न वर्णित हों परन्तु उन सबका पर्यवसान सुख में ही होता हैं। लोक-कथाओं का अन्त सदा इस प्रकार होता है—"जैसे अमुक व्यक्ति का कल्याण हुआ वैसे ही संसार के सभी लोगों का मंगल हो।" सार्वजनीन मंगल की यह भावना उस धर्मबुद्धि से प्रेरित होती है जो संसार में सब का कल्याण चाहती है। लोक-कथाओं में वर्णित 'सर्वजनहिताय' की यह कामना हमें संस्कृत की इस

---

१. त्रिपाठीः ग्रामगीत, पृ० ३६७।

सूक्ति का स्मरण दिलाती है जिसमें मानव मात्र के सुख की घोषणा की गई है।

"सर्वेऽत्र सुखिनः सन्तु,
सर्वे सन्तु निरामयाः।
सर्वे भद्राणि पश्यन्तु,
मा कश्चित् दुःखमाप्नुयात् ।।"

लोक-कथाओं में सत्य की विजय और असत्य की पराजय दिखलाई गई है। इससे ज्ञात होता है कि लोक-कथाकार "सत्यमेव जयते नानृतम्' के शाश्वतिक सिद्धान्त को स्वीकार करता है। इन कथाओं के अध्ययन से पाठकों के हृदय पर धर्म का प्रभुत्व स्थापित होता है।

जन साधारण अनेक प्राचीन रूढ़ियों, परम्पराओं तथा विश्वासों पर अमिट आस्था रखता है। सच तो यह है कि उसका समस्त जीवन रूढ़ियों और अन्धविश्वासों से घिरा हुआ है। इन विभिन्न विश्वासों और रूढ़ियों का वर्णन लोक-कथाओं में पाया जाता है।

देहाती कहावतों और मुहावरों में भी धर्म के अनेक तत्त्व उपलब्ध हो सकते हैं। किम्बहुना, बच्चों के निरर्थक कहे जाने वाले गीतों में भी भगवान् से जल की वर्षा करने के लिए प्रार्थना की गई है "राम जी राम जी पानी द, घोड़वा पियासल बा" इस पंक्ति के अर्थ को न समझता हुआ भी, इसकी पुनरावृत्ति करने वाला बालक, भगवान् से संसार के कल्याण के लिए जल देने की प्रार्थना करता है।

प्रस्तुत लेखक के द्वारा यह दिखलाने का प्रयास किया गया है कि लोक-साहित्य के प्रत्येक अंग में धर्म अनुस्यूत है। जिस प्रकार धर्म की जिज्ञासा वृत्ति ने भारतीय दर्शन की सृष्टि की, उसी प्रकार धर्म के प्रति हमारी दृढ़ भक्ति से लोक-साहित्य को केवल प्रेरणा ही नहीं प्राप्त हुई प्रत्युत उसने आधार शिला का कार्य किया है। हमारी धार्मिक वृत्ति के फलस्वरूप ही गंगा माता, तुलसी माता और शीतला माता के गीतों की रचना संभव हो सकी है। इसी वृत्ति ने भजन तथा निर्गुन जैसे भक्तिभाव प्रधान गीतों को जन्म दिया है। लोक गीतों तथा गाथाओं में सतीत्व, सदाचार तथा सत्य के प्रति जो प्रगाढ़ दृढ़ता की झलक दिखलाई पड़ती है उसकी सतत् प्रेरणा धर्म से ही मिली है। इन गीतों में अनेक विषम परिस्थितियों में पड़कर भी, सत् आचरण से विचलित न होने की जो अलौकिक शक्ति दृष्टि-गोचर होती है, उसका मूल स्रोत धर्म ही है। भजन और निर्गुन के गीतों में भक्ति की जो मन्दाकिनी अमन्द गति से प्रवाहित होती है उसका उद्गम-स्थान धर्म ही है। जिस प्रकार प्राचीन भारतीय तक्षण कलाकारों ने धार्मिक भावनाओं से प्रभावित होकर पाषाण की प्रतिमाओं में जान डाल दी, उसी प्रकार इन कुशल लोक-कवियों ने भी भक्तिभाव से प्रेरित होकर जो रचना की है निष्प्राण शब्दों में प्राण का संचार हो गया है।

लोक-कथाओं में विश्वबन्धुत्व की भावना उपलब्ध होती है। जगत् में समस्त मानव की मंगल-कामना ही इन लोक-कथाओं का एक मात्र उद्देश्य है। क्या ऐसी दिव्य तथा स्वर्गीय कामना धर्म की भावना से अनुप्राणित नहीं है ? क्या ऐसे उत्तम विचारों का मन में उदय होना धर्म की प्रेरणा के बिना सम्भव है ? कदापि नहीं। सच तो यह है कि धर्म की आधार-शिला पर ही लोक-साहित्य की प्रतिष्ठा हुई है। जनता के इस लोकप्रिय साहित्य में वर्णित विधि-विधानों,

रीति-रिवाजों, विश्वास-परम्पराओं तथा रहन-सहन का अनुशीलन किया जाय तो इससे ज्ञात होता है कि उनको धर्म से कितनी प्रेरणा प्राप्त हुई है, कितना बल मिला है। किम्बहुना, यदि लोक-साहित्य के निर्माण में धर्म का आधार न प्राप्त होता तो उसका इतना सजीव, स्वस्थ तथा सबल होना सम्भव न होता।

अध्याय १७

राष्ट्रीय जीवन में लोक-साहित्य की महत्ता

किसी देश के राष्ट्रीय जीवन में लोक-साहित्य का महत्त्व अत्यधिक है। यदि इसका सम्यक् संरक्षण एवं अनुशीलन किया जाय तो हमारे साहित्य की श्रीवृद्धि होगी। इस मौखिक साहित्य में धर्म, समाज तथा सदाचार सम्बंधी अमूल्य सामग्री भरी पड़ी है। इसके साथ ही स्थानीय इतिहास और भूगोल सम्बंधी बातें भी उपलब्ध होती हैं। भाषाशास्त्री के लिए तो यह साहित्य रत्नाकर के समान है जिसमें गोता लगाने पर उसे अनेक अनमोल मोती प्राप्त हो सकते हैं। जिन देशों या जातियों में लिखित साहित्य उपलब्ध नहीं होता वे अपने मौखिक साहित्य पर ही गर्व करते हैं।

लोक साहित्य के महत्त्व को हम साधारणतया छः भागों में विभक्त कर सकते हैं:—

१. ऐतिहासिक महत्त्व, २. भौगोलिक-आर्थिक महत्त्व, ३. सामाजिक महत्त्व, ४. धार्मिक महत्त्व, ५. नैतिक महत्त्व, ६. भाषा-शास्त्र-सम्बन्धी महत्त्व।

इनका वर्णन संक्षेप में क्रमपूर्वक यहाँ उपस्थित किया जाता है:—

१. ऐतिहासिक महत्त्व

लोक साहित्य में इतिहास की प्रचुर सामग्री भरी पड़ी है जिनके सम्यक् अध्ययन तथा अनुसन्धान से हमारा ऐतिहासिक भण्डार भरा जा सकता है। लोक-गीतों तथा गाथाओं में स्थानीय इतिहास का पुट बड़ा गहरा है, जिनके उद्घाटन से हमारे विलुप्त तथा विस्मृत इतिहास पर पूर्ण प्रकाश पड़ सकता है तथा बिखरी हुई इतिहास की अनेक कड़ियाँ जोड़ी जा सकती हैं। उत्तर प्रदेश के बलिया जिले में हल्दी एक छोटा सा गाँव है जहाँ कुछ काल पूर्व हैहयवंशी क्षत्री राज्य करते थे, जिनके वंशज आज भी मौजूद हैं। इन राजाओं की बिहार राज्य के शाहाबाद जिले के डुमराँव के राजघराने से बड़ी तनातनी रहती थी। बलिया जिले के बैरिया नामक गाँव के निवासी एक भूमिहार जमींदार थे जिनका नाम बहोरन पाण्डेय था। ये डुमराँव के राजा के मैनेजर थे। एक बार बहोरन पाण्डेय पालकी में बैठकर हल्दी गाँव से होते हुए कहीं जा रहे थे। उस समय ग्रामीण बालकों को खेल में गाते हुए इन्होंने यह सुना कि :—[१]

"राजा भइले रजुली, बहोरन भइले धुनिया।
मारेले दलगंजनदेव, दलकेले दुनिया ।।"

अर्थात् डुमराँव के राजा रजुली—बहुत छोटा—है और बैरिया के जमींदार बहोरन पाण्डे जुलाहा—धुनियाँ—हैं। हल्दी के राजा दलगंजनदेव के प्रताप के कारण सारी पृथ्वी काँपती है। लड़कों के इस गीत को सुनकर बहोरन पाण्डेय बहुत ही क्रुद्ध हुए और उन्होंने डुमराँव के राजा से बच्चों के गीत की कथा कह सुनाई। इस गीत को सुनते ही डुमराँव के राजा अत्यन्त क्रोधित

१. लेखक का निजी संग्रह।

हो गये और उन्होंने हल्दी के राजा के ऊपर आक्रमण कर उनको परास्त कर दिया।

यह एक स्थनीय घटना है जिससे हल्दी और डुमराँव के राजाओं के पारस्परिक संघर्ष का पता चलता है।

जौनपुर जिले के कोइरीपुर गाँव के पास चाँदा नामक एक गाँव है जहाँ सन् १८५७ में सिपाही-विद्रोह के अवसर पर अंग्रेजी फौजों के साथ प्रतापगढ़ जिले के कालाकाँकर स्थान के बिसेनवंशी राजा से घोर युद्ध हुआ था।[1] अब भी इस गाँव के आस-पास इस युद्ध के सम्बन्ध में लोक-गीत गाये जाते हैं जिसकी एक कड़ी इस प्रकार है:—

"काले काँकर क बिसेनवा,
चाँदे गाड़े बा निसनवा"

मुगलों के शासन काल में किस प्रकार इस देश में अशान्ति एवं दुर्व्यवस्था थी इसका चित्रण अनेक लोक-गीतों में पाया जाता है। तुर्कों की विषय-लोलुपता तथा स्वेच्छाचारिता की गूँज इन गीतों में खूब सुनाई पड़ती है, किस प्रकार कुसुमा देवी ने मिर्जा साहब के अत्याचारों को सहकर भी अपने सतीत्व की रक्षा की थी और अपने चरित्र की ओजस्विता को प्रकट किया था, यह गाँवों में आज भी बड़े उत्साह के साथ गाया जाता है। सती कुसुमा देवी का नाम इन गीतों में अमर है। मिर्जा नामक किसी तुर्क सरदार की कुदृष्टि कुसुमा देवी के लावण्यमण्डित शरीर पर पड़ी। वह उसे पाने के लिए बेचैन हो उठा। मिर्जा ने सती कुसुमा के पिता को कैदखाने की काली कोठरी में डाल दिया और कुसुमा को जबरदस्ती पालकी में बैठा कर अपने स्थान को ले चला। पितृ-परायणा पुत्री जब रास्ते में जा रही थी तब उसने मिर्जा से अपने पिता के द्वारा बनवाये गये तालाब में पानी पीने की इच्छा प्रकट की। जब वह तालाब के किनारे जल पीने के लिए लाई गयी तब उसने जल में कूद कर अपनी आत्महत्या कर ली और इस प्रकार पापी मिर्जा के कलुषित हाथों से अपने को छुड़ा लिया। कुसुमा देवी का यह दिव्य चरित्र हमारे लिए आज भी नारीत्व के उत्कृष्ट महत्त्व को प्रदर्शित करता है।

इस सुप्रसिद्ध गीत की कतिपय पंक्तियाँ इस प्रकार हैं[2]

"तनियक डोलिया थमाओ मिरजवा,
बाबा के सगरवा मुँहवा धोइत हो ना।
बाबा के सगरवा सुन्दर बढ़इल पनियाँ,
हमरे सगरवा पनियाँ पीयों हो ना ।।
तोहरा सगरवा मिरजा नित उठि होई हैं,
बाबा कै सगरवा दुरलभ होइहैं हो ना।।
एक घूँट पियली दूसरा घूँट पियली,
तिसरे में गई है तराई हो ना।।

---

१. त्रिपाठी : क० कौ०, भाग ५ (ग्रामगीत), पृ० ८७।
२. डॉ० उपाध्याय: भो० लो० गी०, भाग १, पृ० ५१।

रोइ रोइ जालावा डलावै राजा मिरजा,
फँसि आवै घोघिया सेबरिया हो ना।
मुँहवा पटुका देके रोवे राजा मिरजा,
मोरे मुँह करिखा लगवलू हो ना।।
सिर पै पगड़िया बाँधि हँसे भैया बाबा,
दूनों कुल राखेउ बहिनी कुसुमा हो ना।।"

इस प्रकार से अनेक गीत ऐसे हैं जिनमें मुगलकालीन शासन की ढिलाई और दुराचार एवं दुर्व्यवस्था का वर्णन पाया जाता है।

भोजपुरी मण्डल सदा से अपने 'वीर बाँकुड़ों' के लिए विख्यात है। अतः शत्रुओं का मानमर्दन करने वाले वीरों की अनेक कहानियाँ गीतों में गाई जाती हैं। सन् १८५७ की क्रान्ति की चर्चा—जिसमें भोजपुरी सिपाहियों का विशेष हाथ था—इन गीतों में बिखरी पाई जाती है। वीराग्रणी बाबू कुँवर सिंह ने जिस पराक्रम के साथ अंग्रेजों से युद्ध किया था वह इतिहासवेत्ताओं से अविदित नहीं है। गीतों में वर्णित इनके उत्कृष्ट बाहु-बल की कहानी सुनकर आज हमें रोमांच हो जाता है। कुँवर सिंह की वीरता से परिपूर्ण इस गीत में उनकी बहादुरी का जीता जागता चित्र उपस्थित किया गया है।[१] इसके साथ ही सिपाही-विद्रोह सम्बन्धी अनेक घटनाओं पर भी इससे प्रकाश पड़ता है।

"लिखि लिखि पतिया के भेजलन कुँवरसिंह,
ए सुन अमर सिंह भाय हो राम ।।
चमड़ा के टोड़वा दाँत से हो काटे कि
छतरी के धरम नसाय हो राम।।
बाबू कुँवर सिंह भाई अमर सिंह,
दोनों अपने हैं भाय हो राम।।
बतिया के कारण से बाबू कुँवरसिंह,
फिरंगी से रेढ़ बढ़ाय हो राम।।
दानापुर से जब सजलक हो कम्पू
कोइलवर में रहे छाय हो राम।।
लाख गोला तुहुँ कै गनि के हो मरिहौं
छोड़ बरहरवा के राज हो राम।।

उपर्युक्त गीत में जन-विद्रोह के एक प्रमुख कारण की ओर संकेत किया गया है। साथ ही कुँवर सिंह की सेना का दानापुर (पटना) से चल कर कोइलवर में आने का उल्लेख पाया जाता है।

---

१. डॉ० उपाध्याय : भो० लो० गी०, भाग १, पृ० ५२।

सिपाही-विद्रोह सम्बन्धी अनेक गीत उपलब्ध होते हैं जिनमें कहीं तो मेरठ के सदर बाजार में होने वाली लूट का वर्णन है, तो कहीं अवध की बेगमों पर अंग्रेजों के द्वारा किये गये अत्याचार का उल्लेख है। अंग्रेजों ने सन् ५७ में वाजिदअली शाह से अवध की गद्दी छीनकर उसे लखनऊ से निर्वासित कर दिया था। इस दुःख से दुःखी उसकी बेगमों का यह विलाप कितना हृदय द्रावक है।[१]:—

"गलियन गलियन रैयत रोवे
 हटियन बनिया बजाज रे।।
महल में बैठी बेगम रोवैं,
 डेहरी पर रोवै खवास रे।।
मोती महल की बैठक छूटी,
 छूटी है मीना बाजार रे।।
बाग जमनिया की सैरैं छूटी,
 छूटे मुलुक हमार रे।।
जो मैं ऐसी जानती,
 मिलती लाट से जाय रे।।
हा हा करती; पैयाँ परती;
 लेती सँइयाँ छोड़ाय रे।।"

कहने की आवश्यकता नहीं कि इस गीत में वर्णित घटनायें सच्ची हैं।

महात्मा गाँधी के नेतृत्व में जो राष्ट्रीय आन्दोलन हुये हैं उनका वर्णन भी लोक गीतों में उपलब्ध होता है। गाँधी जी ने दक्षिणअफ्रीका में भारतीयों को समान अधिकार दिलाने के लिए जो अहिंसात्मक युद्ध किया था उसकी प्रतिध्वनि नीचे की इन पंक्तियों में सुनिये।[२]

"ए देश के दुलारे प्यारे परम पिता के,
प्रह्लाद नव समय के गौरव निधान गाँधी।
होकर अचल हिमाचल ए बीर! तू खड़ा था,
जब अफ्रीका में बहती थी आपदा की आँधी
गोरों गरूर वालों का गर्व खर्व करके,
ऐ देशभक्त ! तूने मर्याद मेड़ बाँधी।।"

इसी प्रकार से प्रिन्सिपल मनोरंजन प्रसाद सिनहा के प्रसिद्ध गीत 'फिरंगियाँ' में सन् १९१९ ई० में होने वाले पंजाब हत्याकाण्ड का बड़ा ही करुण चित्रण किया गया है। सन् १९३० ई० में नमक सत्याग्रह के समय के अनेक लोकगीत उपलब्ध हैं जिनमें नमक कर हटाने के लिए कांग्रेस के संघर्ष का वर्णन पाया जाता है। सन् १९४२ में 'भारत छोड़ो' आन्दोलन के समय अनेक

१. इन्डियन एन्टिक्वेरी, भाग XL (४०), सन् १९११, पृष्ठ १९५।
२. लेखक के निजी संग्रह से।

स्थानों पर अंग्रेजों द्वारा निरीह जनता पर जो अत्याचार हुये इसका पता गीतों में लगता है। इस प्रकार लोक-गीतों में इतिहास सम्बन्धी बहुमूल्य सामग्री भरी पड़ी है।

उत्तरी भारत में गोपीचन्द की गाथा बहुत प्रसिद्ध है। बहुत दिनों तक लोग इन्हें अनैतिहासिक व्यक्ति समझते थे और इनकी कथा को कवि कल्पना की उपज मानते थे। परन्तु डॉ० ग्रियर्सन ने प्रबल प्रमाणों के आधार पर यह प्रमाणित किया है कि ये ऐतिहासिक व्यक्ति थे।[१] उन्होंने इनके निवास स्थान का पता लगाकर इनके सम्बन्ध में बहुत सी ऐतिहासिक सामग्री की खोज की है।

महोबा के परमार राजा परमर्दिदेव की सेना के शूरमा आल्हा और ऊदल की वीरता से कौन परिचित नहीं है। जगनिक ने अपने 'आल्हखण्ड' में इन ऐतिहासिक वीरों की गाथा गायी है। जगनिक की यह कृति आज उपलब्ध नहीं है। यदि यह ग्रंथ मूल रूप में प्राप्त होता तो परमार तथा चौहान राजाओं के इतिहास की बहुत सी सामग्री प्रकाश में आ सकती थी। यद्यपि आधुनिक काल में वर्तमान कवियों द्वारा रचित जो आल्हखण्ड मिलता है उसमें बहुत सा अंश 'भट्ट भणन्त' के रूप में है फिर भी उस कथा की ऐतिहासिकता में किसी को सन्देह नहीं हो सकता। आल्हा की कथा का निर्माण इतिहास की ठोस आधारशिला पर हुआ है।

२. भौगोलिक-आर्थिक महत्त्व

लोक साहित्य में भूगोल सम्बन्धी किसी विषय का सांगोपांग विवेचन तो उपलब्ध नहीं होता परन्तु स्थानीय भूगोल के सम्बन्ध में बहुत सी बातों का पता चलता है। लोक-गीतों में बहुत सी नदियों और नगरों के नाम पाये जाते हैं। भोजपुरी लोक-गीतों में गंगा, यमुना, सरयू (घाघरा) और सोन आदि नदियों के नाम बारम्बार आते हैं। शहरों में काशी, प्रयाग, अयोध्या, मिर्जापुर, पटना और जनकपुर का नाम अधिक मिलता है। पूर्व देश (बंगाल) और मोरंग देश का उल्लेख भी कुछ कम नहीं हुआ है। 'ढोला मारू रा दूहा' से अनेक नगरों की स्थिति का पता चलता है।[२] 'आल्हखण्ड' में तत्कालीन भूगोल सम्बन्धी बहुत सी सामग्री उपलब्ध होती है। इसमें अनेक शहरों के नाम मिलते हैं जो किसी वीर या राजा से सम्बन्धित हैं।[३] उदाहरण के लिए दिल्ली, कन्नौज, महोबा, उरई, कालपी, माड़ौगढ़, बबुरीबन, दसहर पुरवा, बनरस, गाँजर, नरवरगढ़, नैनागढ़, पैरीगढ़, पथरीगढ़, खजुहागढ़, कजरीबन, बिठूर और बौरीगढ़ आदि स्थनों का उल्लेख अनेक स्थानों पर हुआ है।

इनके अतिरिक्त हरद्वार, हिंगलाज, गया, गोरखपुर, पटना, बूँदी, राजगृह, और बंगाल का नाम भी इसमें आया है। 'आल्हखण्ड' में कुछ ऐसे छोटे-छोटे गाँवों के भी नाम मिलते हैं जो अब तो समय के प्रवाह में लुप्त हो गये अथवा इनका पता नहीं चलता। वास्तव में इस लोकगाथा में

---

१. डॉ० ग्रियर्सनः जर्नल ऑफ़ दि एशियाटिक सोसाइटी ऑफ बंगाल, भाग LIV, सन् १८८५, पार्ट १, पृ० ३५।

२. सूर्यकरण पारीक द्वारा सम्पादित।

३. त्रिपाठीः आल्हा, पृ० ३७-४२ भाग ५ (ग्रामगीत)

इतने अधिक भौगोलिक नामों का उल्लेख हुआ है कि उनके विषय में खोज करने पर एक स्वतन्त्र पुस्तक का कलेवर भर सकता है। आवश्यकता इस बात की है कि भूगोल के शोधी विद्वान आल्हाकालीन भूगोल का अध्ययन कर इस गाथा में वर्णित साधनों का पता लगावें। बिहुला के गीत में अनेक स्थानों का उल्लेख पाया जाता है जो भौगोलिक दृष्टि से महत्त्वपूर्ण है।

आर्थिक महत्त्व—लोक-गीतों में जन-जीवन के आर्थिक पक्ष की झाँकी भी दिखायी पड़ती है। गीतों और कथाओं में सोने की थाली में भोजन करने और आभूषणों की प्रचुरता का वर्णन उपलब्ध होता है। भोजपुरी झूमर के गीतों में सोने की थाली में भोजन परोसने का उल्लेख अनेक बार हुआ है। कोई स्त्री परदेश गये हुए पति को लक्षित करती हुई कहती है कि:—[१]

"सोने के थाली में जेवनाँ परोसलों,
जेवना न जेवें अलबेला,
बलमु कलकत्ता निकल गयो जी।।"

बाल साफ करने की कंघी भी सोने की बनी हुई बतलाई गई है। चन्दन की लकड़ी के बने हुए पलंग का वर्णन पाया जाता है जो रेशम से बुना हुआ है। बच्चों को झुलाने के लिए जो पालना है वह चाँदी का बना हुआ है जिसमें रेशम की डोरी लगी हुई है। खाने के लिए बासमती चावल, मूँग की दाल, पूड़ी, पूआ आदि विभिन्न प्रकार के पकवानों का वर्णन है। एक गीत में तो बारात के खाने के लिए बनाई गई सैकड़ों मिठाइयों की लम्बी लिस्ट दी गई है जो सममुच ही बड़ी आकर्षक और लुभावनी है। भोजपुरी का एक मुहावरा है—दूध से पैर धोना और घी से स्नान करना। इससे ज्ञात होता है कि देश में दूध और घी की प्रचुरता थी तथा लोग इसका अधिक परिमाण में प्रयोग करते थे।

लोक-गीतों की स्त्रियाँ धानी रंग की चूनरी (अनेक रंगों से रंजित साड़ी) पहिनती थीं जिसमें इत्र लगा रहता था। अतः उससे सुगन्ध का फौवारा सदा छूटता रहता था। रेशम की साड़ी का प्रयोग पहिनने के लिए किया जाता । आभूषण सोने और चाँदी के बने होते थे। गहनों की जो लम्बी सूची गीतों में मिलती है उससे ज्ञात होता है कि तत्कालीन समाज बड़ा समृद्ध था। जनता की आर्थिक स्थिति अच्छी थी और सभी लोग धनधान्य से पूर्ण थे।

गीतों के अध्ययन से यह पता चलता है कि भोजपुरी प्रदेश के लोग व्यापार करने के लिए पूर्व देश (बंगाल या वर्मा) को जाया करते थे और बारह वर्षों के सुदीर्घ काल के पश्चात् लौटकर आते थे। कोई स्त्री कहती है कि मेरा पति वाणिज्य करने के लिए पूर्व देश को जा रहा है। अब मेरे उजड़े हुए घर को कौन छावेगा?[२]

"पियवा जे चलेले उत्तर बनजरिया, कि केइ रे छइहें ना;
मोरा उजड़ल बँगलवा, कि केइ रे छइहें ना ।"

---

१. त्रिपाठीः क०कौ०, भाग ५ (ग्रामगीत)
२. डॉ० उपाध्याय : भो० लो० गी०, भाग १।

अधिक तो क्या, भगवान् शिव भी 'पूरुबी बनिजिया' के लिए निकल पड़ते हैं।

गीतों में आर्थिक भूगोल भी पाया जाता है। शौकीन लोग खाने के लिए मगह का पान ही प्रयोग में लाते हैं। आज भी 'मगहिया' पान अपने स्वाद और सुन्दरता में प्रसिद्ध है। बहू के पहनने के लिए बनारस से साडी मँगाई जाती है जिसमें जरी का काम किया गया होता है। विवाह में वर को परीछने के लिए मिर्जापुर में बने हुए लोढ़े का प्रयोग किया जाता है। कहने की आवश्यकता नहीं कि मिर्जापुर में आज भी पत्थर के सिल और लोढ़े बड़े मजबूत और सुन्दर बनते हैं। विवाह में बरातियों के चढ़ने के लिए हाथी गोरखपुर से आता है और पटने से उसकी झूल आती है। यह सम्भव है कि पहिले पटने में हाथियों के झूल बनाने का व्यवसाय होता हो। एक गीत में बुटवल की नारंगी का उल्लेख पाया जाता है जो अपनी प्रसिद्धि आज भी बनाये हुए है।

३. सामाजिक महत्त्व

लोक साहित्य में जन-जीवन का जितना सच्चा और स्वाभाविक वर्णन उपलब्ध होता है उतना अन्यत्र नहीं। सच तो यह है कि यदि किसी समाज का वास्तविक चित्र देखना अभीष्ट हो तो उसके लोक साहित्य का अध्ययन करना चाहिए। लोक कवि मानव-समाज को जिस रूप में देखता है वह उसका उसी रूप में वर्णन करता है। अतः उसका वर्णन सत्य से दूर नहीं होता। इतिहास की बड़ी-बड़ी पोथियों में लड़ाई, झगड़ों और संघर्षों का विस्तृत विवरण भले ही मिल जाय परन्तु समाज के यथातथ्य चित्रण के लिए लोक साहित्य का अनुसंधान वांछनीय ही नहीं अनिवार्य भी है। इन लोक गीतों, गाथाओं और कथाओं में मनुष्यों के रहन-सहन, आचार-विचार, खान-पान और रीति-रिवाज का सच्चा चित्र देखने को मिलता है। मध्य प्रदेश में आदिम जातियाँ निवास करती हैं। उनके एक करमा गीत का भाव यह है कि **"यदि तुम मेरे जीवन की सच्ची कहानी जानना चाहते हो तो मेरे गीतों को सुनो।"**[१]

लोक साहित्य में समाज का जो चित्रण किया गया है वह सरस, शिष्ट और सभ्य है। पति-पत्नी, भाई-बहिन, माता-पुत्री, ननद-भावज और सास-बहू का जो वर्णन हमारे सामने उपलब्ध होता है उससे समाज का सारा चित्र हमारे हृदयपटल पर अंकित हो जाता है। भाई और बहिन के जिस शुद्ध एवं पवित्र प्रेम का वर्णन भोजपुरी लोक-गीतों में उपलब्ध होता है उसका दर्शन अन्यत्र कहाँ? यह निष्कपट प्रेम सचमुच ही अनुकरणीय है। कोई दुष्ट पति जब अकारण अपनी सती स्त्री का परित्याग कर देता है तब अपनी दुःखी बहिन को उसका भाई अपने घर ले जाता है, तथा उसे आदर के साथ रखता है। लोक-गीतों में पुत्री की विदाई के अवसर पर माता का प्रेम-पारावार हिलोरें मारता हुआ दिखाई देता है। कहीं माता रो रही है तो कहीं भाई चिल्ला रहा है। पिता की आँसुओं की धारा से गंगा में बाढ़ सी आ जाती है। इस प्रकार माता-पिता तथा भाई की गहरी ममता पुत्री के प्रति इन गीतों में दिखाई पड़ती है।

जब पुत्री बड़ी होने लगती है तब उसके पिता को उसके विवाह की चिन्ता सताने लगती है और उसे रात-दिन कभी चैन नहीं पड़ती। वह पुत्री के लिए उपयुक्त वर खोजने के लिए उड़ीसा

---

१. डॉ० एलविन: फोक सांग्स ऑफ मैकल हिल्स, भूमिका—पृ० १६।

और जगन्नाथ धाम तक की यात्रा करता है। विवाह की चिन्ता से न तो उसे दिन में चैन पड़ता है न रात ही में नींद लगती है। संस्कृत के किसी कवि ने ठीक ही लिखा है कि:—

"पुत्रीति जाता महती हि चिन्ता,
कस्मै प्रदेयेति महान वितर्कः ।
दत्त्वा सुखं प्राप्स्यति वा न वेति,
कन्या पितृत्वं खलु नाम कष्टम् ।"

लोक-गीतों में वर्णित पिता की दशा भी बहुत कुछ ऐसी ही होती है।

इन गीतों में जहाँ प्रेम और वात्सल्य दिखलाया गया है वहाँ विरोध और संघर्ष का चित्रण भी हुआ है। ननद और भावज का शाश्वतिक विरोध इन गीतों में पाया जाता है। ननद अपने भाई से भावज की सदा निन्दा करती हुई दिखाई पड़ती है। एक गीत में शान्ता राम से सीता की शिकायत करती हुई कहती है कि यह रावण का चित्र उरेह रही थी। इसके फलस्वरूप राम के द्वारा सीता का परित्याग कर दिया जाता है।

सास और बहू का सम्बन्ध भी इन गीतों में कुछ सुन्दर नहीं है। दुष्टा सास अपनी बहू को अनेक प्रकार का कष्ट देती है। वह दिनभर उससे काम करवाती है परन्तु खाने के लिये भर पेट भोजन तक नहीं देती। यही कारण है कि गीतों में उसे 'दरूनिया'—दारुण—कहकर सम्बोधित किया है। सौतिया डाह का बड़ा ही सजीव चित्रण इन गीतों में पाया जाता है। इसके साथ ही बाल-विवाह, वृद्ध-विवाह और बहु-विवाह का वर्णन भी उपलब्ध होता है।

समाज-शास्त्र के विद्यार्थी के लिए बहुत सी उपयोगी सामग्री लोक-साहित्य में पाई जा सकती है। बहुत से स्थानीय रीति-रिवाज और प्रथाओं का उल्लेख इन गीतों में हुआ है। भोजपुरी समाज में पुत्र के जन्म के अवसर पर थाली बजाने की प्रथा है। यह प्रथा बड़ी वैज्ञानिक है। परन्तु विज्ञान के इस युग में इस प्रथा को लोग भूलते चले जा रहे हैं। विवाह के अवसर पर परीछन, द्वारपूजा, गुरहथी, लावा मेराई, भाँवर, सुमंगली और कोहबर आदि अनेक प्रथाओं का उल्लेख मिलता है। प्राचीनकालीन वैदिक विवाह पद्धति को समझने के लिये इन प्रथाओं का जानना आवश्यक है।

इस विशाल देश में बहुत सी जंगली, पार्वत्य और आदिम जातियाँ निवास करती हैं। इन सभी जातियों की सामाजिक प्रथायें भिन्न-भिन्न हैं। इन प्रथाओं का उल्लेख उनके लोक-साहित्य में पाया जाता है। अतः मानव-शास्त्रवेत्ता के लिए यह मौखिक-साहित्य अत्यन्त उपयोगी तथा महत्त्वपूर्ण है।

४. धार्मिक महत्त्व

किसी जाति के धार्मिक जीवन का पता भी लोक-साहित्य से लगता है। लोक-गीतों में गंगा माता, तुलसी माता, शीतला माता तथा षष्ठी माता का गायन हुआ है। गंगा जी में स्नान करने से तन तथा मन के पापों के धुलने की बात कही गई है। भजनों में संसार की अनित्यता,

मानव-जीवन की क्षण-भंगुरता तथा वैभव की निःसारता का उल्लेख अनेक बार हुआ है। ग्रामीण जन किन-किन देवताओं की पूजा करते हैं, उनकी प्रसन्नता के लिए कौन-कौन से उपाय करते हैं तथा पूजा में जो विधि-विधान सम्पादित किये जाते हैं उन सब का वर्णन यहाँ पाया जाता है।

बहुरा, पिंड़िया, भइया दूज, जीउतिया (जीवितपुत्रिका) आदि व्रत सम्बन्धी कथाओं में धर्म के अनेक गूढ़ रहस्य छिपे पड़े हैं। समाज में मनु के वचनों या आदेशों का प्रभाव भले ही न पड़े परन्तु इन कथाओं का प्रभाव अवश्य ही पड़ता है। अतः धर्म और नीति की शिक्षा देने के लिए लोककथाओं का बड़ा महत्त्व है।

लोक-गीतों के अध्ययन करने से पता चलता है कि हिन्दू समाज में शिव पूजा की प्रधानता थी। लोग शिवमन्दिरों में पूजा के लिए जाया करते थे। साथ ही सूर्य की पूजा का कुछ कम प्रचार नहीं था। षष्ठी माता का व्रत वास्तव में सूर्य का ही व्रत है। यह व्रत पुत्र-प्राप्ति के लिए किया जाता है। इस दिन भगवान् सूर्य के उदय होने पर स्त्रियाँ अर्घ्य देती हैं और पक्कान्न तथा फल उन्हें समर्पित करती हैं।

गंगा और तुलसी का महत्त्व, हमारे धार्मिक जीवन में अत्यधिक है। इसकी पुष्टि लोक-गीतों के वर्णन से होती है। शीतला माता चेचक की अधिष्ठातृ देवी मानी जाती हैं। अतः इनका आवाहन इस रोग से पीड़ित बालक को नीरोग करने के लिए किया जाता है।

धार्मिक जीवन की झाँकी के अतिरिक्त हिन्दू पुराणशास्त्र (माइथोलोजी) के अनेक ज्ञातव्य विषयों पर इन गीतों से प्रचुर प्रकाश पड़ता है। यहाँ केवल एक ही उल्लेख पर्याप्त होगा। भोजपुरी गीतों में तुलसी के सपत्नी होने का उल्लेख अनेक बार हुआ है। परन्तु किसी पुराण में सम्भवतः इसकी चर्चा नहीं पाई जाती। अतः पुराणशास्त्र (माइथोलोजी) के लिए यह मौलिक कल्पना है। अतः तुलनात्मक पुराणशास्त्र के विद्यार्थी के लिए लोक-साहित्य का अध्ययन अनिवार्य है।

५. नैतिक महत्त्व

लोक साहित्य में जिस नैतिक अवस्था का वर्णन मिलता है वह लोकोत्तर और दिव्य है। जन-साहित्य के विविध अवयवों के अध्ययन से पता चलता है कि उस समय समाज का नैतिक स्तर बहुत ही ऊंचा था। तत्कालीन लोगों का चरित्र सदाचार और सन्निष्ठा का निकषग्रावा था। सतीत्व का जो आदर्श इस साहित्य में उपलब्ध होता है वह अन्यत्र दुर्लभ है। भारत में सती-धर्म का पालन बड़ी कठोरता के साथ किया गया है। अनेक ललनाओं ने सतीत्व की रक्षा के लिए अपने कोमल कलेवर को हँसते हुए अग्निदेव को समर्पित कर दिया है। राजपूताने में प्रचलित पद्मिनी के 'जौहर' की अमर कहानी से कौन परिचित नहीं है? परन्तु लोक-साहित्य में अनेक पद्मनियाँ अपने सतीत्व की रक्षा अथवा अपने को पवित्र प्रमाणित करने के लिए अग्नि में प्रवेश करती हुई दिखायी पड़ती हैं। अनेक वरुणदेव की शरण लेती हैं। सती शिरोमणि कुसुमा देवी ने किस प्रकार तालाब में डूबकर दुष्ट मुगलों के हाथों से अपने सतीत्व की रक्षा की इसका उल्लेख

पीछे किया जा चुका है। इसी प्रकार साध्वी चन्दा देवी अपने सतीत्व को प्रमाणित करने के लिए खौलते हुए तेल की कड़ाही में कूद पड़ती है।[१]

सतीत्व की कसौटी पर स्त्रियाँ खरी उतरती दिखाई पड़ती हैं। कोई पुरुष परदेश से लौट रहा है। रास्ते में अपनी धर्मपत्नी से उसकी भेंट होती है। वह उसके सतीत्व की परीक्षा के लिए उसे लालच दिखलाता है और हार, मोती तथा 'डाल' भर सोना देकर उससे विवाह का प्रस्ताव करता है। स्त्री अपने पति को अधिक दिनों पर घर लौटने के कारण पहिचानती नहीं। वह उसके इस दुष्ट प्रस्ताव का उत्तर देती हुई कहती है कि मैं तुम्हारे धन (सोना, हार आदि) में आग लगा दूँगी और मेरा पति जब परदेश से लौट कर आयेगा तब तुम्हें कठोर दण्ड दिलाऊंगी। एक भोजपुरी गीत में कोई देवर अपनी भावज से मजाक करता हुआ उससे विवाह का अनुचित प्रस्ताव करता है। इस पर सती भावज क्रोधित होकर उत्तर देती है कि यदि मेरा पति परदेश से लौट आया तब मैं तुम्हारी इन लम्बी भुजाओं को इस दुष्टता के कारण कटवा डालूँगी।[२]

भोजपुरी लोक-गीतों में दिव्य की प्रथा का उल्लेख अनेक स्थानों में हुआ है। स्त्रियाँ अपने सतीत्व को प्रमाणित करने के लिए, अपने को पूत एवं पवित्र सिद्ध करने के लिए अनेक प्रकार के दिव्य को ग्रहण करती हैं। कोई आग में प्रवेश करती है तो कोई जल-समाधि लेती है। इसी प्रकार वे अनेक कष्टों को सहन कर अपने को निर्दोष प्रमाणित करती हैं।

भोजपुरी में एक कहावत प्रचलित है जिसमें कोई स्त्री पर-पुरुष को लक्षित कर कहती है कि तुम्हारे आगे भी कूबड़ है और पीछे भी कूबड़ है। क्या तुम मेरे पति से अधिक सुन्दर हो?

"आगे कुब्बर, पीछे कुब्बर।
हमारा भतार से बड़ा सुन्नर ।"

एक दूसरी सती स्त्री कहती है कि:—

"आपन संइयां लेई सुतवों मैं कोरा।
उनकर भतार हवे पानी के हिलोरा।"

इससे पता चलता है कि लोक-गीतों में वर्णित ये स्त्रियाँ कितनी पति-परायणा हैं।

अंग्रेज़ी में एक कहावत प्रचलित है कि सीजर की पत्नी सन्देह से मेरे परे है।[३] लोक-साहित्य में जिन नारियों का चित्रण हुआ है उनके विषय में भी यही बात कही जा सकती है कि वे सन्देह से परे हैं और उनका चरित्र लोकोत्तर है।

६. भाषाशास्त्र-सम्बन्धी महत्त्व

भाषाविज्ञान की दृष्टि से लोक-साहित्य का महत्व सर्वाधिक है। लोक-साहित्य भाषाशास्त्री के लिए अमूल्य निधि है, अक्षय भाण्डार है। सुप्रसिद्ध भाषा-तत्त्ववेत्ता, नेशनल प्रोफेसर डॉ० सुनीतिकुमार चटर्जी ने इन पंक्तियों के लेखक से बातचीत के दौरान में एक बार

१. डॉ० उपाध्याय : भो० लो० गी०, भाग २।

२. डॉ० उपाध्यायः वही, भाग १।

३. Ceaser's wife is above suspicion.

कहा था कि जो लोग लोक-साहित्य का संग्रह कर रहे हैं वे भावी भाषाशास्त्रियों के लिए अमूल्य सामग्री उपस्थित कर रहे हैं। लोक-गीतों, गाथाओं और कथाओं में व्यवहृत शब्दों की निरुक्ति का पता लगाने पर भाषाशास्त्र-सम्बन्धी अनेक गुत्थियाँ सुलझायी जा सकती हैं। इनमें प्रचलित शब्दों द्वारा हिन्दी के अनेक शब्दों की विकास-परम्परा को हम वैदिक संस्कृत से जोड़ सकते हैं। बहुत से ऐसे शब्द वेद में पाये जाते हैं जो संस्कृत, प्राकृत तथा हिन्दी में नहीं हैं परन्तु उनका समानार्थी शब्द भोजपुरी में उपलब्ध होता है। एक उदाहरण लीजिये:—

गाय के 'सद्योजात'—तत्काल पैदा हुए—शिशु को वेद में 'धरुण' कहते हैं। भोजपुरी में यह 'लेरुआ' के नाम से पुकारा जाता है। परन्तु खड़ी बोली हिन्दी में इस अर्थ का द्योतक कोई शब्द प्राप्त नहीं होता। इसी प्रकार वेद में 'गर्भ-घातिनी' गाय को 'वेहद' और 'बाँझ' (वन्ध्या) गाय को 'वशा' कहते हैं। भोजपुरी में इसके लिए क्रम से 'लड़ाइल' और 'बहिला' शब्दों का प्रयोग किया जाता है। भोजपुरी का 'बहिला' शब्द वैदिक 'वशा' शब्द से विकसित हुआ है। हिन्दी में इन दोनों भावों को प्रकट करने के लिए कोई शब्द नहीं है। यदि 'धरण' और 'वशा' शब्दों की निरुक्ति के विकास की परम्परा लिखनी हो, यदि इन शब्दों की जीवनी का पता लगाना हो तो भोजपुरी लोक-साहित्य में प्रयुक्त इन शब्दों से परिचित हुए बिना हमारी गाड़ी आगे नहीं बढ़ सकती है। यह एक विशेष बात है कि अनेक वैदिक शब्दों में अपभ्रंश रूपों की सत्ता भोजपुरी में विद्यमान है परन्तु संस्कृत और हिन्दी में उनका सर्वथा अभाव है।

अनेक शब्दों की ऐतिहासिक परम्परा को जानने के लिए लोक-साहित्य का अध्ययन अत्यन्त उपादेय है। उदाहरण के लिए 'जुगवत' शब्द को ही लीजिए। लोक गीतों में इसका प्रयोग बड़ी सावधानी के साथ किसी वस्तु की रक्षा करने के अर्थ में हुआ है।[१] इस शब्द की उत्पत्ति संस्कृत 'गुपु रक्षणे' धातु से हुई है जिसका भूतकालिक रूप 'जुगोप' बनता हे। इसी 'जुगोप' से 'जुगवत' शब्द की व्युत्पत्ति ज्ञात होती है। एक दूसरा शब्द लीजिये—लोक-गीतों में सौभाग्यवती स्त्री के लिए 'सुहवा' शब्द का प्रयोग पाया जाता है। भाषाशास्त्र के विद्वानों से यह बात छिपी नहीं है कि यह शब्द संस्कृत के 'सुभगा' का तद्भव रूप है।

लोक-साहित्य के अध्ययन से हिन्दी साहित्य की श्री-वृद्धि होगी। उसका भाषा भाण्डार समृद्ध होगा! नये-नये शब्दों, मुहावरों और लोकोक्तियों के ग्रहण से हमारी भाषा की भाव प्रकाशिका शक्ति बढ़ेगी। ग्रामीण घरों में, प्रतिदिन अनेक नूतन शब्द व्यवहार में आते हैं। इसी प्रकार विभिन्न व्यवसाय करने वाली जातियाँ—लोहार, सोनार, कुम्हार आदि—अनेक पारिभाषिक पदावली का व्यवहार करती हैं। डॉ० ग्रियर्सन ने इन शब्दों का संग्रह 'बिहार पीजेन्ट लाइफ' नामक अपने ग्रन्थ में किया है।

---

१. गोस्वामी तुलसीदास ने निम्न चौपाई में इसी अर्थ में इसका प्रयोग किया है।
"अमिय मूरि जिमि जुगवत रहऊँ।
दीप-बाति ना टारन कहऊँ।"

लोक-साहित्य के कोष में कुछ ऐसे शब्द हैं जिनके भावों के समुचित प्रकाशन के लिए हमारी खड़ी बोली असमर्थ है। भोजपुरी में 'बिराना' एक क्रिया है जिसका अर्थ हिन्दी में मुँह चिढ़ाना है। परन्तु 'बिराना' का भाव मुँह चिढ़ाने से कुछ भिन्न है। इसी प्रकार 'डाहना' शब्द है जिसके लिए हिन्दी में जलाना या दुःख देना का प्रयोग किया जाता है। परन्तु 'डाहना' का भाव इन दोनों शब्दों से कहीं अधिक व्यापक और गम्भीर है। जलाने में केवल शुष्कता है परन्तु 'डाहना' शब्द में क्रोध, प्रतिवाद और विक्षोभ के साथ उलाहने का भाव भी सम्मिलित है। एक दूसरा शब्द 'बराना' है जिसके दो अर्थ हैं—बचकर चलना और चुनना है। जैसे 'राह बरा कर चलो।' परन्तु 'राह बराने' का भाव बचकर चलने से कहीं अधिक व्यापक है। 'निहुरना' का अर्थ झुकना है। झुकने का प्रयोग किसी भी वस्तु के लिए किया जा सकता है परन्तु 'निहुरना' का प्रयोग विशेषकर मनुष्यों की कमर के लिए प्रयुक्त होता है।

लोक-साहित्य में हजारों कहावतें और मुहावरे भरे पड़े हैं। इनमें भावाभिव्यंजन की बड़ी शक्ति होती है। वाक्यों में इनका प्रयोग करने से शैली सुगठित एवं चुस्त बन जाती है। कुछ मुहावरों में भावों की बड़ी सघनता एवं तीव्रता होती है। उदाहरण के लिए 'आग में मूतना' को लीजिये। अधिक अन्धेर या अत्यांचार करने के लिए इसका प्रयोग किया जाता है। दूसरा मुहावरा 'खराई मारना' है, जिसका अर्थ प्रातःकाल अधिक देर तक जलपान या भोजन न करने से शरीर में विकार उत्पन्न होना है। इन दोनों भावों को व्यक्त करने के लिए खड़ी बोली में मुहावरों का अभाव है।

ग्रामीण लोकोक्तियों में प्रचुर भाव भरे पड़े हैं। उनमें अर्थ प्रकाशन की विचित्र शक्ति है। एक भोजपुरी कहावत है—'बेटी चमारे नाम रजरनिया' अर्थात् वह चमार की लड़की है परन्तु उसका नाम राजरानी है। इसका प्रयोग उस समय किया जाता है जब किसी असुन्दर वस्तु को सुन्दर नाम प्रदान किया गया हो। एक दूसरी लोकोक्ति है 'अगिया लगाइ छउड़ी बर तर ठाढ़' अर्थात् दो आदमियों में झगड़ा लगाकर स्वयं तटस्थ हो जाना।[१] यह लोकोक्ति भवभूति की निम्नांकित उक्ति से बहुत कुछ मिलती-जुलती है:—

"तटस्थः स्वान् अर्थान्।
घटयति च मौनं च भजते।"

लोक-गीतों, गाथाओं और कथाओं में जो विशाल शब्द-सम्पत्ति छिपी पड़ी है वह भाषा शास्त्रियों के लिए अमूल्य निधि है। वह एक ऐसा अक्षय स्रोत है जिसका प्रवाह कभी सूख नहीं सकता। डॉ० ग्रियर्सन ने भोजपुरी लोक-गीतों की महत्ता को प्रतिपादित करते हुए एक स्थान पर लिखा है कि ये लोक-गीत उस खान के समान है जिसके खोदने का कार्य अभी आरम्भ नहीं हुआ है। इन गीतों की प्रत्येक पंक्ति में ऐसी विशेषता है जिससे भाषा-शास्त्र

---

१. विशेष के लिए देखिए—डॉ० उपाध्याय : भो० लो० गी०, भाग १।

सम्बन्धी अनेक समस्या हल की जा सकती हैं।[१]

लोक-साहित्य की महत्ता पर कुछ विद्वानों के मत

सुप्रसिद्ध मानवशास्त्रवेत्ता डॉ० वैरियर एलविन ने लोक-गीतों के महत्त्व को प्रतिपादित करते हुए लिखा है कि[२] "लोकगीत केवल अपने संगीत, स्वरूप और वर्ण्य विषयों के कारण ही महत्त्वपूर्ण नहीं है प्रत्युत इनकी महत्ता इससे भी अधिक है। इन गीतों में, इन व्यवस्थित लेख-पत्रों (document) में हमें मानव-विज्ञान-शास्त्र सम्बन्धी तथ्यों की प्रमाणित सामग्री उपलब्ध होती है। x x x मानव-विज्ञान-शास्त्री को अपने सिद्धान्तों की सत्यता प्रमाणित करने के लिए लोक-गीतों की अपेक्षा कोई दूसरा सच्चा साक्षी नहीं हो सकता है। करमा नामक एक गीत को सुनो।[३]

एन्ड्रुफ्लेचर ने लिखा है कि यदि किसी मनुष्य को समस्त लोक-गीतों की रचना की आज्ञा मिल जाय तो उसे इस बात की चिन्ता करने की आवश्यकता नहीं कि उस देश के कानून को कौन बनाता है।[४] भाव यह है कि लोक-गीतों तथा कथाओं में कानून से भी अधिक प्रभाव है।

एभेलिन मार्टिनेंगो का मत है कि लोककथायें कहानियों की जनक हैं और लोक-गीत समस्त कविताओं की जननी हैं।[५] इसी लेखिका ने आगे चल कर लोक-साहित्य की महत्ता को प्रतिपादित करते हुए लिखा है कि 'लोक-काव्य व्यक्तिगत या सामूहिक तीव्र भावों के प्रकाशन हैं। लोक कविता और कथाओं का स्रोत राष्ट्रीय जीवन के अन्तरतम से निःसृत होता है। जनता का हृदय इन गीतों और गाथाओं में ओत-प्रोत रहता है। ऐसा भी समय आता है जब कि जाति

---

१. The Bhojpuri folk songs are a mine almost entirely unworked and there is hardly a line in one of them which, if published now, will not give valuable ore, in the shape of an explanation of some philological difficulty.
जo राo एo सोo बंo, भाग LII पार्ट १, (सन् १८८३) पृo ३२।

२. The folksongs are important not only because the music, form and the content of verse but is itself part of a people's life even more because in songs. in charms, in actually fixed and established documents, we have the most authentic and unshakable witnesses to ethnographic fact.................In making up his (ethnologist's) mind he can have no better evidence than songs.
डॉo एलविनःफोक सांग्स ऑफ मैकल हिल्स (इन्ट्रोडक्शन)।

३. "If you want to know the story of my life.
Then listen to my (Karama) songs."
वही—(इन्ट्रोडक्शन)।

४. "If a man is permitted to make all the ballads, he need not care who should make the laws of nation." Andrew Flacher.

५. The Folk-tale is the father of all fiction and the folk song is the mother of all poetry. दि स्टडी ऑफ फोक सांग्स, पृo २।

या राष्ट्रीयता की अतिशय भावना ने सम्पूर्ण राष्ट्र को लोक-कवि के रूप में परिणत कर दिया है।[१] सुप्रसिद्ध जर्मन कवि गेटे की सम्मति में राष्ट्रीय गीतों और गाथाओं का विशेष महत्त्व यह है कि प्रकृति से इनको प्रेरणा प्राप्त होती है। इनमें किसी प्रकार से मिश्रण नहीं होता। वे निश्चित स्रोत से प्रभावित होते हैं।[२]

जे० एफ० कैम्पवेल ने लोक-कथाओं की विशेषताओं को प्रतिपादित करते हुए अपना यह मत व्यक्त किया है कि "लोक-कथायें उन लोगों के वास्तविक दैनिक जीवन का सटीक चित्रण करती हैं जो उन कथाओं को सचाई के साथ कहते हैं। अनन्त काल से वे ऐसा करती आ रही हैं। वर्तमान युग के विषय में यह बात भले ही सच्ची न हो परन्तु अतीत के सम्बन्ध में तो बिल्कुल ठीक है। भूत की विस्मृत जीवन-यात्रा के विषय में इनसे बहुत कुछ सीखा जा सकता है।[३] उपर्युक्त विवरण एवं उद्धरणों से लोक-साहित्य के विविध अंगों के महत्त्व का पता चलता है। किसी देश के राष्ट्रीय जीवन में लोक साहित्य का महत्त्व बहुत अधिक है। लोक साहित्य से राष्ट्रीय जीवन को गति और प्रगति प्राप्त होती है। यह राष्ट्रीय जीवन का बल और सम्बल है।

■ ■ ■

---

१. Popular poetry is the reflection of moments of strong collective or individual emotion. The springs of legend and poetry issue from the deepest wells of national life, the very heart of a people is laid bare in its sagas and songs. There have been times when a profound feeling of race or patriotism has sufficed to turn a whole nation into poets.—Countess Evelyn Martinengo—Essays in the study of folk songs,page—३.

२. "The special value" wrote Goethe, "of what we call national songs and ballads is that their inspiration comes fresh from Nature, they are never got up. They flow from a sure spring."—दी स्टडी ऑफ फोक सांग्स में गैटे का उद्धृत वचन।

३. "The tales represent the actual every day life of those who tell them with great fidelity. They have done the same, in all likelihood time our of mind, and that which is not true of the present is in all probability. True of the past. and therefore something must be learned of forgotten ways of life."—I.F. Campbell—Highland Tales.

अध्याय १८

उपसंहार

गत पृष्ठों में लोक-साहित्य के विभिन्न अंगों की विशेषताओं को संक्षिप्त रूप में वर्णन करने का प्रयास किया गया है। लोक-साहित्य की महत्ता का ऐतिहासिक, भौगोलिक, सामाजिक, आर्थिक, धार्मिक तथा राजनैतिक दृष्टियों से प्रतिपादन विगत अध्याय में प्रस्तुत किया जा चुका है। भाषा-शास्त्र के अनुसन्धानकर्ताओं के लिए लोक-साहित्य में उपलब्ध शब्दावली किस प्रकार इसे वैदिक संस्कृत से जोड़ने वाली कड़ी का काम करती है यह भी दिखलाया गया है।

लोक-साहित्य उस निर्मल दर्पण के समान है जिसमें जनता-जनार्दन का अखिल तथा विराट् स्वरूप पूर्णरूपेण प्रतिविम्बित होता है। लोक संस्कृति का जैसा दिव्य तथा अकृत्रिम प्रतिविम्ब इस साहित्य में उपलब्ध होता है उसका दर्शन अन्यत्र कहाँ ? लोक-साहित्य की निर्मल निर्झरिणी में अवगाहन कर केवल शरीर ही पवित्र नहीं होता प्रत्युत आत्मा भी पूत और पावन बन जाती है। इसमें जिस समाज का चित्रण किया है वह स्वस्थ, सदाचारी एवं धर्मभीरु है; जिस नीति की प्रतिष्टा की गई है वह कल्याण मार्ग की ओर ले जाने वाली है, वह मंगलमय पथ की प्रदर्शिका है; जिस धर्म का वर्णन किया गया है वह संसार में शान्ति तथा प्रेम का आदेश देता है; जिस आर्थिक संगठन का उल्लेख हुआ है वह पीड़ित तथा दलित मानवता के शोषण के ऊपर अवलम्बित नहीं है, जिस राजनीति का दिग्दर्शन कराया गया है वह दलीय संघर्ष और विषाक्त वातावरण से कोसों दूर है। धर्म, समाज और नीति का यही मनोरम चित्रण इस साहित्य की महत्ता में चार चाँद लगा देता है।

लोक-साहित्य में यथार्थवाद तथा आदर्शवाद का बड़ा ही सुन्दर सामञ्जस्य उपलब्ध होता है। लोकगीतों में जहाँ भाई-बहन, माता-पुत्री और पति-पत्नी के आदर्श चरित्र का चित्रण किया गया है वहाँ लोक-कवि यथार्थवाद के वर्णन की ओर भी जागरुक दिखाई पड़ता है। ननद-भावज, सास-बहू और सपत्नियों के शाश्वतिक विरोध के सम्यक् विवेचन करने में उसने कुछ उठा नहीं रखा है। लोक-गीतों में सुखी समाज के धन, धान्य, ऐश्वर्य और विभूति के वर्णन के साथ ही साथ कठिन गरीबी, अकाल तथा घोर दरिद्रता का दृश्य भी दिखाई पड़ता है। जो काव्य मानव जीवन के केवल एक ही पहलू का वर्णन उपस्थित करता है वह सच्चा काव्य नहीं कहा जा सकता। जिस काव्य में जन-जीवन की आशा-निराशा, सुख-दुःख, विषाद आदि सभी भावनाओं का सजीव चित्रण हो वही सच्चा, अमर और लोक-प्रतिनिधि काव्य है। इस दृष्टि से लोक-साहित्य अमर साहित्य की कोटि में रखा जा सकता है।

डॉ० हजारी प्रसाद द्विवेदी ने लोक-गीतों के महत्त्व का प्रतिपादन करते हुए लिखा है कि "ग्राम गीतों का महत्त्व उनके काव्य-सौंदर्य तक ही सीमित नहीं है। इनका एक बहुत ही महत्त्वपूर्ण कार्य है—एक विशाल सभ्यता का उद्घाटन जो अब तक या तो विस्मृति के समुद्र में डूब गई है या गलत समझ ली गयी है। X X X X X X ग्राम गीत इस (आर्यों के आगमन के पूर्व

की) सभ्यता के वेद—श्रुति—हैं। वेद भी तो अपने आरम्भिक युग में श्रुति कहलाते थे। वेद भी आर्यों की महान् जाति के गीत थे और ग्राम-गीतों की भाँति सुन-सुन कर याद किये जाते थे। सौभाग्य वश वेद ने बाद में श्रुति से उतरकर लिपि का रूप धारण कर लिया पर हमारे ग्राम-गीत अब भी श्रुति ही हैं। जिस प्रकार वेदों द्वारा आर्य सभ्यता का ज्ञान होता है उसी प्रकार ग्राम-गीतों द्वारा आर्य-पूर्व सभ्यता का ज्ञान होता है। ईंट-पत्थर के प्रेमी विद्वान् यदि धृष्टता न समझें तो जोर देकर कहा जा सकता है कि ग्राम-गीतों का महत्त्व मोहेन्जोदाड़ो से भी कहीं अधिक है। मोहेन्जोदाड़ो सरीखे भग्न स्तूप ग्राम-गीतों के भाष्य का काम दे सकते हैं।" [१]

आचार्य द्विवेदी जी ने लोक-गीतों के सम्बन्ध में उपर्युक्त विचार प्रकट किये हैं। इनकी महत्ता पर प्रचुर प्रकाश पड़ता है। सुप्रसिद्ध विद्वान् राल्फ विलियन्स ने इनके महत्त्व का प्रतिपादन करते हुए ठीक लिखा है कि "लोक-गीत न पुराना होता है और न नया। वह तो उस जंगली पेड़ की तरह होता है जिसकी जड़ें अतीत की गहराइयों में घुसी होती हैं परन्तु जिनमें नित नयी शाखायें, नयी पत्तियाँ और नये फल निकलते रहते हैं।

लोक-गीत धरती के गीत हैं, ये जीवन के गीत हैं, ये विजय के गीत हैं, ये मंगल के गीत हैं और ये हमारी आशा के गीत हैं। जनता के द्वारा रचे गये, जनता के जीवन से सम्बन्ध रखने वाले ये गीत, जनता की ही सम्पत्ति हैं। इसी कारण सुप्रसिद्ध विद्वान ग्रिम ने लोक-गीतों की परिभाषा बतलाते हुए इसे जनता का, जनता के लिये रचा गया जन काव्य कहा है।[२]

लोक गीतों की स्वाभाविकता, अकृत्रिमता और सरलता के सम्बन्ध में फ्रांसिस गूमर का कथन कितना समीचीन है कि "लोक गाथाओं का महत्त्व केवल इसी बात में नहीं है कि उनमें अकृत्रिम काव्य-भावना उपलब्ध होती है। वे परम्परा की भाषा में ही अपनी अभिव्यक्ति नहीं करते प्रत्युत जन समूह की वाणी द्वारा प्रकाशन करते हैं। उनमें किसी प्रकार की गोपनीयता नहीं पायी जाती। जो वस्तु जैसी है उसका यथातथ्य रूप में वे वर्णन करते हैं। वे स्वतन्त्र हैं तथा खुली हवा की भाँति ताजे हैं। वायु और सूर्य का प्रकाश उनमें खेल करता है।" [३]

भारतीय लोक-कथाओं का महत्त्व भी कुछ कम नहीं है। डॉ० डी० सी० सेन ने अपनी पुस्तक में यह दिखाने का प्रयास किया है कि बंगाल कि बहुत सी लोक-कथाएँ 'इसाप्स फेबुल्स' में वर्णित कहानियों से समानता रखती हैं। [४]

---

१. छत्तीसगढ़ी लोक-गीतों का परिचय।

२. "A ballad is the poetry of the people, by the people, for the people."

३. The abiding value of the ballads is that they give a hint of primitive and unspoiled poetic sensation. They speak not only in the language of tradition, but also with the voice of the multitude. There is nothing subtle in their working and they appeal to things as they are. From one vice of modern literature they are free. X X X They can tell a good tale. They are fresh with the open air. Wind and sunshine play through them."
F. B. Gummere—The Popular Ballad, page. ४१७.

४. डॉ० डी० सी० सेन : फोक लिट्रेचर ऑफ बंगाल।

लोक-कथाओं की परम्परा बड़ी प्राचीन है जिसका उल्लेख यथास्थान किया जा चुका है। भारतीय लोक-कथाएँ, वृहत्कथा, कथा-सरित्सागर तथा जातक कथाओं की उत्तराधिकारिणी हैं। विद्वानों ने इस सिद्धान्त को स्वीकार किया है कि भारत ही संसार के कथा-साहित्य का स्रोत है। भारतीय कथाएँ संसार के विभिन्न देशों में विभिन्न रूप में पायी जाती हैं। यदि अनुसन्धान किया जाय तो पता लगाया जा सकता है कि भारतीय लोक-कथाओं का प्रसार कहाँ और कैसे हुआ? वे किस देश में किस रूप में आज प्रचलित हैं? इस विषय का अध्ययन बड़ा ही मनोरंजक सिद्ध होगा। कथाओं के तुलनात्मक अध्ययन के लिए लोक-कथाओं का अनुसन्धान महत्त्वपूर्ण है। लोकोक्तियों, मुहावरों तथा पहेलियों में समाज का चित्रण उपलब्ध होता है। मृत्यु-गीतों के अध्ययन से विभिन्न प्रथाओं का परिचय प्राप्त होता है। पालने के गीत तथा बालकों के खेल सम्बन्धी गीतों में बहुत से ऐतिहासिक तथ्यों की श्रृंखला की कड़ियाँ छिपी हैं। किम्बहुना, गालियों में भी अनेक रीति-रिवाजों और प्रथाओं की ओर संकेत हुआ है। लोक-साहित्य के इन सभी अंगों तथा उपांगों का अध्ययन और मनन समीचीन ही नहीं उपादेय भी है।

लोक-साहित्य जनता जनार्दन की सम्पत्ति है। यह भगवान् के विराट स्वरूप की भाँति विराट् और अनन्त है। संसार के सभी सभ्य देशों में लोक-साहित्य के संकलन, सम्पादन और प्रकाशन के लिये अनेक संस्थाओं की स्थापना की गई है। स्वतन्त्र भारत में लोक-साहित्य की समुन्नति और संरक्षण अत्यंत आवश्यक है। अतः आशा ही नहीं दृढ़ विश्वास है कि हमारे देश के नवयुवक इसके सम्यक् संकलन और सम्पादन में जुट जायेंगे तथा काल के गाल में जाती हुई लोक-संस्कृति तथा लोक-साहित्य की रक्षा का प्रयास प्राणपण से करेंगे। लोक-साहित्य की रक्षा करना हमारा अनिवार्य कर्तव्य ही नहीं प्रत्युत राष्ट्रीय धर्म भी है।

■ ■ ■

परिशिष्ट (क)

भारत में लोक-संस्कृति (फोकलोर) सम्बन्धी अनुसंधान का विवेचन [१]

किसी देश की जनता के धार्मिक विश्वासों तथा सामाजिक प्रथाओं के अध्ययन के लिये लोक संस्कृति (फोकलोर) की जानकारी अत्यन्त आवश्यक है। यूरोप के प्रायः प्रत्येक देश में 'फोकलोर सोसाइटी' की स्थापना की गई है जिसका उद्देश्य उस देश के लोक-साहित्य तथा लोक-संस्कृति का संकलन, संरक्षण तथा प्रकाशन है। अमेरिका के प्रायः प्रत्येक राज्य (State) में इस प्रकार की समितियाँ स्थापित हैं जो वहाँ की लोक-संस्कृति को प्रकाश में लाने का भगीरथ प्रयत्न कर रही हैं। इस सम्बन्ध में 'अमेरिकन फोकलोर सोसाइटी' का नाम उल्लेखनीय है जिसने लगभग ७०-८० वर्षों से लोक-साहित्य सेवियों को प्रेरणा तथा प्रोत्साहन देने के अतिरिक्त फोकलोर सम्बन्धी बहुमूल्य सामग्री को प्रकाशित किया है। परन्तु भारत में यह कार्य अपनी प्रारम्भिक अवस्था में है; कुछ विद्वानों का ध्यान इस ओर आकर्षित अवश्य हुआ है लेकिन अखिल भारतीय संगठन के रूप में अभी तक किसी संस्था की स्थापना नहीं हुई है जो इस कार्य को सुचारु रूप से कर सके।

भारतवर्ष में लोक-संस्कृति (फोकलोर) सम्बन्धी सामग्री प्रचुर मात्रा में उपलब्ध होती है। इस महान् देश में अनेक सभ्यताओं तथा संस्कृतियों का सम्मिलन हुआ है। उदाहरण के लिए आर्य तथा द्रविड़ वंश (Race) के लोग इस देश में पाये जाते हैं। मातृप्रधान तथा पितृप्रधान कुल भी यहाँ दिखायी पड़ते हैं। जहाँ भारत के समस्त राज्यों में पितृप्रधान की सत्ता है वहाँ केरल राज्य के मालाबार नामक स्थान में आज भी मातृप्रधान वंश-परम्परा चली आ रही है। इस देश में एक पति की प्रथा सम्मानित तथा प्रतिष्ठित मानी जाती है परन्तु उत्तर प्रदेश के देहरादून जिले के जौनसार-भावर स्थान में बहु-पतित्व की प्रथा आज भी पायी जाती है। यही कारण है कि यहाँ जनता की संस्कृति के अनेक स्तर पाये जाते हैं तथा एक जाति या वंश की धार्मिक परम्परा, रीति-रिवाज, खान-पान और आचार-व्यवहार दूसरे से बिल्कुल भिन्न हैं।

भारत में अनेक पार्वत्य तथा जंगली जातियाँ भी निवास करती हैं जो सभ्यता की प्रारम्भिक अवस्था की सूचना देती हैं। उदाहरण के लिए आसाम राज्य में नागा, अबोर, मिशमी, खशिया और दफला आदि अनेक जातियाँ पाई जाती हैं जिनकी संस्कृति आर्य जातियों से सर्वथा पृथक् है। कुछ वर्ष पहले नागा लोग जंगलों में मनुष्यों का भी शिकार किया करते थे। कहने का आशय यह है कि इस देश मे लोक संस्कृति की अनन्त सामग्री उपलब्ध होती है जिसका अध्ययन मानव-विज्ञान-वेत्ता के लिए अत्यन्त लाभदायक है।

---

१. ग्रन्थकर्ता का यह लेख अमेरिका की इंडियाना यूनिवर्सिटी (ब्लूमिंगटन) की 'मिडवेस्ट फोकलोर' नामक सुप्रसिद्ध त्रैमासिक शोध पत्रिका के भाग ४, संख्या ४ (१९५४ ई०) में 'A General Survey of Folklore Research in India' नाम से प्रकाशित हो चुका है।

(१)

भारतवर्ष में लोक-संस्कृति के अध्ययन तथा अनुसन्धान का समस्त श्रेय उन अंग्रेज पदाधिकारियों को प्राप्त है जो इस देश में शासन करने के लिये सिविलियन के रूप में आये थे। ये अंग्रेज बड़े ही गुणग्राही तथा विद्वान् थे। इनका ध्यान यहाँ बिखरी हुई लोक-संस्कृति-सम्बन्धी सामग्री की ओर गया और इन्होंने तन, मन, धन से इनका संकलन तथा सम्पादन किया।

कर्नल टॉड सम्भवतः सबसे पहिला अंग्रेज सिविलियन था, जिसको इस देश में फोकलोर सम्बन्धी अनुसन्धान तथा संग्रह करने का श्रेय प्राप्त है। यह राजस्थान के वीरतापूर्ण इतिहास से बहुत प्रभावित था। यह राजस्थान के अनेक राज्यों में 'रेजिडेण्ट' का कार्य करता रहा। अतः इसे यहाँ की लोक संस्कृति से परिचय प्राप्त करने का अवसर मिला था। इसने 'एनाल्स एण्ड एन्टीक्वीटीज ऑव राजस्थान' नामक अपने सुप्रसिद्ध ग्रन्थ में राजपूतों का इतिहास प्रस्तुत करने के अतिरिक्त वहाँ के लोगों के धार्मिक विश्वास, रहन-सहन, रीति-रिवाज, वेश-भूषा तथा खान-पान पर भी प्रचुर प्रकाश डाला है।

एल० पी० टेसीटोरी (Tessitory) इटालियन विद्वान् था जिसने राजस्थान की डिंगल भाषा तथा लोक-साहित्य का अध्ययन किया था। इसने 'इण्डियन एण्टिक्वेरी' पत्रिका में अपने अनुसन्धानों के सम्बन्ध में अनेक लेख प्रकाशित किये। इसने राजस्थान के चारण गीतों का संग्रह कर उन्हें काल-कवलित होने से बचाया।

गत शताब्दी के अन्तिम दशक में बहुत से विदेशी मिशनरी तथा सिविलियन लोगों ने पंजाब के फोकलोर के संग्रह में दिलचस्पी दिखलायी। स्विनर्टन ने पंजाब की श्रृंगार तथा वीररस पूर्ण कहानियों का संग्रह "रोमेन्टिक टेल्स फ्राम दि पंजाब" में किया। पंजाब के 'राजा रसालू' की लोकप्रिय गाथा के विभिन्न पाठों का इन्होंने संग्रह भी किया। सर आर० सी० टेम्पुल—जो इण्डियन सिविल सर्विस के सदस्य थे—ने पंजाब की अर्द्ध-ऐतिहासिक कथाओं का संकलन किया। सी० एफ० ओसबर्न ने पंजाबी लोक-गीतों तथा लोकोक्तियों का संग्रह "पंजाबी लिरिक्स एण्ड प्रोवर्ब्स" में किया है। १९वीं शताब्दी के उत्तरार्द्ध में एफ० ए० स्टील ने "दि टेल्स आफ दि पंजाब" प्रकाशित कर लोक-साहित्य के प्रेमियों का बड़ा उपकार किया। सर आरेल स्टाइन ने काश्मीर की लोक कहानियों का एक सुन्दर संग्रह प्रकाशित किया है जिसे इन्होंने वहाँ के लोगों से सुनकर लिपिबद्ध किया था। यह संग्रह "हातिम्स टेल्स" के नाम से अंग्रेजी अनुवाद के साथ प्रकाशित हुआ है।

सर जार्ज ग्रियर्सन सुप्रसिद्ध भाषावेत्ता थे। इनकी अध्यक्षता में भारतीय भाषाओं का सर्वे केन्द्रीय सरकार के द्वारा कराया गया था जिससे इनकी गम्भीर विद्वत्ता का परिचय मिलता है। सम्भवतः डॉ० ग्रियर्सन पहले अंग्रेज थे जिन्होंने हिन्दी लोक-गीतों के महत्त्व को समझा। आज से लगभग ८० वर्ष पूर्व हिन्दी लोक गीतों का संग्रह कर इंगलैंड की 'रायल एसियाटिक सोसाइटी' की पत्रिका और भारत की 'इण्डियन एण्टिक्वेरी' में प्रकाशित किया। इन्होंने भोजपुरी तथा बिहारी लोक-गीतों के संकलन अंग्रेजी अनुवाद और टिप्पणियों के साथ प्रकाशित किया। इन्होंने गोपीचन्द की ऐतिहासिकता को सिद्ध किया और गोपीचन्द के गीत के विभिन्न पाठों को

विद्वानों के समक्ष प्रस्तुत किया। इसी प्रकार से इन्होंने 'बुन्देलखण्ड' के सुप्रसिद्ध वीर आल्हा की ऐतिहासिकता के सम्बन्ध में प्रचलित बहुत सी भ्रान्त धारणाओं का निराकरण किया। इसके अतिरिक्त इन्होंने अपने लेखों तथा व्याख्यानों द्वारा भारतीय फोकलोर का प्रचार किया। इन्होंने विभिन्न पत्र पत्रिकाओं में इस सम्बन्ध में अनेक लेखों को लिखा है जिनकी सूची इस प्रकार है:—

(१) सम बिहारी फोक सांग्स
(ज० रा० ए० सो० भाग १६, १८८४)

(२) सम भोजपुरी फोक सांग्स
(ज० रा० ए० सो० भाग १८, १८८६)

(३) फोकलोर फ्राम इस्टर्न गोरखपुर
(ज० रा० ए० सो० ऑफ बंगाल भाग ५२, १८८३)

(४) टू वर्शन्स ऑव् दि स्टोरी ऑफ गोपीचन्द
(ज० रा० ए० सो० बंगाल भाग ५४, १८८५)

(५) दि सांग ऑव् विजयमल
(ज० रा० ए० सो० बंगाल भाग ५३, १८८४)

(६) दि सांग ऑव् आल्हाज् मैरेज
(इंडियन एण्टीक्वेरी भाग १४, १८८५)

(७) ए समरी ऑव् दि आल्हा खण्ड
(इंडियन एण्टीक्वेरी भाग १४, १८८५)

(८) सेलेक्टेड् स्पेसीमेन्स ऑव् दि बिहारी लैंगवेज भाग २—
दि भोजपुरी डाइलेक्ट-दि गीत नैकवा बनजारा
(जेड० डी० एम० जी० भाग ४३, १८८६)

(६) दि पापुलर लिट्रेचर ऑव् नार्दन इण्डिया
(बु० स्कू० ओ० स्ट० भाग १, १६20)

(१०) दि सांग ऑव् मानिकचन्द्र
(ज० रा० ए० सो० बंगाल भाग १३, १८७८)

इसके अतिरिक्त डॉ० ग्रियर्सन ने "बिहार पीजेन्ट लाइफ" ग्रन्थ में ग्रामीण पारिभाषिक-पदावली का संग्रह किया है जो बहुत ही उपयोगी है।

भारतीय फोकलोर के वैज्ञानिक रीति से अनुसन्धान का श्रेय विलियम क्रुक को प्राप्त है जिन्होंने "एन इन्ट्रोडक्शन टू दि पापुलर रिलिजन एण्ड फोकलोर ऑव् नार्दर्न इण्डिया" नामक ग्रंथ में इस विषय का गम्भीर विवेचन किया है। इस ग्रंथ से इनकी अगाध विद्वत्ता का पता चलता है। क्रुक की पुस्तक अपने विषय की प्रमाणभूत पुस्तक है तथा टेलर एवं फ्रेजर जैसे सुप्रसिद्ध मानवशास्त्र-वेत्ताओं ने इसे प्रमाण कोटि में स्वीकार किया है। क्रुक ने कई वर्षों तक 'नार्थ इण्डियन नोट्स एण्ड क्वेरीज' नामक पत्रिका का प्रकाशन किया था जिसमें भारतीय फोकलोर

की बहुमूल्य सामग्री निहित है। इन्होंने उत्तर प्रदेश के विभिन्न जातियों के सम्बन्ध में 'ट्राइब्स एण्ड कास्ट्स ऑव् नार्थ-वेस्टर्न प्राविन्स' पुस्तक में अनेक उपयोगी तथ्यों का उल्लेख किया है। क्रुक के उपर्युक्त ग्रन्थ आज भी अत्यन्त महत्त्वपूर्ण हैं।

शेरिफ उत्तर प्रदेश के सिविलियन थे जिन्होंने कुछ हिन्दी लोक गीतों का अनुवाद अंग्रेजी पद्य में किया है।

(२)

इस विषय के प्रतिपादन की सुविधा इसी में होगी कि हम प्रत्येक राज्य में होने वाले फोकलोर-अनुसंधान पर क्रमशः प्रकाश डालें। भारतवर्ष में उत्तर प्रदेश एक बड़ा राज्य होने के नाते सरल रीति से ही महत्त्वपूर्ण स्थान ग्रहण कर लेता है। यहाँ की जन भाषा हिन्दी है जो सम्पूर्ण देश की राष्ट्रभाषा है। हिन्दी की बहुत सी बोलियाँ है जो प्रमुखतः ये हैं:—

१. ब्रजभाषा, २. अवधी, ३. बुन्देलखण्डी, ४. छत्तीसगढ़ी, ५. भोजपुरी।

कुछ वर्षों पूर्व ब्रजभाषा के प्रेमियों ने एक साहित्य अकादमी ब्रजभाषा के पुनरुत्थान एवं लोक साहित्य को प्रश्रय प्रदान करने के लिये स्थापित की।

ब्रज-साहित्य-मण्डल की स्थापना सन् १९४0 में की गई। यह संस्था ब्रज के लोक-साहित्य और संस्कृति की रक्षा कर रही है। इसकी देख-रेख में बहुत से विद्वान् लोक-गीत, लोक-कथाओं और लोक-गाथाओं का संग्रह कर रहे हैं। डॉ० सत्येन्द्र ने अपनी थिसिस 'ब्रज-लोक-साहित्य का अध्ययन' में ब्रज के मौखिक साहित्य का अच्छा अध्ययन प्रस्तुत किया है। पं० शिवसहाय चतुर्वेदी ने 'ब्रज की कहानियाँ', 'गौने की विदा' और 'पाषाण नगरी' में ब्रज की कहानियों का संग्रह प्रस्तुत किया है। ब्रज-साहित्य-मण्डल के द्वारा 'ब्रज भारती' का प्रकाशन भी हो रहा है। कुछ वर्ष पूर्व 'हिन्दी जनपदीय परिषद्' के तत्त्वावधान में वाराणसी से 'जनपद' नामक पत्र भी प्रकाशित होता था। परन्तु किन्हीं कारणों से यह पत्रिका आज कल बन्द हो गई है।

लखनऊ विश्वविद्यालय के डॉ0 डी0 एन0 मजुमदार ने 'लोक संस्कृति परिषद्' की स्थापना की है। इस संस्था की ओर से 'इस्टर्न एन्थ्रोपोलाजिस्ट' नामक त्रैमासिक शोध पत्रिका का प्रकाशन होता है। 'प्राच्य मानव वैज्ञानिक' के नाम से इसका हिन्दी रूपान्तर भी प्रकाशित होता है। डॉ0 मजुमदार ने इस परिषद् की ओर से निम्नांकित पुस्तकों का प्रकाशन किया है जो उत्तर प्रदेश के लोक-साहित्य पर प्रचुर प्रकाश डालती है।

१—स्नो बाल्स ऑफ गढ़वाल।

२—फील्ड सांग्स ऑफ छत्तीसगढ़।

३—दी लोनली फरोज ऑफ दी बार्डर लैंड।

४—फोक सांग्स ऑफ मिरजापुर।

व्यक्तिगत रूप से लोक संस्कृति के क्षेत्र में काम करने वालों में डॉ. वासुदेवशरण अग्रवाल और पं. बनारसीदास चतुर्वेदी का नाम विशेष उल्लेखनीय है। चतुर्वेदी जी की प्रेरणा से आज से

लगभग पन्द्रह वर्ष पूर्व ओरछा नरेश के तत्त्वावधान में 'लोक-वार्ता परिषद्' की स्थापना हुई थी। इस परिषद् की ओर से "लोक-वार्ता" नामक एक त्रैमासिक प्रकाशित होता था जिसमें बुन्देलखण्ड की लोक-संस्कृति के विभिन्न अवयवों की विस्तृत मीमांसा रहती थी। इस पत्र के यशस्वी सम्पादक श्री कृष्णानन्द गुप्त ने "ईसुरी की फागें" नामक पुस्तक में ईसुरी नामक लोक कवि के गीतों का सुन्दर संग्रह किया है। परन्तु ओरछा राज्य के भारतीय संघ में विलयन के साथ ही इस संस्था का भी विघटन हो गया।

बिहार के पं. गणेश चौबे और आरा के श्री दुर्गाशंकर प्रसाद सिंह ने इस दिशा में प्रशंसनीय प्रयास किया है। वर्तमान पंक्तियों का लेखक अनेक वर्षों से भोजपुरी-लोक-संस्कृति के संग्रह तथा सम्पादन का कार्य कर रहा है। भोजपुरी-लोक-संस्कृति का अध्ययन तथा लोक-गीतों का संकलन कर उसने भोजपुरी-लोक-संस्कृति को प्रकाश में लाने का प्रयत्न किया है। हिन्दी की अन्य बोलियों की अपेक्षा भोजपुरी में सर्वाधिक कार्य हुआ है।

राजस्थान के विद्वानों ने 'शार्दूल रिसर्च इन्स्टीट्यूट' की स्थापना की है जिसके तत्त्वावधान में "राजस्थान भारती" का प्रकाशन होता है। अनेक लोक-साहित्य के प्रेमियों ने राजस्थान और मारवाड़ी लोक-गीतों तथा कथाओं का संग्रह कर इस मौखिक साहित्य को नष्ट होने से बचाया है।

बिहार राज्य में मैथिली, मगही और भोजपुरी बोलियाँ बोली जाती हैं। पटना की "राष्ट्र-भाषा परिषद्" ने कई हजार मगही लोक-गीतों का संग्रह करवाया है। पटना से 'मगही' नामक एक पत्रिका भी प्रकाशित होती है जिसमें लोक-साहित्य की सामग्री पायी जाती है। आरा से प्रकाशित 'भोजपुरी' पत्रिका भोजपुरी क्षेत्र के मौखिक साहित्य की रक्षा कर रही है। डब्लू. जी. आर्चर ने बिहार के छोटा नागपुर में निवास करने वाली संथाल तथा ओराँव जातियों के लोक-साहित्य का गम्भीर अध्ययन किया है। इनकी पुस्तक "ब्लू ग्रोम" आक्सफोर्ड यूनिवर्सिटी से प्रकाशित हुई है। इन्होंने संथालों के लोक-गीत और लोकोक्तियों का संग्रह दरभंगा से प्रकाशित किया है। इनकी "भोजपुरी ग्राम्य-गीत" में विवाह-संस्कार सम्बन्धी गीतों का अच्छा संग्रह हुआ है। राँची के शरद्चन्द्र राय एक प्रसिद्ध मानवशास्त्र वेत्ता थे जिन्होंने संथाल, मुण्डा तथा ओराँव नामक जातियों के रहन-सहन और रीति-रिवाजों का बड़ी गम्भीरता के साथ विवेचन किया है। रामएकबाल सिंह 'राकेश' की 'मैथिली लोक-गीत' अपने क्षेत्र में अकेली पुस्तक है।

अवधी भाषा के लोक-साहित्य पर अभी कोई विशेष कार्य नहीं हुआ है। डॉ. कृष्णदेव उपाध्याय ने प्रतापगढ़ तथा गोंडा जिलों से अवधी के लोक-गीतों का संग्रह किया है। डॉ. त्रिलोकी नारायण दीक्षित ने "अवधी और उसका साहित्य" में इस बोली के लोक-कवियों का अच्छा परिचय दिया है।

मध्यप्रदेश के उत्तरी भाग में 'छत्तीसगढ़ी' बोली जाती है। डॉ. श्यामाचरण दूबे ने 'छत्तीसगढ़ी लोक-गीतों का परिचय' लिखकर एक बड़े अभाव की पूर्ति की है। डॉ. एलविन मध्यप्रदेश के ख्यातिनामा मानव-विज्ञान वेत्ता हैं जिन्होंने स्थानीय गोंड जातियों की

लोक-संस्कृति का सांगोपांग अध्ययन किया है। "लोक सांग्स ऑव् छत्तीसगढ़" में इन्होंने छत्तीसगढ़ में प्रचलित लोक-गीतों का सुन्दर अनुवाद अंग्रेजी में किया है। "सांग्स ऑव् दी फारेस्ट" में गोंडों के गीत-संग्रहीत हैं। इनकी "फोक टेल्स ऑफ महाकौशल" में अनेक कहानियाँ संग्रहीत हैं। डॉ. एलविन ने "ट्राइवल आर्ट" में मध्यप्रदेश की जंगली जातियों में प्रचलित लोक-कला का अच्छा विवेचन किया है। इनके अतिरिक्त इन्होंने निम्नांकित पुस्तकें भी लिखी हैं जो मध्यप्रदेश के विभिन्न जातियों की लोक-संस्कृति से सम्बन्द्ध हैं।

(१) लीब्ज फ्राम दी फोरस्ट, (२) दि एबारिजिनल्स, (३) दि बैगा, (४) दि अगारिया, (५) दि मरिया मर्डर एण्ड सूसाइड, (६) दि मरिया एण्ड देअर घोटुल, (७) मिथ्स ऑव् मिडिल इण्डिया।

बंगाल भारतवर्ष के उन राज्यों में से है, जहाँ लोक-संस्कृति का अध्ययन प्रचुर परिमाण में हुआ है। बंगाल की लोक-संस्कृति को प्रकाश में लाने का श्रेय डॉ. दिनेश चन्द्र सेन को प्राप्त है जिन्होंने मैमन सिंह जिले से प्राप्त लोक-गीतों का संकलन "मैमन सिंह गीतिका" के नाम से प्रकाशित किया है। इन गीतों का अंग्रेजी अनुवाद 'ईस्टर्न बंगाल बैलेड्स' के नाम से चार वृहद् भागों में अंग्रेजी में प्रकाशित हुआ है। "फोक लिटेरेचर ऑफ बंगाल" में डॉ. सेन ने प्रधानतया लोक-कहानियों की तुलनात्मक विवेचना की है। बँगला लोक-साहित्य में योगपरक तथा रहस्यवादात्मक लोक-गीत भी पाये जाते हैं। मंसूरउद्दीन के द्वारा सम्पादित "हारामणि" इसका प्रत्यक्ष उदाहरण है। दक्षिणारंजन मित्र की 'ठाकुर दादार झूली' और 'ठाकुर और झूली' में बंगाली लोक-कथाओं का अच्छा संग्रह हुआ है। लाल बिहारी डे द्वारा लिखित "दि फोक टेल्स ऑफ बंगाल" अपने ढंग की अनोखी पुस्तक है। "गोपीचन्द" तथा "मानिकचन्द" के गीत भी कलकत्ता विश्वविद्यालय से प्रकाशित हैं। डॉ. ग्रियर्सन ने गोपीचन्द की लोक-गाथा के दो विभिन्न पाठों का प्रकाशन बंगाल की एशियाटिक सोसाइटी की पत्रिका में किया है। डॉ. दास गुप्त ने "आब्सक्योर रिलिजस कल्ट्स" के परिशिष्ट भाग में मानिकचन्द तथा गोपीचन्द के ऊपर प्रचुर प्रकाश डाला है। इसके अतिरिक्त मनसा—मंगल नाम से अनेक लोक-गीतों को कलकत्ता विश्वविद्यालय ने प्रकाशित किया है, जिसमें सर्पों की अधिष्ठात्री देवता मनसा की पूजा का वर्णन पाया जाता है। अभी हाल ही में कलकत्ते के श्री गोपीनाथ सेन ने "अखिल भारतीय फोकलोर सोसाइटी" की स्थापना की है जिसके तत्त्वावधान में 'इण्डियन फोकलोर' नामक पत्रिका प्रकाशित होती है। इस प्रकार बंगाल में फोकलोर के सम्बन्ध में बड़ा अनुसन्धान हुआ है।

उड़ीसा की लोक-संस्कृति को प्रकाश में लाने का श्रेय डॉ. कुञ्ज बिहारी दास एम. ए., पी-एच. डी. को प्राप्त है जिन्होंने अनेक वर्षों में अथक परिश्रम से कई हजार लोक-गीतों तथा कथाओं का संकलन किया है। डॉ० दास आज-कल विश्व-भारती यूनिवर्सिटी, शान्ति-निकेतन, में उड़िया विभाग के अध्यक्ष हैं। उड़िया फोकलोर के क्षेत्र में इनका शोधकार्य नितान्त मौलिक तथा उपादेय है। इन्होंने 'ए स्टडी ऑव् ओरीसन फोकलोर' नामक विद्वतापूर्ण पुस्तक लिखी है जिसका प्रकाशन शान्ति-निकेतन से हुआ। इस ग्रन्थ में इन्होंने उड़ीसा की लोक-संस्कृति का

सम्यक् तथा व्यापक विवेचन प्रस्तुत किया है। 'पल्ली-गीति-समुच्चय' में डॉ. दास ने उड़िया भाषा के लोक-गीतों का संग्रह कर लोक-साहित्य प्रेमियों का बड़ा उपकार किया है। इस पुस्तक का दूसरा भाग अभी शीघ्र ही प्रकाशित होने वाला है। डॉ. दास की पी-एच. डी. की थीसिस—जिसमें उड़ीसा के फोकलोर का गम्भीर तथा मौलिक विवेचन किया गया है—विश्वभारती, शान्ति-निकेतन से शीघ्र ही प्रकाशित होने वाली है। कलकत्ते से प्रकाशित होने वाली 'इण्डियन फोकलोर' नामक पत्रिका में इनके कई लेख इधर प्रकाशित हुए हैं जिनसे इनकी अगाध विद्वता का पता चलता है। इस प्रकार डॉ. दास अपने प्रदेश की लोक-संस्कृति को प्रकाश में लाने का भगीरथ प्रयत्न कर रहे हैं, जिसके लिए वे हमारे धन्यवाद के पात्र हैं। आसाम के लोक-गीतों का संकलन पी. डी. गोस्वामी ने किया है जिनका "बिहू सांग्स ऑफ आसाम" इस दिशा में सुन्दर प्रयास है।

बम्बई राज्य में गुजरात, महाराष्ट्र और सौराष्ट्र सम्मिलित हैं। सौराष्ट्र प्राचीन भारतीय वीरता की केन्द्र स्थली है, जहाँ चारणों के द्वारा स्थानीय वीरों की कथाएँ आज भी बड़े प्रेम से गायी जाती हैं। किन्केड ने अपनी पुस्तक "आउटलाज ऑव् काठियावाड़" में स्थानीय वीरों तथा लुटेरों का वर्णन किया है। एक पारसी सज्जन ने "फोकलोर ऑव् गुजरात" नामक पुस्तक लिखी है। परन्तु गुजराती फोकलोर के सम्बन्ध में झबेरचन्द मेघाणी का नाम सर्वश्रेष्ठ है। इन्होंने अपना समस्त जीवन गुजराती लोक-साहित्य के अध्ययन में ही बिता दिया। इन्होंने सौराष्ट्र के विभिन्न भागों की यात्रा कर हजारों गुजराती लोक-गीतों और गाथाओं का संग्रह किया है जिनका प्रकाशन "रढ़ियाली रात, भाग १-४" और "सोरठनु बहार वटिका" तथा "सोरठ नू रसधार" आदि ग्रन्थों में हुआ है। 'हालरडाँ' नामक पुस्तक में बच्चों के लेख तथा पालने के गीतों का उल्लेख है। "लोक-साहित्य नू समालोचन" नामक पुस्तक में लोक-साहित्य के सिद्धान्तों का विवेचन किया गया है। नर्मदाशंकर मेहता ने "नागर स्त्रियों माँ गवाता गीत" में विवाह सम्बन्धी गीतों का संकलन किया है। गोकुलदास रायचुरा ने भी इस कार्य में योग प्रदान किया है। गुजरात की 'वर्नाक्यूलर सोसाइटी' तथा 'गुजराती साहित्य सम्मेलन' इस दिशा में स्तुत्य कार्य कर रहे हैं।

के. एम. झाबेरी ने अपने ग्रन्थ "माईलस्टोन्स ऑव् गुजराती लिट्रेचर" में गुजरात तथा काठियावाड़ के फोकलोर का संक्षिप्त रूप में सम्यक् विवेचन किया है। नारायण ठक्कर ने चन्द्रवंशी राजपूतों के इतिहास की भूमिका में इस विषय पर प्रचुर प्रकाश डाला है।

महाराष्ट्र प्रदेश में भी इस विषय पर कुछ कम कार्य नहीं हुआ है। सी. ए. एन. भागवत ने मराठी के पाँच सौ गीतों का प्रकाशन बम्बई विश्वविद्यालय की पत्रिका में किया है। दूसरे विद्वान् डी. एन. भागवत ने इसी पत्रिका में सत्पुड़ा घाटी के लोक-गीतों की विशद् विवेचना की है। मेरी फुलर ने 'न्यू रिव्यू' पत्रिका में कुछ मराठी जाँत के गीतों का संकलन किया है।

दक्षिण भारत में चार भाषाएँ बोली जाती हैं। (१)—तमिल, (२)—तेलुगु, (३)—कन्नड़, (४)—मलयालम। ये सभी भाषाएँ बड़ी समृद्ध हैं। आन्ध्र प्रदेश में तेलुगु भाषा बोली जाती है। इण्डियन एन्टीक्वेरी में "सम टेलगु फोक सांग्स" नाम से कुछ गीतों का प्रकाशन हुआ है। इसी

पत्रिका में तेलुगु पालने के गीत भी प्रकाशित हुए हैं। राबिन्सन ने अपनी पुस्तक "टेल्स ऑव् साउथ इण्डिया" में और गोवर ने "फोक सांगस ऑव् साउथ इण्डिया" नामक ग्रन्थ में दक्षिण भारत के लोक-साहित्य का अच्छा परिचय दिया है। थर्सटन ने "ओमेन्स एन्ड सुपरस्टिशन्स ऑव् सर्दन इण्डिया" नामक ग्रन्थ में दक्षिण भारत की लोक-संस्कृति का बड़ा ही विशद् तथा विद्वत्तापूर्ण विवेचन किया है। बम्बई तथा मद्रास विश्वविद्यालयों में फोकलोर के सम्बन्ध में शोधी छात्रों द्वारा अनुसंधान कार्य किया जा रहा है। फोकलोर के अध्ययन की ओर अधिकारी विद्वानों का ध्यान आकर्षित हो रहा है।

■ ■ ■

परिशिष्ट (ख)

लोक-साहित्य-सम्बन्धी पठनीय सामग्री

हिन्दी में लोक-साहित्य सम्बन्धी ग्रंथ-सूची का अभाव है। डॉ० महादेव साहा ने सम्मेलन पत्रिका (सं० २010, भाग ४० संख्या १) में 'लोक-साहित्य सम्बन्धी भारतीय-साहित्य की संक्षिप्त सूची' शीर्षक लेख लिखकर बड़ा शोभन कार्य किया है। श्री श्याम परमार ने 'भारतीय लोक साहित्य' में तथा श्री कृष्णदास ने 'लोक-गीतों की सामाजिक व्याख्या' नामक ग्रंथ में ऐसी पुस्तकों की एक लम्बी लिस्ट दी है। प्रस्तुत लेखक ने तीनों सज्जनों की सूचियों का उपयोग यहाँ किया है।

प्रस्तुत ग्रन्थ-सूची में विभिन्न भाषाओं की उन्हीं पुस्तकों को स्थान दिया गया है जिसका सम्बन्ध लोक-संस्कृति अथवा लोक-साहित्य के किसी न किसी अंग से अवश्य है। इसमें हिन्दी की विभिन्न बोलियों में उपलब्ध ग्रंथों का पृथक्-पृथक् निर्देश किया गया है जिससे पाठकों को यह सरलता से ज्ञात हो जाय कि हिन्दी की किसी बोली में लोक-साहित्य की कितनी सृष्टि हुई है। (अंग्रेजी में उपलब्ध लोक-संस्कृति सम्बन्धी ग्रन्थों को सुविधा के लिए चार भागों—भारतीय, अंग्रेजी, अमेरिकन तथा यूरोपियन—में विभक्त किया गया है।) सिद्धान्त सम्बन्धी ग्रन्थों तथा शोध सम्बन्धी पत्रिकाओं की सूची भी अलग से दे दी गई है। आशा है यह ग्रंथ-सूची पाठकों के लिए उपयोगी सिद्ध होगी।

(क) हिन्दी

१—भोजपुरी

डॉ० कृष्णदेव उपाध्याय— भोजपुरी लोक-गीत भाग १ (हिन्दी साहित्य सम्मेलन, प्रयाग। द्वितीय संस्करण, सं० २011 वि०)

डॉ० कृष्णदेव उपाध्याय— भोजपुरी ग्राम-गीत भाग २ (हिन्दी साहित्य सम्मेलन, प्रयाग। सं० २00६ वि०)

डॉ० कृष्णदेव उपाध्याय— भोजपुरी और उसका साहित्य (राजकमल प्रकाशन, नयी दिल्ली)

डॉ० कृष्णदेव उपाध्याय— भोजपुरी लोक-साहित्य का अध्ययन (हिन्दी प्रचारक पुस्तकालय, काशी)

डॉ० कृष्णदेव उपाध्याय— डॉ० रविशंकर उपाध्यायः भोजपुरी लोक-गीत भाग ३ (भोजपुरी अकादमी, पटना (१९८४)

डॉ० कृष्णदेव उपाध्यायः लोक-संस्कृति की रूपरेखा

डॉ० कृष्णदेव उपाध्याय— भोजपुरी लोक-संगीत (लोक संस्कृति शोध संस्थान, वाराणसी १९८४)

डॉ० कृष्णदेव उपाध्याय— भोजपुरी लोक-संस्कृति १९९०

डॉ० श्याम परमार—मालवा की लोक-कथाएँ

(आत्माराम एण्ड सन्स दिल्ली, १९५४)

रतन लाल मेहता—मालवी कहावतें (राजस्थानी शोध संस्थान, उदयपुर)

६—बुन्देलखण्डी

कृष्णानन्द गुप्त—ईसुरी की फागें (सम्पादित) (लोक वार्ता परिषद्, टीकमगढ़)

शिवसहाय चतुर्वेदी—बुन्देलखण्ड की ग्राम्य कहानियाँ

शिवसहाय चतुर्वेदी—गौने की विदा

शिवसहाय चतुर्वेदी—पापाण नगरी

हर प्रसाद शर्मा—बुन्देलखण्डी लोक-गीत

शिवसहाय चतुर्वेदी—बुन्देलखण्ड के लोक-गीत

डॉ० रामस्वरूप श्रीवास्तव—बुन्देली लोक-साहित्य (आगरा, १९७६)

७ —बघेली

लखन प्रताप 'उरगेश'—बघेली लोक-गीत (कटिया, विन्ध्य प्रदेश, १९५४)

श्रीचन्द्र जैन—विन्ध्य प्रदेश के लोक-गीत (१९५३)

श्रीचन्द्र जैन—विन्ध्य भूमि की लोक कथाएँ (आत्माराम एण्ड सन्स, दिल्ली)

८—छत्तीसगढ़ी

श्यामाचरण दुबे—छत्तीसगढ़ी लोक-गीतों का परिचय (१९40 ई०)

चन्द्रकुमार—छत्तीसगढ़ की लोक-कथाएँ (आत्माराम एण्ड सन्स, दिल्ली)

९—मैथिली

रामइकबाल सिंह 'राकेश'—मैथिली लोक-गीत

(हिन्दी साहित्य सम्मेलन, प्रयाग, सं० १९९९ वि०)

डॉ० तेजनारायण लाल—मैथिली लोक-गीतों का विवेचन

१0—निमाड़ी

रामनारायण उपाध्याय—निमाड़ी लोक-गीत

(हिन्दी साहित्य सम्मेलन, जबलपुर, १९४९ ई०)

रामनारायण उपाध्याय—निमाड़ी लोक-साहित्य और संस्कृति

रामनारायण उपाध्याय—जब निमाण गाता है।

रामनारायण उपाध्याय—संत सिंगा जी

रामनारायण उपाध्याय—निमाण का सांस्कृतिक इतिहास

(विश्वभारती प्रकाशन, नागपुर १९८0)

डॉ० कृष्ण लाल हंस—निमाड़ी लोक-कथाएँ भाग १, २

(आत्माराम एण्ड सन्स, दिल्ली)

डॉ० कृष्ण लाल हंस—निमाड़ी लोक-साहित्य का अध्ययन।

११—कौरवी

सीता तथा दमयन्ती देवी—धूलि धूसरित मणियाँ

राहुल सांकृत्यायन—आदि हिन्दी के गीत और कहानियाँ (पटना, १६५२)

डॉ० सत्या गुप्त—खड़ी बोली का लोक साहित्य

डॉ० कृष्णचन्द्र शर्मा—लोक जीवन के स्वर (कुरु लोक संस्थान, मेरठ १६७७)

डॉ० सत्या गुप्त—कौरवी लोक-गीत

१२—कुमाऊँनी

डॉ० त्रिलोचन पाण्डेय—कुमाऊँनी लोक-साहित्य

डॉ० त्रिलोचन पाण्डेय—कुमाऊँनी भाषा और साहित्य

डॉ० त्रिलोचन पाण्डेय—लोक-साहित्य का अध्ययन

डॉ० कृष्णानन्द जोशी—कुमाऊँनी लोक-गीत

डॉ० भवानी दत्त उप्रेती—कुमाऊँनी लोक-साहित्य

मोहन चन्द्र उपरेती—कुँमाऊँनी लोकगीत

१३—मिश्रित-गीत-संग्रह

रामनरेश त्रिपाठी—कविता कौमुदी भाग ५ (ग्रामगीत)

(हिन्दी मन्दिर, प्रयाग, सं० १६८६)

रामनरेश त्रिपाठी—हमारा ग्राम साहित्य (हिन्दी मन्दिर प्रयाग, सन् १६40 ई०)

रामनरेश त्रिपाठी—ग्राम साहित्य भाग १ (आत्माराम एण्ड सन्स, दिल्ली १६५१)

रामनरेश त्रिपाठी—ग्राम साहित्य भाग २ (प्रकाशक—वही)

रामनरेश त्रिपाठी—ग्राम साहित्य भाग ३ (प्रकाशक—वही)

रामनरेश त्रिपाठी—सोहर (हिन्दी मन्दिर, प्रयाग)

देवेन्द्र सत्यार्थी—बेला फूले आधी रात (१६४६)

देवेन्द्र सत्यार्थी—धरती गाती है (१६४८)

देवेन्द्र सत्यार्थी—बाजत आवत ढोल

देवेन्द्र सत्यार्थी—धीरे बहो गंगा (१६४८)

देवेन्द्र सत्यार्थी—दीवा बले सारी रात (१६४१)

देवेन्द्र सत्यार्थी—मैं हूँ खानाबदोश (१६४१)

देवेन्द्र सत्यार्थी—गाये जा हिन्दुस्तान (१६४६)

देवेन्द्र सत्यार्थी—चट्टान से पूछ लो

विद्यावती सिनहा 'कोकिल'—सुहाग के गीत (प्रयाग १९५३)
रामकिशोरी श्रीवास्तव—हिन्दी लोक-गीत (साहित्य भवन प्रा० लि०, प्रयाग, १९४६)
राहुल सांकृत्यायन—किन्नर देश में
राहुल सांकृत्यायन—हिमालय परिचय (गंढवाल)

१४—गढ़वाली

गोविन्द चातक—गढ़वाल की लोक-कथाएँ (आत्माराम एण्ड सन्स, दिल्ली)
गोविन्द चातक—गढ़वाल की लोक-कथाएँ (प्रकाशक—वही)
सन्तराम वत्स्य—हिमांचल की लोक-कथाएँ (प्रकाशक—वही)
डॉ० नौटियाल—गढ़वाली के लोक नृत्य-गीत

(ख) गुजराती

(लोक-गीत)

झवेरचन्द मेघाणी—रढ़ियाली रात (भाग १-४)
झबेरचन्द मेघाणी—चूँदड़ी (भाग १—२)
झबेरचन्द मेघाणी—ऋतु गीतों
झबेरचन्द मेघाणी—हालर डाँ

(लोक-कंथा)

झबेरचन्द मेघाणी—सौराष्ट्रनी रसधार (भाग १-५)
झबेरचन्द मेघाणी—सोरठी बहार बटिया (भाग १-३)
झबेरचन्द मेघाणी—सोरठी गीत-कथाओं
झबेरचन्द मेघाणी—दादाजुनी वातो
झबेरचन्द मेघाणी—डोशी मानो बातो

(सिद्धान्त ग्रन्थ)

झबेरचन्द मेघाणी—धरती नुं धावण (भाग १, २)
झबेरचन्द मेघाणी—लोक-साहित्य-पगदंडी नो पन्थ
झबेरचन्द मेघाणी—चारणो अने चारणी साहित्य
झबेरचन्द मेघाणी—वतन नो साद
झबेरचन्द मेघाणी—लोक-साहित्य नुं समालोचन (बम्बई विश्वविद्यालय, बम्बई)

(व्रत कथा)

झबेरचन्द मेघाणी—कंकावटी (भाग १, २)

झबेरचन्द मेघाणी—सौराष्ट्रांना खंडेरोमा। सोरठ ने तीरे-तीरे[1]

(यात्रा)

नर्मदाशंकर लालशंकर—नागर स्त्रियों मां गवातां गीत

(दि गुजराती प्रिंटिंग प्रेस, सन् १६१०)

रणजीतरायमेहता—लोक-गीत

शाह एस० एन०—ढोला मारू (बम्बई, १६५४)

दलाल—प्राचीन गुर्जुर काव्य-संग्रह

बुच (एम०ए०)—उदासी पंथ ना नीति बचनो।

(ग) मराठी

अनुसूया भागवत—जानपद गीतें

कमला बाई देशपाण्डेय—अपौरुषेय वाड्मय अर्थात् स्त्री गीतें (पूर्णे, १६४८)

काका कालेलकर—साहित्याचें मूलधन

गोरे, पा०श्र०—वरहाड़ी लोक-गीतें (यवतमाल)

मालती दाण्डेकर—लोक साहित्याचे लेणे (सतारा, सन् १६५३)

वि० वा० जोशी—लोक-कथा व लोक-गीतें

साने गुरुजी—स्त्री जीवन (भाग १,२)

नारायण मोरेश्वर खरे—लोक संगीत

(घ) बंगला

डॉ० आशुतोष भट्टाचार्य—बाँगलार मंगल-काव्येर इतिहास

डॉ० आशुतोष भट्टाचार्य—बाँगलार लोक-साहित्य

डॉ० आशुतोष भट्टाचार्य—बाँगलार लोक-संगीत (छः भागों में)

कांगाल हरिनाथ—बाउल गान

कांगाल हरिनाथ—बारमासेर पुँथि

कांगाल हरिनाथ—हिन्दुस्थानी ग्राम-गीत

कांगाल हरिनाथ—हिन्दुस्थानी लोक-गीत

कांजिलाल, अनिल—बाँगलार प्राचीन काव्य

काशीनाथ तर्क वागीश—ब्रतमाला

गुरु प्रसाद दत्त—पटुँवा संगीत

---

१. मेघाणी के उपर्युक्त सभी ग्रन्थ गुर्जर ग्रन्थरत्न कायालय, गाँधी रोड, अहमदाबाद से प्राप्त हो सकते हैं।

गिरीशचन्द सेन—तापसमाला

दक्षिणारंजन मित्र मजुमदार—ठाकुर दादार झूलि

दक्षिणारंजन मित्र मजुमदार—ठाकुर मार झूलि

दिनेश चन्द्र सेन—मैमनसिंह गीतिका (भाग १-४)

दिनेशचन्द्र सेन—गोपीचन्देर गान

नरेन्द्र नाथ मजुमदार—व्रत-कथा

नीलकान्त सरस्वती—व्रत-कथा सार

भोलानाथ दत्त—डाकेर कथा

मंसूर उद्‌दीन—हारामणि (भाग १-३)

मणीन्द्रनाथ वसू—सहजिया साहित्य

शरच्चन्द्र वसु—बाउल गान

सुशील कुमार डे—बाँगला प्रवाद

इन ग्रन्थों के अतिरिक्त कलकत्ता विश्वविद्याल से 'मनसा' देवी के सम्बन्ध में अनेक ग्रन्थों का प्रकाशन हुआ है।

(ङ) पंजाबी

अमृता प्रीतम—पंजाब दी आवाज (दिल्ली १६५२)

किसन चन्द्र मोगा—असली रंग बिरंगे गीत (अमृतसर, १६४६)

दीन मुहम्मद कुश्ता—पंजाब दे हीरे

देवेन्द्र सत्यार्थी—गिद्धा

रामशरण—पंजाब दे गीत (लाहौर)

हरभजन गियानी—पंजाब दे गीत (देवनागरी, अमृतसर)

(च) उड़िया

डॉ० कुंजविहारी दास—उड़िया लोक-गीत और कथा (भाग १—२) (विश्व भारती, शान्ति निकेतन)

डॉ० कुंजबिहारी दास—उड़िया पल्ली गान

डॉ० कुंजबिहारी दास—उड़िया लोक-कथा

(A) Indian Folklore

Abbott (J.)— The keys of power—A Study of Indian Ritual and Belief (1932).

Agarkar (A.S.)—Folk-dance of Maharastra (Bombay)

Agarkar (A.J.)—A glossary of Castes, Tribes and Races in Baroda State (Bombay, 1912)

Aiyappan (A.)—Anthropology of the Nadias (Govt.) Museum Bulletins N.S. Vol II, No. 4. (1914).

Aiyanger (M.S.)—Tamil Studies (Madras, 1914)

Archer (W.G.)—The Blue Grove (George Allen and Unwin).

Archer (W.G.)--Indian Primitive Architecture.

Bake (A)— Indian Music.

Baring Cloud— Strange Survivals. (1892).

Barlett (F.C.)—Psychology of Primitive Culture. (Cambridge, 1923)

Basu (M.M.)— Post Chatanya Sahajiya Cult. (Calcutta)

Banerjee (B)— Ethnological Bengal.

Banerjee (U.K.)—Handbook of Proverbs—English & Bengali (Calcutta, 1891)

Bhandari (N.S.)—Snow Balls of Garhawal (Lucknow)

Bhargava (B.S.)—The Criminal Tribes

Boyd— Village Folk of India (1924)

Briggs (G.W.)—The Chamars. (R.L.I. series)

Briggs (G.W.)—Gorakhnath and the Kanphata Yogis (Calcutta, 1938)

Burton (R.F.)—Sindh and the Races that inhabit the valley of Indus (1851)

Burton (R.F.)— Sind Revisited (1877)

Buck (C.H.)— Faiths, Fairs and Festivals of India. (1917).

Boys (F.)— Primitive Art.

Chanda (R.P.)—Non-Vedic Elements in Brahmanism (Varendra Research Society, Rajshahi East Pakistan).

Chatterji (N)— Yatra.

Chelkesa (T)— Parralel Proverbs; Tamil and English (Madras, 1869)

Christian (J)— Bihar Proverbs (London, 1891)

Cróck (W)—Religion and Folklore of Northern India (O.U.P.) (1926. Third Edition)

Crock (W)— Tribes and Castes of N.W.P. (Allahabad).

Dalton— Descriptive Ethnology of Bengal.

Das Gupta (S.B.)—Obscure Religious Cults (Calcutta University, 1940)

Das (S)— History of Saktas.

Devendra Satyarthi—Meet my people.

Divetia (N.B.)—Gujrati language & literature Vol I—II (1929).

Divetia (N.B.)—Milestones In Gujrati literature.

Dowson (J)— A Classical Dictionary of Hindu Mythology & Religion (1903)

Dubois (L)— Hindu Manners, Customs and Ceremonies. (1906)

Dube (S.C.)— The Kamars (Lucknow).

Dube (S.C.)— Fieldsongs of Chhattisgarh (Lucknow).

Dubash (P.N.)—Hindu Art in its Social Setting (1936)

Dyre (T.)— Folklore of Plants.

De— Music of Southern India.

Ehrenfels (O.R.)—Mother Right in India. (Hyderabad Deccan, 1941).

Elliot (H.M.)— Memoirs on the History, Folklore and Distribution of the Races of North Western Province of India (1869).

Elwin (V.) and Hivale—Songs of the Forest. (George Allen & Unwin)

Elwin (V.) and Hivale—Folksongs of Maikal Hills. (O.U.P., Bombay, 1944)

Elwin (V.)— The Baiga (Murray, London, 1939)

Elwin (V.)— The Agaria (O.U.P., Bombay, 1942)

Elwin (V.)— Maria Murder and Suicide, Bombay, 1943 (O.U.P.)

Elwin (V.)— The Maria and their Ghotul, Bombay, 1947 (O.U.P.)

Elwin (V.)— Flok-tales of Mahakoshal, Bombay, 1944 (O.U.P.)

Elwin (V.)— Folk songs of Chhattisgarh, Bombay, 1946 (O.U.P.)

Elwin (V)— The Tribal Art of Middle India (O.U.P.)

Elwin (V)— Myths of Middle India (O.U.P.)

Elwin (v)— Bondo Highlander (O.U.P.)

Elwin (V)— Tribal Myths of Orissa (O.U.P.)

Elwin (V)— The Religion of the Hill Saora (O.U.P.)

Elwin (V)— The Aboriginals (O.U.P.)

Elwin (v)— Leaves from the Jungle (Murray)

Emeneau (M.B.)—Kota Texts (California, 1944-46)

Enthovon (R.E.)—The Folklore of Bombay (Oxford, 1924)

Fitzpatrick (W.)—Folklore of Birds and Beasts of India. (J.Bom. Nat. Hist. Society) (Vol. XXVIII), 1921-22 PP. 562-65)

Forsyth (J.)— The Highlands of Central India. (London, 1871)

Furer-Haimendorf (C. Von)—The Chenchus (Hyderabad, 1943)

Fallen (S.W.)— A Dictionary of Hindustani Proverbs (1886)

Ganesh Narain Deshapande—A Dictionary of Marathi proverbs (Poona, 1900)

Ganga Datt Upreti—Proverbs and Folklore of Kumaun & Garhwal (1892)

Gariola (T.D.)—Folklore of Garhawal. (The Vishwa Bharati Quarterly, Vol IV. 1926)

Ghure (G.S.)— Race and Caste in India. (Bombay)

Gover (G)— Himalayan Village (London, 1938)

Gover (C.E.)— Folksongs of Southern India (1872)

Goswami (P.D.)—The Bihu Songs of Assam.

Griffiths (W.G.)—Folklore of the Kols ('Man in India' Vol. XXIV, 1944)

Grierson—(G.A.)—Bihar Peasant Life (Patna. 1918)

Grierson—(G.A.)—Some Behari Folksongs. (J. R. A. S.; Vol. XVI (1884) P. 196)

Grierson (G.A.)—Some Bhojpuri Folksongs. (J. R. A. S. Vol. XVIII (1886) P. 207).

Grierson (G.A.)—Folklore from Eastern Gorakhpur (J. A. S. B. Vol Lii (1883 (P. 1)

Grierson (G.A.)—Two Versions of the Song of Gopichand. (J.A. S.B., Vol. LiV, (1885) part I pp, 35)

Grierson (G.A.)—The Song of Bijai Mal (J. A. S. B, Vol. Liii (1884) Part III, pp 94)

Grierson (G.A.)—The song of Alha's marriage (Indian Antiquary Vol. XiV (1885) pp-209)

Grierson (G.A.)—A summary of the Alha Khand (I.A. Vol. XIV (1885) pp. 245)

Grierson (G.A.)—Selected Specimens of the Behari language—The Bhojpuri dialect; The git Naika Banajarawa (Z.D.M.G. Vol. XLiii (1889) pp. 468)

Grierson (G.A.)—The Popular. Literature of Northern India. (Bulletin of the School of Oriental Studies. London Vol. I, Part III (1920) pp. 87)

Grierson (G.K.)—The Lay of Alha (O.U.P. 1923)

Grierson (G.A.)—The Song of Manik Chandra, (J.A. S. B. Vol. XIII, Part I, No. 3 (1878)

Grierson (W.V.)—The Maria Gonds of Bastar. (Oxford, 1938)

Gurdon (P.R.T.)—The Khasis (London, 1914)

Gurdon (P.R.T.)—Some Assamese Proverbs (1896)

Halder (S)— Ho Folklore (J.B.O.R. S. Vol. VIII, (1922)

Hislop (S)— Papers relating to the Aboriginal Tribes of the Central Provinces. (Nagpur, 1866).

Hivale, Shamrao—The Pardhans of the Upper Narbada Valley (Bombay, 1946)

Hoff and mann (J)—Encyclopeadia Mundarica. (Patna, 1930-31)
Vao Emelen (A)—

Hutton (J.H.)— The Angami Nagas (London, 1921)

Hutton (J.H.)— The Sema Nagas (London, 1921)

Hunter (W.W.)—Annals of Rural Bengal (1868)

Ibbetson (D)— Punjab Castes (Lahore, 1916)

Iyer (L.A.K.)— The Travencore Tribes and Castes. (Trivandrum, 1937-41)

Iyer (L.A.K.)— Kochin Tribes and Castes (Madras, 1909-12)

Iyenger (M.V.)—Popular Culture in Karnatak.

Jamsetjee Petit—Collection of Gujrati Proverbs (Bombay)

James Long— Éastern Proverbs and Emblems (London, 1881)

Jogendra Bhallacharya—Hindu Castes and Sects (Thacker, 1896)

Kunja Behari Das—A study of Orissan folklore (Vishva Bharati; Shanti Niketan, 1953)

Koppers (W)— 'Bhagwan, the Supreme Deity of the Bhils' (Anthropos, 1940-41)

(Leitner (G.W.)—Manners and customs of the Dards

Lewison (R.G.)—Folk-lore of the Assamese (J.R.A.S.B. Vol. V (1939)

Longworh (D.M.)—Popular poetry of the Baloches.

Luard (C.E.)—Ethnological Survey of Central India Agency (Lucknow, 1909)

Maconochie— Agricultural Proverbs of the Punjab.

Majumdar (D.N.)—A Tribe in Transition (Calcutta)

Majumdar (D.N.)—Folk-Songs of Mirzapur.

Majumdar (D.N.)—The Fortunes of Primitive Tribes.

Majumdar (D.N.)—The matrix of Indian Culture.

Majumdar (D.N.)—The Affairs of a Tribe.

Mukherjee (C)—The Santals (Calcutta, 1943)

Mills (J.P.)— The Lohta Nagas (1923)

Mills(J.P.)— The Ao Nagas (1926)

Natesa Shastri—Folklore in Southern India.

Natesa Shastri—Familiar Tamil Proverbs.

Nanjundayya (H.V.) Iyer (L.K.)—The Mysore Tribes and Castes.
& (Mysore 1928-35)
Anant Krishna

Pangtey (K.S.)—Lonely Furrows of the Borderland. (Lucknow).

Parray (N.E.)— The Lakhers (London, 1932)

Penzer (N.M.)—The ocean of story. (London. 1924-28)

Playfair (A.)— The Garos. (London, 1909)

Percival (P.)— Tamil Proverbs (Madras, 1874)

Projesh Banerji—The Folk-Dance of India. (Allahabad, 1944)

Projesh Banerji—Dance of India. (Allahabad)

Rafy (Mrs.)— Folk-tales of Khasis. (London, 1920)

Ravipati Guruvayuru—A collection of Telgu Proverbs. (Madras, 1868)

Risley (H.H.)— The Tribes and Castes of Bengal. (Calcutta, 1891)

Rivers (W.H.R.)—The Todas (London, 1906)

Robertson (G.S.)—The Kafirs of Hindukush (1896)

Rochiram (G)— Handbook of Sindhi Proverbs (Karachi, 1845)

Rodrigner (E.A.)—The Hindoo Castes (1846)

Rose (H.A.)— A Glossary of the Tribes and Castes of the Punjab and N.W.F.P. (Lahore, 1919)

Roy(Sarat Chandra)—The Mundas and their country (Calcutta. 1912)

Roy(Sarat Chardra)—The Oraons of Chhota Nagpur (Ranchi, 1915)

Roy(Sarat Chandra)—The Birhors (Ranchi, 1925)

Roy(Sarat Chandra)—Oraon Religion and Customs (Ranchi, 1928)

Roy(Sarat Chandra)—The Hill Bhuiyas of Orissa (Ranchi, 1936)

Roy (Sarat Chandra)—The Kharies (Ranchi, 1937)

Roy (Sarat Chandra)—The Divine (Myths of the Mundas (J.B.O.R.S Vol II. (1916).

Russel (R.V.) & Hira Lal The Tribes and castes of Central Province of India. (London,1916)

Sapekar (G.G.)—Marathi proverbs (Poona. 1872)

Sarkar (B.K.)—Folk Element in Hindu Culture

Sawe (K.J.)— The Warlis (Bombay, 1945)

Saligman (C.G.)—The Veddas (Cambridge, 1911)

Shaw (W)— Notes on the Thadon Rukis (J.A.S.B. Vol XXIV, 1928)

Stock (C)— 'Folklore and Customs of Lepchas of Sikkim (J.A.S.B. Vol.XXI, 1925)

Shakesphere— Lushei Kuki Clan (1912)

Sherif (A.G.)—Hindi Folk songs (Hindi Mandir: Allahabad)

Sen Gupta (P.P.)—Dictionary of Proverbs (Calcutta , 1899)

Sen (DC)— Folk-literature of Bengal (Calcutta University, 1920)

Sen (D.C.)— Glimpses of Bengal life. (1925)

Sen (D.C.)— History of Bengali Language and Literature (Calcutta University, 1911)

Sen (D.C.)—Eastern Bengal Ballads (In 4 vols)

Slater (G)— Dravidian Elements in Indian culture (1924)

Stack (E.)— The Mikirs (1908)

Steel (F.A.)— Tales of the Punjab (London, 1894)

Stein (A.)— Hatim's Tales (London, 1923)
Swynnerton (C)—Romantic Tales from the Punjab (Westminister, 1903)
Temple (R.C.)—The Legends of the Punjab (1885)
Thurston (E)— Castes and Tribes of Southern India (in 7 Vols.) (Madras, 1909)
Thurston (E.)—Omens and Superstitions of Southern India (London, 1912)
Tod— Annals and Antiquities of Rajasthan (Oxford, 1920)
Toru Dutta— Ancient Ballads and Legends of Hindustan (1882)
Thurston (E)— Ethnographical Notes on Southern India (Madras, 1906)
Waddel— Lamaism.

(B) English Folk-lore

I

Collection of Ballads

The Book of British Ballads—Selected & edited by R.Brimley Johnson (Everyman's Library; Dutton & Co. Price (40 cents).
English and Scottish Ballads—Selected & edited by R, Adelaide Witham. (Riverside Literature Series; Houghton Miffin Co.Price—50 cents)
A collection of Ballads—Edited with introduction and notes by Andrew Lang (Chapman & Hall)
Old English Ballads—Edited by F.B. Gummere With a lender introduction & notes. (Athenaeum Press Series; Ginn & Co. N.Y. Price 80 cents)
The Oxford book of ballads—By Sir Arthur Quiller-Couch (Oxford University Press, London)
English and Scottish Popular Ballads—Edited by Helen Child Sargent and George L. Kittredge (Student's Cambridge edition in one Volume; Houghton Miffin Co.)
Cow-boy songs—Collected and edited by JOhn A. Lomax (Sturgis and Walton)
The English and Scottish Popular Ballads—Edifed by Francis James Child Vol I-V

Folk-ballad of Southern Europe—Translated into English verse by Sophie Jewett (G.P. Putnom's Sons).

The ballad of all Nations—by George Borrow (Alston Rivers Ltd. 18, York Buildings, Adelphi, W.G. 2. London).

A Collection of old ballads. (1723-25), (With a learned introduction).

Reliquiaes of Ancient English poetry (1765)—Edited by Bishop Tomas Percy (with preface, learned Introduction and critical Essay on the ancient minstrels).

Ancient songs and ballads—(Edited by Joseph Ritson (1790) (with introduction etc.)

Robin Hood—By Joseph Ritson (1795)

Minstrelsy of the Scottish Border—by Sir Walter Scott. (Vols I-III) 1802-3.

Minstrelsy—Ancient and Modern—by Wliam Motherwell (1827)

Bishop Percy's Folio Manuscript—Vols. I-III and Supplement (1867-68) by Hales and Furniwall.

II

Critical Book

F.B. Gummere—The Beginnings of Poetry (Macmillan & Co. 1901.)

F.B. Gummere—The Popular Ballad (Arhibald Constable & Co. Ltd. London. 1907).

F.B. Gummere—Chapter on "Ballads" (in Cambridge History of English Literature, Vol. II. (1908)

Walter M. Hart—Ballad and Epic (Harvard Studies and Notes Vol. XI, Ginn & Co. 1907)

Andrew Lang—Article on "Ballad" (in Encyclopeadia Britainica, 1910)

Andrew Lang—Sir Walter Scott and Border Minstrelsy (Longman's Green & Co; 1910)

T.F. Handerson—The Ballad in Literature. (Cambridge University Press, 1912)

Frank E. Bryant—A History of English Balladry. (1913).

J.C.H.R. Steenstrup—The mediaeval Popular Ballad. Translated from the Danish By E.G. Cox (Ginn & Co. 1914)

Frank Sidwick—The Ballad (The Art's and Craft of Letters Series G.H. Dorar & Co; (1915).

F.J. Child—Article on "Ballad poetry" (in Universal Cyclopeadia 1892)

Oliphant Smeaton—Channels of English Literature. Volume or "Heroic poetry", (Dent Sons; London).

C.H. Herford—The Warwick Library of English Literature Volume or "Pastorals" (Blackie and Son; London)

A.H. Upham—Typical Forms of English Literature. Article or "Ballad." (Oxford University Press, London, 1927)

Chaunecy Sanders—An Introduction to Research in English Literary History. Article on 'Problems in Folklore' by Stith Thomson. (Macmillan & Co., New York).

Andrew Lang—Chamber's Cyclopeadia of English literature (1902) pp-520.

T.F. Henderson—Scottish Vernaculare Literature (1898) pp 355

Walter Scott—Minstrelsy (1902) (Introduction portion)

W.M. Hart—Publications of Modern Language Association XXI (1906) pp-755.

W.M. Hart—Ballad and Epic.

(C) European Folklore

Aubrey (J)—Remains of Gentilisme and Judaisme (Folklore Society, 1881).

Black (G.B)—Folk-medicine (Folklore Society, London; 1883)

Brand (J)—Observations on Popular Antiquities (London, 1877)

Burton (R)—Anatomy of melancholy (London, 1883)

Campbell (J.S.)—Notes on the spirit basis of belief & customs (Bombay, 1885)

Chambers (R)—Book of Days Vol. I-II (London)

Conway (M.D.)—Demonology and Devil-lore (London 1879)

Cooper (W.M.)-Flagellation and the Flagellants (London 1887)

Cox (G.W.)—Introduction to the science of Comparative Mythology & Folklore. (London 1881)

Cox (G.W.)—Mythology of the Aryan Nations.

Cox (M.R.)—Introduction to Folklore.

De Gubernatis (A)— Zoological Mythology or the Legends of animals (London, 1872)

Farrer (J.A.)—Primitive Manners and Customs (London, 1879)

Farazer (J.G.)—The Golden Bough (12 vols)

Frazer (J.G.)—The Golden Bough (Abridged edition in one vol.)

Frazer (J.G.)—The Belief in Immortality and the worship of the Dead. (3 vols.).

Frazer (J.G.)—The Worship of Nature(2 vols.).

Frazer (J.G)—Folklore in the Old Testament. (3 vols.).

Frazer (J.G.)—Totemism and Exogamy. (4 vols.).

Frazer (J.G.)—Psyche's task.

Goldziher (J)—Mythology among the Hebrews (London, 1877)

Gordom (Cumming)—From Hebrides to the Himalayas. Vols I-II (London. 1876)

Gregor (W)—Notes on Folklore of North-east of Scotland (Folklore society, 1881)

Grimm—Teutonic Mythology (in 4 vols.) (London 1880-88)

Grimm—House-Hold tales (1884)

Hartland (E.S.)—Science of Fairy-Tales (London, 1891)

Hearn (W.E.)—The Aryan Household (London, 1879)

Henderson (W.)—Notes on the Folklore of the Northern Countries of England and the Border.

Jacobs (J)—Celtic Fairy Tales.

Jacobs (J)—English Fairy Tales.

Jones (W)—Finger-Ring lore (London, 1877)

Lang (Andrew)—Custom and Myth.

Lang (Andrew)—Myth, Ritual and Religion. (London; 1887).

Letourneau (C)—Sociology based on Ethnography

Lubbock (J)—Origin of civilisation and Primitive Condition of man (London; 1882)

Robertson-Smith (W)—Kinship and marriage in early Arbia (Cambridge, 1883).

Scott (Sir W.)—Letters on Demonology and Witch-carft (London, 1884).

Spencer (H)—Principle of Sociology Vols. I-II (London; 1885)

Starcke (C.N.)—The Primitive Family (London, 1889)

Trumbell (H.C.)—The blood Covenant (1887)

Taylor (E.B.)—Primitive Culture (2 Vols)

Taylor (E.B.)—Researches into the early History of Mankind.

Wake (C.S.)—Serpent worship.

Westropp (H.M.)—Primitive Symbolism

Wilde (Lady)—Ancient legends, mystic charms and superstitions of Ireland (London, 1888)

(D) American Folklore (I)

I-Bibliography

Ralph; S.Goggs—Folklore Bibliography for 1937 (Southern Folkore Quarterly; March' 38)

Alan Lomax & Sidney Robertson American Folksong & Folklore; A regional bibliography. (New York, 1942)

Alan Lomax & R.U. Seeger Folk-song: U.S.A. (New York, 1949)

Maria Leach—Funk and Wagnalls Standard Dictionary of Folklore, mythology and legend, vol I-II (New York, 1949-50)

Milton Rugoff—A Harvest of World Folklore (New York, 1949)

II-Beliefs and Customs

Clandia de lys—A Treasury of American Superstitions. (Philosophical Library; New York, 1948)

Vance Randolph—Ozark Superstitions. (Columbia University Press; New York; 1947).

III-Folk-Songs

Norman Loyd & M. Bradford Boni Fire—Side book of Folksongs (Simon and Shuster, New York 1947)

Oline Downes & Eie Siegmeister A Tresury of American Songs; Alfred A. Knoff. N.Y. (1943)

Sylvia & John Kclb—A treasury of Folksongs (Bantom Books, N.Y. 1948)

Allan & Cowboy—Songs and other Frontier ballads. Dvaidson—Rocky Lomax

John—American Ballads & Folk Songs.

R.C. Seeger—Our Singing Country (Macmillan. Co. N.Y. 1941)

Vance Randolph—Ozark Folksongs in 4 Vols. (State Historical Society of Missouri, Columbia 1946-50)

Carl Sandbury—The American song-bag (Harcourt Arace & Co, New York, 1926)

B.A. Votkin--A Hand book of American Folklore.

Roth Crawford Seeger—American Folk songs for children in Home, School & Nursery-School. (U.S.A. 1948)

IV—Folk-Tales

Stith Thompson—The folk-tale (The Dryden Press, New york, 1946)

Ben C. Clough—The American Imagination at Work. (Alfred A. Knoff, N.Y. 1947)

Levette J. Davidson & Forrester Blake—Rocky Mountain tales. (University of Nklahoma Press, 1947)

Harold W. Thompson—Body, Boots and Britches. (Philadelphia., J.B. Lippioncott. Co. 1940)

Richard Chose—The Jack tales and grandfather tales (Boston 1948)

Marrian Vallet Emarich & George Korson—The Child's book of Folklore. The Dial Press New York (1947)

V—Records of Folk songs

Kolb—A treasury of Folk songs

A Lomax—Folksongs in U.S.A.

Ben C. Lumpkin—Folk Songs on Records Boulder, (Boulder, Colorado 1948)

VI.--Folklore Journals

Journal of American folklore. (Philadelphia)

New York Folklore Quarterly.

Southern Folklore Quarterly. (Florida, U.S.A.)

Western Folklore. (California)

Midwest Folklore. (Indiana, U.S.A.)

Journal of the Texas Folklore Society. (Austin.)

(D) American Folklore (II)

H.M. Belden—Ballads and songs, Collected by Misoouri Folklore Society (Columbia. Misoouri 1940)

Bary, Eckstrom and Smith—British Ballads from Maine (New Haven, 1929)

Cecil Sharp & Karples—English Folk Songs from the Southern Appalachians. (New York, 1932).

Lomax—American Balads and folk songs. (New york, 1934)

Gerould—The ballad of Tradition. (Oxford University Press,, 1932)

Entwistle—European Balladry. (Oxford University. Press, 1939)

Archer Taylor—The Proverb Cambridge, Mass. 1931).

Stith Thomson—Tales cf North American Indians. (Cambridge, Mass, 1929)

Stith Thompson—Motif Index of Folk literature. Vols I-VI

1. Aarne—The Types of the folk tale.

2. Stith Thomson.

Dixon—Oceanic Mythology. (Boston, 1916)